高等院校国际经贸专业教材

国际贸易单证实务

徐进亮　战世吉　王　路　主　编
李　文　马　超　苏仙红　副主编

对外经济贸易大学出版社
中国·北京

徐进亮

国际贸易专业博士，对外经济贸易大学国际经济贸易学院教授、博士生导师；中华人民共和国商务部贸发局特聘专家，为中国国际商会/国际商会中国国家委员会组织编译的《国际贸易术语解释通则 2020》（Incoterms®2020）中文本专家翻译小组成员。曾分别在进出口公司、工商银行和对外贸易经济合作部（现商务部）就职，现在对外经济贸易大学任教，并为众多著名中外跨国公司和央企外经贸在职人员授课培训，截至目前共七次荣获部级优秀科研成果奖，主持国家级和省部级课题多项。个人电子邮箱：1105092551@qq.com。

前　言

目前，我国外经贸企业和银行国际结算部门十分缺乏合格的单证人才，出现上述情况的根本原因，不仅是因现有《国际贸易实务》和《国际结算》等教材及其课程中欠缺“国际贸易单证”的必要内容，而且一些高校开设的“国际贸易单证”课程所采用的相关教材也亟待更新。这是因为：

1. 针对国际和国内独立性保函业务下的审核单据标准，国际商会《见索即付保函国际标准实务》（ISDGP）已经于 2021 年 3 月 31 日在国际商会银行委员会线上年度会议上表决通过。ISDGP 是对适用 URDG758 的见索即付保函的全球良好实务的总结，为 URDG 规则如何适用提供了指引。

2. 加快构建国内国际“双循环”相互促进的新发展格局背景下，2021 年 3 月 11 日十三届全国人大四次会议表决通过了《中华人民共和国国民经济和社会发展第十四个五年规划和 2035 年远景目标纲要》的决议，其中明确要求：“促进国内国际双循环。完善内外贸一体化调控体系，促进内外贸法律法规、监管体制、经营资质、质量标准、检验检疫、认证认可等相衔接，推进同线同标同质。”因此，国际贸易主要国际结算方式已经越来越广泛地在国内贸易结算中被使用。例如，《最高人民法院关于审理独立保函纠纷案件若干问题的规定》已于 2016 年 12 月 1 日起实施，并于 2020 年 12 月 23 日修正，该规定首次明确承认了我国国内交易下独立保函的有效性。此外，中国人民银行和银行业监督管理委员会也于 2016 年联合颁布了《国内信用证管理办法》，中国支付清算协会和中国银行业协会据此也于同年联合编写了《国内信用证审单规则》。

3.《国际贸易术语解释通则 2020》（Incoterms®2020）已经于 2020 年 1 月 1 日正式实施，以取代实施了长达十年之久的 Incoterms®2010，其中涉及贸易术语的发票和原产地证书等单据的填写规范与风险防范也将随之发生一定程度的改变。

4. 2018 年 3 月，中共中央印发了《深化党和国家机构改革方案》，其中根据关于组建国家市场监督管理总局的方案，国家质量监督检验检疫总局的出入境检验检疫管理职责和队伍已经划入了海关总署，由此带来了相关进出口报关单证和出入境检验检疫单证的统一和简化。

5. 现有国际贸易单证教材均缺乏以“国际贸易单证”为基础的国际贸易融资内容。

为此，现有国际贸易单证教材亟待更新和修订。

鉴此，我们撰写了《国际贸易单证实务》教材。本教材不仅是国际经贸和国际金融等专业“国际贸易单证”“国际贸易实务”和“国际结算”等课程的最新教材和配套教材，也可作为国际商务实际工作人员、涉外银行和法律等从业人员了解“最新”国际结算和国际贸易融资相关知识的必备参考用书和培训教材。

本教材主要结合 UCP600、URC522、URDG758、ISP98、ISBP745、最新 2021 年版 ISDGP 和中国海关等法规文件的相关规定，通过附有大量实际业务中常用的单据示样和经典案例，对进出口报关单证和各种国际结算方式下的主要国际贸易单据及其填制进行详细分析，以便进一步加深学生和读者对相关知识点和问题的理解和掌握及其实际运用。

本教材的写作具有以下特点：

1. 新颖性。本教材详细介绍了国际商会于 2021 年 3 月通过的《见索即付保函国际标准实务》（ISDGP）和国际贸易单证制作中所涉及的《国际贸易术语解释通则 2020》（Incoterms®2020）。

另外，国家质量监督检验检疫总局的出入境检验检疫管理职责和人员已经划入了海关总署，由此带来了相关进出口报关单证和出入境检验检疫单证的统一和简化问题。为此，本教材也详细介绍了此类最新变化和发展。

2. 创新性。本教材增加了以“国际贸易单证”为基础的国际贸易融资知识及其操作方面的内容，以增加教材和课程的深度和含金量，从而构成本教材的一大创新点。

“守正出奇，方能行稳致远”。为此，我们基于以下三个原因在本教材中增加了国际贸易融资的内容：

（1）“单证业务”确实属于外贸工作人员的必备基础知识和工作技能，但是长期以来一直为重点大学的外经贸专业所忽略。造成这种缺位的一个重要原因在于“单证业务”虽属于传统外贸业务之一，但其知识层次和与时俱进的知识创新性都有一定程度的欠缺。

（2）现在解决外经贸中小企业融资难和融资贵的一个途径就是国际贸易融资，而国际贸易融资的知识层次和创新性都比单证这一传统业务高出很多，因为前者是后者在实际工作中的进一步创新性应用。

（3）在国际贸易单证实务的基础上再增加国际贸易融资的写作内容，不仅能够更好地继承并发展“单证”这一传统业务知识，达到“守正出奇”的目的，而且也能够在应对新冠肺炎疫情和中美贸易摩擦的同时，部分解决中小企业融资难和融资贵的困境，达到助力我国外经贸企业“行稳致远”的目的。

3. 理论与实践的有机结合。本教材理论与实践的有机结合主要体现为：本教材的主编和副主编主要由高校教授和中信银行、招商银行等国际结算单据审核专家和工作人员组成。

4. 实用性。本教材通过大量经典案例详细阐释规则，附有实际业务中常用的若干示样或图示，以便进一步加深学生和读者对相关知识点和问题的理解和掌握。

5. 本教材涉及的单据种类规范且齐全，主要包括：进出口报关单证；汇票；商业发票；海运提单；国际多式联运单据/不可转让海运单/租船提单；空运单据；公路、铁路、内陆水运单据与快递收据、邮政收据或投邮证明；保险单据；装箱单；检验证书；产地证；证明书等。

本教材由对外经济贸易大学徐进亮教授（博士生导师），中信银行股份有限公司北京分行国际业务部总经理战世吉，北京众望和平国际商务集团有限公司董事长王路主编；副主编有：海创汇科技创业发展股份有限公司总监李文、招商银行股份有限公司西宁分行马超、山西师范大学经济与管理学院苏仙红；参编者有：对外经济贸易大学硕士生皮红琳、康梦凯，中国五矿集团潘敬，中国光大银行宁波分行马连浩。

作　者

2023 年 1 月

目　录

第一章　信用证的格式与内容

案例导入

我国某出口商收到国外进口商开来的信用证，金额为100万美元，可分批装运。出口商分两批发货，第一批货60万美元，如期装船交单，开证行收到单据后审核，认为相符交单，支付了货款。付款后一个月，第一批货物到港，进口商查验货物，发现质量与合同规定的不符。恰在此时，开证行收到了出口商第二批货物的单据，金额40万美元。经开证行审核，确认相符交单。此时，进口商要求开证行扣除第一批货物因质量问题应赔付进口商的损失后支付余款。

试问：开证行是否应接受进口商的要求？为什么？

分析：开证行不应接受进口商的要求。信用证是纯粹的单据业务，开证行在相符交单条件下必须付款。按照UCP600第十四条“审核单据的标准”中的a项规定：“按照指定行事的被指定银行、保兑行（如有）以及开证行必须对提示的单据进行审核，并仅以单据为基础，以决定单据在表面上看来是否构成相符交单。”此外，信用证具有独立性，银行只对信用证负责，与买卖合同等无关，因而不受买卖合同或其他合同的约束。商品质量问题造成的损失，进口商应视具体损因向出口商、承运人、保险公司等索偿。如果开证行接受进口商要求，在相符交单情况下拒付或少付款项，将对其国际声誉产生重大不利影响。

国际贸易中进出口双方互不信任，出口商担心发货后进口商不付款，进口商则担心预付货款后出口方不发货，而在国际贸易中进出口双方一手交钱，一手交货的当面货款交割方式，因实行起来困难重重，在实际交易中非常罕见。随着银行参与国际贸易结算，逐步形成了信用证（Letter of Credit，简称L/C）支付方式，从而把由进口人履行付款责任，转为由银行来付款，保证出口人安全迅速收到货款，买方按时收到装运单据（Shipping Documents）。因此，在一定程度上解决了进出口商之间互不信任的矛盾。同时，也为进出口双方提供了资金融通的便利。所以，自信用证出现以来，在国际贸易中被广泛应用。当今，信用证付款已成为国际贸易中普遍采用的一种主要支付方式。

第一节　信用证的概念及当事人

一、信用证的概念

《ICC 跟单信用证统一惯例（2007 年修订本）》（以下简称 UCP600）在第二条“定义”中规定：“信用证意指一项不可撤销的安排，不论其如何命名或描述，该项安排构成开证行对相符交单予以承付的确定承诺。”

简言之，信用证是一种银行开立的凭装运单据付款的书面承诺。信用证结算方式的特点之一就是凭单付款。进口方作为申请人，在申请开证行开立信用证时需要递交开证申请书，进口商填写开证申请书的目的是有效地将买卖合同条款转化为对出口商（受益人）提交单据的要求。

以 CIF 买卖合同为例，出口方按买卖合同和信用证规定，通过向保险公司投保、商检机构报验、将货物装船发运等履约过程，获取了信用证所通常要求的保险单据、商检证书、海运提单，并连同出口方自己缮制的汇票、发票、装箱单等有关单据在规定期限内送银行办理收结汇手续。这些单据是出口商按买卖合同及信用证要求履约的证据，其中海运提单通常是买方在目的地据以提货的凭证，所以银行及进口商才肯凭单付款。从本质上讲，信用证就是买卖合同条款的单据要求加银行的付款保证。

由此可见，信用证是开证银行对受益人的一种保证，只要受益人履行信用证所规定的条件，即受益人只要提交符合信用证所规定的各种单据，开证行就保证付款。因此，在信用证支付方式下，开证行成为首先付款人，故属于银行信用。因此，信用证结算方式有利于缓解进出口人之间互不信任的矛盾，也便于银行对进出口人的资金融通，能适应国际贸易发展的需要。因此，信用证结算方式在实践中日益被广泛使用，以至成为当今国际贸易结算中的一种最重要的结算方式。

二、信用证的当事人

信用证的当事人主要如下。

1. 申请人（Applicant）

按照 UCP600 的定义，申请人是指要求开立信用证的一方。在实际业务中，申请人通常为进口商。另外，UCP600 规定，允许开证行以自身名义开证，这主要是为了适应日益增长的备用信用证的需要而定的。

2. 开证行（Issuing Bank）

按照 UCP600 的定义，开证行是指应开证申请人的要求或代表自己开出信用证的银行。在实际业务中，开证行一般为进口地的银行。开证行和开证申请人（通常为进口商）之间的契约是开证申请书。进口商在申请开证时，应根据开证行的要求，交付押金及手续费；开证行应根据申请书条款，正确、及时地开出信用证。信用证开出后，开证行要对信用证独立负责，不可撤销信用证的开证行负第一性付款责任。开证行不能因进口商拒绝赎单或无力付款而拒绝承担保证承付的责任。

3. 受益人（Beneficiary）

按照UCP600的定义，受益人是指有权使用信用证的人。在实际业务中，受益人通常是出口商或实际供货人。出口商交单后，如遇开证行倒闭或无理拒付，有权凭买卖合同向进口商提出付款要求，进口商仍应负责付款。

4. 通知行（Advising Bank）

按照UCP600的定义，通知行是指应开证行要求通知信用证的银行。通知行通常是出口地银行，而且一般是开证行的代理行（Correspondent Bank）。按照UCP600的规定，通知行通知信用证或修改的行为，即表明其认为信用证或修改的表面真实性得到满足，且其通知准确地反映了所收到的信用证或修改的条款。如果一家银行被要求通知信用证或修改但其决定不予通知，则必须毫不延迟地通知向其发送信用证、修改或通知的银行。

UCP600新增了“第二通知行”（Second Advising Bank）的概念，即：通知行可以通过另一银行（“第二通知行”）向受益人通知信用证及其修改。第二通知行的责任是核实所收到的通知书的表面真实性及其准确性。另外，经由通知行或第二通知行通知信用证的银行必须经由同一银行通知其后的任何修改。

5. 保兑行（Confirming Bank）

按照UCP600的定义，保兑行是指根据开证行的授权或要求，在信用证上加具保兑的银行。保兑行在信用证上加具保兑后，即对信用证独立负责，承担必须对相符交单承付或议付的责任。汇票、单据一经保兑行承付或议付，即使开证行倒闭或无理拒付，保兑行均无权向出口商追索款项。这样，保兑信用证下的受益人可获得开证行和保兑行的双重独立付款保证。保兑银行可以由通知银行兼任，也可由其他银行加具保兑。

6. 议付银行（Negotiating Bank）

UCP500首次明确规定：“议付是指被授权议付的银行对汇票及/或单据给付对价，只审核单据未给付对价不构成议付。”因此，议付行是指买入或贴现受益人按信用证规定提交的汇票及/或单据的银行。信用证中指定特定银行为议付行的，称为限制议付信用证；可由任何银行议付的信用证称为公开议付信用证，或称自由议付信用证。在信用证业务中，议付行通常以受益人的指定人和汇票的善意持有人的身份出现，因此，当开证行拒付时，议付行对出票人（出口商）享有追索权。

必须注意的是，UCP600对议付的定义做出了重大修改。按照UCP600的规定，议付是指议付行在相符交单下，在其应获偿付的银行工作日当天或之前向受益人预付或同意预付款项，从而购买汇票及/或单据的行为。另外，汇票的付款人必须是银行，但不能做成以议付行为付款人。

7. 受让人（Transferee）

受让人又称第二受益人（Second Beneficiary），是指接受第一受益人转让有权使用信用证的人，大都是出口人的实际供货商。在可转让信用证下，受益人有权要求将该证的全部或一部分转让给第三者，该第三者即为信用证的受让人。

8. 偿付银行（Reimbursement Bank）

偿付银行又称清算银行（Clearing Bank），是指信用证指定的代开证行向议付行、承兑行或付款行清偿垫款的银行。偿付行的出现往往是由于开证行的资金调度集中在该银行的缘故。信用证中如规定有关银行向指定银行索偿时，开证行应及时向该偿付行提供照付该索偿的适当指示或授权，并且不应以索偿行向偿付行提供单证相符的证明为先决条件。如索偿行未从偿付行获得偿付，开证行并不能解除其自身偿付的任何义务。除非另有规定，偿付费用应由开证行承担。需要指出的是，由于偿付银行并不审查单据，因此偿付银行的偿付具有追索权。

9. 被指定银行（Nominated Bank）

被指定银行是指信用证可在其处兑付的银行，对于可在任何银行兑付的信用证而言，则任何银行均为被指定银行。可见，被指定银行是指信用证中指定的议付行、付款行或承兑行。规定在指定银行兑付的信用证同样也可以在开证行兑付。

10. 交单人（Presenter）

交单人是指实施交单行为的受益人、银行或其他人。按照 UCP600 的规定，可在其处兑付信用证的银行所在地即为交单地点。可在任何银行兑付的信用证，其交单地点为任一银行所在地。除规定的交单地点外，开证行所在地也是交单地点。

第二节 信用证的特点及作用

一、信用证的特点

银行信用一般比商业信用可靠，故信用证支付方式与汇付及托收方式比较，具有不同的特点。信用证支付方式的特点，主要表现在下列三个方面。

1. 信用证是一种银行信用

信用证支付方式是一种银行信用。由开证行以自己的信用做出承付的保证。在信用证付款的条件下，开证银行处于第一付款人的地位。在信用证业务中，开证银行对受益人的承付责任是一种独立的责任，即开证行的承付不以进口人的付款作为前提条件。

2. 信用证是一项单据业务

在信用证方式下，实行的是凭单付款的原则。UCP600 在第五条中规定："银行处理的是单据，而不是单据可能涉及的货物、服务或履约行为。"所以，信用证业务是一种纯粹的单据业务。按照 UCP600 第十四条"审核单据的标准"中的 a 项规定："按照指定行事的被指定银行、保兑行（如有）以及开证行必须对提示的单据进行审核，并仅以单据为基础，以决定单据在表面上看来是否构成相符交单。"因此，银行对任何单据的形式、完整性、准确性、真实性以及伪造或法律效力，或单据上规定的或附加的一般和/或特殊条件概不负责。按照 UCP 规定，在信用证结算方式下，受益人所提交的单据不仅要做到"单证相符"（受益人提交的单据在表面上与信用证规定的条款相符合），还要做到"单单不得互不一致"（受益人提交的各种单据之间在表面上不得互不一致）。

单据不符导致拒付是信用证支付方式下一种极为普遍的现象，这降低了信用证的使用范围，也导致信用证的诉讼案激增。鉴于此，UCP600 在第十四条"审核单据的标准"中的 d 项中规定："单据中的数据，在与信用证、单据本身以及国际标准银行实务参照解读时，无须与该单据本身中的数据、其他要求的单据或信用证中的数据等同一致，但不得矛盾。"可见，UCP600 即使在单证之间也不要求"等同"（identical），而仅要求"不得矛盾"（must not conflict with），从而体现了审单标准宽松化的倾向。

信用证业务贯彻以上基本原则，是由于银行的职能是提供信用和资金融通，而不是货物交易，不能要求银行具备货物交易的专门知识。如果要银行卷入其不熟悉的买卖合同或货物纠纷中，将超越其能力，不利于发挥其职能作用。事实上，一家银行面对众多客户和大量业务，也不可能去顾及、过问客户的每笔买卖合同及所涉货物。

3. 信用证是独立于其他合同之外的一种自足的法律文件

虽然信用证是依据买卖双方之间的买卖合同和其他合同（如开证申请书、运输合同、保险合同）开立的，但是信用证并不依附于买卖合同和其他合同，而是独立于买卖合同等之外的银行信用凭证。银行只对信用证负责，与买卖合同等无关，因而不受买卖合同或其他合同的约束。即使信用证中包含有关于合同的任何援引文句，银行也与该合同完全无关。例如，除自身条款外，有的信用证又在其中加注"其他条款参照×××号合同"（Other terms as per contract No.×××），即使如此，信用证也不受上述合同条款的约束。信用证与买卖合同等是两项不同的业务，是各自独立存在的两种法律关系。

因此，一家银行做出承付、议付或履行信用证项下其他义务的承诺，并不受申请人与开证行之间或与受益人之间在已有关系下产生的索偿或抗辩的制约。受益人在任何情况下，不得利用银行之间或申请人与开证行之间的契约关系。

UCP600 在第四条"信用证与合同"中还进一步指出："开证行应劝阻申请人试图将基础合同、形式发票等文件作为信用证组成部分的做法。

二、信用证的作用

采用信用证支付方式，在很大程度上缓解了进出口双方互不信任的矛盾，并给进出口双方以及银行都带来一定的好处。信用证在国际贸易结算中的作用，主要表现在如下几个方面。

（一）对出口商的作用

1. 保证出口商凭单取得货款

信用证支付的原则是单证相符，出口商交货后提交的单据，只要做到与信用证条款相符，银行就保证支付货款。在信用证支付方式下，出口商交货后不必担心进口商到时不付款，而是由银行承担付款责任，这种银行信用要比商业信用可靠。因此，信用证支付为出口商收取货款提供了较为安全的保障。

2. 使出口商得到外汇保证

在进口管制和外汇管制严格的国家，进口商要向本国申请外汇得到批准后，方能向银行申请开证，出口商如能按时收到信用证，说明进口商已得到本国外汇管理当局使用外汇的批准，因而可以保证出口商履约交货后，按时收取外汇。

3. 可以取得资金融通

出口商在交货前，可凭进口商开来的信用证作抵押，向出口地银行借取打包贷款（Packing Credit），用以收购、加工、生产出口货物和打包装船；或出口商在收到信用证后，按规定办理货物出运，并提交汇票和信用证规定的各种单据，叙作出口押汇取得贷款。这是出口地银行对出口商提供的资金融通，从而有利于资金周转，扩大出口。

（二）对进口商的作用

1. 确保取得出口商履行买卖合同的证据

进口商填写开证申请书的目的就是有效地将买卖合同条款转化为对出口商（受益人）提交单据的要求，因此进口商申请开证时可以通过控制信用证条款来约束出口商交货的时间、交货的品质和数量，如在信用证中规定最迟的装运期限以及要求出口商提交由信誉良好的公证机构出具的品质、数量或重量证书等，以保证进口商按时、按质、按量收到货物。其中，FOB、CFR 和 CIF 买卖合同下已装船海运提单是卖方完成交货义务的凭证和买方在目的地据以提货的凭证，因此可以保证进口商收到的是代表货物的单据，特别是提货凭证。

2. 提供资金融通

进口商在申请开证时通常要交纳一定的开证押金，如开证行认为进口商资信较好，进口商就有可能在少交或免交部分押金的情况下开证。如采用远期信用证，进口商还可以凭信托收据（Trust Receipt）向银行借单，先行提货、转售，到期再付款，这就为进口商提供了资金融通的便利。

（三）对银行的作用

开证行接受进口商的开证申请，即承担开立信用证和凭相符单据付款的责任，这是银行以自己的信用做出的保证，以银行信用代替了进口商的商业信用。所以，进口商在申请开证时要向银行交付一定比例的开证押金或担保品，这就为银行利用资金提供了便利。此外，在信用证业务中，银行每做一项服务均可取得各种收益，如开证费、通知费、议付费、保兑费、修改费等各种费用。因此，承办信用证业务是各银行的业务项目之一。在国际贸易结算中，信誉良好的银行以高质量的服务又促进了信用证业务的发展。

信用证业务的不足之处主要是手续繁、费用多、出口商容易用假单据进行欺诈等，这主要是因为按照 UCP600 第三十四条规定，银行对任何单据的形式、完整性、准确性、真实性，伪造或法律效力，或单据中规定的或附加的一般及/或特殊条件概不负责。

第三节　信用证的形式、流程与分类

一、信用证的形式

开证行可以用电报、电传，也可以用信函的方式开立信用证。因此，常见的信用证有以下几种形式。

（一）信开本（To Open by Airmail）

信用证的英文名称是“Letter of Credit”，这是因为初创时是采用“Letter”（信函）的形式开立的。信开本是指开证银行采用印就的信函格式的信用证，开证后通过航空邮政寄送通知行。这种形式现已很少使用。

（二）电开本（To Open by Cable）

电开本是指开证行使用电报、电传、传真、SWIFT 等各种电信方法将信用证条款传给通知行。电开本又可分为以下几种。

1. 简电本（Brief Cable）

简电本，即开证行只是通知已经开证，将信用证主要内容，如信用证号码、受益人名称和地址、开证行名称、金额、货物名称、数量、价格、装运期及信用证有效期等预先通告通知行，但详细条款将另外通过航空邮政寄送通知行。由于简电本内容简单，在法律上是无效的，所以不足以作为交单承付或议付的依据。该简电通知中必须注明“详情后告”（Full Details to follow）或类似用语，或声明以邮寄确认书作为有效信用证或修改，借以表明该简电仅作预先通知之用，而不是信用证或信用证修改的有效文本。

2. 证实书

简电本不是信用证有效文本，须随后由发出该简电通知的开证行开立的证实书作为有效文本。

3. 全电本（Full Cable）

全电本，即开证行以电信方式开证，把信用证全部条款传达给通知行。全电本是一种内容完整的信用证，因此是交单承付或议付的依据。有些银行在电文中注明“有效文本”（Operative Instrument），借以明确该全电本性质。未标明“详情后告”或“随寄证实书”等字样的电开信用证或修改，应视为有效电开信用证或修改，即全电本。

4. SWIFT 信用证

SWIFT 是“全球银行金融电信协会”（Society for Worldwide Interbank Financial Telecommunication）的简称，于 1973 年在比利时布鲁塞尔成立。该组织设有自动化的国际金融电信网，该协定的成员银行可以通过该电信网办理信用证业务以及外汇买卖、证券交易、托收等。凡参加 SWIFT 组织的成员银行，均可使用 SWIFT 办理信用证业务。

凡按照国际商会所制定的电开信用证格式，利用 SWIFT 系统设计的特殊格式（Format），通过 SWIFT 系统传递的信用证的信息（Message），即通过 SWIFT 开立或通知的信用证称为 SWIFT 信用证，也有称为“全银电协信用证”的。

采用 SWIFT 信用证，必须遵守 SWIFT 使用手册的规定，使用 SWIFT 手册规定的代号（tag），信用证必须按国际商会制定的《跟单信用证统一惯例》的规定，在信用证中可以省去银行的承诺条款（Undertaking Clause），但不能免去银行所应承担的义务。

SWIFT 信用证具有标准化、固定化和统一格式的特性，且传递速度快捷，成本也较低。在我国银行电开信用证或收到的信用证电开本中，SWIFT 信用证也已占很大比重。

二、信用证的流程

虽然不同类型信用证的流转程序在具体细节上有所不同，但其基本环节大致相同，现以议付信用证为例，主要流程如图 1-1 所示。

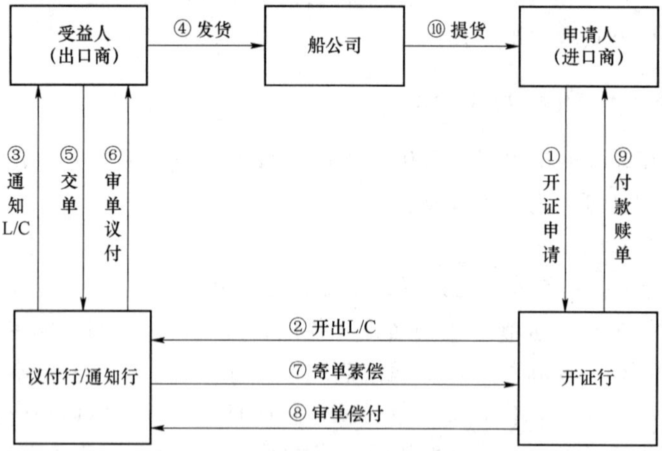

图 1-1 信用证主要流程图

① 进口商根据买卖合同规定，填写开证申请书，向开证行申请开立信用证。

② 开证行接受进口方开证申请，收受开证保证金（如有）后，依据开证申请书内容开出信用证，发送出口商所在地通知行。

③ 通知行鉴定信用证表面真实性后通知受益人（出口商）。

④ 出口商审核信用证与买卖合同条款相符后，按信用证规定装运货物。

⑤ 出口商备齐各种装运单据并开立汇票（如有），在信用证规定的交单期和有效期内送交当地银行（议付行）议付。

⑥ 议付行按信用证条款审核单证相符后，按汇票金额扣除有关利息和手续费，将余额垫付给出口商。议付后，议付行应在信用证背面作有关议付事项的必要记录，称为“背批”，其作用是防止超额和重复议付。

⑦ 议付行将汇票和装运单据寄往开证行索偿。

⑧ 开证行对照信用证审核单据无误后，将款项偿付给议付行。

⑨ 开证行通知进口商付款赎单。倘若进口商验单时，发现单证不符，有权拒绝付款赎单，此时开证行就有可能造成损失。而且，开证行不能以验单时未发现单据不符为由向议付行要求退款。

⑩ 进口商付款赎单后，在海运方式下，凭海运提单在目的港提货。

三、信用证的分类

按照不同的标准，信用证可分为不同类型。

（一）可撤销信用证与不可撤销信用证

1. 可撤销信用证

可撤销信用证（Revocable Credit）是开证行未经受益人同意，甚至在未事先通知受益人的情况下，可以随时修改或撤销的信用证。由于这种信用证可以在任何时间被修改或撤销，对受益人来说存在很大的风险，甚至受益人的利益根本不能得到保证。因此，UCP600 规定，除非另有规定，否则受 UCP600 约束的信用证被视为不可撤销信用证，但不禁止开立可撤销信用证。在实践中，受益人应坚持信用证是不可撤销的，以保护自身利益。如果收到的信用证是可撤销信用证，受益人应当坚持要求修改。

2. 不可撤销信用证

不可撤销信用证（Irrevocable Credit）是指开证行在信用证有效期内，非经信用证各有关当事人同意，开证行不能单方面修改或撤销的信用证。实践中，绝大多数信用证是不可撤销的。

（二）保兑信用证与不保兑信用证

按照有没有另一家银行加以保证兑付，信用证可分为保兑信用证和不保兑信用证。

1. 保兑信用证（Confirmed Letter of Credit）

按照 UCP600 的定义，“保兑行”意指应开证行的授权或要求对信用证加具保兑的银行。而“保兑”则意指保兑行在开证行承诺之外做出的承付或议付相符交单的确定承诺。可见，所谓“保兑信用证”，就是指由开证行以外的银行接受开证行的授权或要求，对其开出的不可撤销信用证加具保兑责任的双重承诺信用证。保兑行一经保兑，就和开证行一样承担兑付责任，承付或议付后对受益人或其他前手银行无追索权。

2. 不保兑信用证（Unconfirmed Letter of Credit）

不保兑信用证是指开证银行开出的信用证没有经另一家银行保兑。当开证银行资信较好和成交金额不大时，一般都使用这种不保兑的信用证。

实务中，保兑行为了避免由于单证不符遭开证行拒付而又不能向受益人追索的风险，对提交的单据大都十分谨慎。大多数情况下，尽管收取了相对较高的保兑费用，保兑行却总是寻求在单据中找到不符点以免除自身的保兑责任。如此一来，受益人就陷入了“赔了夫人又折兵”的尴尬境地，既不得不承担高额的保兑费，又得不到保兑行的保兑服务。应该说，实务中保兑行这种做法是欠妥的。因此，除非信用证规定的单据较少且较为简单，或者受益人对交单有十足的把握，否则还是不要对信用证的保兑抱有太大希望。应尽量采取直开方式，减少中间环节，如确实进口国形势不利或开证行资信欠佳，不得不加保的，应尽量寻求资信良好的大银行作为保兑行。

（三）付款信用证、承兑信用证和议付信用证

UCP600 在第六条“兑付方式、截止日和交单地点”中规定，任何一份信用证均须明确表示其适用于何种兑付方式。因此，按照兑付方式的不同，信用证又可分为议付信用证、即期付款信用证、承兑信用证和延期付款信用证四种。

需要指出的是，UCP600 首次引入了“承付”（Honour）的概念。所谓“承付”是指：（1）如果为即期付款信用证，则即期付款。（2）如果为延期付款信用证，则承担延期付款责任并于到期日付款。（3）如果为承兑信用证，则承兑受益人开出汇票并于到期日付款。可见，“承付”一词概括了“即期付款”“承兑”和“延期付款”三类信用证项下与支付有关的行为。

1. 付款信用证

注明“付款兑付”（available by payment）的信用证称为付款信用证（Payment Credit）。按付款期限的不同，付款信用证又分为即期付款信用证和延期付款信用证。

注明“即期付款兑付”（available by payment at sight）的信用证称为即期付款信用证（Sight Payment Credit）。因有些国家规定票据须征收印花税，为逃避印花税，即期付款信用证通常不要求受益人开立汇票，付款行或开证行仅凭与信用证规定相符的单据付款。

标明“延期付款兑付”（available by deferred payment）的信用证称为延期付款信用证（Deferred Payment Credit）。为逃避印花税，同时也由于某些国家对远期汇票的期限有所限制，延期付款信用证不要求受益人出具远期汇票。延期付款信用证必须在证中明确规定在何到期日付款（不能为即期付款）及该到期日如何确定，如装运日后 45 天付款或交单日后 30 天付款。由于延期付款信用证不能要求受益人出具远期汇票，因此，信用证中付款时间不能定为“见票后××天付款”（payment at ×× days after sight）。如延期付款信用证需要汇票，则开证行只能要求受益人在延期付款的到期日提示即期汇票，以作为有关银行已履行付款义务的凭证。

2. 承兑信用证

注明“承兑兑付”（available by acceptance）的信用证称为承兑信用证（Acceptance Credit）。承兑信用证必须要求受益人提供以被指定银行为付款人的远期汇票，不得要求出具以申请人进口商为付款人的汇票。远期汇票期限可定为：“见票后××天付款”“装运日后××天付款”。因此，承兑信用证属远期信用证。开证行在承兑信用证中通常加列下述保证条款：“我行保证对按信用证条款开立之汇票提示时即予承兑，并于到期时付款。”（We hereby engage that drafts drawn in conformity with the terms of this credit will be duly accepted on presentation and honoured at maturity.）

开证行或被指定银行对受益人开立的远期汇票一经承兑，信用证项下不可撤销的付款责任就上升到了票据上的无条件付款责任。承兑后，汇票和单据分离，银行成为汇票的承兑人，即票据法规定的主债务人，对出票人、背书人、持票人承担保证付款的责任。即使出现了欺诈等纠纷，汇票的承兑人也不能拒付，因为汇票的受让人作为善意的持票人可以得到票据法的保护。

3. 议付信用证

标明“议付兑付”（available by negotiation）的信用证称为议付信用证（Negotiation Credit）。按照 UCP600 的规定，议付是指议付行在相符交单下，在其应获偿付的银行工作日当天或之前向受益人预付或同意预付款项，从而购买汇票及/或单据的行为。另外，议付信用证下受益人（出口商）签发的汇票的付款人必须是银行，但不能做成以议付行为付款人。开证行通常在议付信用证中加列下述保证条款：“我行同意出票人、背书人及善意持票人在其适时提交符合信用证条款和条件的汇票/单据时即予以付款。”（We hereby agree with the drawers，endorsers and bona fide holders of Drafts/documents drawn under and in compliance with the terms and conditions of the Credit that such Drafts/documents will be duly honoured on due presentation.）

按照 UCP600 的规定，构成“议付”至少有三个必不可缺的因素：（1）办理议付的银行必须是被授权议付的银行（在自由议付信用证项下，所有银行均被视为被授权议付的银行）；（2）被授权议付的银行必须向受益人预付或同意预付款项；（3）议付所购买的对象必须是信用证下的相符交单。

（四）不可转让信用证与可转让信用证

1. 不可转让信用证

不可转让信用证是指受益人不能将信用证的权利转让给他人的信用证。凡信用证中未注明“可转让”的，就是不可转让信用证。UCP600 规定，只有明确指明“可转让”（Transferable）的信用证方可转让。

2. 可转让信用证

可转让信用证（Transferable Credit）是指信用证的受益人（第一受益人）可以要求授权付款、承担延期付款责任、承兑或议付的银行（统称“转让银行”），或当信用证是自由议付时，可以要求信用证中特别授权的转让银行，将信用证全部或部分转让给一个或数个受益人（第二受益人）使用的信用证。

可转让信用证通常适用于以下情况。

（1）在一笔出口业务中，要求开立可转让信用证的出口人（即第一受益人）通常是中间商，为了赚取差额利润，将可转让信用证项下执行权利转让给实际供货商，由实际供货商（即第二受益人）装运出口、交单取款。

（2）在总公司统一对外成交，而由分（子）公司交货时，也可开立以总公司为第一受益人的可转让信用证。转让后，再由分（子）公司据以办理装运、结汇手续。

（3）当实际供货商受出口资格限制，须使用他人名义出口时，可采用可转让信用证。

可转让信用证的具体操作流程如图 1−2 所示。

采用可转让信用证时应注意以下问题。

（1）可转让信用证不涉及合同的转让，故信用证转让后，第一受益人并不能完全免除责任。当交货出现问题，或第二受益人交单而单证不符时，第一受益人要首先承担责任。所以，第一受益人在选择信用证受让人时，应注意对其资信及履约能力的审查。

（2）因可转让信用证转让后，合同能否履行及其履约的质量高低与第二受益人关系甚大，所以开证申请人在开出可转让信用证时应特别谨慎，最好在开证前要求第一受益人提供第二受益人名称，经开证申请人审查其资信、履约能力后，在信用证上声明：“本证仅限转让给×××公司（对方提供的第二受益人名称）”。这种转让称为限制转让。我国一般不向国外开出无限制的可转让信用证。

（3）由于可转让信用证允许第一受益人以自身发票及/或汇票替换第二受益人的发票及/或汇票，因此，银行必须审核双方提交的信用证所要求的单据以确保所有单据均符合原证条款。只有所提交的单据表面上完全达到原证的要求，开证行才承担付款责任。这就要求转让行及第一受益人在办理转证时，严格按原证条款转让。只有这样，才能保证第一及第二受益人能提交原证规定的合格单据，以确保获得开证行的承付保证。

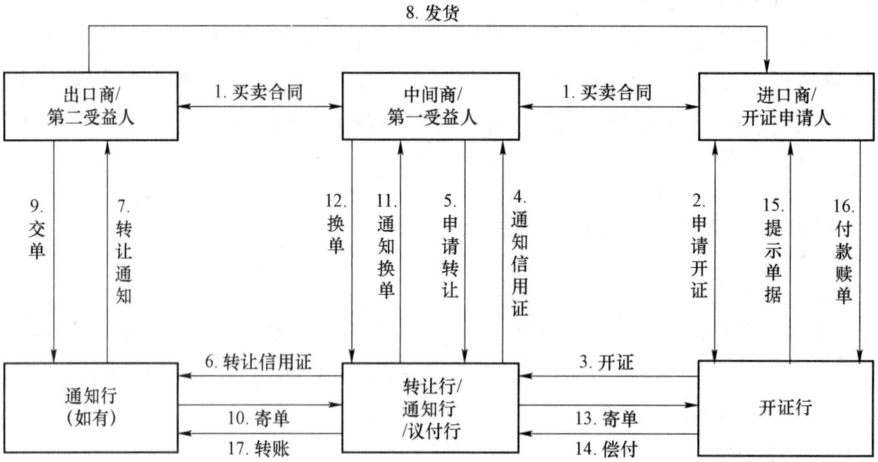

图 1-2 可转让信用证的具体操作流程

第四节 信用证的内容、单据及 SWIFT 报文

本节主要介绍信用证的内容、格式及各环节涉及的单据。目前绝大多数的信用证都是通过 SWIFT 系统电开，因此本节也介绍信用证业务常见的 SWIFT 报文。

一、信用证的内容

信用证的内容通常是买卖合同的有关内容及需要的单据加银行保证。这些信用证的内容是为了提供一个出口商履约的衡量标准，然后通过单据来证明他已经履约，随后开证行才予以承付。信用证主要有以下各项内容。

（1）信用证的当事人：包括开证人、开证行、受益人、付款行、议付行等。

（2）对信用证本身的说明：如信用证的编号、种类、开证日期等。

（3）信用证金额与汇票条款：如金额或汇票金额、出票人、付款期限及其确定办法和出票条款等。

（4）装运期限、交单期限和有效期及到期地点等。

（5）单据条款：主要规定应提交哪些单据（如发票、提单、保险单、装箱单、重量单、产地证及商检证书等），各种单据的份数，以及这些单据应表明的货物的名称、品质规格、数量，包装、单价、总金额、运输方式、装卸地点等。

（6）其他事项

① 开证行对议付行的指示条款；

② 开证行保证承付的文句说明；

③ 其他特殊条款，例如限制由××银行议付、限制船舶国籍和船舶年龄、限制航线和港口等。这些特殊条款根据进口国政治经济情况的变动可以有所不同。

（7）信用证系根据 UCP00 开立的文句。

二、开立信用证

申请人申请开立信用证，需要向开证行提交开证申请书。开证申请书格式如附样 1–1 所示。

附样 1–1：不可撤销跟单信用证申请书样本

不可撤销跟单信用证申请书

APPLICATION FOR IRREVOCABLE DOCUMENTARY CREDIT

TO：×× BANK BEIJING MUNICIPAL BRANCH　　Date

Please establish by □SWIFT □ brief cable □ airmail an Irrevocable Credit as follows：

Advising Bank：（to be left for bank to fill in）	（20）Irrevocable Documentary Credit No. （31D）Expiry Date and place　BEIJING MUNICIPAL
（50）Applicant：（Full name & detailed address）	（59）Beneficiary：（Full name & detailed address）
（32B）Currency code，Amount（In words and figures） （39A）Quantity and Credit amount tolerance_________%	
（41A）Credit Available With　□ any bank　□ Issuing Bank　□ other（pl.Indicate） By　□ Negotiation　□ Acceptance　□ Sight Payment　□ Deferred payment at _______	
（42C）Draft at ______________________________ for ______% of invoice value	
（42A）Draw on ____________________________	
（43P）Partial shipment　□ allowed　□ not allowed	（43T）Transshipment　□ allowed　□ not allowed
（44A）Loading on board from	（44B）for transportation to
（44C）Latest shipment date	
（45A）Description of goods Price term： Packing：	
（46A）Documents required：（marked with ×） （）Signed Commercial Invoice in ___________ indicating L/C No.and Contract No. （）________ set of clean on board ocean Bills of Lading made out to order and blank endorsed marked “freight______________”. □ notifying □ Applicant （）Air Waybills showing “freight □ to collect □ prepaid” indicating freight amount and consigned to □ Applicant □ Issuing Bank （）Forwarding agent’s Cargo Receipt. （）Insurance Policy/Certificate in______ for____% of the invoice value showing claims payable in China in currency of the draft，blank endorsed，covering（□ Ocean Marine Transportation □ Air Transportation □ Over Land Transportation）. All Risks，War Risks，including__________________ as per______________________ Clause. （）Packing List/Weight Memo in___________ indicating quantity/gross and net weights of each package and packing conditions as called for by the L/C.	

依照国际商会《跟单信用证统一惯例》第 600 号出版物

续表

( ) Certificate of Quantity/Weight in ____________. ( ) Certificate of Quality in____________ issued by □ Beneficiary □ public recognized surveyor □ manufacturer. ( )Beneficiary's certified copy of fax/telex dispatched to the accountees within____hours after shipment advising □ name of vessel □ B/L No. □ Flight No. □ Wagon No. □ Shipping date □ contract No. □ L/C No., Commodity, quantity, weight and value of shipment.
(47A) Additional conditions: (Marked with ×) ( ) Documents issued earlier than L/C issuing date are not acceptable. ( ) All documents to be forwarded in one cover, unless otherwise stated. ( ) The remaining __________% of invoice value. ( ) Third party as shipper □ is □ is not acceptable.
(71B) All banking charges and interest if any outside opening bank are for account of □ beneficiary □ other (pl.Indicate).
(48) Documents to be presented within_____ days after the date of issuance of the transport document (s) but within the validity of the credit.

BJ－05 以上位置如果不够用请用附页说明

开证行通常要求开证申请人就开证事宜做出承诺，并占用申请人的授信或缴纳一定比例的保证金。下述附样 1－2 是开证申请人承诺书的样本。

附样 1－2：开证申请人承诺书样本

开证申请人承诺书
××银行____北京市____分行 我单位兹向贵行申请按本申请书内容（见背面英文）开立不可撤销跟单信用证。为此，我单位承诺以下事项： 一、依照国际商会第 600 号出版物《跟单信用证统一惯例（2007 年修订本）》办理该信用证项下一切事宜，并承担由此产生的一切责任。 二、遵守国家有关外贸和外汇管理的政策法规，尊重贵行有关业务审查和操作规定，及时向贵行提交符合贵行要求的文件。 三、对于本笔开证业务，如贵行要求存入保证金，我单位在此授权贵行从我单位在贵行开立的账户（账号 ）中直接转存。对于根据其他协议可以免交保证金的，我单位将履行协议赋予我方的提供相应担保或其他有关义务。 四、贵行可以根据工作需要选择信用证的通知行、议付行及委托其他银行处理有关业务。 五、贵行对信用证项下单据表面是否存在瑕疵具有独立认定权。如贵行认定单据相符，或单据虽然存在不符点但我单位已以书面方式表示接受单据，或已将此信用证项下货物提取，我单位保证在贵行规定的时间内支付该信用证项下款项。凡经贵行对外确认付款或承兑的信用证项下款项，我单位不以任何理由要求贵行拒付。如我单位未能及时支付上述款项，贵行有权主动从我单位账户中扣付。如因我单位账户余额不足导致贵行垫付资金，我单位承认贵行所付资金之本息，并按贵行要求履行清偿责任。

六、在我单位未付清信用证项下全额款项或办理有效承兑前，该信用证项下单据所有权及/或单据所代表的货物所有权属于贵行。

七、贵行开立的信用证独立于任何贸易合同。如此笔信用证涉及的贸易合同出现任何纠纷或欺诈事由，我单位将首先征求贵行意见并在遵循有关国际惯例的基础上予以解决，一旦此笔信用证项下有关当事人已对外承兑、确认支付或已经付款，我单位保证不以贸易欺诈或其他事由为依据拒绝履行信用证项下付款责任。

八、本申请书以英文填写。因我单位中文填写而产生的翻译错误及/或因申请书字迹不清或词意含糊引起的责任和后果均由我单位承担。

九、信用证项下往来函电、单据等在电信或邮递过程中发生遗失、延误、错漏以及由于其他不可抗力因素引起的损失和后果由我单位承担。

十、贵行开出信用证及/或发出信用证修改后，应将信用证副本及/或修改书副本送我单位核对，如有不符之处，我单位将在接到副本后的两个工作日内与贵行接洽，如贵行未接到我单位通知，视为正确无误。

十一、本承诺书中所称信用证项下款项包括支付信用证项下货款（含信用证修改后增加额及/或国外溢装增加额、汇率变动需增加的付款金额）、利息、银行费用（含国外银行费用）以及弥补贵行因该信用证而承担赔偿责任所需的外汇和人民币资金（含相关诉讼、律师费等追索费用）。

十二、除非另有申明或约定，我单位有关本信用证项下所有文件如加盖我单位公章或业务章，均视为我单位有效授权，我单位承担由此产生的一切责任。

十三、本承诺书自申请之日起生效，至偿还完贵行信用证项下款项后效力终止。

十四、本申请书即为贵行与我单位开立信用证的协议，信用证一经开出，本申请书对双方均有约束力。

十五、本申请书一式两份，双方各保留一份。

开证申请人（公章或授权印鉴）：

法定代表人或被授权人：

开证申请人人民币账号及开户行：

开证申请人外汇账号及开户行：

联系人：

电话：

开证行受理开证申请后，在 SWIFT 系统中通常以 MT700 格式开立信用证。以下附样 1－3 是通过 SWIFT MT700 开立的信用证样本。

附样 1－3：SWIFT MT700 开立信用证样本

SENDER’S ADDRESS: ××××××
I BANK

I BANK BLDG.8745 PASEO DE ROXAS CORNER VILLAR STREET MAKATI, METRO MANILA

27/Sequence of total:1/1
40A/Form of Documentary Credit:IRREVOCABLE
20/Documentary Credit Number:L029689
31C/Date of issue:140924
40E/Applicable Rules:UCP URR LATEST VERSION
31D/Date and place of Expiry:141123 CHINA
50/Applicant:
XYZ COMPANY
EMILIA ST., CORNER FILMORE ST., MAKATI CITY 1200, PHILIPPINES
59/Beneficiary:
ABC COMPANY
FLOOR ××TH, NO.×× BLDG., ×× BUSINESS CTR, NO.× ×× RD., ×× DIST.BEIJING
32B/Currency Code, Amount:USD 21 684.94
39B/Maxium Credit Amount:NOT EXCEEDING
41D/Available With…By…:
ANY BANK
BY NEGOTIATION
42C/Drafts at…:SIGHT
42D/Drawee:I BANK, MANILA
43P/Partial Shipments:NOT ALLOWED
43T/Transshipment:ALLOWED
44E/Port of Loading/Airport of Departure
TIANJIN, CHINA
44F/Port of Discharge/Airport of Destination
MANILA PORT, PHILIPPINES
44C/Latest Date of Shipment:141123
45A/Description of Goods and/or Services
CONSUMABLE PARTS
PACKAGE:STANDARD
CIF MANILA
PER PROFORMA INVOICE NO.×× DATED SEPTEMBER 15, ××

46A/Documents Required
1. SIGNED COMMERCIAL INVOICE(S) IN ONE ORIGINAL AND FOUR COPIES SHOWING COMMODITY CODE NUMBER ××.

2. ONE FULL SET OF CLEAN ON BOARD OCEAN BILLS OF LADING IN THREE ORIGINALS PLUS ONE NON-NEGOTIABLE COPY ISSUED TO THE ORDER OF I BANK, PHILIPPINES, MARKED FREIGHT PREPAID NOTIFY APPLICANT.

3. MARINE INSURANCE POLICY(IES) OR CERTIFICATE(S) IN NEGOTIABLE FORM IN ONE ORIGINAL AND ONE COPY INCLUDING INSTITUTE CARGO CLAUSES (ALL RISKS), INSTITUTE STRIKES, RIOTS AND CIVIL COMMOTION CLAUSES, INSTITUTE WAR CLAUSES FOR 110 PERCENT OF CIF INVOICE VALUE TO BE COVERED BY SHIPPER AND RESTRICTIVELY ENDORSED TO I BANK, PHILIPPINES.

4. PACKING LIST IN ONE ORIGINAL AND ONE COPY.

5. ORIGINAL AND TRIPLICATE COPIES OF FORM E TO BE INCLUDED IN FIRST LOT.

47A/Additional Conditions

1. INSURANCE TO BE COVERED BY SHIPPERS.

2. ALL COPIES OF SHIPPING DOCUMENTS SUCH AS BUT NOT LIMITED TO BILLS OF LADING(B/L), AIRWAY BILL OR POSTAL RECEIPT MUST LEGIBLY CONTAIN THE LC NUMBER PERTAINING TO THE SHIPMENT.

3. FOR DRAWINGS AMOUNTING TO USD 50 000.00 AND ABOVE OR ITS USD EQUIVALENT IF L/C IS IN ANOTHER FOREIGN CURRENCY, NEGOTIATING BANK MUST ADVISE I BANK VIA SWIFT/TELEX THE DRAFT AMOUNT, OUR L/C REFERENCE NUMBER AND THE NAME OF THE REIMBURSING BANK TWO DAYS BEFORE CLAIMING REIMBURSEMENT. NO OTHER DETAILS SHALL BE INCLUDED.

4. AT BENEFICIARY'S REQUEST, NEGOTIATING BANK MAY ADD THEIR CONFIRMATION TO THIS CREDIT PROVIDED CONFIRMATION CHARGES ARE FOR BENEFICIARY'S ACCOUNT.

5. SHIPMENTS EFFECTED PRIOR TO L/C ISSUANCE DATE NOT ALLOWED.

6. NEGOTIATION UNDER THIS CREDIT IS NOT RESTRICTED TO ANY BANK IN PEOPLE'S REPUBLIC OF CHINA.

7. TRANSSHIPMENT ALLOWED, PROVIDED UNDER THROUGH BILLS OF LADING.

8. COMMERCIAL INVOICE MUST SHOW FULL INVOICE AMOUNT LESS OVER PAYMENT AND ONLY THE BALANCE SHALL BE DRAWN FROM THIS CREDIT.WE HEREBY AGREE WITH THE BENEFICIARY AND NEGOTIATING BANK THAT COMPLIANCE WITH THE TERMS AND CONDITIONS OF THIS CREDIT WILL BE DULY HONORED UPON PRESENTATION FOR SIGHT L/CS OR UPON MATURITY OF ACCEPTED DRAFTS FOR USANCE (TIME) L/CS.

9. EXCEPT AS OTHERWISE EXPRESSLY STATED, THIS CREDIT IS SUBJECT TO THE UNIFORM CUSTOMS AND PRACTICE FOR DOCUMENTARY CREDITS 2007 ICC PUBLICATION NO.600. REIMBURSEMENTS UNDER THIS CREDIT ARE SUBJECT TO THE UNIFORM RULES FOR BANK-TO-BANK REIMBURSEMENTS UNDER DOCUMENTARY CREDITS ICC PUBLICATION NO.725.

71B/Charges:

ALL BANKING CHARGES AND COMMISSIONS OUTSIDE THE PHILIPPINES INCLUDING REIMBURSING BANK'S COMMISSION AND CONFIRMATION CHARGES IF ANY, ARE FOR ACCOUNT OF BENEFICIARY.

48/Period for Presentation:

DOCUMENTS TO BE PRESENTED WITHIN 21 DAYS AFTER ISSUANCE OF THE TRANSPORT DOCUMENTS BUT WITHIN THE VALIDITY OF THIS CREDIT.

49/Confirmation Instructions:MAY ADD

53A/Reimbursing Bank:

400938596

R BANK, New York, NY

78/Instructions to the Paying/Accepting/Negotiating Bank:

NEGOTIATING BANK IS TO SEND DRAFTS AND ORIGINAL DOCUMENTS DIRECTLY TO I BANK, DASMARINAS COR.JUAN LUNA STS., BINONDO, MANILA, PHILIPPINES.ATTN:INTERNATIONAL BANKING DIVISION IMPORT DEPARTMENT VIA COURIER IN TWO LOTS.IN REIMBURSEMENT, NEGOTIATING BANK IS TO CLAIM FROM R BANK, New York, NY. THIS IS THE OPERATIVE CREDIT INSTRUMENT.

57D/Advise Through Bank:

P BANK

72/Sender to Receiver Information:

PLEASE COLLECT ALL YOUR CHARGES IF ANY BEFORE RELEASING THE INSTRUMENT TO BENEFICIARY.

三、通知信用证

（一）UCP600关于信用证通知的规定

UCP600第九条“信用证及其修改的通知”主要规定如下。

（1）信用证可以经另一家银行通知，自然也可以不经另一家银行通知，直接寄给受益人。经通知行通知信用证，是因为通知行与开证行有印鉴密押关系，具备检验信用证真实性的能力与条件。经通知行检验证实信用证的真实性以后再通知受益人，有利于确保受益人的权益，受益人可以放心大胆地装货出运。

国际商会第 411 号文件提醒受益人：如果直接从开证行收到信用证（指受益人与开证行没有印鉴关系的情况下），这种异常的做法对受益人是个危险的信号（意思是说这很可能是诈骗）。受益人在接受这一信用证之前，应先向银行了解清楚。在当前跨国诈骗较多的情况下，应尤为注意。

（2）通知行的义务是：依据它与开证行的委托代理合同，把开证行开出的信用证通知受益人。通知行除了对所通知的信用证及其修改的表面真实性和准确性负责之外，非保兑行的通知行通知信用证及其修改时不承担承付或议付的责任。

（3）“合理谨慎地核验信用证的表面真实性”。

①“合理谨慎”可以解释为一个具备办理该项业务专业知识及能力的人，在办理该项业务时所应做到的，或者一般人所期望他应做到的注意和谨慎。

②“表面真实性”，国际商会 411 号文件在对该点所作解释中提到：通知行应持有开证行签字样本，以便核验信开信用证之表面真实性。电开时，用密押或 SWIFT 技术进行检验。如果无法核验（国际商会此处所说的无法核验，是指通知行没有开证行的签字样本或密押），通知行应通过其他方式来确保信用证的表面真实性，例如开证行的代理行用加押电报予以证实。既然通知行只负责核对信用证的表面真实性，自然对信用证内容的真实性不承担任何责任。

有的通知行在传递信用证时，不对签字和密押做必要的检验与核实，致使自己和受益人处于十分危险的境地。依据本条规定，通知行如果因疏忽而未对所通知的信用证进行核实以致给受益人造成损失的，须承担赔偿责任。

（4）如果一家银行被要求通知信用证或修改但其决定不予通知，则必须不延误地通知向其发送信用证、修改或通知的银行。国际商会反对限定“不延误地通知”的时间，因为确立发出通知的限定时间将会增加当事人在实行上的困难。

（5）通知行通知信用证的责任只是向受益人证实该信用证的表面真实性和准确性，但是当通知行无法确定该证的表面真实性时，该如何处理？对此，UCP600 给了通知行三种可供选择的办法。

一是通知行可以利用另一家银行的服务（“第二通知行”）向受益人通知信用证及其修改。通过通知信用证或修改，第二通知行即表明其认为所收到的通知的表面真实性得到了满足，且通知准确地反映了所收到的信用证或修改的条款及条件。

二是毫不迟延地通知从其处收到指示的银行，说明它无法鉴别（即不予通知）。

三是如果通知行或第二通知行仍决定通知信用证或修改，则必须告知受益人或第二通知行其未能核实信用证、修改或通知的表面真实性。这就可以防止开证行不能及时了解通知行因无法鉴别表面真实性而不通知信用证时耽误了正常的交易，也可以防止受益人误认为凡是通知行通知的信用证总是经其审核无误后才通知的，从而免除受益人遭受收到伪证的风险损失。

（6）如一家银行利用另一家通知行或第二通知行的服务将信用证通知给受益人，它也必须利用同一家银行的服务通知修改书。如此规定，主要是保护那些可能已经凭原先的信用证对受益人做出“打包贷款”的通知行的利益。

（二）通知信用证的 SWIFT 报文

若通知行收到开证行发来的跟单信用证报文后，需要发送通知给受益人的银行或另一家通知行时，可采用 SWIFT MT710/711 报文格式。以下附样 1－4 是通过 SWIFT MT710 通知信用证的样本。

附样 1－4：SWIFT MT710 通知信用证样本

使用场景

ABC COMPANY，VIENNA 从 AMDAM COMPANY，AMSTERDAM 进口啤酒，结算方式为信用证。

ABC COMPANY，VIENNA 的往来银行是 OESTERREICHISCHE LAENDERBANK，VIENNA。

AMDAM COMPANY，AMSTERDAM 的往来银行是 BANK MEES EN HOPE，AMSTERDAM。

OESTERREICHISCHE LAENDERBANK，VIENNA 通过其代理行 AMSTERDAM-ROTTERDAM BANK 开立了编号为 12345 的跟单信用证。

AMSTERDAM-ROTTERDAM BANK 通过发送 MT710 报文给 BANK MEES EN HOPE，AMSTERDAM 将该信用证通知受益人。报文格式如下。

SWIFT MT710
SENDER：AMRONL2A
MESSAGE TYPE：710
RECEIVER：MEESNL2A

27/Sequence of total：1/1
40B/Form of Documentary Credit：IRREVOCABLE ADDING OUR CONFIRMATION
20/Sender’s reference：606487
21/Documentary credit Number：12345
31C/Date of issue：210517
40E/Applicable rules：UCP LATEST VERSION
31D/Date and place of expiry：210730AMSTERDAM
52A/Issuing bank：OELBATWW
50/Applicant：
ABC COMPANY
VIENNA
59/Beneficiary：
AMDAM COMPANY
AMSTERDAM

32B/Currency code，amount：EUR 100 000
39B/Maxium credit amount：NOT EXCEEDING
41A/Available With…By…：
AMRONL2A
BY PAYMENT
43P/Partial Shipments：NOT ALLOWED
43T/Transshipment：ALLOWED
44E/Port of loading/Airport of departure
AMSTERDAM
44F/Port of discharge/Airport of destination
VIENNA
44C/Latest date of shipment：210605
45A/Description of Goods and/or Services
+500 000 BOTTLES OF BEER PACKED 12 TO AN EXPORT CARTON FCA AMSTERDAM
46A/Documents required
+SIGNED COMMERCIAL INVOICE（S）IN ONE ORIGINAL AND FOUR COPIES
+FULL SET BILL OF LADING

若受益人是通知行的客户，通知行可直接通知受益人来证。

四、修改信用证

（一）UCP600 关于信用证修改的规定

UCP600 第十条“修改”，主要做出了如下规定。

（1）除可转让信用证另有规定以外，未经开证行、保兑行（如有）以及受益人同意，不可撤销信用证既不能修改也不能撤销。

（2）通知修改给受益人时，保兑行可以选择不延伸其保兑至修改，如果保兑行选择如此做，它必须不延误地将此情况通知开证行和受益人，且必须承认该保兑对于原始信用证部分仍然有效，不受修改影响，如果受益人拒绝修改，原来保兑的信用证仍保持原样，保兑行的责任同样保持原样。

案例分析

一信用证于 2021 年 3 月 1 日开立，金额为 3 万美元，有效期至 2021 年 5 月 31 日，通知行应开证行要求保兑了信用证。2021 年 4 月 15 日信用证额增加了 20 万美元，有效期延展至 2021 年 8 月 31 日。

问题：（1）保兑行是否必须对增加额及展期进行保兑？（2）如果保兑行不愿再加保兑，该保兑行应如何行事？

分析：（1）一银行是否同意加保兑的请求是国际商会无法规定的。保兑通常是两家银行间的协议。虽然一家银行可能愿意保兑3个月期的3万美元的信用证，但它可能不愿保兑6个月期23万美元的信用证。这种拒绝保兑的权力适用UCP的相关规定，即修改未经保兑行同意不发生效力。

（2）如果保兑行不愿再加保兑，上述修改应适用于UCP的相关规定，即保兑行须立即通知开证行和受益人其不愿按修改书的条款保兑，并将修改书转交受益人而不加保兑。唯一的例外是，如果开证行事先已提出要求，保兑行在不加保兑时须待开证行进一步指示，此时保兑行无须先将修改书递交受益人。

（3）自发出信用证修改书之时起，开证行就不可撤销地受其发出修改的约束。保兑行可将其保兑扩展至修改内容，且自其通知该修改之时起，即不可撤销地受到该修改的约束。UCP600第十条f分条进一步明确规定：“修改书中作出的除非受益人在某一时间内拒绝接受修改，否则修改将开始生效的条款将被不予置理。”

作者认为，在遵守UCP600有关规定的前提下，为减少自身被动，开证行及开证申请人在开立不可撤销信用证前应周密考虑信用证条款，尽量减少日后不必要的修改。如欲修改不可撤销信用证，则应提前征得受益人的同意。除此之外，任何企图变更不可撤销信用证的“不可撤销性”的做法都是与UCP600不符的。这是因为，按UCP600规定，对于开证行对不可撤销信用证所作“修改”接受与否的主动权始终掌握在受益人手中。

（4）UCP600第十条d分条还首次规定：通知修改的银行应当将任何有关接受或拒绝接受修改的通知转告发出修改书的银行。

（5）即使所有的当事人都同意接受部分修改，也不允许在一个修改中仅接受一部分修改。不允许接受部分修改的理由是：如果所有的当事人都同意接受部分修改，则该部分修改应该由开证行发出一个新的修改后，再由有关当事人对此表示同意。

（二）修改信用证的SWIFT报文

开证行收到修改信用证的申请并受理后，发送SWIFT MT707报文。MT707是由开证行发送给一家通知行，也可以由一家通知行发送另一家通知行或由转让行发送给一家通知行，用来通知收报行有关由发报行开立的跟单信用证条款修改内容的报文格式。

以下附样1－5是通过SWIFT MT707修改信用证的样本。

附样1－5：SWIFT MT707修改信用证样本

使用场景

2021年5月21日，SKANDINAVISKA ENSKILDA BANKEN通知GENERALE BANK对5月17日的信用证进行如下修改。

1. 到期日延长至 2021 年 9 月 30 日
2. 信用证金额增加 USD 3 250，至 USD 34 750
3. 出具提单日期不得迟于 2021 年 9 月 20 日

SWIFT MT707

SENDER：ESSESESS
MESSAGE TYPE：707
RECEIVER：GEBABEBB
20/Sender's reference：DC.IMP 3410
31C/Date of issue：210517
31C/Date of amendment：210521
26E/Number of amendment：01
59/Beneficiary：
PROQUINAL S.A.
48 RUE DE LA BOURSE BURUSSELS
31E/New date of expiry：210930
32B/Increase amount of L/C：USD 3 250
34B/New L/C amount：USD 34 750
79/Narrative：BILLS OF LADING TO BE ISSUED NOT LATER THAN SEP 20, 2021

五、通知不符点、拒付通知

（一）UCP600 关于信用证不符点及拒付通知的规定

当按照指定行事的被指定银行、保兑行（如有）或开证行确定交单不符时，可以拒绝兑付或议付。

按照 UCP600 第十六条 b 分条的规定，在开证行确定单据不符合信用证条款时，开证行可自行决定联系申请人放弃该不符点。这是银行对受益人责任的独立性。银行决定拒收不符点单据时，限于开证行联系申请人的唯一目的是要求他放弃该不符点，是符合信用证银行承诺的完整性和独立性的。在单据轻微不符信用证情况下，因通常开证行与申请人同处一地，给开证行以灵活处理权，让开证行替受益人联系申请人放弃不符点，有利于缩短联系时间，节省通信费用，便于受益人及早结汇。

1. 不符点单据的通知

UCP600 在第十六条“不符单据、放弃与通知”中规定如下。

（1）拒付银行必须给予交单人一份单独的拒付通知；

（2）拒付通知的发出时限为五个银行工作日；

（3）拒付通知中增加了拒付银行“持单直至申请人放弃不符点”的选择。因此，拒付银行对不符单据可分别采取如下四种处理方法：① 银行保留单据，听候交单者的进一步指示；② 开证行保留单据直至从申请人处接到放弃不符点的通知并同意接受该放弃，或在开证行同意接受对不符点的放弃之前收到交单者的进一步指示；③ 银行退回单据；④ 银行按照交单者先前的指示处理。

UCP600的上述规定更符合实际需要。开证行发出拒付通知后，若开证申请人接受不符点且开证行亦同意接受，便可放单给开证申请人。当开证行拒绝承付或保兑行拒绝承付或议付，并已经按照上述要求发出拒付通知后，该银行不仅有权向寄单行索回已付的本金，而且还有权索回由此产生的利息。

2. 受益人对单据不符的处理方法

信用证业务中如遇单据不符，受益人实际业务中可酌情考虑采取如下补救办法。

（1）请审单银行将单据退回受益人更改，以便在信用证交单期内改妥再交单。

（2）受益人授权寄单行电告开证行不符点，请开证行接受，并授权付款、承兑或议付。

（3）征得受益人同意办理“保留索偿”（under reserve）的付款、承兑或议付。

（4）在受益人或另一家银行担保（indemnity）方式下予以付款、承兑或议付。

（5）改为寄单托收。

案例分析

I行开立一不可撤销的议付信用证，并通过A行（议付行）将信用证通知给受益人。受益人发货后将单据提交给A行。A行审单后确定单据与信用证条款不符，于是通知受益人：由于明显的不符点，他们不能议付。由于不符点无法改正，受益人要求A行在保留/赔偿担保下议付。A行同意在保留权利下议付，并寄单给I行，告知I行：由于单据中存在轻微的不符点，它们已在保留下议付。在收到A行寄来单据的第九个工作日，I行电传A行电文如下。

“关于我行跟单信用证号777，你方寄来的单据，由于单据上的货物描述与信用证上的货物描述不一致，因此，我们不接受如此提交的并由你行在保留/赔偿担保项下议付的单据。单据代为保管，听候处理。请指示。”

试问：I行拒绝支款及在保留权利项下的议付是正确的吗？

分析：I行拒绝支款及在保留权利项下议付的做法是正确的。但是I行未能按照UCP600要求的时限办理。因而，这样做的结果是使开证行在信用证项下最终必须付款。

另外，还应注意，国际商会511号文件提到，寄送不符单据时注明“按托收办理”（on collection）时，可以被理解为按国际商会托收统一规定（URC522）办理，而不是按UCP办理。然而，按该规则办理时，受益人便不能得到UCP对受益人的保护，例如限制开证行只能在收单后5日内提出不符点等。

（二）通知不符点的SWIFT报文

寄单行电告开证行不符点，使用SWIFT MT750报文。SWIFT MT750是由交单行发送给开证行，或发送给被指定付款/承兑/议付的银行，用来通知收报行有关提交的单据与信用证不符的格式报文。

以下附样 1–6 是通过 SWIFT MT750 通知不符点的报文样本。

附样 1–6：SWIFT MT750 通知不符点样本

使用场景

2021 年 5 月 17 日，开证行 SKANDINAVISKA ENSKILDA BANKEN，STOCKHOLM 向通知行 GENERALE BANK，BRUSSELS 开立跟单信用证 DC.IMP3410。2021 年 8 月 23 日，GENERALE BANK，BRUSSELS 通知开证行收到有下列不符点的单据：

1. 缺少领事发票副本。
2. 受益人出具的证明副本未显示领事发票正本已邮寄开证申请人。

SWIFT MT750

SENDER：GEBABEBB

MESSAGE TYPE：750

RECEIVER：ESSESESS

20/Sender's reference：EXP98734

21/Related reference：DC.IMP 3410

32B/Principal amount：USD 34 750

77J/Discrepancies：

+COPY CONSULAR INVOICE NOT PRESENTED.

+COPY LETTER FROM BENEFICIARY'S TO APPLICANT DOES NOT SHOW ORIGINAL CONSULAR INVOICE AIRMAILED TO APPLICANT.

若开证行接受通知行列明的不符点，可用 SWIFT MT752 报文答复。SWIFT MT752 报文，是用来答复 MT750 报文，通知收报行所提交的单据除了先前已列明的不符点以外没有其他不符点的情况下，可以对其进行付款/承兑/议付的报文。

以下附样 1–7 是通过 SWIFT MT752 答复上述 SWIFT MT750 不符点通知的报文样本。

附样 1–7：SWIFT MT752 接受不符点通知样本

SWIFT MT752

SENDER：ESSESESS

MESSAGE TYPE：752

RECEIVER：GEBABEBB

20/Documentary credit number：DC.IMP 3410
21/Related reference：EXP98734
23/Further identification：ACCEPT
30/Date of advice of discrepancies：210823

（三）拒付通知的 SWIFT 报文

开证行通过 SWIFT MT734 发送拒付通知。MT734 是由开证行发送给寄单行，或由被指定银行/或承兑/议付的银行发给寄单行，用来向收报行通知发报行认为单据表面上与信用证条款不符，故以不符点为由而拒绝接受单据的报文。

以下附样 1–8 是通过 SWIFT MT734 拒付的报文样本。

附样 1–8：SWIFT MT734 拒付通知样本

使用场景

ROYAL BANK OF SCOTLAND，LONDON 收到 NEDERLANDSCHE MIDDENSTANDS BANK，AMSTERDAM 于 2021 年 7 月 21 日开立的信用证 DAE74568。

受益人交单后，开证行 NEDERLANDSCHE MIDDENSTANDS BANK，AMSTERDAM 认为交单不符，并提出拒付。拒付理由如下：

1. 分批装运。
2. 缺少船只系规定航线班轮的声明。

该单据由开证行保管，听候处理。

SWIFT MT734

SENDER：NMBANL2A
MESSAGE TYPE：734
RECEIVER：RBOSGB2L
20/Documentary credit number：DAE74568
21/Related reference：IMP12345
32A/Date/Amount of utilization：210921GBP123675
77J/Discrepancies：
+PARTIAL SHIPMENT EFFECTED.
+LACK OF DECLARATION THAT VESSEL IS RUNNING IN REGULAR LINE.
77B/Disposal of document：
HOLDING DOCUMENTS AT YOUR DISPOSAL PENDING INSTRUCTIONS.

六、信用证索偿及偿付

（一）UCP600 关于信用证索偿及偿付的规定

UCP600 在第十三条就银行间的偿付安排主要做出了如下规定。

（1）如果信用证规定被指定银行（“索偿行”）向另一方（“偿付行”）获取偿付时，则信用证中必须声明是否按照信用证开立日正在生效的《国际商会关于跟单信用证项下银行间偿付的统一规则》（简称 URR725）办理。

（2）如果信用证中没有规定偿付按照《国际商会关于跟单信用证项下银行间偿付的统一规则》办理，则适用于下列规定。

① 开证行如欲通过另一方（“偿付行”）对付款行、承兑行或议付行（均称“索偿行”）履行偿付时，开证行必须给偿付行对此类索偿予以偿付的授权。该授权书须与信用证规定的兑付方式保持一致，且不应规定截止日。在使用第三国货币结算时，开证行往往在信用证中指定一家银行代其偿付。出口地银行可直接向该行要求划款，以早日收回货款，这家被指定的银行就是偿付行。偿付行一般是开证行开有账户的国外联行或代理行。

② 偿付行无义务一定接受开证行的偿付授权。如索偿行未能按照信用证约定从偿付行得到偿付，开证行不能解除自身的偿付责任。如偿付行未能在首次索偿时即行偿付，或未能按信用证约定的方式，或双方同意的方式进行偿付，开证行应对索偿行的利息损失和有关费用负责。

案例分析

泰国受益人根据保兑不可撤销信用证要求提供了合格的单据，其汇票由我国香港保兑行立即议付。

但是，议付行随后向受益人寄去利息清单，因为议付行向纽约偿付行的电传索偿延迟了二十几天才获付款。受益人根据 UCP 的相关规定否认其支付利息的责任。

请问根据 UCP 的规定，受益人是否须承担支付利息的责任？

分析：

香港银行保兑信用证意味着其承诺进行无追索权的议付，但最终是由开证行提供付款的。我国根据 UCP600 第十三条的规定，如偿付行未能于索偿行按信用证规定的方式首次提出索偿时进行偿付，开证行应负责议付行的利息损失。

因此，根据问题中提供的情况，受益人无须对议付行因延迟偿付而遭受的利息损失负责。

③ 偿付行的偿付不是开证行的最终付款（final payment）。当开证行发现单证不符时，有权向索偿行追索已偿付的款项，附加利息，而不是向偿付行追索。

④ 开证行不应要求索偿行向偿付行提供单证相符证明。其背后理由为：a. 索偿行只有在单证相符情况下才有权索偿；b. 偿付行并不验单，无从证实索偿行提供的单证相符证明是否真实，因此，要求索偿行提供单证相符证明毫无实际意义。

⑤ 偿付行的费用应由开证行承担。然而，如费用系由受益人承担，开证行有责任在

原信用证中和偿付授权中予以注明，并应在信用证使用时向索偿行收取。但如信用证未被使用，偿付行的费用仍应由开证行承担。这是因为偿付行在接到开证行偿付授权书时要输入电脑，进行业务处理，同时便产生了服务费用。所以当信用证未被使用时，仍应向开证行收取偿付费用。即使信用证规定由受益人负担，因受益人未索偿，偿付行无从扣收，故仍应向开证行收取。

（二）偿付授权及 SWIFT 报文

开证行通过发送 SWIFT MT740 偿付授权给偿付行。SWIFT MT740 是开证行发给偿付行，用来要求收报行偿付跟单信用证项下的付款或议付款的报文格式。

以下附样 1–9 是 SWIFT MT740 偿付授权的样本。

附样 1–9：SWIFT MT740 偿付授权的报文样本

使用场景

SKANDINAVISKA ENSKILDA BANKEN，STOCKHOLM 向通知行 GENERALE BANK，BRUSSELS 开立信用证 DC.IMP3410，到期日为 2021 年 7 月 30 日，到期地点为 BRUSSELS，金额 USD31 500，并限定通知行承兑，承兑费用由索偿行支付。

汇票到期时，向 MANUFACTURERS HANOVER TRUST COMPANY，NEW YORK 索偿。

在发出 MT700 同时，开证行 SKANDINAVISKA ENSKILDA BANKEN，STOCKHOLM 向 MANUFACTURERS HANOVER TRUST COMPANY，NEW YORK 发出偿付授权。

SWIFT MT740

SENDER：ESSESESS

MESSAGE TYPE：740

RECEIVER：MAHAUS33

20/Documentary credit number：DC.IMP3410

40F/Applicable rules：URR LATEST VERSION

32B/Amount：USD 31 500

41A/Available with...by...：GEBABEBB BY ACCEPTANCE

71A/Reimbursing bank's charges：CLM

72/Sender to receiver info：RESTRICTED TO CLAIMING BANK'S ACCEPTANCE COMMISSION.

（三）索偿及 SWIFT 报文

索偿行通过发送 SWIFT MT742 报文索偿。SWIFT MT742 是由付款行或议付行等索偿行发给被授权偿付的银行，就付款或议付的款项进行索偿的报文格式。

以下附样 1－10 是 SWIFT MT742 索偿的报文样本。

附样 1－10：SWIFT MT742 索偿的报文样本

使用场景

接附样 1－9。

GENERALE BANK，BRUSSELS 向 MANUFACTURERS HANOVER TRUST COMPANY，NEW YORK 索偿。

SWIFT MT742

SENDER：GEBABEBB
MESSAGE TYPE：742
RECEIVER：MAHAUS33
20/Claiming bank's reference：CL12345
21/Documentary credit number：DC.IMP3410
31C/Date of issue：210517
52A/Issuing bank：ESSESESS
32B/Amount：USD 31 500
71B/Charges：USD 200
34B/Total amount claimed：USD 31 700
57A/Account with bank：GEBABEBB
58A/Beneficiary bank：700－373473，GEBABEBB

第五节　审核单据的标准

一、国际标准银行实务

UCP600 在第二条“定义”中规定：“相符交单是指与信用证条款、本惯例的相关适用条款以及国际标准银行实务相一致的交单。”

为统一并规范全球各地银行在审核信用证项下单据的不同做法，减少单据的不符点，降低单据的拒付率，使得信用证的操作更为简便，国际商会于 2003 年 1 月 1 日正式生效了《审核跟单信用证项下单据的国际标准银行实务》（International Standard Banking Practice for the Examination of Documents under Documentary Credits，简称 ISBP）。ISBP 进一步补充并澄清了 UCP500 的审单标准，许多过去被认为是不符点的问题已不复存在。例如 ISBP 规定，如果拼写和/或打印错误并不影响单词或其所在句子的含义，则不构成单据不符。据此，在货物描述中将“machine”误写为“mashine”，将“model” 误写为“modle”等都不会导致单据不符。但是，将“model 321”误写为“model 123”则不应视为拼写错误，而应视为构成单据不符点。

随着UCP600的实施，国际商会生效了UCP600版本的ISBP，2007年修订为ISBP681，2013年修订为ISBP745，其主要原则性规定如下。

（一）缩略语

（1）使用普遍承认的缩略语不导致单据不符，例如，用“Ltd.”代替“Limited”（有限），用“Int'l”代替“International”（国际），用“Co.”代替“Company”（公司），用“Kgs”或“Kos”代替“Kilos”（千克），用“Ind”代替“Industry”（工业），用“Mfr”代替“Manufcturer”（制造商），用“Mt”代替“Metric tons”（公吨）。反过来，用全称代替缩略语也不导致单据不符。

（2）斜线（“/”）可能有不同的含义，不得用来替代词语，除非在上下文中可以明了其含义。

（二）UCP未定义的用语

由于UCP600对诸如“装运单据”“过期单据可接受”“第三方单据可接受”和“出口国”等用语未做定义，因此，不应使用此类用语。如果信用证使用了这些用语，则其含义应显而易见。否则，根据ISBP做法，这些用语将做如下理解。

（1）“装运单据”，指信用证要求的除汇票以外的所有单据（不限于运输单据）。

（2）“过期单据可接受”，指在装运日的21日后提交的单据是可以接受的，只要在信用证有效期内提交即可。

（3）“第三方单据可接受”，指所有单据，不包括汇票，但包括发票，可由受益人之外的一方出具。

（4）“出口国”，指受益人住所地的定居国及/或货物原产地国及/或承运人接收货物地所在国及/或装运地或发货地所在国。

（三）语言

根据ISBP做法，受益人出具的单据应使用信用证所使用的语言。如果信用证规定可以接受使用两种或两种以上语言的单据，指定银行或保兑行在通知该信用证时，可限制单据使用语种的数量，作为对该信用证承担责任或加具保兑的条件。

二、审核单据的标准

（一）审单的依据

UCP600第十四条“审核单据的标准”中的a分条，强调了银行审核单据是否相符所应遵循的原则：必须以单据作为唯一依据。此规定不仅适用于开证行，而且适用于所有被指定银行。

（二）审单的时限

UCP600 删除了 UCP500 的"合理时间" 的概念，并将七个银行工作日的审核单据时间进一步缩短为五个银行工作日。这就意味着出口商收汇时间将比以前更快，因为银行要加快审单速度，在五个银行工作日内决定是否兑付，从而更加有力地保障了出口商的利益。

（三）对信用证到期日的限制

信用证中一般会规定提交单据的有效期限，否则信用证中规定的用于承付或者议付的到期日将被认为是提交单据的最晚有效期限。但 UCP600 第十四条 c 分条对信用证的到期日又做出了如下限制性规定。

（1）如果信用证未规定交单期限，若交单中包含一份或多份正本运输单据，"银行将拒受迟于装运日后 21 个日历日提交的单据"，换言之，就是交单日期不得超过运输单据所载装运日后的 21 天，否则将被视为"单证不符"。但应注意，按照 UCP600 的最新规定，此规定仅适用于要求提交正本运输单据的情形，而不适用于通常仅要求受益人提交一张副本运输单据的备用信用证。

（2）但无论如何，交单日不得迟于信用证到期日。这是为了防止受益人将货物装船后交单太晚以至于超过了信用证有效期。例如信用证规定装船日为 5 月 20 日，有效期为 5 月 30 日，装船后 21 天内必须交单，即 6 月 10 日内交单，但由于超过了信用证有效期，在这种情况下，就必须遵守信用证的有效期，在 5 月 30 日或以前交单，不可延迟到装船后 21 天交单。

案例分析

某信用证中有如下规定：

开证日期：2021 年 4 月 1 日

信用证到期日：2021 年 5 月 31 日

最迟装运日期：2021 年 5 月 1 日

试问：受益人的最迟交单期是 2021 年 5 月 31 日吗？

分析：不是。根据 UCP600 第十四条 c 分条的规定，即使信用证未到期，交单迟于装运日后 21 天也是不能接受的。因此，如运输单据载明的装运日为 2021 年 5 月 1 日，则受益人最迟交单日应为 2021 年 5 月 22 日。

（3）到期日的顺延。UCP600 第二十九条 a 分条允许两个限期（一是信用证到期日，另一是运输单据的交单期限的最后一天）如遇正常节假日，应顺延至该受单银行的下一银行工作日。银行工作日意指银行在其履行受 UCP600 约束的行为的地点通常开业的一天。但须注意，银行在其营业时间外无接受交单的义务。因此，即使提交单据的当天在信用证有效期内，但如已超过银行营业时间，银行也有权拒绝。

在顺延后第一个银行工作日收到受益人交来的单据，被指定银行必须在其致开证行或保兑行的面函中声明交单是在UCP600第二十九条a分条规定的顺延的期限内提交的。这是因为各国的银行假日和结息日都不一样，彼此不了解，如果被指定银行不作出说明，开证行或保兑行就会误认为受益人没有在信用证规定期限内交单而拒付单据。

国际商会511号文件提到，400号文件要求被指定银行加一个“证明”(Certificate)。在正常情况下，“证明”需有出证人签字，然而被指定银行通知书无须签字，这就不符合“证明”须有出证人签字的要求。被指定银行在寄单通知书上做出说明则无须签字，故UCP600将“证明”改为“声明”(Statement)。

但最迟装运日不能随银行假日顺延，这是因为各国的公共交通运输如轮船、铁路、公路等全年均无假日，所以不存在因为放假而顺延的问题。如果信用证没有规定装运日期，那就以信用证到期日作为最迟装运日期，这种信用证称为“双到期”信用证。此时，如果该有效期由于UCP600第二十九条a分条所说的原因顺延，装运期也不能跟着顺延，仍然以信用证规定的到期日为最迟装运日期。例如某批在我国境内装运的货物，信用证规定到期日是9月30日，没有规定装运日期，那么装运日期就被认为是最迟9月30日，如9月30日适逢星期日放假，10月1、2日又因国庆放假，于是信用证到期日就顺延到10月3日，但装运期不能顺延，仍应是最迟9月30日。

案例分析

某出口公司接到一张信用证，该信用证规定，最晚交单日为7月29日，该公司备好全套单据打算7月29日上午向议付行交单议付。但由于7月28日该地区发生大地震，议付行7月29日无法营业。

问：出口方能否要求议付行在下一个银行工作日议付？

分析：不能。这是因为，UCP600第二十九条a分条并不适用于第三十六条“不可抗力”所指的如下情形，即：银行对由于天灾、暴动、骚乱、叛乱、战争、恐怖主义行为或任何罢工、停工或其无法控制的任何其他原因导致的营业中断的后果，概不负责。银行恢复营业时，对于在营业中断期间已逾期的信用证，不再进行承付或议付。

本例中，发生大地震是银行本身无法控制的原因，银行将不再对此负责。即此交单议付期不能顺延。

（四）单证相符的含义

UCP600在第十四条“审核单据的标准”中的d项中规定：“单据中的数据，在与信用证、单据本身以及国际标准银行实务参照解读时，无须与该单据中的数据、要求的其他单据或信用证中的数据等同一致，但不得矛盾。”可见，UCP600即使在单证之间也不要求“等同”(identical)，而仅要求“不得矛盾”(must not conflict with)，从而体现了审单标准宽松化的倾向。

可见，按照UCP600的规定，只要单证、单单之间不矛盾，即视为单证相符。因此，如果受益人在信用证下提交的质检局签发的重量证书，载明的散装货物重量具体到公吨小数点后四位，而船公司签发的海运提单载明的货物重量四舍五入到公吨小数点后二位，此时虽然两种单据关于货物的重量不一致，但并不矛盾，因此不能视为单证不符。

（五）非单据条件

（1）按照 UCP600 第十四条 g 分条的规定，银行将不审核信用证未规定的单据，此规定的目的是想解决审单数量日益增加的问题。对于信用证没有规定的单据，银行应做什么呢？特别是这些未规定的单据中包含着与要求的、相符的单据有不符之处时，银行又该如何行事？此条文明确地指示银行不要审核未规定的单据，并可将其退还给交单人。银行必须认识到银行仅与信用证规定的单据有关系。银行没有责任去审核受益人交来的额外单据。

（2）在实际业务中，常碰到信用证的条款并不要求任何单据，而只与事实有关。这是由于在开证时指示不精确的结果。这类例子有：货物必须以公会班轮装运；一套副本单据须快邮径寄申请人等。对这类非单据条款是否要求受益人提供有关证明？银行通常要求此类证明，如一张承运人出具的船只是公会班轮的证明书，或快邮收据等。

为在实践中准确贯彻 UCP600“非单据条件”的规定，须注意以下四点事项。

第一，开证行应仔细检查开证申请人递交的开证申请书，以确定其中是否含有“非单据条件”。如有此条件，开证行有责任通知申请人将该类条件转变为明确的单据要求。例如，开证申请人仅在开证申请书中列明“货物由英国国籍或国旗货船装运”（Shipment is to be made by a vessel of U.K. nationality or her flag），而未规定用何种单据来体现该项要求，则该项条件应视为“非单据条件”。在此情况下，开证行必须在信用证中将该“非单据条件”包含在一种所要求提供的运输单据中（如海运提单）。如运输单据中无法体现是否符合该项要求，则必须在信用证中明确规定受益人须提供满足该条件的一份附加单据。

第二，不应在信用证中要求受益人提供凡在单据表面无法确定是否已履行的条件。例如，不应在信用证中加列下述要求：“快船装运或按班轮条件装运”（Shipment by fast steamer or on Liner Terms）。

第三，不能在信用证中要求任何一种受益人不能获得或不在出单人知识范围内的单据。

第四，尽管 UCP600 对“非单据条件”做出了“不予理会”的规定，但当跟单信用证中的某一条件清楚地与规定单据相联系时，该条件就不能视为非单据条件。例如，跟单信用证中的一项条件提到货物是“德国产地”，但未要求产地证，则该信用证中提及的“德国产地”将被视为“非单据条件”，按 UCP600 规定，对此条件将不予理会。可是，如上述信用证同时规定受益人须提供产地证，则“德国产地”这一条件便不再是“非单据条件”了。这是因为，产地证必须表明货物原产地，具体到该信用证，则为“德国产地”。国际商会银行委员会在第 3 号《阐明见解书》中明确肯定了在后者情况下，“德国产地”已不再是“非单据条件”，它必须明确体现于信用证所要求的产地证中。

案例分析

I行开立一不可撤销的议付信用证，通过A行（议付行）通知受益人。信用证规定在船只抵达之前，单据必须到达I行营业处（Documents must arrive at the offices of Bank I before arrival of the vessel）。随后开证行修改了信用证，延展了有效期和装运期。

受益人发货后向A行提交了单据。A行及时审核单据，发现与信用证相符，对受益人议付，并把单据寄给I行索汇。I行审核A行寄来的单据后拒绝接受单据，理由如下：延迟交单。I行收到单据日期是在船到以后，因此I行将代为保管单据，并听候A行的进一步指示。

请问I行的拒付有效吗？

分析：关于延迟交单给开证行的不符点是无效的。信用证的特别条件可适用UCP600第十四条h分条，该条说明如果信用证包含有某些条件而未列明需要提交与之相符的单据，银行将认为未列明此条件，且对此不予理会。研究UCP600这一分条是用来解决关于跟单信用证的“非单据”条件。解决方法是不理会非单据要求，把它当成多余词语。申请人和开证行的责任是正确开立信用证，不允许他们把责任转嫁到其他当事人身上。申请人和开证行必须确定所需的单据。

（六）货物描述

按照UCP600第十四条e分条的规定，除商业发票外，其他单据中的货物、服务或履约行为的描述若须规定，可使用统称，但不得与信用证规定的描述相矛盾。因此，商业发票对货物的描述必须符合信用证中的描述。对其他单据，本款规定可使用统称，但不得与信用证有抵触。例如：信用证关于货物的描述为“青岛彩色电视机”，发票上也必须有同样的描述，而其他单据上（如：提单、保险单、装箱单等）只要注明“电视机”即可。

在商业发票（即出口商开立的单据）中，使货物描述与信用证中相同是有道理的。这种描述经常是技术性很强的，但要求一个对货物的具体性质知之不多的第三者提供除“不与信用证货物描述相抵触的统称”以外的其他描述，则是不可能的。

例如，有一种商品是非常专门的电子设备，信用证中的描述有300多个技术名词，商品发票中需要全部照搬是有道理的。但是货物是装在集装箱内的，如果要求既未看到、也不可能看到或者即使看到也不能辨认该类货物的承运人也全部照搬货物描述，那就成了天大的笑话。

（七）未规定单据出单人或内容

UCP600第十四条f分条规定，如果信用证要求提示运输单据、保险单据和商业发票以外的单据，但未规定该单据由何人出具或单据的内容，则只要所提交单据的内容看起来满足其功能需要，且如果此项单据内容与其他规定单据内容、信用证之间没有矛盾，银行将接受交来的单据。如果申请人或开证行要求一个特定的人签发单据，或要求单据包含精确语言，那就应该在信用证上清楚地包括这样的期望条件。在申请人的国家，为了行政需要，特别规定特定的单据也是很重要的。

案例分析

I 行开立一不可撤销的即期付款信用证，通过A行通知受益人，I 行要求A行对信用证加具保兑。A行把信用证通知给受益人，并加具了保兑。除其他单据外，信用证还要求一份装箱单。受益人发货后将单据提交给A行要求付款。A行审单后确定单据不符，理由如下：装箱单没有采用载有受益人信头的纸张开立，并且受益人没有在上面签字。

试问：

（1）装箱单必须用载有受益人信头的纸张吗？

（2）装箱单必须签字吗？

分析：（1）不是。除非信用证要求由一个特定的机构开立装箱单，装箱单无须表明出单人名称。UCP600 第十四条 f 分条清楚表明，当要求提供运输单据、保险单据和商业发票以外的单据时，信用证中应规定该单据的出单人及其措辞或内容。如果信用证对此未做规定，则只要所提交单据的内容看起来满足其功能需要，且如果此项单据内容与其他规定单据内容、信用证之间没有矛盾，银行将接受交来的单据。

UCP600 新增"所提交单据的内容看来满足其功能需要"的规定，就此案例是指信用证要求"装箱单"，无论该单据冠名为"装箱说明"，还是"装箱和重量单"，还是没有名称，只要单据包含了装箱细节，即为满足信用证要求。单据内容必须在表面上具备所要求单据的功能，这是信用证申请人和开证行所共同希望的。再如，即使信用证没有要求，汇票、证明和声明自身的性质决定其必须有签字。运输单据和保险单据必须根据 UCP 的规定予以签署。

（2）除非信用证要求签字或如果装箱单需要某种证明，装箱单无须签字。

（八）出单日期与信用证日期

UCP600 第十四条 i 分条意指单据签发日在信用证开立日以前的单据可以接受，这主要是为便利出售路货而规定的。但单据日期无论如何不得晚于交单日期。因此，假如单据日期在信用证开立日期之前是不能接受的，必须将此条件在信用证开证指示中或信用证本身上清楚地予以说明。

（九）有关地址的细节内容

按照 UCP600 第十四条 j 分条的规定，当受益人和申请人的地址显示在任何规定的单据上时，不必与信用证或其他规定单据中显示的地址相同，但必须与信用证中述及的各自地址处于同一国家内。这是因为，此类地址通常处于变动之中。因此，用于联系的资料（电传、电话、电子邮箱及类似方式）如作为受益人和申请人地址的组成部分，可以不予显示，即便显示，也可以与信用证中述及的各自地址不一致，即审单时将被不予置理。然而，当申请人的地址及联系信息作为运输单据中收货人或被通知方细节的组成部分时，则必须按照信用证规定予以显示。

（十）托运人的名称

信用证受益人一般即为发货人（卖方或制造商）。但是在实际业务中，该货物不一定由受益人自己制造。在中间商转手经营的情况下，购进他人生产或经销的货物再转卖给信用证申请人的情况也是正常的，因此由原始供货人发货的情况经常发生。为适应上述实际状况的需要，按照 UCP600 第十四条 k 分条规定，显示在任何单据中的货物的托运人或发货人不必是信用证的受益人。

本章小结

本章介绍了国际信用证的概念、当事人、特点、作用、形式、分类、流程、内容、格式等知识点，并结合 UCP600 及 ISBP745 和实践案例，对信用证主要环节的办理、相关单据及 SWIFT 报文予以阐述，以帮助读者了解、认识并掌握国际信用证。

思考题

1. 何谓信用证？
2. 信用证有哪些当事人参与？
3. 信用证有哪些特点？
4. 信用证有哪些形式？
5. 信用证有哪些办理流程？
6. 信用证有哪些基本条款？
7. 信用证主要环节的 SWIFT 报文有哪些？

案例讨论题

国内出口商 A 公司向国外进口商 B 公司出口玩具，一直以来使用信用证方式支付，交易时间超过 3 年。后来 B 公司提出由于信用证方式占用资金，且费用高昂，要求采用部分预付，货到后一个月内支付余款的方式结算，比例为五五开。A 公司考虑到是老客户，接受了对方的要求。在收到 50%的预付货款后，A 公司发货，但之后一直未收到 B 公司的余款。经了解，B 公司已经破产倒闭，其利用最后一次机会行骗，A 公司损失近 20 万美元。

请问作为出口商，从本案中应得到什么教训？

第二章 信用证中的软条款与案例分析

案例导入

某市中国银行分行收到新加坡某银行电开信用证一份，金额100万美元。购铸铁井盖，目的港为巴基斯坦卡拉奇，证中有下述条款。

（1）检验证书于货物装运前开立并由开证申请人授权的签字人签字，该签字必须由开证行检验。

（2）货物只能待开证申请人指定船只并由开证行给通知行加押电通知后装运，而该加押电必须随同正本单据提交议付。

请问：该信用证可不可以接受？

此为“软条款”信用证，不可以接受。从上述信用证条款中可以看出，由开证申请人验货并出具检验证书及开证申请人指定装船条款，实际上是开证申请人控制了整笔交易，受益人（中国出口公司）处于受制于人的地位。信用证项下开证行的付款承诺是不确定和不可靠的。后经调查，该开证申请人名称中有“AGENTIES”字样，是一家代理商公司，实际资本仅有100元（新加坡元），系典型的皮包公司。

信用证是国际贸易的一种主要结算方式。信用证以银行信用代替商业信用对卖方承担付款责任，一般被认为是国际贸易中较为安全、有保障的结算方式，被誉为“国际贸易的生命血液”。信用证“严格相符原则”，往往使出口商认为“高枕无忧”，只要其提交的单据表面满足“单证相符，单单相符”的条件，银行就须承担付款责任，可安全收汇。但正基于此，信用证容易被别有用心的进口商设置一些隐蔽性的条款，蒙骗出口商以获益。其中，最常见的就是信用证软条款。

本章通过真实案例分析，详细介绍信用证软条款的概念、成因、常见类型、识别方法、信用证欺诈及防范措施，帮助外贸企业及银行了解软条款危害，规避软条款风险，确保企业安全收汇。

第一节 信用证软条款概述

一、信用证软条款的概念

信用证软条款，指信用证中所包含的一些隐蔽性条款，这些条款出口方不易办到或即使办到也容易被开证行拒绝，变相地赋予了开证申请人和开证行单方面的主动权，从而使开证行的第一性付款责任随时会因开证申请人或开证行单方面的行为而解除，以达到不付货款或少付货款的目的。这些条款使得信用证实际变成了随时可以撤销或永远无法生效的信用证。

值得一提的是，国际商会并没有对信用证软条款的概念作明确规定。上述概念是目前国内外对信用证软条款较为普遍认可的说法。信用证软条款的存在极大地削弱了银行信用的作用，使得贸易双方权利义务处于不平等地位。进口商凭借信用证软条款可以骗取出口商的保证金、履约金，给受益人带来不必要的风险和损失，甚至钱货两空，严重地损害了出口商的利益。

二、信用证软条款的成因

信用证软条款的成因，客观上是由于信用证工具自身存在缺陷，但更加主观的原因是贸易双方，尤其是进口商出于某些动机而蓄意使用。

（一）客观原因

“独立性原则”及“严格相符交单原则”是信用证两大基本特征。信用证是一份独立的文件，银行处理的是单据，而不是单据所涉及的货物、服务或其他行为。开证行承担第一付款责任的前提是提交的单据满足“单证相符、单单相符”的条件。这就给进口商在信用证中设置软条款提供了温床。进口商在信用证中规定某些条款，或者受益人难以实现，或者受益人根本不可能实现，继而使受益人很难提交相符单据，处于被动的地位。

针对信用证自身缺陷造成的软条款弊端，在法律适用、管辖权等方面，各国尚未形成统一的处理办法。即便是被誉为“信用证业务圣经”的《跟单信用证统一惯例（2007 年修订本）》（简称 UCP 600），也没有明确禁止使用包含软条款的信用证。因此，某种程度上讲，软条款是随着信用证诞生而与生俱来的。

（二）主观原因

进口商设置软条款，出口商接受软条款，往往都是有各自的主观原因。

1. 进口商

进口商设置软条款可能出于以下主观原因。

（1） 自我保护

信用证“严格相符交单原则”仅指单据表面相符，即银行对任何单据的形式、充分性、准确性、内容真实性、虚假性或法律效力概不负责。国际贸易往往涉及远途运输，通常是单据先于货物到达目的地，买方付款赎单后获得的只是单据，可能无法保证随后到达的货物与合同规定的相符。若出口商欺诈，以次充好，甚至不发货但缮制相关符合信用证要求的单据交单收汇，进口商都可能造成损失。因此，进口商为了更好地控制货物及掌握装运时间，便在信用证中规定一些限制出口商行为的软条款，以维护自身权益。

（2）行骗

进口商即开证申请人通常要求受益人预先支付履约保证金或开证押金。一旦收到款项，便可利用信用证中的软条款逃避付款义务，达到行骗之目的。在我国近年来信用证软条款诈骗案例中，这种情况屡见不鲜。

案例分析

我国某省外贸公司与美国“金华企业公司”（KAMWA ENTERPRISES INC. USA）签订了销往香港花岗石合同，总金额达 1 950 万美元，并通过香港某银行开出了上述合同项下的第一笔信用证，金额 190 万美元，购得 5 000 立方米花岗石砌石。信用证规定：货物只能待收到开证人指定船名的装运通知后装运，而该装运通知将由开证行以修改方式发出。信用证开立后，我外贸公司将质量保证金 260 万元人民币付给了买方的指定代表。该外贸公司做法对不对？

分析：不对。因为信用证规定“装运通知”由开证行签发和以修改形式进行，使该信用证的主动权落在开证申请人手中。事实是，装船前，签约人代表来产地验货，以货物质量不合格为由，拒绝发出“装运通知”，致使货物滞留产地，中方公司根本无法发货收汇，质量保证金打了水漂，损失惨重。后来，据美国邓白氏公司提供资信报告，签约人合同中的地址、电话号码等纯系造假。

（3）获得信用证的主动权

获得信用证的主动权，一定程度上是进口商设置软条款的最主要动因。软条款可以帮助进口商“左右逢源”，根据实际需要做出最有利的选择。

例如，某些商品价格易出现波动。进口商在信用证中设置软条款，以便自己在“要不要货”及“付不付款”方面占据主动。一旦商品市场行情不好，价格走跌，进口商可以选择让信用证不生效，凭软条款拒付货款，或者要挟出口商降价处理货物。若行情见涨可以获利，进口商立即让信用证生效。

再如，当进口商作为中间商时，既要控制上游货源，又要确保下游销路。倘若最终买家突然违约，商品又属于定制化产品，不适宜转售其他买家，该中间商可选择用信用证软条款免除自己对上游出口商付款的义务。

尽管这种“趋利避害”的操作在商业道德上有待商榷，但许多进口商确实是这么做的。

2. 出口商

实践中，少数缺乏经验的出口商可能对信用证不甚了解，对软条款无法识别，未能严格审查出合同及信用证的软条款，结果使自己处于被动地位，主动权完全掌握在进口商手中。

但是，目前国内外的通知银行往往都提供预审证服务，即便出口商知之甚少，银行具有丰富的操作经验，可准确识别软条款并为出口商提出修改建议。况且大多数出口商也非“小白”，虽然软条款具体内容千变万化，但归根到底常见类型是屈指可数的，为何实践中还有那么多软条款信用证及纠纷案件？究其原因，更可能的是出口商有意识地接受信用证软条款。尤其在交易方面处于劣势的出口商，急于出口，或者竞争激烈，被迫降低条件，甚至放弃原则，为达成交易被动接受软条款。

案例分析

东南亚某国银行给我国Z银行开立一份不可撤销自由议付的信用证。信用证对提单通知方（NOTIFY PARTY）做出规定，“NOTIFY PARTY WILL BE ADVISED LATER BY MEANS OF L/C AMENDMENT THROUGH ISSUING BANK UPON INSTRUCTION OF THE APPLICANT”。后经我出口外贸公司及Z银行多次催促，开证行迟迟不发送信用证修改并指定提单中的NOTIFY PARTY。由于商品系定制化产品，销路狭窄，我外贸公司不得已在信用证修改之前交单，并将提单的NOTIFY PARTY制单打印为开证申请人的名称。

开证行在收到单据后拒付，理由如下：“NOTIFY PARTY ON THE B/L SHOWING AS APPLICANT WHEREAS L/C AMENDMENT HAD NOT BEEN EFFECTED”。即信用证修改尚未发出，并未指定通知人，但提单已显示开证申请人为通知方。尽管Z银行多次反驳，但开证行始终坚持不符点成立。最终开证行来电称申请人要求降价10%方可赎单。出口商迫于压力不得不接受要求，最终以损失四万美元了结此事。

分析：本案例的焦点是信用证关于提单通知方的软条款。无论怎样催促，开证行就是不发出修改电文指定提单通知方。换言之，这条要求的主动权在开证申请人，我外贸公司无法控制。尽管Z银行对该软条款征询过受益人意见，但因急于发货，受益人称海外买家可接受不符点赎单。未想申请人变卦并以降价威胁，最终造成实际损失。

第二节　信用证软条款的识别

信用证是一种合同，理论上参与方可任意规定其内容及条款。实践中，信用证的格式灵活多样，各个国家开证行开立的信用证措辞各异，加之涉及交易的环节众多，因此信用证软条款繁多，甚至是五花八门。但万变不离其宗，无论哪个交易环节、哪种单据，凡是出现受益人不便实现或不能实现的条款，都应充分识别并警惕，继而做出正确的防范化解措施。本节重点讨论常见的软条款类型及内容。

一、控制信用证生效的软条款

正常情况下，受益人收到的信用证应是已生效的不可撤销的信用证。只有在已生效的信用证下，受益人才能备货。

信用证设置控制生效的软条款，往往规定信用证暂不生效，待满足某些条件后再生效。例如，待货样经开证申请人确认后再通知生效，或待进口许可证签发后再生效，或开证行签发通知后生效。不管何种形式，开证申请人通常掌握信用证生效的主动权。简言之，开证申请人同意生效，信用证才生效。

实践中，控制信用证生效的软条款可归纳为下述若干类。

（一）信用证暂不能生效，待日后收到通知后才能生效执行

该类软条款常见措辞如下。

（1）THIS L/C WILL ONLY BE AVAILABLE AFTER RECEIPT FROM OUR CLIENT OF INSTRUCTION.（本信用证只有收到我行委托人的指示，方可生效。）

（2）THIS L/C IS NOT OPERATIVE UNTIL WE ADVISE.（本信用证在我方通知前无效。）

（3）THIS LETTER OF CREDIT IS NOT OPERATIVE UNTIL WE ADVISE PRICE, NAME OF VESSEL，DESTINATION AND FINAL DOCUMENTARY REQUIREMENTS BY WAY OF AMENDMENT.（直到我方通过修改信用证通知有关价格、船名、目的港和最终单据的要求后，本信用证方能生效。）

通常出口商面对这样暂未生效的信用证，在备货和制单上存在困难和风险。尽管开来的也是不可撤销的信用证，但罗列上述条款后，信用证实质上已成为可撤销的信用证。开证行付款行为无法得到约束。受益人须仔细审核，慎重对待。

当然，上述条款也存在于买卖双方签订长期的大宗贸易框架合同，并分期执行的情况。价格、船名、目的港和最终单据有待买方根据本笔具体交易背景进一步确认，这可能也是合理的。

（二）信用证暂不生效，须经开证申请人备妥必备文件，或取得配额、许可证、批准，或符合当地法律法规后才能生效执行

该类软条款常见措辞如下。

1. THIS CREDIT WILL BECOME OPERATIVE PROVIDED THAT THE NECESSARY AUTHORIZATION WILL BE OBTAINED FROM EXCHANGE AUTHORITY, WE SHALL INFORM YOU AS SOON AS THE AUTHORIZATION OBTAINED.（本信用证必须从外汇当局获批必要的授权书后方能生效，我方获得授权书后将立即通知你方。）

2. THIS CREDIT WILL BECOME OPERATIVE ONLY AFTER THE APPLICANT RECEIPT OF THE REQUESTED IMPORT LICENSE RELEASED BY RELEVANT AUTHORITIES.（本信用证只有当开证申请人从有关当局获得进口许可证后方能生效。）

上述获得授权书/许可证后信用证方能生效的条款，并不一定是开证申请人故意为之。因为很多国家实行外汇管制，实际情况可能是买方在与卖方签订合同后，由于进口国对外汇进行额度管制，进口方必须获批外汇额度才可对外付款。而信用证开出之时，外汇额度还没有获批，因此在信用证中做出这样的规定可能也是符合客观事实的。当然，受益人同样存在风险，即开证申请人无法获得当局的授权或许可，导致信用证无效。

（三）信用证暂不生效，须开证申请人收到受益人提供的样品合格后信用证才生效

该类软条款常见措辞如下。

THIS L/C WILL BECOME OPERATIVE UPON BUYER'S APPROVAL OF 10

PRODUCTION SAMPLES OF EACH ARTICLE.（本信用证只有在买方对每个货号的10件样品认可后才生效。）这意味着在进口商认可前，信用证是不生效的。这影响到出口商备货出运。

（四）信用证暂不生效，须受益人提供符合要求的反担保措施，信用证才能生效

该类软条款常见措辞如下。

THIS L/C WILL BECOME OPERATIVE WHEN BENEFICIARY WILL FURNISH PERFORMANCE BANK GUARANTEE TO THE APPLICANT.（信用证只有在开证申请人收到受益人提交的银行履约保函后才生效。）

进口商为保护自身利益，要求开证行加列“反担保条款”。因为进口商开立信用证须承担必要的成本，如开证手续费，有时甚至是“机会成本”。由于某些商品的销售具有季节性，若出口商未能履约备货，进口商极可能错失商机。例如圣诞节前夕销售彩灯，世界杯期间销售球衣等。

通常，出口商银行为出口商履约提供银行保函，用这种反担保换取开证行的付款承诺。一旦出口商有违约行为，担保行将按保函规定对进口商赔付。若开证申请人或开证行未收到符合要求的银行保函，来证不生效。受益人也得不到开证行的偿付承诺，处于被动地位。

二、控制货物装运的软条款

在货物装运的一些细节上设置软条款陷阱，规定装运港、装船日期或目的港须由开证申请人通知或须经其同意，这类软条款的存在不仅使开证申请人掌握了货物是否装船、何时装船的主动权，而且将受益人陷入两难的境地：一方面不能不准备发货，另一方面又无法掌握发货日期，随时可能造成信用证装船时间的逾期。若受益人在装船过程中产生与信用证任意条款的不符情况，这些情况便可成为开证行拒付的理由。

值得一提的是，海运提单是信用证的重点单据，经常会出现一些特别的限制条款，如指定船公司、限制船籍、规定航运线路等，这些未必一定属于软条款。例如：

1. 指定船公司

TRANSHIPMENT FROM HONGKONG TO GUANGZHOU MUST BE EFFECTED BY “CHU KONG TRANSHIPMENT TRANSPORTATION CO.，LTD.” SUCH EFFECT MUST BE SHOWN ON THE B/L.（从香港到广州港的中转运输必须通过珠江中转联运有限公司，并且在提单上必须显示出来。）

2. 规定航运线路

A CERTIFICATE FROM THE STEAMSHIP AGENTS/OWNER/MASTER CERTIFYING THAT THE VESSEL CARRYING GOODS IS NOT ISRAELI AND WILL NOT CALL ON AN ISRAELI PORT WHILE CARRYING THE GOODS, AND THAT THE VESSEL IS NOT BANNED ENTRY TO THE PORTS OF THE ARAB STATES.（由船务代理或船东或船长签发的证明书证明载货船舶不是以色列船籍，在航行途中不停靠以色列港口并且不受限制进入阿拉伯国家的港口。）

上述条款中指定船公司、限制船龄、规定航运线路等可分别看成是开证申请人为了船

货衔接方便，指定由与自己比较熟悉的船公司承运或中转货物。规定船舶不是以色列船籍，在航行途中不停靠以色列港口并且不受限制进入阿拉伯国家的港口，在中东国家开来的信用证中较常见。出于安全的考虑，中东的商人在申请开证时列出这类限制性的运输条款也是不得已而为之。

对于运输中的限制船籍、船龄和规定航运线路的问题，只要与运输公司协调好便可迎刃而解。受益人应时刻关注国际形势，理解客户的要求，不能视为客户故意设置障碍而拒而远之。

整体看，信用证装运条款与基础贸易合同中的交货条款应保持一致。如基础贸易合同装运条款模糊不清，应阐述此等条款的重大影响并要求明确装运的具体条款。

三、控制商品检验及验收的软条款

商品检验书方面易出现软条款。一般信用证均规定以卖方所在国检验机构出具的检验证书作为议付单据。但是，有些信用证却规定商检证书须由开证申请人或其指定人或特定人出具，或须由开证行核实，或须与开证行存档样本相符。究其实质，按照这些条款的规定，只有开证申请人出具或经过其同意的商检证书才能作为议付单据，这等于把是否接收货物的主动权交给了开证申请人。一旦开证申请人对货物品质无端挑剔，拒绝签发商检证书，或声称受益人出具的商检证书与开证行存档不符，受益人就没有了付款保障。因此，在审查信用证时对商品检验条款一定要严加注意，避免陷入信用证商品检验软条款陷阱。

在货物验收环节设置软条款，与上述检验环节做法相似，这类信用证往往规定货物收据须由开证申请人签发或核实，或货物须经开证申请人验收合格，并以申请人出具的相应证明作为议付单据之一，或规定以进口国检验标准验收货物并出具检验证书。含有该等条款的信用证实际上也已经剥夺了信用证付款的可靠性，使得受益人必须在开证申请人接收货物后才能得到货款，加剧了受益人面临单货两空的风险，不得不防。

四、自相矛盾的信用证软条款

信用证中可能存在相互矛盾的条款。例如，信用证中规定禁止分批装运却又限定每批交货的期限，或既允许联运提单却又禁止转船，或者要求的保险种类相互重叠，或规定不允许分批装运后又修改增额等，这些规定无疑是相互矛盾的。而这些规定将直接影响要求提示的单据，并有可能成为开证行拒付的理由。

《关于审核跟单信用证项下单据的国际标准银行实务》（ISBP745）第 5 条规定：“开证申请人承担其开立或修改信用证的指示模糊不清带来的风险。在申请人没有明确表示相反意见的情况下，开证行可以必要或合适的方式补充或细化那些指示，以便信用证或有关的任何修改书得以使用。开证行应当确保其所开立的任何信用证或修改书的条款与条件没有模糊不清，也没有矛盾。”即信用证存在自相矛盾的条款，风险不应由受益人承担。但实践中，开证行或开证申请人仍可能因此拒付或缓付，给出口商正常收汇造成麻烦。因此遇到矛盾条款最好通知修改。

案例分析

某国内出口商收到国外进口商开来的信用证，其中46场规定：

FULL SET OF “SHIPPED ON BOARD” OCEAN BILL OF LADING DRAWN OR ENDORSED TO THE ORDER OF ISSUING BANK SHOWING “FREIGHT PREPAID” AND MARKED NOTIFY OPENER.

而47场又规定：

ONE SET OF ORIGINAL SHIPPING DOCUMENTS（BILL OF LADING，COMMERCIAL INVOICE，PACKING LIST AND CERTIFICATE OF ORIGIN）SHOULD BE FORWARDED WITHIN 7 DAYS AFTER SHIPMENT TO APPLICANT AND A CERTIFICATE PRESENTED TO THAT EFFECT.

请问出口商该怎么办?

分析：这份信用证存在自相矛盾的条款。46 场规定全套正本海运提单交单开证行，而47场又要求一套包括海运提单的正本单据在装运后7日内寄给开证申请人。逻辑上相互矛盾，出口商不能两全。因此，出口商应联系开证申请人修改信用证。

当然，有的相互矛盾的信用证条款可能仅是开证行疏忽大意，并无恶意。

案例分析

曾经有这样一份信用证，在47场中出现了两个第10条，如下图。

北京市分行
BEIJING BRANCH

10. WITH 10 PERCENT MORE OR LESS IN THE QUANTITY PER SIZE, TOTAL QUANTITY AND TOTAL AMOUNTS IS ALLOWED.
11. FOB VALUE (GOOD'S VALUE) AND FREIGHT CHARGES MUST BE MENTIONED SEPARATELY IN COMMERCIAL INVOICE.
10. SUPPLIER CREDIT REPORT AS CREDIT WORTHINESS AND REPUTATION TO BE ACCOMPANY WITH THE ORIGINAL SHIPPING DOCUMENTS.
:71B:[Charges]
ALL BANK CHARGES OUT SIDE
BANGLADESH INCLUDING REIMBURSMENT
CHARGES ARE ON BENEFICIARY'S
ACCOUNT.
:48:[Period for Presentation]
DOCUMENTS TO BE PRESENTED WITH IN
21 DAYS FROM THE DATE OF SHIPMENT
BUT WITH IN VALIDITY OF THE CREDIT.
:49:[Confirmation Instructions]
WITHOUT
:78:[Instructions to the Paying/Accepting/Negotiating Bank]
WE SHALL ARRANGE REMITTANCE OF THE PROCEEDS, OF THE CREDIT UPON
RECEIPT ORIGINAL DOCUMENTS COMPLYING TERMS AND CONDITIONS OF
THE CREDIT AS PER INSTRUCTION OF NEGOTIATING BANK.
:57A:["Advise Through" Bank]

:72:[Sender to Receiver Information]
SUB:UCPDC 600 ICC PUBLICATION
REVISION 2007.
//PLS AVOID DUPLICATION.
-}{5:{MAC:EAC3123B}{CHK:66A4A86AE105}}

第一个“第10条”是关于数量及价格10%溢短装的条款。第二个“第10条”（应为笔误，按顺序应是第 11 条）规定，交单随附供应商的信用报告，用以佐证其信用和商誉。

开证行似乎发现了这一笔误，随后发来信用证修改报文 MT707，要求删掉 47 场中的第 10 条。报文如下图。

BEIJING BRANCH

Eximbills Enterpriste Incoming Swift

Message Type:MT707
Send Bank:JAMUBDDH040
JAMUNA BANK LIMITED DHAKA (NAYABAZAR BRANCH)

Recv Bank:
(BEIJING BRANCH)

User Name:pk101103
Print Times:2
Print Date:2014-08-27 MIR:140826JAMUBDDHA0404532303270

:20:[Sender's Reference]
3040-14-01-0140
:21:[Receiver's Reference]
NO REF
:52A:[Issuing Bank]
JAMUBDDH040
:31C:[Date of Issue]
140805
:30:[Date of Amendment]
140826
:26E:[Number of Amendment]　A1
1
:59:[Beneficiary(Before this Amendment)]

:79:[Narrative]
FIELD F47A CLAUSE 10 NOW TO BE ENTIRELY DELETED.
+
ALL OTHER TERMS AND CONDITIONS WILL REMAIN
UNCHANGED.
BEST REGARDS.
-}{5:{MAC:4D1D2373}{CHK:28142A977112}}

但是问题又来了，删除 47 场中的第 10 条，到底是指删除溢短装的那条，还是删除供应商信用报告那条？并没有说清楚。

后经各方确认，证实要删除的是溢短装的那个第 10 条。出口商缮制单据交单，开证行相符交单付款，顺利收汇。

分析：此例中，开证行的修改电文最好这样草拟：

① 信用证 47 场 "SUPPLIER CREDIT REPORT AS CREDIT WORTHINESS AND REPUTATION TO BE ACCOMPANY WITH ORIGINAL SHIPPING DOCUMENTS." 该条改为第 12 条。

② 信用证 47 场第 10 条彻底删除。
这样就不会有任何歧义了。

五、不易获得单据的软条款

信用证中规定一些不易获得单据的条款。例如某特定人签字的单据，或注明货物配船部位或装在船舱内的货柜提单，这些规定对作为受益人的卖方来说根本无法履行或非卖方所能控制。再如，我国对国外出口的陶瓷、散装矿石等，信用证规定瓷罐须装单舱，散装矿石要求装单舱或不准装深柜，必须在提单上加注“不准装深柜”。在实际中固然应适当考虑收货人的要求，但不能作为一条规定列入信用证内，因为配舱属船方的权力范围，只要承运人对货物不违反适当地、谨慎地装船配载原则，货主是不能干涉的。船方配货是根据全船货物全盘考虑的，不可能由货主指定部位装船。

案例分析

某国内出口商收到国外进口商开来的信用证，其中规定：

“ORIGINAL CERTIFICATE OF APPROVAL OF THE FINAL PRODUCTS ISSUED PRIOR TO SHIPMENT CONFIRMING THAT THE FINAL PRODUCTS HAVE MET ALL SPECIFICATIONS AS REQUIRED BY THE L/C APPLICANT AND IS ACCEPTABLE TO THE L/C APPLICANT. CERTIFICATE OF APPROVAL TO BE MANUALLY SIGNED AND STAMPED BY ALL L/C APPLICANT（WHOSE SIGNATURES AND STAMP OR CHOP MUST BE AS PER THE L/C ISSUING BANK MANDATE）.”

请问出口商该怎么办?

分析：这份信用证要求涉及产品的检验报告必须作为交单文件提交给开证行。检验报告须明确产品功能符合开证申请人的质检要求。检验报告由开证申请人签字或盖章，且开证申请人的签字或盖章须与开证行授权留底的签样保持一致。

出口商太难了，甚至根本做不到：

一、在检验报告上由开证申请人签字或盖章，这条已经很难为出口商了。签字或盖章由开证申请人说了算，除非产品能够令买方满意，否则申请人可拒绝签字。出口商无法缮制单据。

二、签字或盖章须与开证行预留签样保持相符，这条出口商做不到。由于开证行认证的签字样本属于买家与银行协商达成的单方面文件，买家在开证行预留的签字人可能也不止一个，签字的样本受益人也并不知晓，因此无法核实提交的检验报告上的签字或盖章是否与开证行的留底保持一致。即使出口商要求开证行提供预留印鉴样式，开证行也一定会拒绝。因为预留印鉴属于客户核心信息，是机密的。最终若开证行以印鉴不符为由拒付，出口商一点辩驳的机会都没有。

更有甚者，开证行、开证申请人、船公司串通，以印鉴不符或非开证申请人的有权签字人签字为由拒付，同时又提走货物，造成出口商钱货两空。因此，信用证这条规定，出口商应该坚决修改或删除。

六、有条件付款的软条款

开证行有条件付款的软条款，如开证行在收到内容为“货物已经到达加拿大并且已经通过加拿大政府机构检验”的进口商书面通知 7 天后付款；开证行要求议付行授权其在进口商仅出具一个简单收据的情况下将单据交给进口商，以便进口商办理商品清关和加拿大政府机构检验手续。

上述第 1 个条款给开证行付款加上了非单据化条件，如果进口商不出具上述通知，即使受益人按照信用证发货后交单议付，也无法得到开证行付款。上述第 2 个条款规定，开证行让议付行无偿放单，受益人的损失可能是无法弥补的。

案例分析

某国内出口商收到国外进口商开来的信用证，其中规定：

“THE LETTER OF CREDIT IS PAYABLE TO BENEFICIARY ONLY AFTER OUR RECEIPT OF THE APPLICANT’S DOCUMENTS WHICH ARE FOUND TO BE ACCEPTABLE TO US AND PAYMENT UNDER THIS BACK TO BACK CREDIT IS SUBJECT TO FINAL PAYMENT AGAINST MASTER L/C NO. IC×××× DATED 200605 ISSUED BY ×××× UPON RECEIPT OF THE PROCEEDS FROM THE MASTER L/C ISSUING BANK, WE SHALL THEN REIMBURSE THE PRESENTING BANK ACCORDING TO THEIR INSTRUCTIONS AT THEIR EXPENSE.”

请问出口商该怎么办?

分析：上述信用证软条款的核心意图是给背对背信用证的子证付款添加了附加条件。背对背信用证是信用证的受益人以主信用证为保证，重新开具一个新的信用证（子证），但两份信用证应是独立存在的。若援引上述条款，则强调此信用证必须在其主信用证回款之后，才对子信用证进行付款操作。即开证对付款条件有了明确制约，使其变成了有条件付款的信用证，受益人交单后收款将不受保障。因此出口商应力争修改或删除该条款。

第三节　信用证的欺诈与防范

谈到信用证软条款，就不得不提到信用证欺诈/诈骗。由于信用证是独立于买卖合同的文件，银行审单也遵循“表面相符”的原则，银行在审核中强调的是信用证书面形式上的认证。信用证凭单付款，只要单证相符，银行就无条件付款。这也使得一些不法商人利用信用证只处理单据而不涉及货物的特点，进行作假或以假单据骗取货款，或以假信用证骗取货物或骗取银行融资便利达到欺诈的目的。本节重点讨论信用证欺诈的形式及防范措施。

一、信用证的欺诈形式

信用证诈骗在很大程度上与信用证交易的商业背景有密切的关系，信用证诈骗的主要表现形式如下。

（一）伪造文件或签字、印鉴、密押诈骗

在现代科技条件下，信用证的伪造极为方便。伪造包括了伪造信用证、伪造信用证修改文件、伪造保兑信用证，伪造签字或印鉴、伪造检验书等。

进口商伪造信用证，或窃取其他银行已印好的空白格式信用证，或与已经倒闭或濒临破产的银行的职员恶意串通开出信用证后直接寄给出口商。信用证传递方式主要有三种：第一种由开证行直接开给通知行，再由通知行审核后转交给出口商。第二种由开证行直接寄给受益人，不经过通知行审核。第三种由开证申请人即进口商直接将信用证寄给受益人，不经过通知行审核。伪造信用证欺诈主要是利用后两种传递方式，不法进口商虚构信用证的开证行或者假借某家银行名义伪造信用证，然后直接将信用证交给出口商以此进行诈骗。

伪造信用证修改书诈骗，是诈骗分子不经开证行而径向通知行或受益人发出信用证修改书，企图钻出口方空子，引诱受益人发货，以骗取出口货物。这种诈骗中，原证往往是真实、合法的，但含有某些制约受益人权利的条件，亟待修改。修改书以电报或电传的方式发出，且盗用他行密押或借用原证密押，修改书不通过开证行开出，而直接发给通知行或受益人。信用证规定装运后邮寄一份正本提单给申请人，且装船期限较短，以迫使受益人仓促发货。

伪造保兑信用证诈骗，是在提供假信用证的基础上，为获得出口方的信任，蓄意伪造国际大银行的保兑函，以达到骗取出口方大宗出口货物的目的。此类诈骗常常是信用证的开证行为假冒或根本无法查实的银行，保兑行为国际著名银行。保兑函分开寄来，其签名为伪冒签字。往往贸易双方事先并无了解，仅通过中间人介绍相识，来证金额较大，且有效期较短。

伪造签字或印鉴，是诈骗分子伪造开证行有权签字人员的印鉴（签字），欺骗受益人（出口商）盲目发货，最终达到骗取出口货物的目的。这种诈骗一般有如下特征：信用证不经通知，而直达受益人手中，且信封无寄件人详细地址，邮戳模糊；所用信用证格式为陈旧或过时格式；信用证签字笔画不流畅，或采用印刷体签名；信用证条款自相矛盾；信用证要求提单做成申请人为收货人等。

假检验证书诈骗，是以申请人代表的名义在受益人出货地签发检验证书，但其签名与开证行留底印鉴式样不符，致使受益人单据遭到拒付，而货物却被骗。这种诈骗往往来证含有检验证书由申请人代表签署的软条款；来证规定申请人代表签名必须与开证行留底印鉴式样相符；来证要求一份正本提单交给申请人代表；申请人通过指定代表操纵整个交易过程。

盗用或借用其他密押诈骗，这是诈骗分子在电开信用证中，伪称使用第三家银行密押，但该第三家银行的确认电却无法加押证实，试图骗取出口货物。此类诈骗通常有如下特点：来证无押，而声称由第三家银行来电证实；来证装船期、有效期较短，以逼使受益人仓促发货；来证规定转船后由受益人寄交一份正本提单给申请人；开立远期付款信用证，并许以优厚利率；证中申请人与收货人分别在不同的国家或地区。

案例分析

作者曾遇到过这样一份信用证单据（如下图），即以存款证书来表明相关方的资质及商誉。

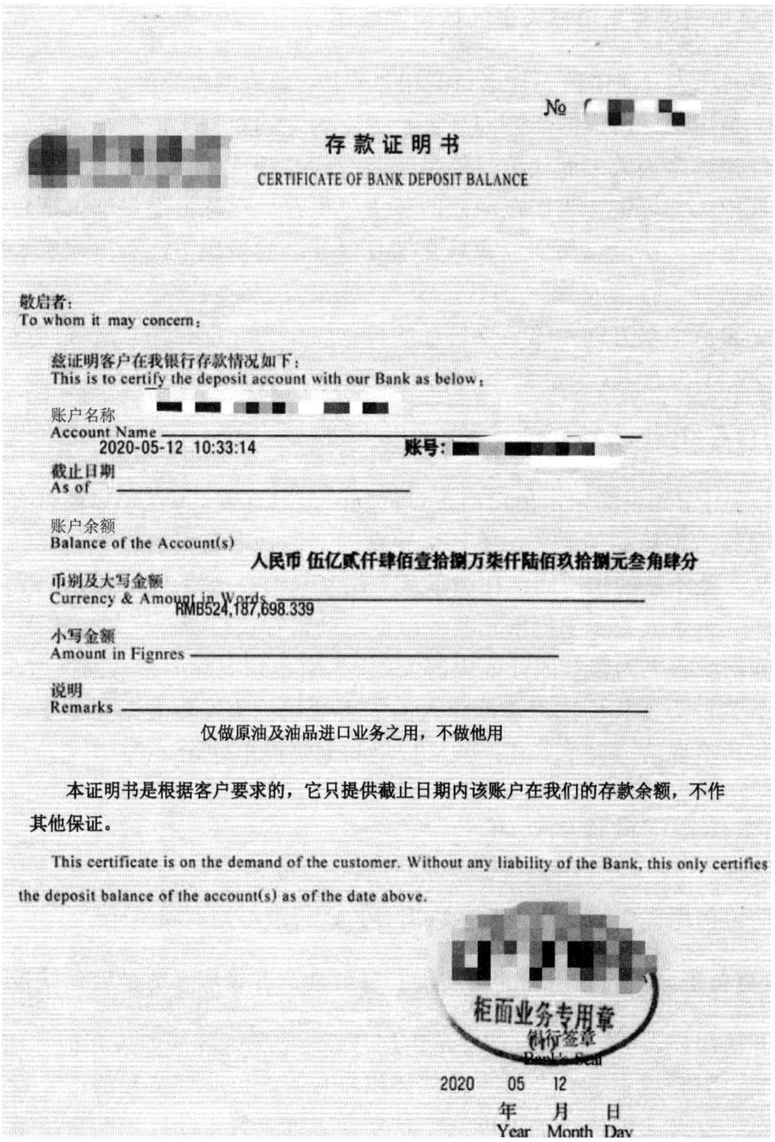

№ [redacted]

[redacted]

存款证明书

CERTIFICATE OF BANK DEPOSIT BALANCE

敬启者：
To whom it may concern:

兹证明客户在我银行存款情况如下：
This is to certify the deposit account with our Bank as below:

账户名称
Account Name [redacted]

2020-05-12 10:33:14　账号：[redacted]

截止日期
As of

账户余额
Balance of the Account(s)

币别及大写金额
Currency & Amount in Words　人民币 伍亿贰仟肆佰壹拾捌万柒仟陆佰玖拾捌元叁角肆分

小写金额
Amount in Fignres　RMB524,187,698.339

说明
Remarks　仅做原油及油品进口业务之用，不做他用

本证明书是根据客户要求的，它只提供截止日期内该账户在我们的存款余额，不作其他保证。

This certificate is on the demand of the customer. Without any liability of the Bank, this only certifies the deposit balance of the account(s) as of the date above.

[redacted]
柜面业务专用章
银行签章
Bank's Seal

2020　05　12
年　月　日
Year　Month　Day

请注意，“小写金额”一栏的“Amount in Fignres”系明显拼写错误，中文方面也有多处错别字，一家正规银行的存款证明是不会有这样的错误。作者与该存款证明载明的出具银行联系，证实系伪造。后经报案，成功破获一笔诈骗案件。

（二）进口商不依照合同开证诈骗

信用证的条款应与买卖合同严格一致。但实际上由于多种原因，进口商不依照合同开证，从而使合同的执行发生困难，或者使出口商遭受额外的损失。最常见的是：进口商不按期开证或不开证（如在市场变化和外汇、进口管制严格的情形下）；进口商在信用证中增添一些对其有利的附加条款（如单方面提高保险险别、金额，变换目的港，更改包装等），以达到企图变更合同的目的；进口商在信用证中做出许多限制性规定等。

（三）开证申请人与出口商合谋的信用证欺诈

这类诈骗表现为开证申请人与出口商相互勾结，编造虚假的买卖双方关系，由所谓的买方申请开立信用证，所谓的卖方向开证行提交伪造的单据骗取银行的信用证付款，欺诈双方分赃后便逃之夭夭，而代价仅仅是开证行的与开证金额相比微不足道的保证金或手续费。实践中大部分银行为了在激烈的竞争中生存，实际提交足够保证金开立信用证的概率并不是很高。在没有保证金或只交部分保证金的情况下，会出现买卖双方合伙欺诈银行，主要利用“打包放款”“押汇贷款”，或买方假装破产等欺诈形式。而在整个欺诈过程中，如果欺诈双方卷走的是议付行的付款，作为开证行仍有义务向议付行偿还款项，而成为实际的受害人。

（四）出口商勾结船东或承运人合谋欺诈

在国际贸易中，如果商定由出口商负责货物的国际运输，不法出口商就有可能找一家单船公司、悬挂方便旗船的船公司签订运输合同，这种船公司的船舶往往破旧老龄，而且运费低廉。一些不法的出口商往往和承运人相互勾结在运输中将货物出售，进行分赃。出口商还可以凭承运人签发的提单及其他单据，到银行议付货款，然后逃之夭夭。

这种欺诈的受害人为银行或开证申请人。因为有出口商和船东共同操作，增加了欺诈人实施欺诈行为的方便程度，对被欺诈人的危害性和危险性更大。其主要表现为：伪造单据欺诈；保函换取清洁提单欺诈；预借提单和倒签提单欺诈。

二、防范信用证欺诈的对策

各方在防范信用证诈骗方面须注意以下几点，采取相应对策。

（一）认真负责地核验信用证的真实性、有效性，并掌握各方的资信情况

对于信开信用证，应仔细核对印鉴是否相符，大额来证还应要求开证行加押证实。对于电开信用证及其修改书，应及时查核密押相符与否，以防假冒和伪造。对于信用证条款中的软条款，必须采取谨慎的态度。一旦发现来证含有主动权不在自己手中的软条款

或其他不利条款，必须坚决和迅速地与相关客户联系修改，或采取相应的防范措施，以防患于未然。

银行在具体的业务活动中，应选择资信良好的银行作为业务伙伴。银行本身的良好信誉以及银行间的良好合作关系，无疑便利信息的及时传递，便利银行间合作打击信用证欺诈行为。适当关注进出口企业的贸易背景。应注意调查和收集进出口企业的资信情况、进出口交易记录等信息。加强信用风险管理、重视资信调查。开证行应认真审查开证申请人的付款能力，严格控制授信额度，对资信不高的申请人要提高保证金比例，落实有效担保。通知行应认真核对信用证的密押和印鉴，鉴别其真伪。议付行应认真审核议付单证，确保安全及时收汇。

（二）对信用证条款严格审查

信用证银行处理的是单据而不是货物。信用证作为结算的工具，条款应该清晰明了，用词准确易于理解，避免合同中加入过于复杂的、与结算无关的条款。一旦进出口双方在贸易中出现纠纷，其中一方，通常是进口商，就会利用单证间的不一致做文章。因此，审查过程中应剔除信用证条款中不清晰、晦涩难懂的用语。各方对信用证条款的审查可重点关注以下方面。

1. 审查信用证条款所援引的基础贸易合同是否与信用证所依据的基础贸易合同信息完全一致

信用证开立的基础贸易合同必须真实、合法，因此审查人员必须审查条款所援引的基础贸易合同名称及编号是否与基础贸易合同一致。如不一致，则需要对信用证条款进行相应的调整，确保信用证条款载明的基础贸易合同名称、编号等信息与基础贸易合同的信息完全一致。信用证条款表述必须明确、具体，内容应确定而不能是模糊不清的，应摒弃表述不清晰、内容不确定的援引条款。

2. 审查信用证标的额是否与开证申请书描述一致，如有差异，审查该差异是否有合理的理由依据

信用证标的额的高低大小决定着开证行和承兑行对外承担责任的大小，信用证标的额超过基础贸易合同的金额，则开证行在向开证申请人索偿时，超过部分将得不到开证申请人的认可而得不到补偿。如信用证标的额与开证申请书载明的金额有差异，应向相关各方进行确认，是否该等安排有商务上的特别的目的。如该等差异确为各方的商务安排，则必须有相关的商务文件予以证实。

3. 审查信用证是否按照 UCP600 开立

建议信用证按照 UCP600 开立并且信用证中明确规定适用 UCP600，以避免适用的管辖法律不明确、不统一，从而带来风险。

4. 审查信用证是否有争议解决条款

争议解决条款是为当事人双方不能协商解决纠纷而准备的，应包括解决方式、解决纠纷的管辖机关、解决纠纷的地点等要素。如信用证规定采用仲裁或诉讼，建议采用对己方比较有利的争议解决方式。

本章小结

本章介绍了信用证软条款的概念、成因，对常见的软条款予以分类，并通过实践及案例介绍软条款的识别方法。通过软条款介绍信用证常见的欺诈手段，并阐述信用证欺诈的防范措施，帮助读者了解、认识并规避软条款陷阱及信用证欺诈风险。

思考题

1. 何谓信用证软条款？
2. 信用证软条款有哪些成因？
3. 信用证软条款有哪些类型？
4. 如何识别常见的软条款？
5. 信用证欺诈有哪些形式？
6. 防范信用证欺诈有哪些对策？
7. 严格审核信用证条款须注意哪些方面？

案例讨论题

1. 我国出口商收到国外开来信用证，其中有下述条款：（1）检验证书于货物装运前开立并由开证申请人授权的签字人签字，该签字必须由开证行检验；（2）货物只能待开证申请人指定的船只并由开证行给通知行加押修改后装运，该加押修改必须随同正本单据提交议付。

该信用证对出口商有怎样的风险？出口商应该怎么办？

2. 内地某银行收到香港A金融公司开出的以内地B公司为受益人的信用证，金额100万美元，出口货物20万台照相机。信用证要求发货前由申请人指定代表出具货物检验证书，其签字必须由开证行证实，且规定1/3的正本提单在装运后交由该代表。在装运时，申请人代表来到现场并出具检验证书，并以数张大额支票作抵押，从受益人手中拿走一份正本提单。后来受益人将支票委托当地银行付款时却被告知该支票为空头支票。申请人代表出具的检验证书签名后被证实系伪造，且货物被全部提走，下落不明。

请问：内地B公司的做法有哪些问题？从这个案例中应该吸取哪些经验和教训？

第三章　票据与案例分析

案例导入

甲公司欲向乙公司出售一批货物，为收取货款，甲公司开出一张远期汇票，以乙公司为付款人，丙公司为收款人，并将汇票交给丙公司。汇票经乙公司承兑后，甲公司并没有向乙公司交货。丙公司持汇票向乙公司请求付款，乙公司拒绝付款。丙公司又去找甲公司，甲公司不予理睬。无奈，丙公司将甲、乙两公司告上了法庭。

请问甲、乙公司的做法是否正确？

分析：法院审理后认为，甲公司开出的远期汇票，基于正当的交易关系，属于有效汇票，并且经过乙公司承兑。根据我国《票据法》有关承兑制度的原理，付款人乙公司进行承兑后，即承担了绝对的付款责任，成为主债务人。出票人甲公司则成为从债务人，不承担票据的直接付款责任，只承担担保责任。由此可见，乙公司拒绝付款是错误的，不能以甲公司未交货作为自己抗辩付款的事由，因为根据票据关系与原因关系的分离性原则，甲公司未交货不能成为乙公司拒绝付款的理由。故判决乙公司支付票款，甲公司担保付款。也就是说，乙公司在支付票款后，向甲公司行使追索权。

国际结算的基本方式是非现金结算。在非现金结算条件下，须使用一定的支付工具，用以结清国际间的债权债务。票据就是一种支付工具，例如债务人向银行购买一张银行汇票，寄给债权人，由债权人向当地银行兑取一定金额的票款，从而结清双方间债权债务。本章对票据予以介绍。

第一节　票据概述

一、票据的概念

票据这一概念，有广义和狭义之分。广义上的票据，包括各种有价证券和商业凭证，如股票、股息单、国库券、发票，提单、保险单等。狭义的票据，则是指以支付金钱为目的的特种证券。这些证券可以定义为由出票人约定自己或委托付款人在见票时或于指定的日期向收款人或持票人无条件支付一定金额并可流通转让的有价证券。若约定由出票人本人付款，则是本票；若由另一人付款，则是汇票或支票。本节讨论的票据，是狭义的票据，也可称为支付工具，即汇票、本票、支票。

二、票据的作用

票据之所以能获得广泛使用，是因为它在经济上有独特作用，能为当事人提供一定的方便或好处。票据的经济作用主要表现在以下三个方面。

1. 支付作用

票据可代替现金在国内外贸易中清偿全权债务，作为非现金结算的工具，起到支付手段的作用。

2. 信用作用

在商业交易中，交易的一方有时会要求对方提供信用，以利于资金的周转。例如某项商品交易，约定卖方交货后一个月付款，买方可向卖方开立一个月付款的本票，则买方一个月付款的信用，即以本票代替。汇票和本票都具有信用作用，支票则不具有信用功能，因为支票都是见票即付的。

3. 流通作用

票据经过背书可以转让给他人，形成一种流通工具，节约了现金，增加了流通手段。

票据虽然可以代替现金流通，但票据本身并不是货币。票据与货币的主要区别在于：票据所依靠的是出票人、承兑人或背书人的私人信用，它不具有法定货币的强制流通效力。因此，当债务人以法定货币清偿债务时，债权人不能不接受；但如债务人准备以票据清偿债务时，则必须征得债权人的同意，否则债权人可以拒绝接受。

三、票据的特征

票据之所以被称为以支付金钱为目的的特种证券，是因为它具有以下特征。

1. 流通转让性

票据上的债权可以通过背书转让或交付转让的方式予以流通转让。根据国际上通行的做法，凡记名票据，必须经背书才能交付转让；凡无记名票据，仅凭交付就可以转让。由于我国《票据法》规定的票据均为记名票据，因此其转让必须通过背书进行。

2. 无因性

持票人只要对票据债务人提示票据就可以行使票据权利，而对取得票据的原因，不负证明责任，即使票据的基础关系无效或有瑕疵，票据债务人仍应对持票人按票据所载文义负责。

3. 要式性

要式性指票据的作成必须符合法定形式要求，如果不符合法定形式，就不能产生票据的效力。各国法律对于票据所必须具备的形式条件都做了具体规定，这些规定都是必须遵守的，当事人不能随意加以变更。

为加强票据权利，确保票据付款来促进票据流通，西方各国大都制定有票据法。票据法是规定票据种类、形式和内容的法律规范的总称。票据法对票据的要件、转让、当事人的权利和义务、基本和附属行为、票据义务的解除及票据的遗失等都有详细规定。票据法一般与民法牵连较少，有相当的独立性和强制性。

目前世界上影响较大的票据法有两类，一类是以英国《1882年票据法》为代表的英美法系，另一类是以《日内瓦统一法》为代表的日内瓦统一法系。《日内瓦统一法》是以欧洲大陆国家为主的26个国家协议的结果，两个主要文件的全称为：《1930年汇票和本票统一法公约》《1931年支票统一法公约》。英美等国从一开始就拒绝参加日内瓦公约，他们认为，日内瓦公约主要是按照大陆法的传统制定的，与英美法的传统和实践有矛盾，如果参加日内瓦公约，将会影响英美法系各国之间已经实现的统一局面，因而一直拒不接受日内瓦公约。因此，现在世界上形成了日内瓦统一法系与英美法系并存的局面。

《中华人民共和国票据法》（以下简称《票据法》）已由中华人民共和国第八届全国人民代表大会常务委员会第十三次会议于1995年5月10日通过，于1996年1月1日起施行，并根据2004年8月28日第十届全国人民代表大会常务委员会第十一次会议《关于修改〈中华人民共和国票据法〉的决定》修正。本法共七章，包括：总则、汇票、本票、支票、涉外票据的法律适用、法律责任、附则等。我国《票据法》第一条是关于票据立法的宗旨和任务的规定，即："为了规范票据行为，保障票据活动中的当事人的合法权益，维护社会经济秩序，促进社会主义市场经济的发展，制定本法。"

我国《票据法》第二条规定："在中华人民共和国境内的票据活动，适用本法。本法所称票据，是指汇票，本票和支票。"该条是关于票据法的适用范围和票据种类的规定。本条第一款规定的票据法适用范围，包括票据在空间上的适用范围和票据法对人的适用范围。在空间上的适用范围，指票据法在空间上所具有的效力，凡在我国境内所进行的票据活动，都必须遵守本法。对人的适用范围，指根据国家主权原则，凡在中华人民共和国境内从事票据活动的人，都应适用本法。这些人包括中国公民、法人和其他组织，以及在我国境内从事票据活动的外国人、无国籍人、外国法人和其他组织。

我国《票据法》是一部反映票据运行规律，规范票据行为，保障票据活动当事人合法权益的重要法律，也是经济、金融、法律体系中的一部重要法律，我们应当熟悉掌握其中的各项规定，知晓怎样进行票据行为，懂得如何依法维护权利，自觉履行义务。

四、票据当事人

票据的当事人主要包括出票人、受票人和收款人。票据一经流通，便派生出其他当事人，即背书人、承兑人和持票人等。

（1）出票人：是开立票据并将其交付给他人的人。票据一经签发，出票人即对收款人及正当持票人承担票据在提示时受票人一定付款或承兑的保证责任。

（2）受票人：或称付款人，是根据出票人的命令支付款项的人，或者说是被发至而接受票据的人。受票人对票据承担付款的责任。

（3）收款人：是收取票款的人。他是票据的债权人，有权向受票人要求付款。如遭拒付，有权向出票人追索票款。

（4）背书人：是在票据背面签字以将票据转让他人的人，也称让与人。受让人也就是被背书人，或称其为背书人的后手。背书人对其后手承担责任。如果受票人或承兑人拒付，背书人应付款。

（5）承兑人：受票人同意接受出票人的命令并在票据正面表示承兑，此人即为承兑人。承兑人一经承兑，出票人退居从债务人的地位，承兑人必须保证对其所承兑的文义付款，而不能借口拒绝向正当持票人付款。

（6）持票人：即占有票据的人，只有持票人有权利向付款人或其他当事人要求付款或承兑。这种权利称为票据权利。

第二节 汇 票

汇票（Draft，Bill of Exchange）是票据法中最重要的一种票据，由于它最能反映票据的性质、特征和规律，最能集中地体现票据所具有的信用、支付和融资等各种经济功能，因而它是票据的典型代表。

一、汇票的概念

《中华人民共和国票据法》第 19 条规定："汇票是出票人签发的，委托付款人在见票时或者在指定日期无条件支付确定的金额给收款人或者持票人的票据。"

《英国票据法》关于汇票的定义是："A Bill of exchange is an unconditional order of writing, addressed by one person to another，signed by the person giving it，requiring the person to whom it is addressed to pay on demand or at a fixed or determinable future time a sum certain in money to the order or specified person or to bearer."［即：汇票是一人（出票人）向另一人（付款人）签发的，要求付款人即期或定期或在可以确定的将来时间，对特定人或其指定的人或持票人无条件支付一定金额的书面命令。］

二、汇票的种类

（一）银行汇票与商业汇票

根据出票人的不同，汇票可分为银行汇票（Banker's Bill）和商业汇票（Commercial Bill）。我国《票据法》第 19 条也将汇票分为银行汇票与商业汇票两种。

银行汇票，是由银行签发的汇票。银行汇票的出票人和付款人都是银行。

商业汇票，是由工商企业开出的汇票。商业汇票的付款人可以是工商企业，也可以是银行。

（二）即期汇票与远期汇票

依付款到期日的不同，汇票可分为即期汇票与远期汇票。我国《票据法》第 25 条规定，付款日期可以按照下列形式之一记载：见票即付、定日付款、出票后定期付款、见票后定期付款。

（1）即期汇票（Demand Draft），即见票即付汇票，包括在汇票上标有“见票即付”字样的汇票与没有记载到期日及记载的到期日与出票日相同的汇票。

（2）远期汇票（Time Draft），指必须到约定的将来日期才能请求付款的汇票。依约定日期方式的不同，又可将远期汇票进一步细分为定日付款汇票、计期付款汇票、注期付款汇票和分期付款汇票。

① 定日付款汇票。又称定期付款汇票或板期付款汇票，是指出票人于出票时在汇票上记载了一个固定日期为到期日的汇票，如“于某年某月某日”付款。

② 计期付款汇票。计期付款汇票，是指出票人签发汇票时没有于汇票上记载固定的到期日，而是记载在出票后一定期间付款的汇票（At…days after date of draft），比如“出票后一个月付款”。

③ 注期付款汇票。注期付款汇票，是指出票人于出票时在汇票上未记载固定到期日，只记载见票后一定期间为到期日的汇票（At…days after sight），如见票后 30 天、60 天付款等。

④ 分期付款汇票。分期付款汇票是指将汇票金额分为几个部分，并就每一部分的付款确定一个到期日的汇票。如票面金额 5 000 元，自 2018 年 1 月 1 日起每月支付 500 元。这种分期付款汇票仅为英美法系国家及我国台湾地区票据法所承认，我国不承认分期付款汇票。

（三）国内汇票与国外汇票

依汇票行为地的不同，可将汇票分为涉外汇票与国内汇票。

（1）涉外汇票。我国《票据法》第 94 条规定，涉外汇票是指出票、背书、承兑、保证、付款等行为中，既有发生在中华人民共和国境内又有发生在中华人民共和国境外的汇票。第 95 条规定，中华人民共和国缔结或者参加的国际条约同本法有不同规定的，适用国际条约的规定。但是，中华人民共和国声明保留的条款除外。本法和中华人民共和国缔结或者参加的国际条约没有规定的，可以适用国际惯例。

（2）国内汇票。与涉外汇票不同，国内汇票是指出票、背书、承兑、保证、付款等行为，均发生在中华人民共和国境内的汇票。

（四）记名汇票、指示汇票及无记名汇票

按照汇票所载收款人名称的不同，可将汇票分为记名汇票、指示汇票及无记名汇票。

（1）记名汇票。记名汇票是指汇票上明确记载收款人名称的汇票，又称限制性抬头汇票，例如：“仅付×××公司”（pay…Co. only）或“付给×××公司，不准转让”（pay…Co., Not transferable）。

（2）指示汇票，又称指示式抬头汇票。例如：“付×××公司或其指定人”（pay…Co. or order 或 pay to the order of…Co.），这种抬头的汇票可经背书转让。

（3）无记名汇票，又称持票人或来人抬头，例如："付给来人"或"付给持票人（pay bearer），这种抬头的汇票无须由持票人背书即可转让。

对无记名汇票，收款人仅依交付便可转让，持票人也可在此汇票上背书，使之变成记名汇票或指示汇票。这种票据极为方便，利于流通，但极不安全，任何人均可请求付款人付款，因而并不是理想的汇票形式。我国《票据法》不承认无记名汇票。

三、汇票的内容

（一）绝对必要记载事项

绝对必要记载事项，是指出票人在出票时必须完整正确记载的事项，缺少任何一项，该汇票无效。我国《票据法》第22条规定了汇票的绝对必要记载事项，包括以下几项。

（1）表明"汇票"字样；

（2）无条件支付的委托；

（3）确定的金额；

（4）付款人名称；

（5）收款人名称；

（6）出票日期；

（7）出票人签章。

汇票上未记载以上绝对必要记载事项之一的，汇票无效。

中国人民银行《支付结算办法》分别对银行汇票和商业汇票的绝对必要记载事项做了规定。签发银行汇票必须记载下列事项。

（1）表明"银行汇票"的字样；

（2）无条件支付的承诺；

（3）出票金额；

（4）付款人名称；

（5）收款人名称；

（6）出票日期；

（7）出票人签章。

欠缺记载上列事项之一的，银行汇票无效。

汇票的绝对必要记载事项是构成一张有效汇票的最基本法律要求，如果不记载或记载不完整都将导致汇票无效，而且这种无效是自始、绝对的无效。

（二）相对必要记载事项

相对必要记载事项，指出票人在出票时应在票面上加以记载的事项，但是如果没有记载，允许依据法律推定或予以补记，从而确定这些事项。我国《票据法》第23条规定了汇票的相对必要记载事项，包括以下几项。

（1）付款日期（汇票上未记载付款日期的，为见票即付）；

（2）付款地（汇票上未记载付款地的，付款人的营业场所、住所或者经常居住地为付款地）；

（3）出票地（汇票上未记载出票地的，出票人的营业场所、住所或者经常居住地为出票地）。

汇票的相对必要记载事项也是汇票法定应记载事项，它与绝对必要记载事项所不同的是，这些事项如果没有在汇票上记载，并不影响汇票本身的效力，也就是说汇票仍然有效，当然对于未记载的事项可以通过法律上的直接规定加以推定。

（三）任意记载事项

出票人还可以记载其他与票据性质不抵触，不为《票据法》所禁止的事项。

1. 不生票据效力的记载事项

不生票据效力的记载事项，是指当事人可以在票据上记载法律规定事项之外的事项，但是该记载不发生票据上的效力。我国《票据法》第 24 条规定，汇票上可以记载本法规定事项以外的其他出票事项，但是该记载事项不具有汇票上的效力。

一些票据当事人为了方便清算和实现票据权利，在票据上记载了《票据法》规定以外的一些事项，例如：在商业汇票上记载的开户银行名称和账户名称、账号及用途等，这种记载在某种程度上体现了管理票据的要求，但它不能发生票据法上的效力，只能发生票据结算方法上的效力。

2. 汇票的不得记载事项

汇票的不得记载事项，又称为有害记载事项，是指根据《票据法》规定不得记载的事项，该记载不但本身无效，并将导致票据无效。如在汇票上记载附条件的付款委托事项等。

汇票格式如附样 3－1 所示。

附样 3－1：汇票

汇票附样

BILL OF EXCHANGE

Dated:__________

No.______________　　Place:__________

Exchange for ____（Amount in figure）____

At………Sight of this FIRST **Exchange**（SECOND of the same tenor and date being unpaid），

Pay to the Order of ……………… the sum of

SAY ______（Amount in words）______

Drawn under L/C NO.　　DATED　　ISSUED BY ________.

To:. ______________________________.

FOR AND ON BEHALF OF

____

（Signature）

国际结算中使用的商业汇票，通常开立一式两份，分别寄发，目的是防止遗失。汇票一般都在醒目的位置上印着“1”“2”字样，分别表示第一联和第二联，但付款人只对其中一份承兑或付款。当对其中的一份承兑或付款后，另一份随即作废。因此，通常在汇票第一联中写明“付一不付二”（Second of exchange being unpaid），第二联中写明“付二不付一”（First of exchange being unpaid）。

四、汇票行为

汇票的使用要经过出票（Issue）、提示（Presentation）、承兑（Acceptance）和付款（Payment）等手续。

（一）出票

汇票的出票，指出票人依照票据法，做成汇票并交付于收款人，在出票人和收款人之间发生票据权利义务的票据法律行为，是票据法律关系得以发生的法律事实，且出票行为是其他法律行为的基础。我国《票据法》第 20 条规定，出票是指出票人签发票据并将其交付给收款人的票据行为。

（二）背书

所谓背书（Endorsement），是指以转让票据权利或者将一定的票据权利授予他人行使为目的，在票据背面或者粘单上记载有关事项并签章的票据行为。在实际业务中，通常是由汇票的收款人或持票人在汇票的背面签上自己的名字，或再加上受让人的名称，并把汇票交与受让人的行为。通过背书，汇票的收款权利就转让给了受让人。通常，汇票可经过再次背书在市场上继续转让。对于受让人来说，所有在他以前的背书人（Endorser）和出票人都是他的“前手”；而对于出让人来说，所有在他让与以后的受让人都是他的“后手”。“前手”对“后手”负有担保汇票必然会被承兑或付款的责任。

根据不同的标准，可将汇票背书分为以下不同的种类。

依背书的目的不同，可将背书分为转让背书与非转让背书。转让背书是指以转让票据权利为目的的背书；非转让背书是指非以转让票据权利为目的的背书，具体是指设质背书与委任背书。

依票据转让的情形不同，转让背书又可分为一般转让背书与特殊转让背书。正常情形的票据转让背书为一般转让背书，包含两种：记名背书和空白背书。

案例分析

某年 5 月 4 日，M 市杰通电脑公司与本市声讯寻呼公司签订一份购销合同，双方约定：由杰通电脑公司供给声讯寻呼公司某品牌某型号的电脑 50 万台，每台价格为 12 000 元，货款的总价额为 60 万元；交货时间为 5 月 31 日之前，交货地点为声讯寻呼公司，由杰通公司将全部合同标的物送至声讯寻呼公司；按照合同约定，声讯寻呼公司应当在合同签订后 10 日内，以银行承兑汇票的形式先支付首批货款 28 万元。5 月 10 日，声讯寻呼公司从其开户行工商银行M市分行城东办事处开出一张面额为28万元的银行承兑汇票，杰通电脑公司为收款人，付款日期为 6 月 25 日。声讯寻呼公司在汇票上加盖了“不得背书转让”字样的印章。杰通电脑公司收到汇票后，没有在合同约定的时间内将货送至声讯寻呼公司。随后，杰通电脑公司为了偿还另一五金公司的 30 万元欠款，就将面额为 28 万元的银行承兑汇票未经背书单纯交付转让给五金公司，五金公司持票在银行取得付款。声讯寻呼公司在始终没有得到杰通电脑公司履行合同，又没有退还汇票的情况下，于 6 月 29 日向 M 市中级人民法院提起诉讼，要求法院宣告杰通电脑公司将汇票转让给五金公司的行为无效，并要求杰通电脑公司与五金公司返还汇票，由此造成的原告损失由被告承担。

试分析：杰通公司转让该汇票的行为是否合法？

分析：法院经审理认为，杰通电脑公司的票据转让行为违法，根据我国《票据法》，在背书中记载“不得背书转让”字样，就使该汇票不得转让，发生禁止转让的效力。尽管杰通电脑公司采用的是单纯交付的形式，但是，在我国，汇票的持票人在转让汇票权利或授予他人一定权利时，只能采用背书交付方式。单纯交付的方式只适用于无记名汇票，而我国《票据法》不承认无记名汇票。所以，杰通电脑公司的票据转让行为无效，五金公司不得享有票据权利。故判决：杰通电脑公司转让给五金公司汇票的行为无效，五金公司不可以持该票据向声讯寻呼公司的开户行请求付款，由杰通电脑公司在合同未履行的情况下返还 28 万元票款或汇票，并赔偿声讯寻呼公司的其他损失。

一般转让背书就是持票人以转让票据权利为目的而为的背书。根据背书人在汇票上所作记载的不同，又可分为完全背书与空白背书。

1. 完全背书

完全背书（Endorsement in full）是转让背书记载最完全的背书，又名正式背书、记名背书（Special Endorsement）。作记名背书时，背书人（Endorser）先作被背书人（Endorsee）的记载，再签字。

如：Pay to the order of Henry Brown。

William White（签字）

被背书人 Henry Brown 可以再作记名背书来转让票据权利；也可以仅作空白背书来达到转让的目的。

完全背书应记载下列事项。

（1）背书人的姓名或名称并由其签名或盖章。背书人在汇票上签章就意味着他作为票据行为人应负票据责任。

（2）被背书人的姓名或名称。这是完全背书与空白背书的区别之所在。由于我国《票据法》不承认空白背书，所以被背书人是必须记载的事项。

除以上两种事项之外的其他事项，如背书日期、处所、禁止背书、预备付款人、提示承兑、免除求索权人通知义务等均为任意记载事项。

在实践中，常见的完全背书的格式有文书式及表格式两种（见表 3－1 至表 3－2）。

表 3－1 完全背书（一）（文书式）

票据金额转让与乙 甲 ××××年××月××日	（第一次背书）
票据金额转让与丙 乙 ××××年××月××日	（第二次背书）

表 3－2 完全背书（二）（表格式）

被背书人	背书人	年 月 日	
乙	甲	××××年××月××日	（第一次背书）
丙	乙	××××年××月××日	（第二次背书）
丁	丙	××××年××月××日	（第三次背书）
戊	丁	××××年××月××日	（第四次背书）

2. 空白背书

空白背书（Endorsement in Blank）的背书人仅在票据背面签名，而不记载谁是被背书人，因此空白背书又称为无记名背书、略式背书。指示抬头的汇票作了空白背书以后就成了来人汇票，因为受让人可以不作背书，仅凭交付来转让收款权利。空白背书汇票的持票人可以在空白背书上加上自己的名字，把空白背书转变为记名背书，再作空白背书或记名背书来转让票据权利，也可以在空白背书上直接加上受让人的名称来转让票据权利。在采用最后一种方式时，该持票人在汇票上没有留下签名，他就没有被追索的可能了。但我国《票据法》第 30 条规定，汇票以背书转让或者以背书将一定的汇票权利授予他人行使时，必须记载被背书人名称。

（三）提示

持票人（Holder）将汇票提交付款人要求付款或承兑的行为，叫作提示。付款人看到汇票叫见票（Sight）。付款提示是指持票人向付款人或担当付款人出示票据以请求其付款的行为。提示是付款的前提。提示期间依汇票的种类不同而有差异。

见票即付汇票的提示期间自出票日起计算。各国对这种汇票的提示期间规定不一，我国《票据法》规定为一个月。

其他汇票的提示期间，我国《票据法》第 53 条规定，定日付款、出票后定期付款或者见票后定期付款的汇票，持票人应当自到期日起十日内向承兑人提示付款。持票人未按照前款规定期限提示付款的，在做出说明后，承兑人或者付款人仍应当继续对持票人承担付款责任。

（四）承兑

承兑（Acceptance）是汇票付款人明确表示于到期日支付汇票金额的一种票据行为，

也就是表示愿意承担票据义务的行为。简单讲，所谓“承兑”就是债务人表示接受远期债务，承诺到期兑付的简称。具体地讲，承兑有以下含义：一是承兑是付款人愿意于到期日支付票据金额的意思表示；二是承兑是单方面的法律行为；三是承兑是一种附属的票据行为，因为承兑与背书一样，以出票行为的存在为前提；四是承兑是要式行为，承兑人愿意于到期日支付票据金额的意旨应在票据上表明，并由承兑人签章。至于即期汇票，则在持票人提示时付款人即应付款，所以无须经过承兑手续。

根据承兑方不同，可将承兑分为商业承兑汇票与银行承兑汇票。商业承兑汇票（Trader's Acceptance Bill）是由企业或个人承兑的远期汇票，商业承兑汇票是建立在商业信用基础上的。银行承兑汇票（Banker's Acceptance Bill），则是由银行承兑的远期汇票，银行承兑汇票是建立在银行信用基础上的。

汇票承兑制度有十分重要的意义。在票据法上，汇票付款人并不因为出票人的付款委托而当然地承担付款义务，但汇票一经付款人承兑，即负有支付票据金额的义务而成为汇票的主债务人。

案例分析

甲公司欲向乙公司出售一批货物，为收取货款，甲公司开出一张远期汇票，以乙公司为付款人，丙公司为收款人，并将汇票交给丙公司，汇票经乙公司承兑后，甲公司并没有向乙公司交货。丙公司持汇票向乙公司请求付款，乙公司拒绝付款。丙公司又去找甲公司，甲公司不予理睬。无奈，丙公司将甲、乙两公司告上了法庭。

分析：法院审理后认为，甲公司开出的远期汇票，基于正当的交易关系，属于有效汇票，并且经过乙公司承兑，根据我国《票据法》有关承兑制度的原理，付款人乙公司进行承兑后，即承担了绝对的付款责任，成为主债务人，出票人甲公司则成为从债务人，不承担票据的直接付款责任，只承担担保责任。由此可见，乙公司拒绝付款是错误的，不能以甲公司未交货作为自己抗辩付款的事由，因为根据票据关系与原因关系的分离性原则，甲公司未交货不能成为乙公司拒绝付款的理由。故判决乙公司支付票款，甲公司担保付款。也就是乙公司在支付票款后，向甲公司行使追索权。

（五）贴现

远期汇票在到期之日，汇票的付款人（即承兑人）才须付款。汇票持有人如果想提前取得票款，可以办理汇票的贴现。所谓贴现（Discount），是指银行或贴现公司买进未到期票据（如远期汇票、国库券等），从票面金额中扣取从贴现日至到期日的利息后，将余额付给持票人的一种业务。并不是所有票据都能进行贴现。票据毕竟不是现金，票据只是由签字于其上的债务人担保的债权凭证，接受由信用很差的债务人付款的票据会有很大风险。因此，只有身价较高的汇票才能贴现。汇票身价的高低，取决于在汇票上签字的债务人的信用。一般来讲，银行承兑汇票的信用优于商业承兑汇票，在金融市场上各方更乐于接受。

（六）付款

付款有广义与狭义之分。广义的付款是指一切票据关系人，依票据文义向票据债权人支付票载金额的行为；狭义的付款则仅指付款人或担当付款人支付票据金额以消灭票据关系的行为。本节所指的付款是狭义的付款。具体来讲，它包括下列含义：（1）付款是付款人或担当付款人所为的支付行为；（2）付款是支付票据金额的行为；（3）付款是消灭票据关系的行为。

我国《票据法》第 54 条规定，持票人依照前条规定提示付款的，付款人必须在当日足额付款。由此可见，持票人一经提示，付款人应即时付款。

汇票为金钱证券，所以付款应支付货币。但在票据结算中，往往遇到异地付款而货币不同的情况。为解决这一问题，我国《票据法》第 59 条规定，汇票金额为外币的，按照付款日的市场汇价，以人民币支付。汇票当事人对汇票支付的货币种类另有约定的，从其约定。

（七）追索权与拒绝证书

持票人在规定时效内，在规定地点向付款人做付款提示时，付款人就应当付款。如果持票人按票据的规定行事却不获承兑或不获付款，那么汇票就被“拒付”（Dishonor）了。一旦拒付发生，持票人就可行使追索权。就当事人的责任而言，汇票付款人所以有履行付款的义务，并不是由于出票人对他开立了汇票，而是由于出票前他与出票人之间存在债权债务的契约，并约定采用汇票支款的办法。因此，当付款人拒付汇票时，出票人要根据原契约而不是根据拒付的汇票进行交涉。但是，付款人一经在汇票上承兑，他就确认了汇票的主债务人身份，承担起到期付款的责任。

倘若汇票经过转让，当被拒付时，汇票的善意持有人（Bona Fide Holder）有权向所有“前手”追索，一直可追索到出票人。我国《票据法》第 61 条规定，汇票到期被拒绝付款的，持票人可以对背书人、出票人以及汇票的其他债务人行使追索权。持票人为了行使追索权，通常要及时做成拒绝证书（Protest），借此证明持票人已按规定行使票据权利但未获结果。由此，持票人得以行使追索权。我国《票据法》第 62 条规定，持票人行使追索权时，应当提供被拒绝承兑或者被拒绝付款的有关证明。持票人提示承兑或者提示付款被拒绝的，承兑人或者付款人必须出具拒绝证明，或者出具退票理由书。未出具拒绝证明或者退票理由书的，应当承担由此产生的民事责任。

拒绝证书通常包含以下内容：（1）拒绝者及被拒绝者名称；（2）请求无获之事实（即拒付事实）；（3）做成之日期与地点。如拒付的汇票已经付款人承兑，权利人向法院起诉要求承兑人付款时，也要出示拒绝证书。为了避免承担被追索的责任，出票人或转让人在出票或背书时可加注“不受追索”（Without Recourse）字样。但列明这种记载的汇票，一般不易在市场上转让和流通。

我国《票据法》第 68 条规定，汇票的出票人、背书人、承兑人和保证人对持票人承担连带责任。持票人可以不按照汇票债务人的先后顺序，对其中任何一人、数人或者全体行使追索权。持票人对汇票债务人中的一人或者数人已经进行追索的，对其他汇票债务人仍可以行使追索权。被追索人清偿债务后，与持票人享有同一权利。

第三节 本 票

我国《票据法》第 73 条规定，本票是出票人签发的，承诺自己在见票时无条件支付确定的金额给收款人或者持票人的票据。

本票与汇票的异同点如下。

（1）本票是无条件的支付承诺；而汇票则是无条件的支付命令。

（2）本票票面有两个当事人，即出票人与收款人；而汇票票面则有三个当事人，即出票人、付款人和收款人。

（3）本票出票人即是付款人，远期本票到期由出票人付款，所以不须提示承兑和承兑；而远期汇票则须办理提示承兑和承兑手续。但是，见票后定期付款的本票应由持票人向出票人提示见票，并在本票上载明见票日期，此点与见票后定期付款的汇票相同。

（4）本票在任何情况下，出票人都是主债务人。而汇票在承兑前，出票人是主债务人；在承兑后，承兑人是主债务人。

（5）本票只能开出一张，而商业汇票则可以开出一套（Bills in a set），即一式二份或数份。

（6）关于汇票的规定，同样可以适用于本票的有：出票人、背书、到期日、付款、追索权等。

本票为设权证券、要式证券，签发本票要依照法律规定的格式，否则不发生本票效力。我国《票据法》第 75 条规定本票必须记载下列事项：（1）表明“本票”字样；（2）无条件支付的承诺；（3）确定的金额；（4）收款人名称；（5）出票日期；（6）出票人签章。本票上未记载前款规定事项之一的，本票无效。

本票格式如附样 3－2、3－3 所示。

附样 3－2：本票格式

我国银行不定额银行本票的格式

付款期 壹个月

中国　　　　银行　　　　　　本票号码

第　号

本　　　票　1

签发日期　贰零　　　年　　月　　日

（大写）

<table>
<tr><td colspan="3">收款人：</td></tr>
<tr><td colspan="2">人民币
凭票即付（大写）</td><td></td></tr>
<tr><td>转账</td><td>现金

签发银行盖章</td><td>科目（付）…………
双方科目（收）………
兑付日期　　年　月　日
出纳　　复核　　经办</td></tr>
</table>

此区域供打印磁性字码

8.5 × 15.8 厘米（底纹油墨另定）

附样 3–3：本票票样

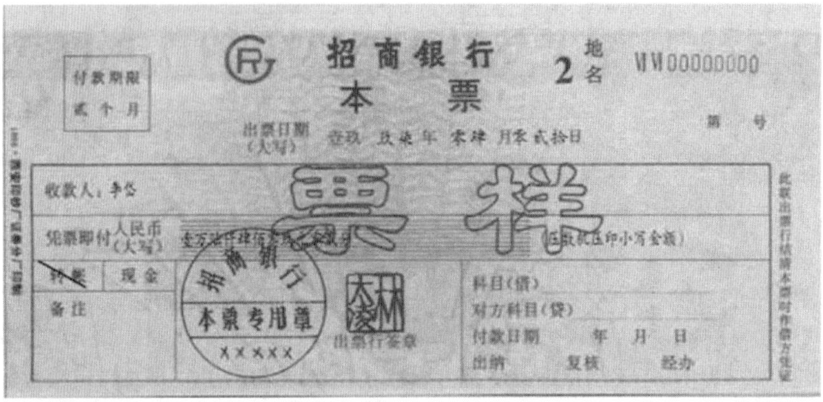
付款期限 贰个月
招商银行 本票 2 地名 WW00000000
第 号
出票日期（大写） 壹玖 玖柒年 零肆 月零贰拾日
票样
收款人：
凭票即付 人民币（大写）
（压数机压印小写金额）
转账 现金
备注
招商银行 本票专用章 ×××××
出票行签章
科目（借）
对方科目（贷）
付款日期 年 月 日
出纳 复核 经办

本票的票据行为基本上与汇票类似。我国《票据法》也于第 80 条规定，本票的背书、保证、付款行为和追索权的行使，除本章规定外，适用本法第二章有关汇票的规定。

案例分析

某年 1 月 20 日，滨海某装饰工程公司与该城市某建材理石厂签订了建材理石购销合同。合同约定：某建材理石厂在 3 月底前供应装饰工程公司各种型号理石共计 1 550 平方米；货款总额 32.75 万元；验收标准按建材理石厂提供的样品；产品自提，不包装；货款在交货后 10 日内以本票形式结算。3 月 27 日，装饰工程公司从建材理石厂提取各种型号理石共计 1 550 平方米。4 月 1 日，装饰工程公司向自己的开户行中国建设银行滨海支行申请开出一张面额为 32.75 万元的银行本票，并将该本票交付给了建材理石厂。由于建材理石厂购买滨海某机械设备厂的机械设备，货款 32.8 万元已到期尚未给付，于是，建材理石厂将装饰工程公司交付的本票背书转让给了机械设备厂，但是，机械设备厂受票后迟迟未到银行请求付款，直到 6 月 2 日，机械设备厂财务人员才持票到中国建设银行滨海支行（以下简称滨海支行）请求付款，滨海支行经过审查发现该本票已超过法定 2 个月的付款期限，于是拒绝付款。机械设备厂在取款未成的情况下，前去找建材理石厂，要求建材理石厂付款，遭拒绝。最后，机械设备厂将建材理石厂和滨海支行一起告上法庭，要求他们共同承担付款责任。

分析：本案中，银行本票的出票人和付款人均为滨海支行，建材理石厂为本票的背书人，最后的持票人为机械设备厂。票据记载全面，背书合法。并且背书行为适用汇票的规定，没有特殊规定。所以，机械设备厂理应在出票日 4 月 1 日起 2 个月内，也即在 6 月 1 日前向滨海支行提示付款，但是机械设备厂却忽视了，存在一定的过错，应当承担延迟取款的责任。至于建材理石厂和滨海支行是否共同承担付款责任，根据上面的理论分析，当持票人未在法定期限内提示付款，其前手的背书人则不再承担保证该本票付款的责任，但是出票人仍然不能免除付款的责任。据此，法院判决由滨海支行支付机械设备厂本票票款，建材理石厂可以免除付款责任，机械设备厂也应当承担延迟提款责任。

第四节 支 票

一、支票概述

支票（Check）是出票人签发的，委托办理支票存款业务的银行或者其他金融机构在见票时无条件支付确定的金额给收款人或者持票人的票据。可见，支票是票据的一种，其地位与汇票、本票相同。

支票与汇票异同之处如下。

（1）支票是存款人对银行签发的无条件支付命令；而汇票则是由出票人对付款人签发的无条件支付命令，汇票的付款人既可以是银行，又可以是个人或企业。支票是支付证券，必须于见票时无条件支付，即见票即付，不允许在出票日之外另有到期日的存在，也不允许附带其他任何条件。我国《票据法》第 90 条规定，支票限于见票即付，不得另行记载付款日期，另行记载付款日期的，该记载无效。而汇票既可以是即期的，也可以是远期的。

（2）支票的用途是结算；汇票的用途可以是结算，也可以是融资。

（3）支票只是一张；汇票可一式二份或多份。

（4）支票无承兑手续；而远期汇票则有承兑手续。

（5）支票与汇票同样有三个当事人，即出票人、付款人和收款人。

（6）关于汇票的规定，同样可以适用于支票的有：出票、背书、付款、追索权、拒绝付款证书等。

支票是要式证券，出票人除了应在票面上签名或盖章以外，必须依法在票面记载法定必要事项。我国《票据法》第 84 条规定，支票必须记载下列事项：表明“支票”的字样；无条件支付的委托；确定的金额；付款人名称；出票日期；出票人签章。支票上未记载前款规定事项之一的，支票无效。第 85 条规定，支票上的金额可以由出票人授权补记，未补记前的支票，不得使用。附样 3－4 为支票的样式。

附样 3－4：支票

××× BANK

（Cheque No.）

（Amount in figure）

（Date and place）

Pay against this Cheque to the order of（Payee）

The sum of（Amount in words）

（Drawer）

（Signed）

二、支票分类

支票按照不同的划分标准，有不同的种类。不同的国家或地区的法律对支票种类的规定差别较大。概括起来，支票可以做如下分类。

（一）以有无记载收款人的姓名或名称为标准

以次划分，支票可以分为记名式支票、指示式支票和无记名式支票。

记名式支票，是指记载了收款人姓名或名称的支票。这种支票在取款时，必须由收款人当面签章。因此，即使支票遗失也不易被他人冒领，对收款人来说有较强的安全保障。记名式支票在流通时必须依背书方式转让。

指示式支票，是指除了记载收款人的姓名或名称以外，还载有“或其指定的人”字样的支票，这种支票也应依背书方式转让。

无记名式支票，是指不记载收款人的姓名或名称，或在收款人栏中记载“来人”或“持票人”字样的支票，也称来人支票。这种支票在取款时，付款人仅凭支票向持票人支付票款，而不问持票人获得支票是否合法。未记载收款人的无记名式支票，持票人经出票人授权，可以补记收款人姓名或名称，将之变为记名式支票。无记名式支票在转让时，可以仅凭交付转让，也可以依背书方式转让，当事人可以自由选择。世界上大多数国家都承认无记名式支票的效力。在英美法系国家，支票基本上是无记名式的，但也有少数国家，如丹麦、意大利、瑞典、挪威等，对无记名式支票持否定态度。

（二）以其付款有无特殊保障为标准

以次划分，支票可分为一般支票、保付支票和划线支票。

一般支票，是指可以向银行提取现金，也可以通过银行将票款收入账户的支票。因此，一般支票在付款上没有特殊保障。

划线支票（Crossed Check），是出票人、背书人或持票人在支票正面划两道平行线，或同时在平行线内记载特定银行名称，从而付款人只能向特定收款人（银行或付款银行的客户）进行付款的支票，又称平行支票。划线的作用在于对支票取款人加以限制，限于银行或付款银行的客户，而且划线支票的付款方法不支付现金，票款必须先拨入账户，然后才能提取现金。这样，支票付款后，票款去向十分清楚，若有冒领也极易追查，因而足见其倍具安全保障功能。

保付支票（Certified Check）是经付款人保付后由付款人负担绝对付款责任的支票。保付支票近乎承兑后的汇票，但较之承兑后的汇票，有更高的付款确定性。

（三）以其票款支付方式为标准

以次划分，支票可分为现金支票和转账支票。

现金支票是指出票人签发的委托银行等金融机构支付给收款人确定数额现金的票据。我国是实行现金管理较严格的国家，企、事业单位之间经济往来，一般要通过转账方式办理结算。现金支票适用于在现金管理允许使用现金的范围内支付现金。

转账支票是出票人签发给收款人凭以办理转账结算或委托银行等金融机构支付给收款人确定金额的票据。转账支票可以持向银行将款项支付给收款人，也可以给收款人办理结算，但不能用于支取现金。单位和个人在票据交换地区的商品交易和提供劳务以及其他款项的结算，均可以使用转账支票。附样 3－5 为支票格式样本。

附样 3－5：支票票样

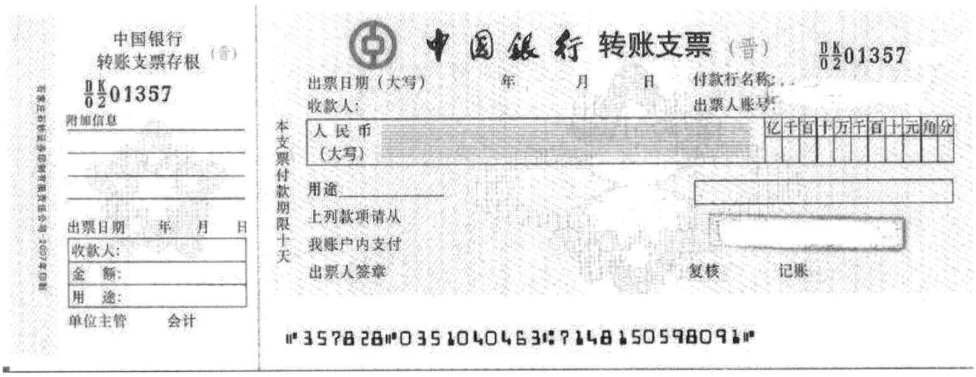
中国银行
转账支票存根（晋）
DK 02 01357
附加信息
出票日期　年　月　日
收款人：
金　额：
用　途：
单位主管　会计
中国银行 转账支票（晋）　DK 02 01357
出票日期（大写）　年　月　日　付款行名称：
收款人：　出票人账号：
本支票付款期限十天
人民币（大写）　亿 千 百 十 万 千 百 十 元 角 分
用途
上列款项请从
我账户内支付
出票人签章　复核　记账

支票为支付证券，应特别注意资金关系。出票人签发支票，必须在付款人处存有可供支付的支票资金（支票存款账户），且必须在其存款余额内或与付款人约定的透支限额内签发支票金额，否则就产生了空头支票。空头支票的持票人将会因此而利益受到损害。如果滥发空头支票，则会导致金融秩序的混乱和信用危机。

本章小结

本章介绍票据的概念、作用、特征、当事人，以及汇票、本票、支票的含义、分类、内容、格式、行为，并结合《票据法》及案例帮助读者了解、认识并掌握票据等知识点。

思考题

1. 何谓票据？
2. 票据有何作用？
3. 票据的特征有哪些？
4. 何谓汇票？
5. 汇票有哪些分类？
6. 汇票有哪些内容？
7. 汇票的票据行为有哪些？
8. 何谓本票？与汇票的异同是什么？
9. 何谓支票？与汇票的异同是什么？

案例讨论题

甲公司出售一批汽车零件给乙公司，金额 100 万元，约定交货期 5 月 10 日，用银行承兑汇票结算。乙公司如期开出汇票，并申请自己的开户行 A 银行承兑。A 银行承兑该汇票，承兑日为 7 月 10 日。汇票承兑后，乙公司将汇票交给甲公司。为加速资金周转，甲公司向自己的开户行 B 银行申请贴现。B 银行审核了汇票、承兑的真实有效性，为甲公司办理贴现。后来，甲公司由于经营不善，无法提供该批零件。乙公司立即通知 A 银行，合同涉嫌欺诈，要求拒绝付款。A 银行又通知 B 银行，以该承兑汇票依据的合同涉嫌欺诈，合同无效为由，拒绝付款。

请问：A 银行是否可以主张银行承兑汇票无效？是否可以免除付款责任？

第四章　商业发票与案例分析

案例导入

某年2月，国内A公司与国外B公司签署纺织品出口合同，采用信用证结算。B公司通过I银行开立信用证，其中信用证45A货物描述为“POLYSTER TEXTURED GRADE A 1 000KG，POLYSTER TEXTURED GRADE B 1 000KG”，允许分批装运。47A附加条款中规定“BOTH QUANTITY AND AMOUNT MORE OR LESS 10% ALLOWED”。A公司收到来证，备齐货物后向国内P银行交单。P银行审单人员在审核单据时发现，商业发票上的货物描述为A等级的纺织品1 200KG，B等级的纺织品800KG。虽然二者总数上正好等于2 000KG，但A等级纺织品超装20%。审单人员提示A公司单据不符，开证行可能拒付。A公司表示只要全部货物的总量符合47A溢短装要求即可，每个等级的货物无须遵守这一点，故坚持要求P银行寄单。I银行在收到单据后发来拒付电报，理由是A等级纺织品超装，B等级纺织品短装。由于信用证规定允许分批装运，B等级纺织品短装不符点不成立，P银行发电反驳。但I银行仍坚持A等级纺织品超装。经买卖双方协商后，I银行扣除不符点费后付款。

请问：通过本案我们可以获得哪些启示？

分析：这是一个溢短装条款案例。核心问题在于溢短装条款是否约束到每个分项的商品。换句话说，本案例中“BOTH QUANTITY AND AMOUNT MORE OR LESS 10% ALLOWED”，是指商品总数量和总金额允许10%的浮动，还是A、B两个等级的货物各自允许10%的浮动。

国际商会曾对这类问题给出官方意见：如果货物描述中每一个货物分项的数量在溢短装幅度范围内，总量也一定符合要求，溢短装幅度的限定应同时适用于货物总项和分项。但由于国际商会的意见没有被直接纳入UCP600或ISBP745等惯例，实务中仍有银行对此持有争议，认为溢短装条款仅适用于总数量和总金额。

逻辑上讲，国际商会的意见是成立的。如本案例，假如溢短装条款仅约束总数量和总金额，那理论上A等级纺织品发货2 000KG，B等级纺织品不发货也是可以的，但这肯定与交易初衷相违背。为了避免争议，信用证中可以更加清晰地定义溢短装条款，如“BOTH QUANTITY AND AMOUNT MORE OR LESS 10% ALLOWED INCLUDING EACH GRADE AND TOTAL”。

信用证业务涉及的商业发票，通常是出口货物或服务的价目清单或情况说明。商务合同下可以不涉及其他单据，但往往都要有商业发票。本章主要概括介绍商业发票的定义、功能、内容，并根据 ISBP745 相关规则及案例，解读发票在缮制及审核时需要注意的事项。

第一节 商业发票概述

根据 2019 年修订的《中华人民共和国发票管理办法》的规定，发票是指在购销商品、提供或者接受服务以及从事其他经营活动中，开具、收取的收付款凭证。发票在我国社会经济活动中具有重要的作用。发票是记录经济活动内容的载体，是税务机关控制税源、征收税款的重要依据。因此，发票是国家监督经济活动，维护经济秩序，保护国家财产安全的重要手段。

一、商业发票的定义及功能

商业发票（Commercial Invoice），国际贸易中简称发票，是出口商对进口商开立的载有货物名称、规格、数量、单价、金额等方面内容的清单，供国外买方凭以收货、支付货款和报关完税。发票也是装运货物的说明，还是进口国确定征收进口关税以及买卖双方索赔理赔的主要依据。虽然发票不是物权凭证，但如果出口单据缺少了发票，就不易了解该笔交易的全部情况。信用证结算方式下，商业发票是全套结汇单据的核心，其他单据的缮制都需要参考商业发票操作。

商业发票的主要功能包括以下五个方面。

（1）是出口商向进口商发送货物的凭证，是出口商重要的履约证明文件。

（2）便于进口商确认已装运的货物是否符合买卖合同的规定。

（3）是进出口双方收付货款和记账的凭证。

（4）是进出口双方办理报关、纳税的重要依据。

（5）是索赔和理赔的重要依据。

二、商业发票的主要内容

根据《中华人民共和国发票管理办法实施细则》规定，发票的基本内容包括：发票的名称、发票代码和号码、联次及用途、客户名称、开户银行及账号、商品名称或经营项目、计量单位、数量、单价、大小写金额、开票人、开票日期、开票单位（个人）名称（章）等。

相较以上发票的内容及格式，国际贸易中的商业发票通常没有统一规定，每个出具商业发票的主体都有自己的发票格式。为了满足商业发票的功能，商业发票的内容通常须符合买卖合同的要求，应详细列明诸如货物名称、数量、规格、标志、单价、总值、运输工具及起讫地点、合约或订单号码、收货人名称和地址等信息。

一般来说，商业发票内容可分为三部分：首文、本文、结文。

（一）首文部分

首文部分应该列明发票的名称、发票号码、合同号码、发票的出票日期和地点，以及船名、装运港、卸货港、发货人、收货人等。首文一般置于发票上端，一般都是定制化印刷，后面留有的空格须填写。

1. 发票名称和种类

不同的发票名称代表不同种类的发票，按照信用证规定，常见的发票种类如下。

（1）若信用证规定“Invoice”（发票）、“Commercial Invoice”（商业发票）、“Shipping Invoice”（装运发票）、“Trade Invoice”（贸易发票），均可视同商业发票。将发票名称印刷为“Invoice”字样是可以的。

（2）若信用证规定“Detailed Invoice”，指详细发票。发票名称通常应照打，发票内容应将货物名称、规格、数量、单价、价格条件、总值等信息详细列出。

（3）若信用证规定“Certified Invoice”，是指认证发票或证实发票。发票名称通常应照打，并在发票内注明“We hereby certify that the contents of invoice herein are true & correct”（兹证明此发票内容是真实和正确的）。

同时划去发票下通常印就的“E.&.O.E”字样。“E.& O.E.”是“ERRORS AND OMISSION EXCEPTED”缩写，意思是“有错当查”。为了在发生错误或遗漏时可以更正或更换，有的要求在发票下端注明上述字样。若开来的信用证规定要在发票上加注“CERTIFIED TRUE & CORRECT”（证明真实无误），可予照办并将发票上印有的“E.& O.E.”字样划掉。有些国家对证实发票有一定的格式要求，以作为货物进口清关减税或免税的证明。

（4）若信用证规定“Visaed Invoice”，是指签证发票。如指定签证人，则须由签证人在发票上盖章签字作签证，并加注证明文句。若证中未指定签证人则通常以出口国的商会作为签证人。

（5）若信用证规定“Receipt Invoice”，是指收妥发票或钱货两讫发票。发票名称通常应照打并在发票结文签字处加注货款已收讫条款，如“Value/payment received under credit No.4 issued by ××× bank”（×××银行开具第4号信用证项下货值/付款已办妥）。这种发票在即期付款信用证下多被采用，其目的是不须再开立汇票，因为汇票在有些国家须缴纳印花税。

（6）若信用证规定“Manufacturer’s Invoice”，是指厂商发票，即通常由出口货物的制造厂商出具的以本国货币表示出厂价格的销货凭证，目的是供进口国海关估价、核税及检查是否有倾销行为并征收反倾销税之用。

厂商发票名称可照打，缮制时应注意：（a）出票日期通常早于商业发票日期；（b）价格为出口国货币表示的国内市场价；（c）发票内应加注证明制造商的语句，如“We hereby certify that we are actual manufacturer of the goods invoiced”；（d）抬头人打出口商，但出单人为制造厂商的，应由厂方相关负责人在发票上签字盖章；（e）货物出厂时一般无出口装运标记，除非信用证有明确规定，厂商发票不必缮制唛头。

（7）若信用证规定“Sworn Invoice”，是指宣誓发票，意思是出票人要宣誓发票内容及相关信息真实无误。宣誓文句与证明发票中的证明文句类似，不同的是将“certify”换成“swear”（宣誓）。

（8）若信用证规定“Proforma Invoice”，是指形式发票或预开发票，即卖方应买方要求在成交前开立的非正式参考性发票，其价格仅为估计价，不能作为结算单据且对交易双方无最终约束力，正式交易还须另开正式发票。卖方出具这种发票通常是供买方参考，或用于签约后向本国贸易管理当局或外汇管理当局申请进口许可证或批汇等。制单时名称可照打，发票内可注明“本交易以卖方最终确认为有效”等字样。

（9）若信用证规定“Sample Invoice”，是指样品发票。这是出口商把样品寄给进口商时出具的清单，供进口商订货时参考。

（10）若信用证规定“Consular Invoice”，是指领事发票，通常是出口商根据进口国驻出口国领事馆制定的固定格式填写并经领事馆签章的发票。领事发票中一般须注明“装运货物系××（出口国）制造/出产”。有些国家仅要求卖方出具的商业发票上有该国领事签字，这种发票称为领事签证发票“Consular legalized Invoice”。

领事发票的作用与海关发票类似，主要是将其作为产地证明，买方需要凭以办理进口报关手续。实际上，领事发票可作为进口许可证使用。如果进口国有规定并体现在信用证中，出口商就必须提供。进口国以领事发票代替产地证是为了控制本国进口的商品种类，并对进口商品价格进行核查，防范进口商品倾销。部分拉丁美洲国家规定必须凭领事发票进口。

（11）若信用证规定“Consignment Invoice”，是指寄售发票。在寄售业务中，卖方通常制作这种发票作为定价的依据。

（12）若信用证规定“Customs Invoice”，指海关发票，是进口国海关当局规定的进口报关必须提供的特定格式的发票，主要是作为估价完税、原产地确定、征收差别待遇关税或征收反倾销税的依据。

以上各种发票除具备各自的名称和特点外，其他内容与商业发票大致相同。

2. 出票地址与日期

出票地址与日期往往在一起，通常注在发票右上角。

出票地址通常为信用证规定的受益人所在地，也是议付行所在地。

出票日期不宜过早。根据 UCP600 第 14 条 i 项规定，如信用证无特殊规定，银行可以接受早于开证日的单据。

3. 发票编号

发票应有编号。外贸公司通常分工较细，存在多个部门或业务机构，按一定规则编制发票有利于提高工作效率，比如可实现快速认领货款、处理各类电文等。一般发票编号由三部分构成，第一个部分是公司名称缩写，第二个部分是年份，第三个部分是发票序号。例如：ABC20210001。

4. 合同号

合同号是一笔交易的基础，发票通常应包括合同号。如同一发票内显示几个合同的货物，则这几个合同号都应注明。

5. 信用证号

发票通常应该注明信用证号，有的注在结文部分亦可。当然，有的信用证规定所有单据都需要注明信用证编号。

6. 运输方式及工具

发票通常都注明运输方式。如海运“By Sea”或“By Vessel”；铁路运输“By Rail”“By Railway”“By Train”；公路运输“By Truck”或“By Highway”；航空运输“By Air”“By Airplane”“By Airway”等；邮政运输“By Post”“By Parcel Post”“By Mail”等。

在运输方式之后可加注具体运输信息，如海运加船名及航次、路运加车号或运单号、空运加航班号或航空运单号、邮运加邮寄收据等。

7. 启运港、目的港

商业发票中的“Transport Details”栏目应填写货物实际的起运港（地）、目的港（地）及转运条款，这些内容可参照提单的有关部分缮制。例如，From：Shanghai，To：New York。

8. 抬头人

发票抬头人（即买方或收货人）应与信用证规定一致。根据 UCP600 第 18 条 a 款 ii 项规定，须出具以（开立信用证的）申请人为抬头，但在可转让信用证下，发票的抬头也可能是第一受益人。

（二）本文部分

本文是发票的主要内容，主要说明货物的基本情况，一般包括唛头、商品名称、货物数量、规格、单价、总价、毛重/净重等内容。在有佣金、折扣的交易中，经过双方约定，可在发票中列明。

1. 唛头

运输标志，又名唛头，是包装上用来标识货物的一种标志。国际标准化组织推荐一个标准的运输标志，由四部分组成：收货人、参考号、目的地、件数。以下为一个示例。

收货人——×公司

目的地——美国纽约

参考号——62AD03BK（发票号或订单号）

件数——1/100

标准化的运输标志不仅便于识别和运输，而且简化了相关文件的处理和核对手续，这是因为商业发票和装箱单上经常注明唛头内容，过于复杂的唛头会增加准备及审核这些单据的工作量。信用证有具体规定的，则应按规定刷唛和制单，并与其他单据的唛头相一致。如无唛头，可以打上 N/M（No mark）。

随着现代技术的发展，条形码、二维码或电子数据交换等新的标志或标签应运而生。通过扫描这些标志，可以立即获得关于货物的所有信息。它们是新技术发展的一个组成部分，未来也将越来越广泛地应用到国际贸易实务当中。

2. 包装件数

凡经包装装运的货物，若没有包装单，则发票最好注明包装件数。发票内的件数应与实际装运的件数相符，应与包装单一致。

3. 货物名称

若信用证规定了货物名称，发票应照打，不宜随意增加或减少，或前后文字颠倒或窜改等。若信用证规定的货名为总称，发票上总称外的货名内容应不涉及货物的不同性质、等级或类别。若信用证规定的货物名称详细具体，应照抄。

4. 货物描述

凡信用证规定的内容，发票应全部照打，不宜省略或改变。有时信用证对商品的品质、规格、等级等内容规定了范围，这种范围有的属于商品出口时合理的机动幅度，发票应按照规定的幅度标明，如实反映，不能完全照抄信用证规定。有的需要出具检验证明，发票所注数据或标准应与检验证明一致。因此，发票必须反映货物的真实情况。

5. 数量

这是指实际装运的数量，有时实际装运的数量与预计发运的货量不一致。因为装船时可能由于舱位或集装箱容量限制而放弃一部分货物，也可能为了充分利用空间或舱位，在不突破信用证规定的情况下适当增加装运数量。所以，制作发票时须反映货物的实际装运数量，做到单货一致。

案例分析

我国出口公司出口一批牛肉到韩国。合同规定，该批货物 25 吨，装 1 000 箱，每箱 25 千克。当货物运抵韩国港口后，韩国海关人员在抽查该批货物时，发现每箱净重 30 千克，因此该批货物实际装运了约 30 吨，比合同规定多装了约 5 吨。相关的运输及结算单据上均注明货物为 25 吨，韩国海关认为我出口商有刻意少报重量，协助客户逃税之嫌，向买卖双方正式提出意见，经解释后方才不予深究，但多装的约 5 吨牛肉不再退还，买方也不补付货款。

请问：本案对我们有什么启示？

分析：世界上许多国家的海关对货物进出口都实行严格的监管，如进口商申报进口货物的数量与到货数量不一致，通常会受到审查。如货物数量超过报关数量，甚至有走私偷漏税的嫌疑，海关不仅可以扣留或没收货物，还可以追究相关方的刑事责任。出口商可能以为发货数量只要不少于合同规定即可，为了巩固合作，抱着“交朋友”的心态，有的甚至甘愿自掏腰包多发些货，殊不知这样做，不仅给自己，也会给进口商带来麻烦。所以出口商应严格按照合同约定履行交货义务。

在确定数量时，买卖双方应充分考虑市场供求、货源、国际市场价格以及对方的信誉。对于卖方，应考虑其是否有能力组织和准备所需数量的货物。盲目追求超出其供应能力的交易是不妥的。对于买方，应对货物销售给予足够重视，尽量避免货物进口后无法转销而积压的情况。

在合同中应明确规定计量单位和度量衡。尽量不要使用“大约”或“近似”的措辞，因为这可能会引起误解。如不可避免，建议在合同中统一定义。例如 UCP600 第 30 条规定，“约”或“大约”用于信用证金额或信用证规定的数量或单价时，应解释为允许有关金额或数量或单价有不超过 10%的增减幅度。当然，上述三项必须特别指明某一项。例如：当信用证规定的数量为“大约 100 吨”时，则指数量可增减 10%，但不包括金额和单价；如信用证金额规定为“大约 10 万美元”时，则仅指金额可增减 10%，但不包括数量或单价。

案例分析

一信用证注明“总金额不超过 5 000 美元，货物为布匹，大约 5 000 码，每码 1 美元。”依据 UCP600 的规定，可有大约 10%的数量增减。若出口时以 5 500 码布匹的数量交单议付，是否有问题？

分析：根据 UCP600 第 30 条规定，数量前有“约”“近似”词语时，则该数量可有 10%的增减。但是在本例中信用证已注明“总金额不超过 5 000 美元”，所以最多可装 5 000 码（而不是 5 500 码），最少可装 4 500 码。如装 5 500 码以 5 500 美元的单据交单议付，因超出信用证金额，议付银行有权拒付，剩下的 500 美元只能托收。

UCP600 第 30 条 b 款规定：“在信用证未以包装单位件数或货物自身件数的方式规定货物数量时，货物数量允许有 5%的增减幅度，只要总支取金额不超过信用证金额。”

“包装单位”包括箱、盒、桶之类的包装。“个数”指“件”（pieces）。重量单位、体积单位如“公斤”“公吨”“立方米”不是包装单位，因此适用此伸缩幅度。这是针对那些货物数量容易发生增减，又因情况比较复杂，很难在开证时确定一个精确的增减幅度的信用证而订立的。

案例分析

一禁止分批装运的信用证规定货物数量为 10 000 包，受益人仅装运 9 997 包，有 3 包在国内运输过程中遭受水渍损坏。为此，受益人提供的信用证所需的提单中注明数量为 9 997 包。试问单证是否相符？

分析：因为信用证明确以包装单位计数（包），UCP600 规定的 5%增减幅度不适用。又因信用证禁止分批装运，在单据上表示短装，虽然数量小亦会构成不符点。为了避免此种问题，卖方应与买方约定在信用证上订明一个预先同意的数量变化范围。如果信用证允许分批装运或在数量前写明“up to”（直到）、“maximum”（最大）、“not exceeding”（不超过），则不符点将不会发生。另外，也可在信用证规定的数量前添加“about”（大约）或“approximately”（近似）。

当交易散装货等难以控制具体数量的货物时，建议采用“溢短装”（more or less）条款。溢短装条款多用在矿砂、化肥、粮食、食糖等大宗散装货物的交易中，由于受商品特性、货源变化、船舱容量、装载技术和包装等因素的影响，要求准确地按约定数量交货存在一定困难。为了避免因实际交货不足或超过合同规定而引起的法律责任，方便合同履行，在合同中规定交货数量允许有一定范围的机动幅度，一般包括机动幅度的选择权以及计价方法。因此，在某种程度上溢短装条款保护了卖方的利益。事实上，由于商品价格波动，卖方有可能故意超载或欠载。建议在合同里明确，对交付的多装或少装的货物，付款应以装船或到达目的港后的市场价格为基础。

6. 单价

单价，一般由计量单位、单位价格金额、计价货币和贸易术语四部分组成。例如，每公吨 1 000 美元 CIF 上海。其中，计量单位是公吨，单位价格金额 1 000，计价货币是美元，贸易术语是 CIF 上海。

实务中，有时部分货物免费，相当于单价为 0，提交的发票可以显示对应的单价为 0，或可以在发票对应单价栏显示“FREE CHARGE”予以满足。有时商业发票不一定显示单价。若信用证未对此进行规定，单价信息可作为额外信息进行审核，只要其与信用证或其他单据的数据内容不矛盾，是可以接受的。

7. 总价

通常来说，货物总价=单价×数量。除非信用证另有规定，货物总价不应超过信用证金额。有时，信用证要求在成交价格为 CIF 时，分别列出运费、保险费，并显示 FOB 的价格。制单时可按照如下格式填写。

TOTAL FOB VALUE　$10 000.00

FREIGHT　$2 100.00

INSURANCE　$900.00

TOTAL CIF VALUE　$13 000.00

若出口商品为多种商品或多种规格，单价与数量不同时，应依次填写并将同一种货物的数量、单价、总价对齐，然后汇总得出总数量与总金额。

8. 佣金

国际贸易中，许多交易是通过中间商或代理商进行的。这些中间商或代理商将收取一定的酬金以促进交易，这种酬金称为佣金。

佣金与商品价格直接相关。包含一定比例佣金的价格称为含佣价格，通常要高于净价。含佣价格通常在价格末尾以佣金率表示。例如，1 000 美元/公吨 CIF 上海，包括 1%的佣金，在贸易术语后面加上大写的“C”表示佣金（Commission），如 1 000 美元/公吨 CIFC1%上海。

佣金有不同的计算方法，大多数情况下，佣金基于发票价格或合同价格。佣金额、佣金率、含佣价、净价的计算关系如下。

（1）已知含佣价和佣金率，计算佣金额

$$佣金=含佣价\times佣金率$$

（2）已知含佣价及佣金额，计算净价

$$净价=含佣价-佣金额$$

（3）已知净价和佣金率，计算含佣价

$$含佣价=\frac{净价}{1-佣金率}$$

案例分析

我国出口商出口一批货物到美国，每公斤 100 美元 CFRC2%纽约。美国进口商要求将佣金增加到 5%，为保证出口净收入不变，我出口商 CFRC5%如何报价？

分析：CFRC2%含佣价格 100 美元，佣金 2 美元，净价 98 美元。为保证净价不变，改按 5%佣金率报价为 98÷（1－5%）=103.16 美元，即每公斤 103.16 美元 CFRC5%纽约。

佣金条款通常应该在合同中规定。然而还有另一种支付佣金的方法，即隐性佣金（“暗佣”）。“暗佣”是根据买卖合同以外的合同约定，向中间商或者代理商支付佣金的行为。这种佣金条款在销售合同中并没有规定。“暗佣”通常用于某些特殊目的，例如卖方和中间商可能希望佣金事宜对买方保密。

9. 折扣

折扣（Discount）是为了促进交易而从净价中扣除的金额。折扣可以降低商品价格，提高市场竞争力。当卖家进入一个新的市场时，折扣经常被用作一种营销策略。有时，折扣对于库存货物处理很有帮助。折扣的表达方式与佣金表达方式相似，例如，1 000 美元/公吨 CIF 上海，包含 1%折扣。

10. 包装

包装情况不是发票的必要内容，在有包装单或装箱单的情况下，发票可只注明包装件数，详细说明可省略。包装条款一般包括包装材料、包装方式及包装规格等。

11. 重量

重量包括毛重、净重。这部分内容在有包装单或重量单时，发票可不反映。若反映，注明总重量即可。如无包装单或重量单，发票应根据情况酌情注明。凡以重量计量或计价的，应详细列明。

12. 发货依据

如信用证货名之后注有“as per Contract No”“as per Order No”“as per Proforma Invoice No”或“as per Sample”等，表示所发货物如某合同、订单、形式发票或样品等。

（三）结文部分

结文一般包括信用证中加注的特别条款或文句。例如，信用证要求受益人出具的各种证明、声明或说明等文句，还包括发货的依据以及援引的一些业务编号和出票人签章等。这部分一般在发票的下部。发票通常须由发货人签字（章）方有效。发票的出票人签字一般在发票的右下角，包括两部分内容：一是出口商的名称（信用证的受益人）；二是有权签字人的签字，有时也用手签图章代替。有些国家规定，写在签署人签字以下的文字内容无效。因此，应注意发票的各项内容应该列在签字之上。

有时，信用证根据业务需要和进口国法律制度及规定，要求发票应加注某些细节。凡受益人接受的内容，应按实际情况准确加注在发票内。这些细节主要有信用证或合同号、海关税则号、银行注册号、外汇批准号、进口许可证号、进口商登记号等内容。

有些来证要求在发票内加注各种证明或声明等，应按信用证规定如实加注。凡信用证规定有名称的，如“Certificate”（证明）或“Statement”（声明）等，应加名称。否则，只加证明或声明词句即可。

附样 4－1 与 4－2 是商业发票的样本。

附样 4－1：商业发票样本

Commercial Invoice 商业发票

1. Exporter Name and Address 出口商的名称与地址（如与 2 项相同可只填一项）		**2. Shipper Name and Address** 发件人名称与地址	
Date 发票日期	**4. Invoice#** 发票号（如需要）	**5. Reference/Order No** 合同上日期	**6. Ship Date** 发件日期
7. Forwarder Name and Address 承运商名称与地址 **DHL**		**8. Ship to/Consignee(Receiver) Name and Address** 收件人名称与地址（如与 10 相同可以只填写一项）	
9. Carrier Name and Address **DHL**		**10. Importer/Buyer Name and Address** 进口商名称与地址	
9a DHL Air waybill No. 运单号			
11. Country/Port of Export 出口国		**12. Country of Manufacture/Origin (if multiple list all)** 生产国	
13. Country/Final Destination 目的国	**14. Customer Acct. #** 发件账号	**15. Sales Order #** 销售单号（如需要）	**16. Purchase Order #** 采购订单号（如需要）
17. Terms of Payment 付款方式（如需要）	**18. Terms of Sale** 贸易方式（如 CIF、FOB 等如需要）	**19. Terms of Delivery** 交货方式	**20. Currency of Sale** 币种
21. Letter of Credit # 信用证号（如需要）	**22. Other Reference** 参考事项（如需要）	**23. # of Pkgs/items/load** 件数	**24. Gross Weight** 总重

SHIPMENT INFORMATION

Item#	Full Commodity Description/Customs Code	Country of Mfg	QTY	Unit Price	Net Wt.
	全部的商品描述/海关代码	生产国	数量	单价	净重

Sub Total 小计
Shipping and Handling Costs 运输费用
Insurance Costs 保费
Total Invoice Value 总价值

I/We hereby certify that the information on this invoice is true and correct and that the contents of this shipment are as stated above.（填写声明）

____

Name and Title of Authorized Person（签名）

______________________________ **Date**（日期） ______________________________

Signature of Authorized Person（授权人签名/盖公章）

附样 4–2：商业发票样本

COMMERCIAL INVOICE

INVOICE No.:　　　　　　　　　　　　　　　　DATE:

For account and risk of

Messrs:

Add:

Commodity:

Brand:

Country of Origin:

Quantity:

Unit Price:

SAY: US dollars

Packing:

FOR AND ON BEHALF OF

三、信用证中商业发票的措辞

以下是信用证中对商业发票的常见措辞。

（1）Signed Commercial Invoice in duplicate showing a deduction of USD 200.00 being commission.

签字商业发票一式两份，显示扣除 200 美元作为佣金。

（2）Signed Commercial Invoice，one original and two copies.

签字发票一正两副。

（3）Manually Signed Invoice in five folds certifying that goods are as per Indent No.ABC567 of March 10，2021 quoting L/C No.

手签发票一式五份，并在发票上显示根据 2021 年 3 月 10 日合同号 ABC567 订立，注明信用证号码。

（4）Signed Commercial Invoice combined with certificate of origin and value in triplicate as required for imports into Nigeria.

已签署商业发票一式三份，发票须连同产地证明和货物价值声明，为尼日利亚进口所需。

（5）Signed Commercial in duplicate，certifying merchandise to be of Chinese origin.

签署商业发票两份，证明产品的原产地为中国。

（6）5% Discount should be deducted from total amount of the commercial invoice.

从商业发票总额中扣除 5%的折扣。

（7）Commercial Invoice in triplicate showing separately F.O.B value，Freight charge，Insurance premium，CIF value and country of origin.

商业发票一式三份，分别显示 FOB 价值、运费、保险费、CIF 总值和原产地国。

（8）Commercial Invoice in quadruplicate indicating the following：That each item is labeled “Made in China”；That one set of non-negotiable shipping documents has been airmailed in advance to buyer.

商业发票一式四份，并声明以下内容：（1）每件商品标明“中国制造”；（2）一套不可转让装船单据已预先航空邮寄给买方。

第二节　商业发票的缮制与审核

尽管各国出口商对商业发票的内容掌握不尽相同，但除了信用证规定的内容外，通常不少于第一节列举的诸如发票名称、编号、日期、信用证号、买方名称、唛头、货物描述、总值及出票人名称或签章等内容。因信用证是单据交易，为防范风险，发票的填制须十分严格。企业、银行中相关的制单、审单人员须高度关注。

一、商业发票缮制总体要求

在商业发票缮制过程中，有些总体要求应予以满足。

（1）发票应该清楚、干净、整洁，布局要合理、美观。

（2）发票制单应争取一次通过，若涉及对单据的更正与更改，应持谨慎态度。ISBP745 第 A4 条对更正与更改要求如下：除汇票外，受益人出具的单据内容的任何更正均无须证实。如受益人出具的单据已经合法化、签证或证明等，对数据内容的任何更正须由至少一个对单据实施合法化、签证或证明等的实体进行证实，该证实须注明证实更正的实体名称，方式为使用含有该实体名称的印戳，或另外加注该证实实体的名称并随附其签字或小签。

在非受益人出具的单据上，单据数据内的任何更正须看似由单据出具人或一实体作为其代理人或代表（for or on behalf of）代出具人进行证实。该证实须注明证实更正的实体的名称，方式为使用含有该实体名称的印戳，或另外加注该证实实体的名称并随附其签字或小签。在代理人或代表证实的情况下，须注明其作为代理人或代表代出具人行事的身份。

副本单据数据内容的更正无须证实。

（3）发票内容应直观、简练。信用证未规定的内容尽量不要列出，以防“言多必失”。

（4）应做到发票与信用证、发票与合同、发票与实际业务相符。同时，发票内容应与其他单据不相矛盾。

（5）数字计算要准确，描述要贴切，用词用语要符合习惯，语法关系应正确、通顺。

案例分析

一份信用证要求的单据包括商业发票。出口商提交的商业发票显示货物数量 27 181 件，1.874 欧元/件，总价 50 937 欧元，DAP 交货地点。开证行收到单据后拒付，理由是"Invoice evidences multiplication of quantity 27 181 pcs×1.874€/pcs=50 937€ instead of 50 937.194€"。

请问开证行的拒付是否合理？

分析：开证行要求以欧元为计价单位的发票金额精确到小数点后第三位是不合理的。发票显示金额 50 937 欧元并未与信用证及其他单据数据冲突。通常实务中，发票金额会精确到小数点后第二位，取整数也可接受，除非信用证有特殊规定。

（6）如发票内容较多，可加续页。前页通常在下部边缘加注"To be continued"，并附加页数，如"page 1、2、3"（缩写 P_1、P_2、P_3）。下页通常在上部边缘加注"Continued from page 1、2、3"，同时在右下角加注页数。

（7）如信用证个别条款出现书写错误且未改证，发票可先按错误内容打出，然后用括号加注正确内容。

以上总体原则同样适用于其他单据。

二、商业发票的缮制与审核操作

在商业发票的缮制与审核操作中，应注意以下几方面。

（一）发票字样

根据 ISBP745 第 C1 条，当信用证要求提交"发票"（Invoice）而未做其他详细描述时，提交如商业发票（Commercial Invoice）、海关发票（Customs Invoice）、税务发票（Tax Invoice）、最终发票（Final Invoice）、领事发票（Consular Invoice）等任何类型的发票均符合要求，但不得提交表明为"临时"（Provisional）、"形式"（Pro-forma）或类似非正式的发票。当信用证要求"商业发票"时，也可以提交含有供税务使用声明的名为"Invoice"的发票。

当信用证要求提交"海关发票"（Customs Invoice）时，则必须提供进口国海关规定的专用、固定格式的发票或联合格式的商业发票，而不得提供其他类型的发票，但是其名称可以是"发票"（Invoice）。其他类型的正式发票可参照海关发票。

（二）发票出具人/开票人

根据 ISBP745 第 C2 条 a 款，当信用证发票应"看似"（appear to）由（不可转让信用证的）受益人出具，或者在已转让信用证项下由第二受益人出具。根据 UCP600 第 14 条 j 款要求，只要发票上显示的出具人名称为信用证受益人即可。根据第 C2 条 b 款，当受益人或第二受益人已变更名称，而信用证提及的是原名称时，只要发票注明该实体“原名称为×××”（受益人或第二受益人的名称）或类似措辞，就可以新实体的名称出具。

（三）货物描述及其他一般性事项

根据 ISBP745 第 C3 条，发票显示的货物、服务或履约行为的描述应与信用证中的描述相符（to correspond with），但不要求“镜像一致”（a mirror image）。例如，货物细节可以在发票上的多处显示，当一并解读时，其表明的货物描述与信用证中的描述相符。这里可以理解为相符的表述可以分布在不同处，只要一并解读与信用证中的描述相符即可。

另外，同义词或近义词的表述并非是相符描述，因为银行没有义务也没有能力去了解各行各业的专业术语并加以判断。

案例分析

信用证 45A 规定 NAME OF COMMODITY：PUREBRED BREEDING PIGS。出口商提交的商业发票显示 COMMODITY：PUREBRED BREEDING SWINE。开证行以商业发票的货物名称与信用证不符为由拒付。出口商解释为二者都是“种猪”，只是表达方式不同。

请问开证行拒付是否合理？

分析：尽管二者都是“种猪”的意思，但是银行人员不是货物专家，无法判断。所以不符点成立，开证行拒付合理。

根据 ISBP745 第 C4 条，发票上的货物、服务、履约行为的描述必须反映实际装运或交付的货物、提供的服务或履约行为。例如，当信用证的货物描述要求装运“10 辆卡车和 5 辆拖拉机”（10 trucks and 5 tractors），而仅装运 4 辆卡车时，只要信用证不禁止部分装运，发票可以显示仅装运 4 辆卡车。发票注明实际装运货物（4 辆卡车）的同时，还可以包含信用证规定的货物描述，即 10 辆卡车和 5 辆拖拉机。

根据 ISBP745 第 C5 条，发票上的货物、服务、履约行为的描述也可以显示与货物、服务或履约行为的不同性质、等级或类别。只要这些数据看似不会指向货物、服务或履约行为的不同性质、等级或类别。例如，当信用证要求装运“绒面革鞋子”（Suede Shoes），但是发票将货物描述为“仿造绒面革鞋子”（Imitation Suede Shoes）；或当信用证要求“液压钻机”（Hydraulic Drilling Rig），但发票将货物描述为“二手液压钻机”（Second Hand Hydraulic Drilling Rig）时，这些描述表示货物的性质、等级或类别出现了变化，将不符合信用证规定。

案例分析

在信用证中出现的货物描述是“A.B.C”，信用证下提交的商业发票上对于货物的描述是“XYZ”（A.B.C）。X.Y.Z 是货物成分的技术/化学用语。

问：这份商业发票在信用证下是可以被接受的吗？

分析：UCP600 第 18 条 c 分条规定，商业发票中的货物描述，必须与信用证规定的相符，但并没有要求商业发票上在何处以何种方式显示货物描述。商业发票中先引用货物的技术/化学成分，然后引述信用证中规定的货物描述，并没有构成不符点。

若发票上出现多于或详于信用证规定的内容是符合要求的，但不能与信用证上的内容矛盾。但若发票上的内容少于或糙于信用证的内容，是不符合要求的。

根据 ISBP745 第 C7 条，当信用证规定贸易术语作为货物描述的一部分时，发票须显示该贸易术语。当信用证规定贸易术语的出处时，发票应显示贸易术语的相同出处。例如，当信用证规定贸易术语为“CIF Singapore Incoterms 2010”时，发票不应仅显示贸易术语为“CIF Singapore”或“CIF Singapore Incoterms”。但是当信用证规定贸易术语为“CIF Singapore”或“CIF Singapore Incoterms”时，发票可以显示贸易术语为“CIF Singapore Incoterms 2010”。

案例分析

有一信用证要求受益人提交商业发票，该信用证对货物的描述如下。

1. 520 件 100%纯丝绸女裤。
2. 贸易术语为 FOB×××港。
3. 从×××港运至 ZZZ 港。

开证行收到单据后，经审核认为不符，理由如下。

商业发票未规定 FOB×××港口贸易术语。

试问开证行的拒付是否有理？

分析：关于此案例，UCP600 第 14 条 h 款规定：“信用证含有一些条件，但未规定提交与之相符的单据，银行将认为这些条件未曾提及，并对这些条件不予理会。”但信用证当事人应该考虑到单据和信用证之间有着“联系”或“相符”的可能性。例如信用证条款中规定，从“从伦敦运至香港”条款，或 CIF 香港–Incoterms 条款等，即使不需个别单据单独证明这样的条款，但其要求应在交来的单据中予以满足及说明。

为此，当贸易双方都同意在信用证中规定贸易术语时，这些术语作为合约的重要部分，它们有约束作用。不论信用证是否规定贸易术语作为货物描述的一部分，还是不作为货物描述的一部分，都要采取这种见解。

UCP600 第 14 条 e 款管辖商业发票，本款说明商业发票的货物描述必须与信用证的描述相符合。其次，“FOB……”的文字经常放在“货物描述”这一部分，因此被视为货物描述的一部分。在上述例子中，“FOB×××港口”字样是信用证中货物描述的一部分。需要在商业发票上加以说明来满足这个要求。

因此，如果贸易术语是信用证中货物描述的一部分，或与货物金额联系在一起表示，则发票须显示信用证指明的贸易术语，而且如果货物描述提供了贸易术语的来源，则发票必须标识为相同的来源。

由于受益人提交的商业发票中未注明贸易术语“FOB×××港口”，银行有权把单据看作不符而拒绝接受。

（四）发票须载明与货物价值相关的要素

根据 ISBP745 第 C6 条规定，发票应显示：所装运或交付的货物，或所提供的服务或履约行为的价值；单价（当信用证有规定时）；与信用证中表明的相同的币别；信用证要求的任何折扣或扣减。

关于与信用证中表明的相同的币别，该规定与 UCP600 第 18 条“商业发票必须与信用证的货币相同”一脉相承，主要是为了规避因汇率波动而造成的矛盾。

在实务中，发票金额的币别有时会被省略，或被简化，作者认为此举不提倡。例如将“USD”美元简写为 Dollars 或$，因为 Dollars 或$可以代表港币（Hong Kong dollars，HKD）、美元（United States dollars，USD）、澳大利亚元（Australian dollars，AUD）等。同理，也不能将人民币元简写为￥。因为￥也并不对应于一个特定的币别，比如日元 J￥或 Japanese yen。

由于许多国家采用浮动汇率机制，国际主要货币间的汇率经常波动。从签订合同到交易完成通常需要一段时间，如果货币汇率大幅波动，将直接影响双方的经济利益。目前国际市场上各种货币的地位是不同的。有些正在减弱，而有些正在增强。欧元兑美元、英镑兑美元、美元兑日元等主要货币的汇率在一年内波动超过 10%是常见的。事实上，当美国联邦公开市场委员会（FOMC）会议召开或公布重要经济数据时，在几分钟内汇率的波动可能就超过 1%。届时受损一方可能以此为借口推迟履约。

因此，显示发票金额的币别时，最好的办法就是保持与信用证要求的币别一致。

根据 ISBP745 第 C7 等条款，发票可以显示信用证未规定的预付款、折扣等扣减。与单据、运费或保险费之类相关的额外费用和成本，应包含在发票所显示的与贸易术语相应的价值之内。发票显示的货物的任何总数量、总重量或总尺寸，不得与其他单据显示的同一数据内容相矛盾。

发票不应显示：超装（UCP600 第 30 条 b 款规定除外），或者信用证未规定的货物、服务及履约行为。当发票包含信用证所规定的货物、服务或履约行为的额外数量，或者样品和广告材料，都表明为免费，也不应显示。

（五）分期支款或装运

ISBP745 第 C15 条 a 款 i 项规定，当信用证规定在特定期间（given periods）内分期支款或分期装运，若有任何一期未在所允许的期间内支款或装运时，信用证对该期及后续任何各期均停止兑用（the credit ceased to be available for that and any subsequent instalment）。特定期间，指确定每期分期付款的开始日期和结束日期的一组日期或时间序列。即受益人必须按照信用证要求的时间表，在既定期间内有序支款/装运，否则信用证便失效。

但是，根据国际商会有关结论，信用证因此失效的情况并不绝对。若一期未支款/装运，而（经双方协调）开证行接受了下一期的支款/装运，则信用证将恢复可兑用，且默认为整体恢复可兑用，对后续每一期都恢复可兑用。若并不想使该信用证整体恢复可用，开证行应告知交单者对该期装运的认可仅适用于该期，而不是以后各期均适用。

例如，当信用证要求 3 月份装运 100 辆汽车，4 月份装运 100 辆汽车，5 月份装运 100 辆汽车时，这就表示分三期装运。第一期开始于 3 月 1 日，结束于 3 月 31 日；第二期开始于 4 月 1 日，结束于 4 月 30 日；第三期开始于 5 月 1 日，结束于 5 月 31 日。

若受益人未在 3 月份装运，则信用证自这一期起便停止兑用。若受益人在 4 月份装运后向开证行交单，开证行可以 3 月份没有装运为由而拒付。

若受益人未在 3 月份装运，但是在 4 月份装运了，且开证行接受单据并付款（未对信用证做出其他特殊说明），则默认为信用证自 4 月份又开始兑用。当受益人在 5 月份装运后向开证行交单时，开证行不能以 3 月份未装运为由拒付。

若受益人未在 3 月份装运，但是在 4 月份装运了，且开证行接受单据并付款，但开证行在接受单据时同时告知交单者“我行仅接受这一期交单支款，但并不允许信用证整体恢复生效”。此情形下，若受益人在 5 月份装运，开证行仍可拒付。

ISBP745 第 C15 条 a 款 ii 项规定，当信用证（在分期支款/装运的同时）允许部分（partial）支款/装运，则每期之内都允许任意次数的支款/装运。相应地，当信用证规定分期支款/装运且不允许部分装运，则每一期内都不允许部分装运，必须一次性装运。

三、与商业发票相关的常见单证不符点

信用证业务中，商业发票的交单易出现不符点。作者罗列了与商业发票相关的常见单证不符点如下。

（1）出具人名称不符，即非信用证的受益人。

（2）发票日期迟于信用证的有效期。

（3）进口商的名称与信用证申请人不一致。

（4）商业发票对货物的描述与信用证不符。

（5）发票金额超过信用证金额，或超出其允许增减的范围。

（6）发票金额与汇票金额不符。

（7）单价超出规定的幅度。

（8）未按信用证要求加具签证。

（9）提交发票的份数不足。

（10）在信用证禁止分运的情况下，发票作成分批装运。

（11）在信用证未授权的情况下，发票货物说明中有“已用过”“二手货”“重新装配”等字样（notation that merchandise is “used”, “second hand” or “rebuilt”, not authorized by credit）。

（12）价格条件与信用证规定不符。

（13）未按信用证要求分列费用支出。

（14）商业发票所列的装运条件不正确。

（15）信用证要求签字而未签字。

（16）商业发票的参考号码与信用证上的不一致。

（17）发票的抬头人不符合信用证要求。

本章小结

商业发票是出口商对进口商开立的载有货物名称、规格、数量、单价、金额等方面内容的清单，供国外买方凭以收货、支付货款和报关完税之用。商业发票也是装运货物的说明，还是进口国确定征收进口关税以及买卖双方索赔、理赔的主要依据。信用证结算方式下商业发票是全套结汇单据的核心，其他单据的缮制都需要参考商业发票操作。为防范风险，商业发票应严格按照信用证、UCP600及ISBP745的相关规定缮制与审核。

思考题

1. 何谓商业发票？
2. 商业发票有哪些用途？
3. 商业发票有哪些主要内容？
4. 缮制商业发票的总体要求是什么？
5. 缮制及审核商业发票有哪些关注点？
6. 信用证中，与商业发票有关的常见不符点有哪些？怎样避免？

案例讨论题

某外贸公司出口核桃仁，合同规定为“三路”品质，信用证结算，货物描述为“三路”品质核桃仁。但是货物装船时，由于“三路”品质的核桃仁短缺，结果该公司采用部分“二路”品质（优于“三路”）的核桃仁替代，并在商业发票中特别注明了该部分“二路”核桃仁价格同“三路”核桃仁价格。

请问：该外贸公司做法是否妥当，为什么？开证行可否拒付，为什么？

第五章　运输单据与案例分析

案例导入

甲出口公司曾有一批货物出口到非洲，用信用证方式结算。信用证规定不接受货代提单。甲公司按照客户要求配A船公司。该船公司有在不同航线使用不同公司名称的习惯做法。货物出运后，甲公司从A船公司××分公司取得船公司提单。

该提单右下角印刷着“B SHIPPING LTD.，AS CARRIER”。提单签章表述是“A公司××分公司 AS AGENT FOR THE CARRIER C LINE LTD.”。C是A公司常采用的“别名”，而B是另一个A公司使用的“别名”，而且提单抬头是“B SHIPPING”。

银行的审单结果：提单的签章与提单显示的承运人名称不符，属于严重的不符点。银行解释称这是一份自相矛盾的提单——提单右下角的印刷“B SHIPPING LTD.，AS CARRIER”已声明承运人是“B SHIPPING LTD.”，但提单章却显示承运人是“C LINE LTD”。

分析：虽然B、C都是A公司在不同航线用的别名，提单签章与提单本身显示的承运人是一家公司，但是开证行没有义务调查B与C是否是一家船公司，根据UCP600的规定，银行只看单据表面是否相符。既然B、C两公司的名称不一样，就视为两家承运人。在这种情况下，如果将提单签章上的“C LINE LTD”替换成“B SHIPPING LTD.”或者仅仅表述为“A SHIPPING ×× BRANCH AS AGENT FOR THE CARRIER”都是可以的。

运输单据（Transport Documents）是国际贸易的基本单据之一，是托运人将货物移交给承运人办理装运时，由承运人签发给托运人的书面文书，通常是运输中的货物已经付运的证明，运输合同的证明，也是交接货物、处理索赔与理赔以及向银行结算货款的重要凭据。

运输单据种类繁多，名目不一。UCP600在第19条至第25条分别按照不同的运输方式将其概括为七大类，即：海运提单、多式联运单据、不可转让海运单、租船合同提单、空运单据、公路/铁路或内河运输单据、快递及邮政运输单据。本章将介绍上述运输单据的定义、功能、内容，并根据国际惯例及案例解读在缮制及审核运输单据时需要注意的事项。

第一节　海运提单

海上运输是当今国际贸易中最主要的运输方式，国际货物贸易总运量的约2/3都由海上运输实现，因此海运提单无疑是国际贸易最重要的单据之一。它不仅与运输过程关系重大，而且也在整个国际贸易的过程中起着关键的作用。其他各种运输单据的法规或处理方法往往是参照海运提单的法规制定的。

一、海运提单的定义和功能

海运提单（Marine Bill of Lading or Ocean Bill of Lading），简称为提单（Bill of Lading，B/L）。在国际运输公约中，《汉堡规则》给提单定义如下："提单是指证明海上运输合同和货物由承运人接管或装载以及承运人保证凭以交付货物的单据。单据中关于货物应按记名人的指示或不记名人的指示交付或交付给提单持有人的规定，即是这一保证。"《中华人民共和国海商法》（以下简称《海商法》）第 71 条规定："提单，是指用以证明海上货物运输合同和货物已经由承运人接收或者装船，以及承运人保证据以交付货物的单证。"

提单涉及的基本当事人包括以下各方：承运人、托运人、收货人、受让人、持单人和被通知人。他们之间各方的权利、义务构成了提单关系的主要内容。

提单有三个方面的功能：货物收据、运输合同证明、物权凭证。其中物权凭证的功能尤为重要。

1. 货物收据

提单是承运人签发给托运人的收据，确认已按提单所记载的货物名称、数量及表面状况收到货物。如果承运人签发的是已装船提单，则表示承运人已经将提单记载的货物装上提单所载明的船只。如果承运人签发的是收妥待运提单，意为承运人已经接收了提单上所载明的货物，但是还未将该货物装船。

2. 运输合同证明

提单是承运人和托运人之间订立运输合约的证明。需要注意的是，提单仅是海上货物运输合约的证明，而不是合约本身。在提单签发前，托运人向承运人租船或者订舱建立运输合约的关系，而这一关系已经通过要约或者承诺而成立。提单签发是承运人和托运人之间运输合约关系的体现。

3. 物权凭证

通常情况下，提单是货物的代表和象征，承运人只将货物交付给正本提单持有人，也就是提单的合法持有人。可转让提单可以通过一系列流转，由最终的提单合法持有人向承运人提取货物。在流转过程中通过背书转让，以达到转让货权的目的。特殊情况下，如正本提单被盗或者货物已到达卸货港而正本提单尚未寄到，可以通过提货担保等方式向承运人提货，但是承运人将面临无单放货的风险。

二、海运提单的分类

根据不同的划分标准，提单有不同分类。

（一）根据货物是否装船划分

根据货物是否装船可以将提单分为收妥备运提单（Received for Shipment B/L）以及

已装船提单（Shipped on Board B/L）。收妥备运是指承运人、船长或承运人的代理人已收到托运人的货物并等待装船，而此时货物尚未装运。提单上如果预先印就“收妥待运”（Received for Shipment）字样，这种提单称为收妥待运提单。收妥待运字样本身不能体现货物的装船时间，需要通过装船批注加以证明。

已装船提单指承运人、船长或承运人的代理人已经收到托运人交付的货物并已经装船完毕后签发的提单。此时，提单上会预先印就“已装船”（Shipped on Board）字样或者在收妥待运提单上加注“Shipped on Board”字样的装船批注。国际货物买卖合同中以及信用证结算方式下通常都要求提交已装船提单。根据ISBP745第E7条的规定，“SHIPPED IN APPARENT GOOD ORDER”“LADEN ON BOARD”“CLEAN ON BOARD”或者其他包含“SHIPPED”或者“ON BOARD”字样的用语，与已装船发运“SHIPPED ON BOARD”具有相同的效力。

（二）根据收货人的抬头划分

根据提单收货人栏位显示的不同抬头可以将提单分为记名提单、不记名提单、指示提单。

1. 记名提单（STRAIGHT B/L）

记名提单指提单的“收货人”栏具体写明某特定公司或自然人的提单。记名提单不能向第三方转让。通常情况下，在卸货港由记名人持有正本提单，并且凭自身的身份证明向承运人或船长主张提货的权力。之所以说是通常情况，主要是因为记名提单是否需要凭正本提单放货仍然存在分歧，美国以及中南美一些国家规定记名提单可不用凭正本提单即可提货。

案例分析

CAPITAL公司接受H公司办理订舱出运，并向H公司开具全套正本提单。提单载明托运人为H公司，承运人为CAPITAL公司。收货人、通知方均为“INTERNATIONAL BUSINESS STRATEGY & CONSULTANT LLC”。货抵目的港后，CAPITAL公司在未收取正本提单的情况下交付货物。H公司遂上诉法院，要求CAPITAL公司就无单放货行为给H公司造成的损失承担赔偿责任。CAPITAL公司辩称：“根据提单背面条款记载本案适用的是美国相关法律，CAPITAL公司放单无过失。”法院认为：“1. 提单背面条款系格式条款，CAPITAL公司未向H公司明示其内容，非双方意思表示之合意，对其证明目的不予认可；2. 涉案货物被无单放货，放货事实发生时CAPITAL公司和H公司均失去了对货物的控制。CAPITAL公司的这一行为使得正本提单持有人H公司遭受损失，应当予以赔偿。”

分析：记名提单是很特别的一类提单，它与指示提单不同，在很多国家的法律下不能转让，甚至在一些国家（例如美国），承运人可以在未见正本记名提单的情况下仅凭提单收货人身份放货。从这个角度上说，这些国家“认人不认票”的记名提单与海运单颇为相似。但在另一些国家（例如英国），记名提单是物权凭证。

2. 不记名提单（BEARER B/L）

不记名提单指提单“收货人”栏未指示收货人，或仅填有“BEARER”一词。此类不记名无指示提单无须背书即可为任意人合法持有，在目的港向承运人主张提货权利。此类提单由于风险太大，实践中较少见，甚至有些国家明令禁止这种提单。

3. 指示提单（ORDER B/L）

指示提单指提单收货人栏位填写了“to order/to order of...”（凭指示）。这种提单是可流通的提单，通过提单背书将提货的权力转让。指示提单主要分为两大类，分别是空白指示背书和记名指示背书。其中，空白指示背书是指提单的背书不指定受让人，由托运人（SHIPPER）或记名指示人背书后，任意持有人据此提单可向承运人提取货物或继续背书转让提单。而记名指示背书是指背书人在提单的背面背书后指定受让人，托运人（SHIPPER）或记名指示人背书后，被记名受让人据此提单可主张提货，或继续背书记名指定次受让人。

实践中较为常见的指示提单有以下三种。

（1）凭托运人指示［CONSIGNEE：TO ORDER OF SHIPPER（TO ORDER）］

提单在收货人栏位显示“凭指示（凭托运人指示）”，承运人或船长将货物交付给谁凭托运人的指示。该提单需要托运人在提单背面背书才可以向承运人提货。

（2）凭×××银行指示（CONSIGNEE：TO ORDER OF ××× BANK）

提单收货人栏位（CONSIGNEE）显示“凭某银行指示”，即承运人或船长将货物交付给谁凭该银行指示。在信用证结算方式下，使用这种凭银行指示的提单，开证行须将提单背书给申请人，申请人方可提货。此时，开证行可以完全控制货权的转移（而不是为了获得货权）。

（3）凭买方指示（CONSIGNEE：TO ORDER OF BUYER）

收货人凭买方指示的提单，提货时需要买方在提单上背书。如果买方不背书，会造成背书不连续，无法提货。在信用证结算方式下，如果单证相符，开证行必须承付。如果此时买方拒不付款的话，银行也没法提货。因此，如果使用了这种提单的话，货物所有权应当在买方最终付款赎单的情况下转移给买方，而这需要买方积极配合。

（三）根据提单是否存在不清洁批注划分

根据提单表面是否存在不清洁批注可将提单划分为清洁提单和不清洁提单。根据ISBP745 第 E20 条的规定：“提单不得载有明确声明货物或者包装有缺陷的条款。”银行不接受载有“不清洁”批注的提单。对于银行来说，之所以不接受这种提单，主要是银行无法通过提单表面的描述，来判断是否为正常无缺陷的货物。

提单载有的“不清洁”批注必须是明确的才可以视为“不清洁”提单，根据 ISBP 745 第 E20 条对不清洁提单的举例，提单上载有“包装无法满足海运航程”或者类似措辞的条款，属于明确的声明包装状况缺陷的例子。但是，提单上载有“包装可能无法满足海运航程”或类似措辞的条款，并非明确声明包装有缺陷状况。第二种情况下，不能视为不清洁提单。

因此，提单的“不清洁条款”仅仅限于明确声明货物或者包装有缺陷或者类似的批注，而其他“可能存在”等不确定的批注都不是明确的，不能算作“不清洁”条款。下面列举实践中部分“不清洁”条款：包破（bags torn）、锈蚀（rust damage）、污损（stained）、货损（goods damaged）、内货泄漏（content leaking）等。

那么，怎样才能视为“清洁”提单呢？根据 ISBP 745 第 E21 条的规定：“‘清洁’字样不必在提单上显示，即使信用证要求提单标明‘清洁已装船’或‘清洁’字样。”可见，只要提单表面无“不清洁”批注，不论是否显示“清洁”字样，即可以视为“清洁”提单。这一点，在我国《海商法》中也有所体现。《海商法》第 76 条规定：“承运人或者代其签发提单的人未在提单上批注货物表面状况的，视为货物的表面状况良好。”

案例分析

提单上载有船长的以下批注：

1. 集装箱露天存放
2. 集装箱装运前暴露于空气中
3. 集装箱从露天仓库装箱
4. 集装箱装运前受潮
5. 集装箱于下雨时装箱
6. 集装箱装运前沾满灰尘
7. 集装箱为二手集装箱，装运前部分集装箱有凹痕
8. 集装箱装运前表面有锈渍和刮痕
9. 部分集装箱唛头不清晰/遗失

提单是否是“不清洁”提单？

分析：提单上的船长批注仅限于集装箱的外部及表面状况，以及装船时的大气/天气情况，没有任何一个批注直接宣称货物和/或包装存在缺陷。集装箱并不视为 UCP600 第 27 条下的包装。因此，提单是“清洁的”。

（四）根据运输途中是否转运划分

根据货物运输途中是否涉及转运可将提单分为直达提单和转运提单。其中，直达提单较为常见，正如其名，货物从装货港装运直接运达至卸货港，途中不会发生转运，提单上也未显示转运。而转运提单指的是从装货港至卸货港之间发生了转运。

ISBP 745 第 E17 条规定：“转运是指从信用证规定的装货港到卸货港之间的运输过程中，将货物从一艘船卸下并再装上另一艘船的行为。如提单未显示在这两个港口之间进行卸货和重装，则不属于信用证和 UCP600 第 20（b）和（c）条项下的转运。”根据惯例，我们需要注意以下两点：第一，转运必须发生在信用证规定的装货港到卸货港之间的运输过程中；第二，转运必须是从一艘船卸下并再装上另一艘船的行为。不符合任意一条不能算作是转运。

案例分析

信用证规定将一批货物从装货港印度尼西亚的勿拉湾港口运至卸货港宁波港。提交的海运提单显示：PORT OF LOADING：BELAWAN INDONESIA，PORT OF DISCHARGE：NINGBO CHINA。并额外批注：SHIPMENT FROM BELAWAN INDONESIA TO SINGAPORE BY VESSEL A ON 07 NOV.2020。SHIPMENT FROM SINGAPORE TO NINGBO，CHINA BY VESSEL B ON 20 NOV.2020。

在该案例中，转运发生在信用证规定的装卸货港之间的运输过程中，符合第一个条件。此外，显示了两条船，即将货物从 VESSEL A 卸下，转船至 VESSEL B，符合第二个条件。因此，此种属于惯例规定的转运。

（五）根据承运人不同身份划分

海运提单中有一类较为特殊，称为运输行提单或者货代提单（Forwarder B/L or house B/L）。运输行可以以两种身份签发提单，第一种是运输行以自身身份签发提单。只有当运输行以自身身份签发提单才能叫作运输行提单（HOUSE B/L）。第二种是运输行以承运人或者承运人的代理的身份签发提单，以这种身份签发的提单区别于 HOUSE B/L。其中，“无船承运人提单”（NVOCC）就是运输行以承运人身份签发的提单。

根据 ISBP745 第 E3 条的规定：“如信用证规定货代提单可接受（Freight forwarder's Bill of Lading is acceptable），或者运输行分提单可接受（House Bill of lading is acceptable）或类似措辞，则提单可由出具人签署，而不必注明签署身份或承运人名称。”

根据 ISBP745 E4 条的规定：“如信用证规定货代提单不可接受（Freight forwarder's Bill of Lading are not acceptable），或运输行分提单不可接受（House Bill of lading are not acceptable）或类似措辞，除非信用证对提单如何出具和签署做出明确的要求，否则该规定对提单的名称、格式、内容或签署没有任何意义。若无此要求，该规定将不予理会，所提交的提单须按照 UCP600 第 20 条的要求予以审核。”因此，如果信用证仅仅规定运输行提单不可接受，并未规定运输行以何种身份、怎样签发的提单不可接受，这些情况都可忽略，仅根据 UCP600 第 20 条提单条款来审核单据。

案例分析

信用证附加条款中规定“Freight forwarder's Bill of Lading are acceptable”。

受益人提交的提单签署为：ABC COMPANY。

请问该提单是否存在不符点？

分析：根据 ISBP745 第 E3 条 b 款，该提单的签署符合要求。

三、其他类型的海运提单

（一）电放提单

电放提单是指承运人应托运人（发货人）要求，在托运人出具保函，承诺承担因电放导致的一切风险责任前提下，承运人在货物装船后不再签发正本提单，或收回已经签发的全套正本提单，并授权目的港代理人，在记名提单收货人（记名提单）下或托运人指定的收货人（指示提单）下凭承运人通知和适当的身份证明交付货物，而不需要提交正本提单。电放提单常运用于近洋运输，货物已到港而正本提单未寄到的情况。

（二）倒签提单和预借提单

倒签提单，指承运人或其代理应托运人的要求，在货物装船完毕后，以早于该票货物实际装船日期作为提单签发日的提单。由于信用证会规定最迟装运日，当实际装运日晚于最迟装运日时，通常受益人为了能够顺利结汇，通过出具保函的方式要求承运人倒签提单，以满足信用证最迟装运日的要求。但是，这种操作风险较大，可能会构成欺诈。

预借提单，指货物尚未全部装完，或货物已在承运人的接管下，但尚未开始装船的情况下，托运人为及时结汇，要求承运人提前签发的已装船清洁提单。其风险与倒签提单类似，可能构成欺诈行为。

案例分析

某年我国A公司（卖方）与美国的B公司（买方）签订了出口合同，合同约定A公司向B公司出口圣诞节礼物共10 000件，并由B公司向开证行申请开立以A公司为受益人的信用证。信用证规定最迟装运期是某年11月6日，采用CIF贸易术语。合同签订后，我国A公司安排运输订舱，预计11月6日前能够发货。但是，由于货源紧缺，A公司直到11月30日才将货物备妥发运，并于11月30日装船发运。A公司为了使信用证交单相符，于是向C货代公司出具保函，要求其出具11月6日前装船的提单。C货代公司考虑应该能够在圣诞节前到达卸货港，于是接受了A公司出具的保函，出具倒签提单给A公司。A公司将倒签提单随其他单据一同寄往议付行，议付行审单相符议付，随后向开证行交单。开证行同样审单相符，向议付行偿付款项。

但是这批货物在运输的过程中遇到了意外天气，直到次年1月初才到达卸货港。此时圣诞节已过，这批圣诞节礼物已失去价值。买方B公司仍然提货，并降价销售。但是B公司疑惑，11月6日从上海港装运的货物为何次年1月初才到达。于是通过查询航海日志，发现了货物的真实装运日期，遂向法院起诉欺诈，控告A公司和C公司及承运人共谋。法院最终判决被告赔偿买方货物损失及承担扣船费、证据保全费和诉讼费等费用。

分析： 签发倒签提单违背诚信原则，可能会对第三方提单持有人造成损失，从而构成欺诈。

（三）副本提单

副本提单，指提单的副本。副本提单并无任何功能，只是货物已装船运输证明，不是

UCP600 第 19－25 条指的正本运输单据。

四、海运提单的内容与缮制

不同国际货物运输公司都有自己的提单格式，虽然不尽相同，但是基本都包含了正面的货物装运的详细记载以及背面预先印就的承运条款。以附样 5－1 海运提单式样为例。

附样 5－1：海运提单式样

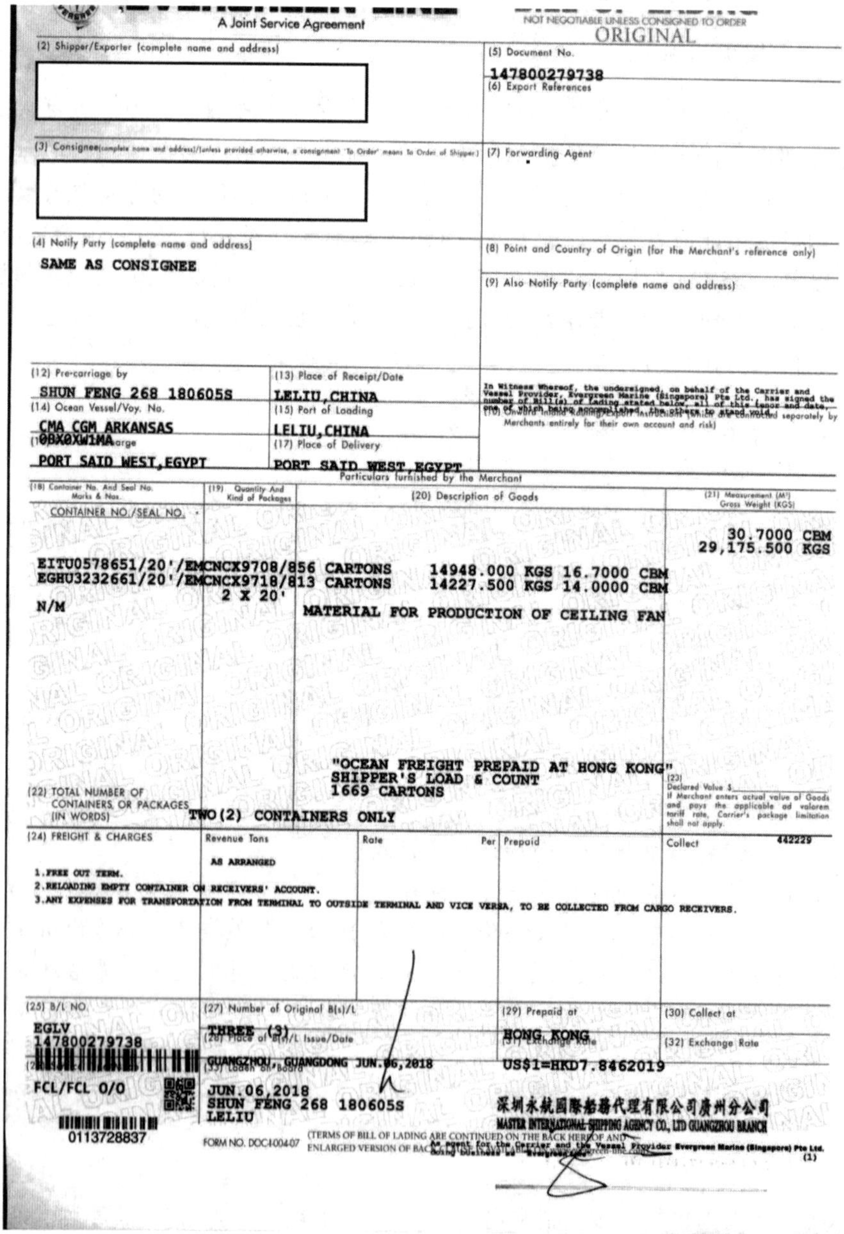

A Joint Service Agreement

NOT NEGOTIABLE UNLESS CONSIGNED TO ORDER

ORIGINAL

(2) Shipper/Exporter (complete name and address)

(5) Document No.
147800279738

(6) Export References

(3) Consignee (complete name and address)/(unless provided otherwise, a consignment 'To Order' means To Order of Shipper)

(7) Forwarding Agent

(4) Notify Party (complete name and address)
SAME AS CONSIGNEE

(8) Point and Country of Origin (for the Merchant's reference only)

(9) Also Notify Party (complete name and address)

(12) Pre-carriage by
SHUN FENG 268 180605S

(13) Place of Receipt/Date
LELIU,CHINA

(14) Ocean Vessel/Voy. No.
CMA CGM ARKANSAS
0BX0XW1MA

(15) Port of Loading
LELIU,CHINA

(16) Port of Discharge
PORT SAID WEST,EGYPT

(17) Place of Delivery
PORT SAID WEST,EGYPT

In Witness Whereof, the undersigned, on behalf of the Carrier and Vessel Provider, Evergreen Marine (Singapore) Pte Ltd., has signed the number of Bill(s) of Lading stated below, all of this tenor and date, one of which being accomplished, the others to stand void.

(10) Onward Inland Routing/Export Instructions (which are contracted separately by Merchants entirely for their own account and risk)

Particulars furnished by the Merchant

(18) Container No. And Seal No. Marks & Nos.	(19) Quantity And Kind of Packages	(20) Description of Goods	(21) Measurement (M³) Gross Weight (KGS)
CONTAINER NO./SEAL NO.			30.7000 CBM 29,175.500 KGS
EITU0578651/20'/EMCNCX9708/856 CARTONS 14948.000 KGS 16.7000 CBM EGHU3232661/20'/EMCNCX9718/813 CARTONS 14227.500 KGS 14.0000 CBM N/M	2 X 20'	MATERIAL FOR PRODUCTION OF CEILING FAN "OCEAN FREIGHT PREPAID AT HONG KONG" SHIPPER'S LOAD & COUNT 1669 CARTONS	

(22) TOTAL NUMBER OF CONTAINERS OR PACKAGES (IN WORDS) TWO(2) CONTAINERS ONLY

(23) Declared Value $___ If Merchant enters actual value of Goods and pays the applicable ad valorem tariff rate, Carrier's package limitation shall not apply.

(24) FREIGHT & CHARGES	Revenue Tons	Rate	Per	Prepaid	Collect
	AS ARRANGED				442229

1.FREE OUT TERM.
2.RELOADING EMPTY CONTAINER ON RECEIVERS' ACCOUNT.
3.ANY EXPENSES FOR TRANSPORTATION FROM TERMINAL TO OUTSIDE TERMINAL AND VICE VERSA, TO BE COLLECTED FROM CARGO RECEIVERS.

(25) B/L NO.
EGLV
147800279738

(26) Service Type/Mode
FCL/FCL 0/0

0113728837

(27) Number of Original B(s)/L
THREE (3)

(28) Place of B(s)/L Issue/Date
GUANGZHOU, GUANGDONG JUN.06,2018

(33) Laden on Board
JUN.06,2018
SHUN FENG 268 180605S
LELIU

(29) Prepaid at
HONG KONG

(30) Collect at

(31) Exchange Rate
US$1=HKD7.8462019

(32) Exchange Rate

深圳永航国际船务代理有限公司广州分公司
MASTER INTERNATIONAL SHIPPING AGENCY CO., LTD GUANGZHOU BRANCH
As agent for the Carrier and the Vessel Provider Evergreen Marine (Singapore) Pte Ltd. doing business as "Evergreen Line"
(1)

FORM NO. DOC-1004-07

(TERMS OF BILL OF LADING ARE CONTINUED ON THE BACK HEREOF AND ENLARGED VERSION OF BACK ...)

（一）提单正面的条款

1. 托运人（SHIPPER）

在国际惯例 UCP600 及 ISBP 745 中均未对托运人进行定义。我国《海商法》将托运人定义为："1. 本人或者委托他人以本人名义或者委托他人为本人与承运人订立海上货物运输合同的人；2. 本人或者委托他人以本人名义或者委托他人为本人将货物交给与海上货物运输合同有关的承运人的人。"从定义看，两类人可以是托运人：一是与承运人签订合同的人，二是将货物交给承运人的人。

托运人栏位填写托运人的名称。托运人可以是出口商，也可以不是。FOB 术语下交付货物的主体（卖方）和与承运人签订海上货物运输合同的主体（买方）通常是相互分离的。因此，提单上记载的托运人可能不是卖方，而是买方，即与承运人签订海上货物运输合同的人。

2. 收货人（CONSIGNEE）

请参见前述"根据收货人的抬头划分"部分的内容。

收货人栏位的填写：（1）不记名指示抬头：此栏填写 TO ORDER（凭指示）；（2）记名指示抬头：此栏填写 TO OR OF ×××（凭×××指示）；（3）记名抬头：此栏填写特定的收货人的名称；（4）来人抬头：此栏填写 TO BEARER。

3. 通知方（NOTIFY PARTY）

通知方是当货物到达卸货港的前后，承运人或其代理发出船舶即将到港的对象，方便收货人及时提货。实务中通常显示为信用证的申请人、实际收货方、目的港收货人的货运代理人等。

通知方栏位的填写：

（1）如果信用证要求提单通知"申请人"或者"开证行"，但是信用证未要求显示联系细节时，则提单上的通知方仅需按信用证的要求显示"申请人"或者"开证行"的名称，而不用显示具体的联系细节。且"申请人"或者"开证行"的名称也可以显示为"APPLICANT"及"ISSUING BANK"。

（2）如果信用证未规定通知方的细节：提单可以显示任何人作为通知人，且可以用任何形式，并且也可以显示空白。但是，如果显示的是申请人时，则与信用证规定的申请人的信息不得冲突，即名称和联系细节等信息不得冲突。实务中常见的是，信用证规定"NOTIFY APPLICANT WITH FULL NAME AND ADDRESS"。则提单的通知方栏位要按信用证显示申请人的名称和联系细节，不得冲突。

（3）如果信用证要求显示申请人或者开证行以外的一方为通知方，则通知方栏位按信用证的要求显示即可。

（4）如果信用证要求显示一个或者多个通知人的细节，提单在显示信用证规定的通知人及细节的基础上，再多显示一个或者多个通知人及细节是可以接受的，不是不符点。

（5）如果信用证要求通知方显示申请人，但是信用证并未提供申请人的具体联系细节，而提单上显示了通知方的地址和其他联系细节，是可以接受的，不是不符点。

案例分析

国际商会案例 R732/TA696 2009－2011 咨询：信用证中申请人地址为“[NO.] TRAGARETE ROAD，PROT OF SPAIN，TRINIDAD，W.I.”，且要求提单通知方显示“[APPLICANT NAME][NO.]TRAGARETE ROAD, PORT OF SPAIN, TRINIDAD, W.I.”。而实际提交的提单显示通知方为“[APPLICANT NAME] [NO.] TRAGARETE ROAD，NEWTOWN，PORT OF SPAIN，TRINIDAD，W.I.”。开证行拒付，原因是提单通知方地址与信用证不完全一致，即多了“NEWTOWN”。

商会意见：当受益人/申请人地址显示在单据上时，可以与信用证中地址一致或者是位于同一国家的另一地址。当申请人地址显示在通知方细节时，必须与信用证中一致。但是这并不意味着必须完全相同，只要不矛盾即可。此案中提单通知方的地址，尽管与信用证中不完全一致，但也是相同的。加上“NEWTOWN”并不构成矛盾，而是对原有地址的补充。

分析：因此，申请人地址等联系细节显示须与信用证不矛盾，但并不是指完全镜像一致。

4. 提单的背书

根据提单收货人的不同，提单的背书须相匹配。

提单背书的填写：(1) 不记名指示抬头“TO ORDER”：由托运人（SHIPPER）背书，并可由托运人（SHIPPER）进一步背书转让；(2) 记名指示抬头“TO ORDER ×××”，由×××背书，并可由×××继续背书转让；(3) 记名抬头：TO ×××，无须背书。(4) 来人抬头：“TO BEARER”，无须背书即可转让，持有提单的人即可以取得提货的权力。

5. 提单的签署

提单的签署应根据 UCP600 第二十条的规定。提单的签署有两个要求：(1) 提单上必须表明承运人（CARRIER）的名称；(2) 提单由承运人或其代理人签署，或者船长或其代理人签署。承运人、船长或代理人的签字必须要表明其承运人、船长、代理人的身份。此外，代理人的任何签字均需表明其系代表承运人还是船长签字。

根据 UCP600 第三条，单据签字可用手签、摹样签字、穿孔签字、印戳、符号或任何其他机械或电子的证实方法为之。不论提单的签字者是谁，提单的正面都必须显示承运人，承运人的名称可以显示在提单正面的任何位置，并表明 CARRIER 的身份。

提单的签署主要包含以下三种情况。

(1) 由承运人（CARRIER）签署，表明承运人身份并签字或盖章签字。

如果在提单的其他位置显示了承运人的名称，并表明了承运人身份（AS CARRIER），则承运人在提单的签署栏位可以不显示 AS CARRIER，而仅显示承运人名称并签字。

若提单正面其他位置未显示承运人名称及身份，则提单签署栏位由承运人签署并表明身份（AS CARRIER）。

例如：

承运人是 COSCO SHIPPING LINES CO.，LTD

提单的签署栏位显示：

COSCO SHIPPING LINES CO.，LTD

AS CARRIER

张三（承运人的手签、盖章签字，或者穿孔签字等）

（2）由船长签署，须表明船长身份（MASTER/CAPTAIN），无须注明船长姓名。

例如：

船长是 JORGE，承运人是 ABC CO.，LTD

提单的签署栏位显示：

MASTER：JORGE（此处是 JORGE 的手签字，盖章签字，或者穿孔签字等）

CARRIER：ABC CO.，LTD

（3）由代理人签署，须表明代理人的名称，代理人的身份（AS AGENT FOR CARRIER/MASTER），并签字或盖章签字。如果是承运人的代理，则还应当显示承运人（CARRIER）的名称。如果是船长的代理，则无须再显示船长的名字。

如果由承运人代理签署，例如：

承运人：COSCO SHIPPING LINES CO.，LTD

承运人代理人是：COSCO SHIPPING LINES（NINGBO）CO.，LTD

则提单签署如下：

COSCO SHIPPING LINES（NINGBO）CO.，LTD AS AGENT FOR COSCO SHIPPING LINES CO.，LTD

张三（张三的手签字、盖章签字，或者穿孔签字等）

实务中的签署如附样 5-2 所示。

附样 5-2：代理人提单签署式样

注意，如果提单的其他位置已经显示了 COSCO SHIPPING LINES CO.，LTD AS CARRIER，则提单签署处可以不用再显示承运人的名称。如提单抬头处显示了“CARRIER：COSCO SHIPPING LINES CO.，LTD”。

提单的签署处可以显示为：

COSCO SHIPPING LINES（NINGBO）CO.，LTD AS AGENT FOR THE CARRIER

张三（张三的手签字、盖章签字，或者穿孔签字等）

案例分析

国际商会案例咨询：提单签署中的 AS AGENT FOR 能否省略 FOR?

商会意见举例：

ABC Co.Ltd.

AS AGENT FOR（OR“ON BEHALF OF”）

XYZ SHIPPING，CARRIER.

（SIGNATURE）

这个例子中显示的“OR‘ON BEHALF OF’”是表明“ON BEHALF OF”可以代替“FOR”，而不是可以代替“AS AGENT FOR”。

因此，此处的“AS AGENT FOR”也可以写成“AS AGENT ON BEHALF OF”，此处的“FOR”和“ON BEHALF OF”可以相互代替。而“AS AGENT FOR CARRIER”不可以写成“ON BEHALF OF CARRIER”。

除了以上内容，根据 ISBP745 的 E5 条，如提单由承运人的具名分支机构签署，该签字将视同由承运人做出。

例如：ABC CO.，LTD 是承运人，但是承运人签署的时候显示为：

ABC（HONG KONG）CO.，LTD

BRANCH OF ABC CO.，LTD

AS CARRIER

则该签署仍然符合要求。

6. 提单的货描、集装箱号、唛头、重量、体积等栏位的填写

（1）货描栏位填写

根据 ISBP 745 第 E22 条的规定：“提单上的货物描述可以使用与信用证所规定的货物描述不相矛盾的统称。”因此，如果信用证对于提单上货描的显示没有特殊的规定，货描只要填写货物的总称即可。但是，提单并非一定要显示货描，根据国际商会的观点，UCP600 没有要求除发票以外的其他单据上显示货描。因此，如果提单上无货描，则不能算作不符点。

提单货描栏位经常会显示“不知条款”。所谓的不知条款，就是指由于集装箱运输，承运人可以不用开箱验货，因此承运人对于提单中记载的货物重量、数量、品质、内容等无法核对，而为了避免承担责任的一种免责条款或者标注。通常海运提单上会显示“SHIPPER’S LOAD AND COUNT”的条款，以保护承运人。

（2）集装箱号/铅封号、唛头栏位填写

应当填写集装箱的编号及相应的铅封号。如果信用证规定了唛头，则提单应当按照信用证的唛头填写。如果没有唛头的信息，则此栏可以填写“N/M”或者“NO MARKS”。

根据 ISBP745 的规定，如果信用证规定了唛头的细节，单据中关于唛头的内容，无须与信用证规定的顺序相同，单据中唛头的内容也可以比信用证规定的内容有所增加（诸

如但不限于货物类型、处理易碎货物的警告或货物的毛净重），单据之间的唛头可以不完全相同。但是，如果信用证规定了唛头的具体内容，须注明唛头的单据必须将这些内容显示在相应栏位中。

案例分析

信用证规定唛头显示为 SHIPPING MARK：MIXTURES OF NATURAL RUBBER AND SYNTHETIC RUBBER

PRODUCE OF INDONESIA

PRODUCTION DATE：14/09/2020

提单显示 SHIPPING MARK：MIXTURES OF NATURAL RUBBER AND SYNTHETIC RUBBER

PRODUCTION DATE：14/09/2020

PRODUCE OF INDONESIA

请问是否构成不符点？

分析：唛头内容的顺序与信用证不同，但是根据惯例是可以接受的。

此外，根据 ISBP745 第 A34 条的规定："集装箱货物的运输单据经常在'唛头'或类似称谓下仅仅显示带有或者不带有铅封号的集装箱号码，而其他单据显示了更详尽的唛头细节，并不因此构成矛盾。"这主要是因为集装箱号码可以取代运输标志，显示在主要的出口单据上。但是，如果信用证规定提单必须显示唛头，那么以集装箱号代替唛头是不符的。

（3）重量、体积栏位的填写

提单上重量、体积的显示应当与箱单或重量单一致。提单上"NO. OF PACKAGES"栏位，应当填写外包装数量，且相应的数量及单位应当与箱单或者重量单一致。

有时提单货描栏位会显示诸如"CY TO CY"或者"FCL"字样，前者是集装箱的交接方式（CY TO CY，即场到场），后者是集装箱空间利用的状态（FCL：整箱货；LCL：拼箱货）。

案例分析

国际商会案例 TA.817rev 2015 咨询：提单显示"CY/CY"是否满足信用证要求显示"FCL"的规定？是否为不符？

商会意见：FCL 代表"FULL CONTAINER LOAD"（整箱），表示一种集装箱的空间利用状态，以及该集装箱已经由发货人装载；"CY/CY"代表"CONTAINER YARD/CONTAINER YARD"（从堆场到堆场），表明承运人从发运人场所收到集装箱整箱，并运送至收货人场所。当信用证明确要求显示"FCL"集装箱发运时，提单须显示"FCL"字样而不是其他如"CY/CY"等字样。故本案中单据不符，"CY/CY"的表述不能满足信用证要求。

7. 收货地（PLACE OF RECEIPT）、装货港（PORT OF LOADING）、卸货港（PORT OF DISCHARGE）、目的地（PLACE OF DELIVERY）的填写

港至港海运提单仅涉及港至港的运输，一般情况下，提单上的运输路径只须填写装货港和卸货港栏位（装货港和卸货港指的是信用证要求的装卸货港）。当信用证要求港至港海运提单，装运日是指在信用证规定的装货港装上船的日期。如果信用证规定了装运港和/或卸货港的地理区域或范围（如“任一欧洲港口”），则提单必须标明实际的装运港和/或卸货港，而且该港口必须位于信用证规定的地理区域或范围之内，不必再显示此地理区域范围。如果信用证规定了装卸货港及装卸货港所在国家，提单上装卸货港无须显示国家。

一般情况下，港至港海运提单的收货地是空白，但是，有时提单收货地栏位也被填写，具体情况如下。

根据 ISBP 745 第 E6 条 b 款，如果提单显示了与装货港相同的收货地，或者与装货港不同的收货地，只要未显示前程运输工具（PRE－CARRIAGE），则“已装船”提单的出具日将被视为装运日，“收妥待运”提单装船批注日期将被视为装运日期。

根据 ISBP 745 第 E6 条 c 款，如果提单显示了前程运输工具（PRE－CARRIAGE），则如果显示不同于装货港的收货地，或者不论是否显示收货地，则都需要显示注明日期的装船批注，此批注还应当包括船名和信用证规定的装货港。

港至港海运提单，一般情况下，信用证规定的装运港的名称应在提单的装运港栏中标明。但是，只要注明日期的装船批注证明货物在“收货地”或者类似措辞栏位下的港口已装上具名船只，该具名装货港也可以显示在“收货地”或类似措辞的栏位中。

港至港海运提单，一般情况下，目的地栏位显示与卸货港相同的港口，或者是空白。但是，有时具名的卸货港未显示在提单的卸货港栏位，而是显示在了“目的地”栏位。根据 ISBP 745 E8 条的规定，只要由批注证明卸货港就是“目的地”即满足要求，是符合惯例要求的。

8. 装船批注的填写

信用证要求的海运提单必须是已装船提单。已装船可以通过预先印就和批注的方式做出，并且必须显示装运日期。预先印就的已装船提单通常有如下字样：“SHIPPED IN APPARENT GOOD ORDER”“LADEN ON BOARD”“SHIPPED ON BOARD”等。如果此种提单不涉及前程运输，无 INTENDED 船只或者 INTENDED 装货港，则提单无须装船批注，提单的出具日将视为装运日。

以下总结了提单需要装船批注的情况。

（1）收妥待运提单（RECEIVED FOR CARRIAGE）

已装船批注=ON BOARD+发运日期

（2）提单批注了 INTENDED 船只（预期船只）

已装船批注=ON BOARD+发运日期+实际船名

（3）提单没有表明信用证规定的装货港或批注了 INTENDED 装货港

已装船批注=ON BOARD+发运日期+实际船名+信用证规定的装货港

（4）提单 PRE－CARRIAGE（前程运输）栏位填入了运输工具

已装船批注=ON BOARD+发运日期+实际船名+信用证规定的装货港

案例分析

信用证要求提交港至港海运提单，且规定装货港为 LAEM CHABANG PORT，卸货港为 QINGDAO PORT，CHINA。

提交的提单填写如下：PRE－CARRIAGE BY：EVER BRACE 0224－041S
PLACE OF RECEIPT：LAEM CHABANG PORT
OCEAN VESSEL/VOY NO.：ITAL LIBERA 060E
PORT OF LOADING：LAEM CHABANG PORT
PORT OF DISCHARGE：QINGDAO PORT，CHINA
PLACE OF DELIVERY：QINGDAO PORT，CHINA

并在提单下方的 LADEN ON BOARD 栏位显示了：

AUG 30，2020
EVER BRACE 0224－041S
LAEM CHABANG PORT
THAILAND

同时，在提单的第二页显示了：

SHIPPED ON BOARD DATE 30/08/2020
AT LAEM CHABANG PORT，THAILAND
BY EVER BRACE V.0224－041S
TRANSSHIPMENT AT SINGAPORE
BY ITAL LIBERA V.060E

在本例中可以看出，2020 年 8 月 30 日货物在装货港 LAEM CHABANG PORT 装上了前程运输工具 EVER BRACE 0224－041S，然后在转运港新加坡转运至船舶 ITAL LIBERA V.060E 上，并运往卸货港。因此，装船批注符合惯例的要求，也明确表明了各个船舶在航运过程中所扮演的角色。

案例分析

信用证规定最迟装起为 2020 年 10 月 30 日，出口商在信用证下提交了“已装船”提单。该“已装船”提单是已经预先印就了“SHIPPED IN APPARENT GOOD ORDER”的已装船提单，但是提单下方依然印就了“SHIPPED ON BOARD DATE”栏位，并填写了日期为 2020 年 10 月 29 日。同时在提单的出具日栏位(DATE OF ISSUE)显示了日期 2020 年 10 月 31 日，即提单是 2020 年 10 月 31 日出具。

开证行以提单出具日期晚于最迟装运日为由拒付。

分析：开证行的拒付是不合理的。“已装船”提单也可以加具“已装船批注”，可以在提单印就的表明货物已装运的栏位内加注日期，也可以额外添加已装船批注表明装运日期。因此本案中，SHIPPED ON BOARD DATE 栏位显示的日期应当被认为是装运日，即 2020 年 10 月 29 日，不晚于最迟装运日，是符合信用证要求的，开证行拒付无理。

9. 提单份数

根据 ISBP 745 第 E11 条，提单须注明所出具的正本份数。提单可以出具成一份正本，也可以出具成多份正本，但如果出具成多份正本，全套正本均需要提交。

实务中，信用证通常要求提交全套正本，并表示为“FULL SET OF（3/3）BILL OF LADING”，即全套 3 份正本提单。提单通常在“NO.OF ORIGINAL B/L”显示份数“THREE（3）”，表示共出具了 3 份正本提单，并在下方显示“FIRST ORIGINAL”字样，表示第一份正本。根据 ISBP745 第 E11 条 b 款的规定：“标注为‘第一正本’（FIRST ORIGINAL）、‘第二份正本’（SECOND ORIGINAL）、‘第三份正本’（THIRD ORIGINAL），或‘正本’（ORIGINAL）、‘第二联’（DUPLICATE）、‘第三联’（TRIPLICATE）或类似字样的提单均为正本。”

10. 运费及额外费用的显示

根据 ISBP745 第 E26 款的规定：“提单显示的运费支付声明无须与信用证规定的等同一致，但不得与该单据、任何其他规定的单据或信用证中的数据内容相矛盾。例如，当信用证要求提单标注‘运费目的地支付’（FREIGHT PAYABLE AT DESTINATION）时，其可以标注为‘运费待收’（FREIGHT COLLECT）。”

通常情况下，贸易术语 CIF 对应的费用是 FREIGHT PREPAID（运费已付），而贸易术语 FOB 对应的是 FREIGHT COLLECT（运费目的地支付）。有时，信用证会规定在 FOB 术语下，显示 FREIGHT PREPAID（运费已付），这是买卖双方商量的结果，运费本应由买方承担，但是买方委托卖方代为支付运费，则可以显示运费已付。

根据 UCP600 第 26 条 c 款，运输单据可以以印戳或者其他方式提及运费以外的费用。根据 ISBP 745 第 E27 条的规定：“如信用证规定运费以外的费用不可接受，则提单不得显示运费以外的费用已经或将要产生。”也就是说，如果信用证未禁止显示运费以外的费用，则提单可以显示运费之外的费用，如果信用证禁止显示运费之外的费用，则运费以外的费用不得显示在提单上。ISBP745 中提到的运费之外的费用包含了与货物装卸有关的费用，例如“船方不管装货 FREE IN（FI）”“船方不管卸货 FREE OUT（FO）”“船方不管装卸 FREE IN AND OUT（FIO）”。须注意，提单上经常出现的卸货或者卸货后的滞期费（DEMURRAGE COSTS）及迟还集装箱的费用滞箱费（DETENTION COSTS），不属于显示运费以外的额外费用。

案例分析

国际商会咨询 A.815REV 2015：信用证规定“UNLOADING COST”可接受，运输单据显示“FREE OUT”是否可接受?

商会意见:“FREE OUT”是指在卸货港将货物从船上卸下来的费用不包含在运费中。ISBP745 的 E27 规定,提单显示运费以外的费用时,可以明确提及额外费用,或使用与货物装卸费用相关的贸易术语,比如但不限于“船方不管卸货 Free Out(FO)”。据此“Free Out”属于信用证中“Unloading costs”范畴,开证行不符点不成立。

11. 卸货港交货代理人名称和地址

信用证有时候会在提单条款中要求显示承运人在卸货港的交货代理人或者类似机构的名称、地址和联络细节。例如,提单条款中要求“INDICATING THE NAME AND ADDRESS OF DELIVERY AGENT AT DISCHARGE PORT”。根据 ISBP 745,该地址无须位于卸货港,也无须位于卸货港所在的同一国家。

12. 提单显示“货装舱面”

根据 UCP600 第 26 条 a 款,运输单据不得表明货物装于或者将装于舱面。声明货物可能被装于舱面的运输单据条款可以接受。实务中,有时集装箱会被装运在舱面上,但是提单上并无此批注,是可以接受的。但是如果信用证中无特定的批注允许提单显示货物装于舱面上,则提单上显示确实货物装载于舱面则不可接受。

13. 提单部分装运

根据 ISBP 745 第 E18 条的规定:“由一艘以上的船只进行的运输是部分运输,即使这些船只在同一天出发并前往同一目的地。”根据第 E19 条规定:“如果信用证禁止部分装运,且提交的一套以上的正本提单涵盖货物从一个或多个装货港(信用证明确允许,在其规定的地理区域或港口范围内)装运,则每套提单都须显示其涵盖的货物运输是由同一船只经同一航程前往同一卸货港。”这里需要注意的是,是否是同一运输工具,目的地是否相同是判断部分装运的关键。

14. 凭多套提单放货

ISBP758 第 E28 条规定:“提单不得明确声明,该提单项下的货物必须凭该单据及其他一套或者多套提单一并交付方可释放,除非所有提及的提单构成同一信用证项下同一交单的一部分。”这主要是因为,若如此规定,那么对于提单的合法持有人来说,持有正本提单将无法提货,而必须要等到所有涉及的提单到齐才可以提货,这样将阻碍贸易的进行。

五、提单常见的不符点

以下为提单常见的不符点。

1. 收妥待运提单未显示装船日期(B/L NOT SHOW “ON BOARD DATE”)

2. 信用证贸易术语是 CIF,并且要求提单显示运费已付,但是提单上显示的是“FREIGHT COLLECT”,与信用证不符(B/L SHOW FREIGHT COLLECT I/O FREIGHT PREPAID NOT AS PER L/C)

3. 信用证要求提交全套正本提单，但是仅提交了2份正本提单（2/3 ORIGINALS I/O FULL SET OF B/L PRESENTED）

4. 提单签署时未显示承运人，且未显示签字人的身份（B/L NOT INDICATING THE NAME OF CARRIER AND SIGNING CAPACITY）

5. 提单同时显示了两个承运人的名称（B/L BEARING TWO DIFFERENT NAMES OF CARRIERS）

6. 提单的装货港/卸货港/收货人/通知方显示的与信用证不同［POL/POD/ CONSIGNEE/ NOTIFY PARTY SHOWN ON B/L（AS XXX）NOT AS PER L/C］

7. 信用证要求提单空白背书，提单未显示背书（BILL OF LADING NOT BLANK ENDORSED）

8. 提单无装船批注（B/L NOT SHOWING ON BOARD NOTATION）

9. 信用证未允许货装甲板，提单显示货物装于甲板上（B/L SHOWING GOODS SHIPPED ON DECK）

10. 提单显示的货物名称和信用证不同（B/L SHOW DESCRIPTION OF GOODS NOT CONSISTENT WITH L/C）

11. 信用证要求提交海运提单（OCEAN BILL OF LADING），而提交的是租船提单（CHARTER PARTY B/L PRESENTED I/O OCEAN B/L NOT AS PER L/C）

12. 根据提单上显示的装运日期，判断超过信用证规定的最迟装期（LATE SHIPMENT）

第二节　国际多式联运单据

国际多式联合运输（International Multimodal Transport），简称多式联运，是在集装箱运输的基础上产生并发展起来的一种新型的运输方式。它以集装箱为媒介，把海运、铁路运输、公路运输、航空运输和内河运输结合起来，是采取“门到门”货物交接的最理想的方式。

一、国际多式联运单据的定义

《联合国国际多式联运公约》（United Nations Convention on International Multimodal Transport of Goods）对国际多式联运定义如下：“国际多式联运是指按照国际多式联运合同，以至少两种不同的运输方式，由多式联运经营人（Combined Transport Operator，简称C.T.O.）将货物从一国境内接管货物的地点运至另一国境内的指定交货地点。

构成一项国际多式联运的基本条件如下：（1）必须有一个多式联运合同；（2）必须使用包括全程的运输单据，如联合运输提单（Combined Transport Bill of Lading）；（3）必须是国际间的货物运输；（4）必须是采用两种以上不同运输方式衔接组成一个连贯的运输以完成国际间的货物运输；（5）多式联运经营人负全程运输责任；（6）联运经营人以单一费率向货主收取全程运费；（7）国际多式联运一般利用集装箱作为媒介，这样有利于各种运输方式之间的交接。

在单一的运输方式下，对运输过程中的每一不同的运输阶段，要分别签发运输单据，这使得托运、装卸、收货和结汇都十分不便。而在多式联运方式下，只需要多式联运经营人签发一种他对运输全程负责的多式联运单据，从而大大简化了国际贸易流程，便利了国际结算和资金融通。多式联运单据是有别于以往运输单据的一种新型的运输单据。

根据《联合国国际多式联运公约》的定义，多式联运单据（Multinational Transport Document）是由多式联运经营人或其代理人签发的证明多式联运合同以及证明多式联运经营人接管货物并负责按合同条款交付货物的单据。

多式联运经营人是指本人或通过其代表与托运人订立多式联运合同的任何人，他不是发货人的代理人或代表，而是独立的法律实体，对货物负有全程运输的责任，即妥善完成运输并负责赔偿货物在整个联合运输过程中发生的灭失或损坏。多式联运经营人可能自有运输工具，并自行承担部分或全程联合运输任务；也可能只掌握其中一段运途的运输工具，其余各段由别人负担；或可能只是组织别人来承担全程各段的运输任务，而其本身并不掌握运输工具，即无船公共承运人。

在实际业务中，多式联运单据常被联合运输提单（Combined Transport Bill of Lading，简称 CT.B/L）所代替。两者都必须是至少两种不同运输方式的联合，运输责任均包括运输全程，均可凭单据到最终目的地提货。但多式联运单据适用的范围较联合运输提单广，因为联合运输提单仅限于海运和其他运输方式所组成的联合运输使用，而多式联运单据则既可用于海运与其他运输方式的联运，也可用于不包括海运的其他运输方式的联运。

按照 UCP600 的规定，如果信用证要求提交包括至少两种运输方式的运输单据，并且运输单据明确表明其覆盖自信用证规定的货物接管地及/或港口、机场或装货地至最终目的地的运输，则适用 UCP 600 第十九条规定。在此情况下，多式联运单据不能表明运输仅由一种运输方式完成，但就采用何种运输方式可不予说明。此处所指多式联运单据，还包括联合运输单据（Combined Transport Document）。单据不一定非使用“多式联运单据”或“联合运输单据”的名称才是 UCP600 第十九条下可接受的单据，即使信用证使用了此类表述。

案例分析

某出口公司收到进口方通过银行开具的信用证，其中规定受益人须提供一式二份正本多式联运单据。出口方货发运后备齐一式二份正本联运提单送议付行。议付行审单后认为符合信用证有关规定议付，然后将联运提单寄开证银行索偿。开证行收到单据后 5 天内，以联运提单仅仅是海海联运，并非多式联运为由而拒付款。

请问：开证行是否有权拒付？

分析：上述案件的关键所在是关于运输方式的组合，即究竟所签发的提单是海运转运提单还是多式联运提单。根据 UCP600 的规定，上述案例下开证行有权拒付。这是因为，保险单上表明货物在香港转他船运往国外，这就为海海联运提供了证明，从而不符合国际多式联运的条件。

二、国际多式联运单据的内容和有关规定

（一）国际多式联运单据的内容及缮制

《联合国国际多式联运公约》为多式联运单据规定的必要记载事项几乎与《汉堡规则》为提单规定的必要记载事项相同，共包括如下15项。

1. 货物品类、标志、危险特征的声明、包数或者件数、重量
2. 货物的外表状况
3. 多式联运经营人的名称与主要营业地
4. 托运人名称
5. 收货人名称
6. 多式联运经营人接管货物的时间、地点
7. 交货地点
8. 交货日期或者期间
9. 多式联运单据可转让或者不可转让的声明
10. 多式联运单据签发的时间、地点
11. 多式联运经营人或其授权人的签字
12. 每种运输方式的运费、用于支付的货币、运费由收货人支付的声明等
13. 航线、运输方式和转运地点
14. 关于多式联运遵守《联合国国际多式联运公约》的规定的声明
15. 双方商定的其他事项

以上一项或者多项内容的缺乏，不影响单据作为多式联运单据的性质。

多式联运经营人凭收到货物的收据，在签发多式联运单据时，可根据发货人的要求签发可转让或不可转让的多式联运单据。如签发可转让的多式联运单据应列明如下各项。

1. 应该列明按照指示交付或向持单人交付
2. 如果列明按照指示交付，必须经过背书才能转让
3. 如果列明向持单人交付，无须背书就可以转让
4. 如果签发一套以上的正本，应该注明正本的份数
5. 如果签发任何副本，每份副本应该注明“不可转让副本”字样

附样5-3是国际多式联运提单式样。

（二）有关多式联运单据的规定

UCP600在第十九条“至少包括两种不同运输方式的运输单据”中就多式联运单据主要做出了如下规定。

附样 5－3：国际多式联运提单式样

Shipper

B/L No. ZTBU 018654

MULTIMODAL TRANSPORT BILL OF LADING

Z TRANS M

FORWARDING SERVICES

Consignee

TO ORDER

Notify Party (Complete name and address)

Address : Suites 41/42, Victoria House,
26 Main Street, Gibraltar.

Tel.: + 350 40000
Fax: + 350 40404

	Place of receipt
Ocean vessel: SKY PRIDE V 619E	port of loading: DALIAN,CHINA
Port of discharge: KOTKA, FINLAND	Place of delivery: MOSCOW, RUSSIA

ORIGINAL

Marks and numbers	Number and kind of packages	Description of goods	Gross weight	Measurement
ELITUPAK CO.,LTD MOSCOW ITEM# COLOR Q-TY	130 CTNS	"SAID TO CONTAIN" SEASONAL DECORATION FREIGHT COLLECT SHIPPED ON BOARD	1345.00 KGS	13.837 CBM

08 JUN 2006

1X40'HC　PSEU5111322 / 948892　CFS/CFS

SAY: ONE HUNRED AND THIRTY CTNS ONLY.

according to the declaration of the consignor

RECEIVED by the Carrier the Goods as specified above in apparent good order and condition unless otherwise stated, to be transported to such place as agreed, authorised or permitted herein and subject to all the terms and conditions appearing on the front and reverse of this Bill of Lading to which the Merchant agrees by accepting this Bill of Lading, any local privileges and customs notwithstanding.

The particulars given above as stated by the shipper and the weight, measure, quantity, condition, contents and value of the Goods are unknown to the Carrier.

In WITNESS whereof one(1) original Bill of Lading has been signed if not otherwise stated above, the same being accomplished the other(s), if any, to be void. If required by the Carrier one(1) original Bill of Lading must be surrendered duly endorsed in exchange for the Goods or delivery order.

Freight amount	Freight payable at DESTINATION	Place and date of issue DALIAN, CHINA 08 JUN 2006
Cargo Insurance through the undersigned ☐ not covered ☐ Covered according to attached Policy	Number of Original THREE	Stamp and signature Z TRANS M LTD. As Agents
For delivery of goods please apply to: [illegible] TEL:+7 495 913 66 47 FAX:+7 495 510 60 12 ATTN: MS VALERIA IVANOVA, MR ALEXANDER TERENTEEVSKY		

1. 多式联运单据的签发者

多式联运单据必须表明承运人名称并由承运人或船长、承运人或船长的具名代理人签署。

承运人、船长或代理的任何签字必须分别表明承运人、船长或代理的身份。

如果多式联运单据由代理人代表承运人签署，则必须表明其代理人身份，并且必须表明被代理人是谁，除非多式联运单据表面的其他地方已表明承运人的名称。

如果船长签署多式联运单据，则船长的签字必须表明“船长”身份（as“master”或“captain”）。在这种情况下，不必注明船长姓名。如果由代理人代表船长签署多式联运单据，则必须表明其代理人身份且不必注明被代理的船长的姓名。

案例分析

一份多式联运提单（Combined Transport Bill of Lading）签署栏位包含以下内容：

1. 提前印就（Pre-printed Tex）的船长签署 Signed（as the Master）by
2. 后续添加的船名及船长名称
3. 盖章包含船名和一个公司名称地址。显示 CARRIER 名称。

开证行以 Bill of Lading：Signature of issuing party evidencing third party inconsistent with carrier and not qualified 为由拒付。请问开证行拒付是否合理？

分析：多式联运提单，签章表明了承运人名称，并由船长签署，签章要素符合惯例要求，开证行提出的不符点不成立。

2. 多式联运单据的出具日期

多式联运单据的出具日期应视为发运、接管或装船的日期，除非单据上另有单独的注明日期的批注，表明货物已在信用证规定的地点发运、接管或装船，在此情况下，该批注日期即被视为装运日期，而不论该日期是早于或迟于单据的出具日期。

多式联运方式下，承运人一收到货物，亦即货物一接受监管，承运人便开始承担全程运输责任，便可向托运人签发多式运输单据，注明货物已接受监管。因此，如信用证规定多式联运单据必须注明货物已发运或已装船，须货物已发运或装船以后，才能在单据上做相应批注，然后签发给托运人。

ISBP745 也有类似规定，根据 D6 条规定：“多式运输单据的出具日期将视为收货（RECEIPT）、发送或接管（DISPATCH OR TAKING IN CHARGE）、装船（SHIPMENT ON BOARD）或装运日期（DATE OF SHIPMENT），除非其载有单独注明日期的批注，表明在信用证规定的地点、港口或机场收货、发送、接管或装船。在后一种情况下，该批注日期将视为装运日期，不论其早于或晚于多式运输单据的出具日期。一个单独的注明日期的装船批注，也可以显示在指定栏位或方框中。”

ISBP745 第 D7 条规定：“当信用证要求货物从规定的港口起运，即信用证要求首程为海运时，多式运输单据应当显示注明日期的装船批注。在此情况下，第 E6 条 b 款至 d 款也将适用。”

3. 装运地与最终目的地

多式联运单据须表明信用证中规定的发运、接受监管或装运地以及最终目的地。另外，多式联运单据还可载明一个不同的发运、接受监管或装运地以及最终目的地，或载有“预期”或类似限定有关船只、装货港或卸货港的词语。

这是因为，在多式联运方式下，收货人关心的是在信用证规定的装运地装运，并在信用证规定的最后目的地收货。只要多式联运单据上显示的装运地及最后目的地符合信用证规定，收货人及银行就不会介意船名、装港、卸港有“预定”字样。即使船名、装港、卸港与预定不同，也不会影响承运人负责以任何方式把货物运到最后目的地。

4. 转运的含义

按照 UCP600 的规定，多式联运方式下的“转运”意指货物在信用证中规定的发运、接受监管或装运地到最终目的地的运输过程中，从某一运输工具卸下并重新装载到另一运输工具上的运输。

因此，在多式联运方式下，必将发生转运。如该同一多式联运单据包括运输全程，银行将对信用证中禁止转运的条件不予理睬，并将接受表示转运将发生或可能发生的多式联运单据。

第三节　不可转让的海运单

随着高新技术，特别是运输方式及电子数据交换系统（EDI）的发展，国际贸易领域正兴起一种新的贸易手段——“无纸贸易”，即用电子单证逐步代替传统的纸面单证。电子单证通常依赖电子数据交换系统，即按照某种协议对具有一定结构特征的标准经济信息，经过通信网络，在商业贸易伙伴的电子计算机系统之间进行自动交换和自动处理。这使得国际贸易往来过程不再仅仅依赖纸面单证，且纸面单证逐渐被电子单证所代替。因此，当国际贸易中的有关当事人不需要可转让的提货凭证时，海上货运单，即海运单（Ocean Waybill，Sea Waybill）的潜力及作用受到人们的重视。作为海运提单的替代单据，海运单将得到更加广泛的应用。

一、海运单概述

（一）海运单的定义

海运单是一种运输单据，它既是承运人宣称货物已收妥待运的收据，又是承运人与托运人之间运输合同的证明。海运单不是提货凭证，收货人在目的港提货时仅凭能证明其身份的有效证件即可，而无须持有海运单。海运单不可转让，因此，不得签发“凭指定”的海运单（cannot be issued or endorsed to order）。

（二）海运单与提单的区别

提单是提货凭证，指示抬头提单通过背书可以转让，提单合法持有人凭提单在目的港向轮船公司提取货物。而海运单不是提货凭证，因此不可做成指示抬头，不能转让。海运单上必须详细标明收货人，收货人或其授权人提货时并不需要出示海运单，而是凭提货通知和证明其身份的充分证据提货。另外，记名提单作为海运提单的一种，指提单上的收货人一栏内填明特定的收货人名称，只能由该特定的收货人提货，不能用背书方式转让给第三者，这一点与海运单相同。但记名提单与海运单存有本质区别：前者为提货凭证（美国等国家和地区除外），收货人凭记名提单提货；而后者收货人仅凭提货通知和其他证明提货。

（三）海运单的优势和不足

海运单具有如下优势。

（1）海运单的收货人提货时无须出示海运单，由此可避免提单遗漏背书，或背书不符要求，或短距离海运所经常发生的货先到而提单未到等问题。特别是冷冻货物在目的港卸货时，如正本提单未到，而目的港又无冷冻设施时，在此情况下货物交付将造成很大困难。原因是冷冻货物不能在露天无人照管情况下存放。

（2）因海运单不是提货凭证，它更适宜在无资金风险情况下采用。如家用和私人物品，无商业价值的样品或同一跨国公司不同分公司之间的货物运输。

（3）在赊销交易有关各方存在绝对信任情况下，海运单可适用于赊销贸易。在此情况下，卖方无须以买方付款作为转移货物所有权的前提条件，提单已失去其提货凭证的意义。

（4）通常当货物仍在承运人掌管并提交全套原始单据情况下，可依需要将提单与海运单相互转换。

（5）海运单适宜于仅涉及托运人、承运人和收货人三方的买卖。

（6）海运单具有不可转让性，是一种安全凭证，可防止单据遗失和伪造提单所产生的后果。

（7）海运单不是提货凭证，便利于 EDI 的推广使用。

海运单的不足之处及使用中应注意的问题如下。

（1）银行在托收项下可接受海运单，但在银行为该笔交易提供融资时，因海运单不是提货凭证，到时如进口人拒不付款，银行掌握海运单并不能控制物权，所以在此情况下，银行应坚持卖方提供海运提单。

（2）托收结算方式下的付款交单方式（D/P）中使用海运单，将对出口方非常不利。因为在此方式下，进口方凭提货通知或其他证明提货，即不必向银行付款赎单就可得到货物，D/P 方式已成为光票托收，失去其付款交单的原意，对出口方存有很大风险。解决方法之一为出口方征得进口地银行同意，在海运单上指定银行为收货人，以便银行掌握提货权，从而避免上述情况的发生。

（3）海运单不能背书转让，因此在卖方打算出售在途货物时不宜使用，而应使用抬头为“凭托运人指示”的海运提单。

（4）在信用证结算方式下，虽然是银行信用，贯彻“单证不矛盾”原则，但因进口商在海运单项下无须付款赎单就可提货，故常挑剔单据，借故拒付，拖延付款等，有时会给出口方造成货款两空的损失。因此出口方制作的单据必须严格符合信用证要求，并于议付前先将有关单据交议付行预审，以便及早发现问题，予以改正。另外，开证行在信用证中也常指定其本身为海运单中的收货人，以掌握提货权，防止开证申请人借故不付款赎单。

二、《海运单统一规则》

鉴于海运单存在一些问题，加之各国看法不一，而采用海运单的船公司越来越多，其海运单的格式又不尽相同，在这种情况下，为了进一步完善采用海运单的制度，需要拟定一个海运单统一规则，以便各国在制定海运单时参照执行，使之尽量趋于一致。

为此，经过国际海事委员会的多次修改、讨论，《国际海事委员会海运单统一规则》（以下简称《海运单统一规则》）于 1990 年 6 月在巴黎举行的国际海事委员会第三十四届大会上通过。

《海运单统一规则》共分“适用范围”“货物说明”“支配权”“交货”及“定义”“代理”“权利与责任”“效力”等部分，其主要内容如下。

1. 适用范围

《海运单统一规则》第一条“适用范围”中规定：本规则为运输合同采纳时方得适用，而不论该合同是否以书面订立。

2. 货物说明

《海运单统一规则》第五条规定如下。

（1）托运人保证其提供的有关货物的详情的准确性，否则，应赔偿承运人因不准确而引起的任何灭失、损坏或费用。

（2）如承运人未做保留，海运单或类似的文件中有关货物数量或状态的任何记载：

A. 在承运人与托运人之间，应是收到如此记载的货物的初步证据；

B. 在承运人与收货人之间，应是收到如此记载的货物的绝对证据，并且，不得提出相反的证据，但以收货人始终善意行事为条件。

3. 支配权

《海运单统一规则》第六条规定如下。

（1）除非托运人已按下述行使其选择权，否则，他应是唯一有权就运输合同向承运人发出指示的当事人。除非准据法禁止，否则，他有权在货物抵达目的地后，收货人请求提取货物之前的任何时候，改变收货人的名称，但他应以书面形式或为承运人接受的其他方式，给承运人以合理的通知，并就因此造成承运人的额外费用承担赔偿责任。

案例分析

某对外贸易公司、某加工厂与某国外公司签订来料加工合同。由外国公司提供原材料、辅料，由加工厂负责加工。外国公司将原材料和辅料交给海运公司，并领取海运单。海运单载明：收货人为某对外贸易公司，发货人为某国外公司。在海运单的首要条款中明确："本运单并非提单"；背面条款第一条明确："本运单并非所运货物的提货凭证"；有关条款中注明："如果托运人要求对载明的收货人进行更改，须以书面形式通知承运人或其代理人"。海运单还载明："海运单约定适用《海运单统一规则》"。货物抵港后，外贸公司在收到国外公司海运单传真件和电话通知后，凭该传真件和通知在海运公司代理处换取了提货单。但在此之前，国外公司通知运输公司变更收货人，并通知运输公司不予放货。外贸公司诉至大连海事法院，要求海运公司立即放货，并赔偿损失。

分析：原告所持提货单是凭海运单传真件及通知取得，而非用提单换取，故该提货单不具有真正提货凭证效力。本案中的海运单仅证明承运人与托运人之间的运输合同关系，其条款直接约束承、托双方。根据该海运单的有关条款约定，此海运单并非提货凭证，而且托运人有权在提货前变更收货人，故该海运单项下货物的支配权仍属外国公司，海运公司根据外国公司要求变更收货人的指示，不予放货，是依据海运单的有关约定履行其义务。因此，海运公司收到外国公司上述通知不放货予原告，并无过错。

（2）托运人具有将支配权转让给收货人的选择权，但应在承运人收取货物之前行使。这一选择权的行使，应在海运单或类似的文件上（如有的话）注明。选择权一经行使，收货人便具有上述第（1）款所述的各项权利，同时，托运人便终止此种权利。

4. 交货

《海运单统一规则》规定，交货按下述方式进行。

（1）承运人凭收货人出示适当身份证明交付货物。

（2）如果承运人证明，他已合理谨慎确认声称收货人的当事人事实上即为该当事人，则对错误交货不承担责任。

三、海运单的内容

海运单的内容与提单类似，也包括海运单号、托运人、收货人、交货地点、被通知人、船名与航次、装货港、卸货港、托运人所提供的货物详细情况等。

附样 5-4 是海运单的式样。

附样 5-4：海运单式样

MAERSK SEALAND

NON-NEGOTIABLE WAYBILL

Waybill No.
TJND19276

Shipper
IFB INT'L FREIGHTBRIDGE(CHINA) LTD.
TIANJIN OFFICE O/B IFL
INTERNATIONAL FREIGHT LINE

Booking No.

Export references

This contract is subject to the terms and conditions, including the law & jurisdiction clause and limitation of liability & declared value clauses, of the current Maersk Sealand Bill of Lading (available from the carrier, its agents and at www.maersksealand.com), which are applicable with logical amendments (mutatis mutandis). To the extent necessary to enable the Consignee to sue and to be sued under this contract, the Shipper on entering into this contract does so on his own behalf and as agent for and on behalf of the Consignee and warrants that he has the authority to do so. The shipper shall be entitled to change the Consignee at any time before delivery of the goods provided he gives the Carrier reasonable notice in writing.
Delivery will be made to the Consignee or his authorised agent on production of reasonable proof of identity (and, in the case of an agent, reasonable proof of authority) without production of this waybill. The Carrier shall be under no liability whatsoever for misdelivery unless caused by the Carrier's negligence.

Consignee
WOODLAND INT'L TRANSPORT CO LTD
ANGLIA TERMINAL.PRIORS WAY.
COGGESHALL,ESSEX C06 1TL
TEL:44 1376 565100
FAX:44 1376 565101

Notify Party
SAME AS CONSIGNEE

Onward inland routing (Not part of Carriage. For account and risk of Merchant)

Place of Receipt. Applicable only when document used as Multimodal Waybill

Vessel	Voyage No.
KATRINE MAERSK	0504
Port of Loading	**Port of Discharge**
XINGANG	DUBLIN

Place of Delivery. Applicable only when document used as Multimodal Waybill

PARTICULARS FURNISHED BY SHIPPER - CARRIER NOT RESPONSIBLE

Kind of packages; Description of goods; Marks and Numbers; Container No./Seal No.			Gross Weight	Measurement
A/G 20/DRY 8'6" MSKU3528996 ML-CN4816022 20/DRY 8'6" MSKU3529164 ML-CN4816023	2	SHIPPER'S LOAD, STOW, WEIGHT AND COUNT FREIGHT COLLECT SC NO: LDN00009 20DCS SAID TO CONTAIN 42 CRATE(S) CY / CY SALTE TILE R168 600X300X5-7MM R/68G 600X300X5-7MM LIMESTONE 600X300X10MM LIMESTONE 600X600X13-15MM	KGS 48500.000	CBM 35.640

Above particulars as declared by Shipper, but without responsibility of or representation by Carrier.

LADEN ON BOARD FEB 05 2005

Freight & Charges	Rate	Unit	Currency	Prepaid	Collect

Carrier's Receipt Total number of containers or packages received by Carrier.	Place of Issue of Waybill
2 CONTAINER(S)	TIANJIN
	Date of Issue of Waybill FEB 05 2005

Declared Value Charges (see clause 7.3 of the Maersk Sealand Bill of Lading) for Declared Value of US$

Received by the Carrier from the Shipper, as far as ascertained by reasonable means of checking, in apparent good order and condition unless otherwise stated herein, the total number or quantity of containers or other packages or units indicated in the box opposite entitled "Carrier's Receipt"

Signed for the Carrier A.P. Moller - Maersk ... Maersk Sealand

As Agent(s) for the ...

第四节 租船提单

租船运输又称为不定期船运输，通常指租船人向船东租用整条船舶或者部分船舶以运输一些大宗商品，例如矿石、石油钢铁、工业原料等。租船运输与班轮运输相比较，显著特点是租船运输无固定的航线、船期以及运费等。在租船运输中可以分为三种运输方式：光租、期租和程租。而租船提单指的是船方根据租船合同所出具的提单。

一、租船提单概述

（一）租船提单定义

租船合约是一方（申请人或受益人）在一定的时间或为一定的航程租用船只或船只部分舱位运输货物而与船方签订的合同。租船提单则是在租船运输的情况下，由船东、船长或租船人根据租船合同的规定而向托运人签发的提单。租船合约提单中一般注明“一切条款、条件和免责事项按照××××年××月××日的租船合同”。

货物根据租船合约装船时，通常由船东、船长、租船人或其代理人签发提单。而且大多数标准租船合同明确规定，在托运人不是租船人的情况下，也有权要求船东按照《海牙规则》签发提单。所以租船合约提单可以分为以下两类。

（1）当向租船人签发提单时，提单是货物收据和提货凭证，但不是运输合同的证明。承运人与租船人之间的关系依据租船合约而不是依据提单来确定。

（2）依据我国《海商法》第 95 条的规定，当船东直接向第三人签发提单时，租船合约不能约束第三人。

实务中，船东与租船人签订租船合同时，如果对租船合同的每个条款都重新规定，势必会造成旷日持久的谈判。因此，为了简化租船手续，加快签约进度，在国际市场上通常会使用租船合同范本。较为常见的有“CONGENBILL”（康金提单），提单上通常会显示“CODE NAME：‘CONGENBILL’ EDITION 1994”。康金提单是波罗的海航运组织为租船运输定制的提单格式。此外还有格式租约“统一杂货租船合同”（UNIFORM GENERAL CHARTER），由波罗的海国际航运工会指定，可以适用于各种航线及各类货物的航次租船。还有“邮轮航次租船合同”（TANKER VOYAGE C/P），租船代号为“ASBATANKVOY”，是由美国船舶经纪人和代理人协会制定的。租船合同的范本多达上百种，为租船合同的签订带来了便利。

（二）租船提单的功能

租船提单具有与海运提单同样的货物收据的功能。而租船提单是否如同海运提单一样具有物权凭证的功能，这个问题则较为复杂。由于租船提单受到租船合同的约束，租船合同条款较为复杂，通常租船提单能否转让，能否持有提单即可提货依赖于租船合同的约束。租船合同中可能存在留置权条款，如果租船人拖欠租金或者运费，则出租人可能对运输的货物行使留置权，并在拖欠的租金或者运费还清前，不将货物交付给收货人。因此，一旦货物因此类原因被留置，收货人即使手持正本租船提单，可能也无法提取货物。

二、租船提单的内容与缮制

附样 5–5 是租船合约提单的式样。

附样 5–5：租船提单式样

BL SINBU02 004B

BILL OF LADING

TO BE USED WITH CHARTER - PARTIES

Reference N°

CODE NAME 'CONGENBILL' EDITION 1994

Shippers

Consignee
TO ORDER

ORIGINAL

Notify party

Vessel SINGAPORE BULKER	Port of loading CALLAO, PERU

Port of discharge
QINGDAO, CHINA

Shipper's description of goods　　　　Gross Weight

SAID TO BE　　　　**SAID TO WEIGH**

COPPER CONCENTRATES　　　　2,988.520 WMT

CLEAN ON BOARD
FREIGHT PAYABLE AS PER CHARTER PARTY

(of which nil on deck at shipper's risk, the carrier not being reponsible for loss or damage howsoever arising)

Freight payable as per
CHARTER-PARTY dated .... ,
FREIGHT ADVANCE
received on a.......................... of freight

....
Time used for loading..................... Days..................hours

SHIPPED at the port of loading in apparent good order and condition on board the vessel for carriage to the Port of Discharge or so near thereto as she may safely get the goods specified above
Weight, measure, quality and quantity condition contents and value unknow.
IN WITNESS whereto the Master or Agent of the said vessel has signed the number of Bill of Lading indicated below, all of this tenor and dated, any one of this tenor and date, any one of which being accomplished the other shall be void

FOR CONDITIONS OF CARRIAGE SEE OVERLEAF

Freight payable at	Place and date of issue SINGAPORE, OCTOBER 31ST ,2020
Number of Original Bs/L THREE (03)	Signature TRAFIGURA MARITIME LOGISTICS PTE. LTD. AS AGENTS ONLY FOR AND ON BEHALF OF: CAPTAIN MR. KYAW ZIN AUNG MASTER OF THE MV SINGAPORE BULKER

租船提单同样包括单号、托运人、收货人、被通知人、船名、装货港、卸货港、托运人所提供的货物详细情况等信息。

此外，在实际租船业务中，租船人往往希望提单与租船合约保持一致，所以就出现了把租船合约并入提单的做法。提单中合并租船合约的原则是“直接关联”，即提单中合并的往往是租船合约内有直接联系的内容条款，该条款规定租船合约的某些或全部条款并入提单当中。而不同的附加条款是具有不同效力的。由于租船合约提单涉及船东、租船人和提单受让人三方，关系复杂。因此船东和租船人都须谨慎。

租船运输中常发生分租现象，因此并入条款所指的租约必须写明是指哪一个租约。应指出该租约的签约日期，以示明确。租约在签订之后，签发提单之前，如做了修改，则提单上的并入条款所指的租约应是修改后的租约。

由于租船合约提单一般不列出详细条款，因而不成为一个完整的独立文件，要受到租船合同的约束，从提单上，银行无法看出它受租船合同约束的详细情况，因此银行一般不愿意承担由此带来的额外责任和风险。例如按 CIF 或 CFR 条件交易时，假如出口商提供的是租船合约提单，出口商应付给船方的装卸费用或滞期费未付清时，船方一般可以根据租船合约提单对承运货物行使留置权。这时作为提单持有人的进口商虽然不是租船合约的当事人，但仍要受租船合约的约束，所以一般不能只凭提单要求船方交付货物，因而对进口商不利。

如果信用证要求提交提单、海运单或者多式运输单据时，提交租船提单是不符合信用证要求的。同样，如果信用证要求的运输单据是租船提单，必须指明要求提交租船提单。实务中，通常存在信用证要求提交海运提单，但是也允许提交租船提单的情况，此种情况下，信用证单据条款中显示“FULL SET OF ON BOARD OCEAN BILL OF LADING MADE OUT TO ORDER AND BLANK ENDORSED，MARKED FREIGHT PREPAID AND NOTIFYING APPLICANT”，并在附加条款中添加条款“BILL OF LADING SHOW FREIGHT PAYABLE AS PER CHARTER PARTY ACCEPTABLE”或者“CHARTER PARTY BILL OF LADING ACCEPTABLE”，即表明在信用证下提交海运提单或者租船提单均是可接受的。

三、租船提单的有关规定

UCP600 及 ISBP745 对租船提单的相关特殊规定如下。

（一）租船提单的识别

租船提单的识别，实际上是怎样判断租船提单的问题。在 UCP600 第 22 条中规定租船提单指的是“表明其受租船合同约束的提单（租船合同提单）”。而在 ISBP745 中进一步明确了如何判断受到租船合同的约束。ISBP745 第 G2 条 a 款中规定：“运输单据表明受租船合同约束，或对租船合同的任何援引，无论其如何命名，将视为租船提单。”以及运输单据注明短语，诸如“运费根据注明日期的租船合同（显示或不显示日期）支付”或“运费根据租船合同支付”，无论其如何命名，都表示受租船合同约束。因此，判断是否是租船提单的关键是判断该提单是否受到租船合同的约束，如果提单未表明受到租船合同约束，仅从提单的名称上是无法判断其是否是租船提单的。

例如，实务中常见的 TANKER BILL OF LADING，该种提单常见于油品运输，而油品属于大宗商品，一般来说都是整船运输，那么用到租船提单的概率非常大。因此，实务中看到的 TANKER BILL OF LADING 都是租船提单。但是，不可仅仅根据单据的名称来断定其就是租船提单，判断租船提单的核心原则是受到租船合同的约束。

受到租船合同的约束，通常有如下几种表述。

SUBJECT TO CHARTER PARTY

SUBJECT TO CHARTER PARTY NO…DATED….BETWEEN…AND…

ALL TERMS，CONDITIONS AND EXCEPTIONS AS PER CHARTER PARTY DATED…

ALL TERMS，CONDITIONS，RIGHTS AND EXCEPTIONS OF CHARTER PARTY ARE INCORPORATED HEREWITH

THIS B/L IS ISSUED PURSUANT TO THE TERMS OF CHARTER PARTY DATED…

TO BE USED WITH CHARTER PARTY

还有在租船提单中表明运费根据租船合同的语句也同样表明受到租船合同的约束。

FREIGHT PAYABLE AS PER CHARTER PARTY DATED…

ISSUED PURSUANT TO CHARTER PARTY DATED…AND FREIGHT PAYABLE IN ACCORDANCE THERE WITH…

FREIGHT AND ALL OTHER CONDITIONS AND EXPENSES AS PER CHARTER PARTY AND …

（二）租船提单的签署

根据 UCP600 第 22 条的规定，租船提单应当由船长或其具名代理人、船东或其具名代理人、租船人或其具名代理人签署。而与 UCP600 规定的其他运输单据的签署要求相比，租船提单的签署并未要求由承运人或者承运人的代理签署。租船提单之所以如此要求，主要是因为租船提单涉及提单关系和租船合同的关系，而这使得提单的签署以及当事方的关系较一般的海运提单更为复杂。在租船提单中，船东以及租船人都可以是租船提单的承运人，船长是他们的代理人。作为负责货物运输的责任人，货方可以凭借租船提单向他们中的任何一个人主张权力，因此无须再额外地注明承运人。

这里的租船人为何能够像船东那样承担承运人的角色，主要是因为租船人也是船东，只不过是租船船东。租船人首先从船东那里租赁船舶，然后再将船舶转租给需要承运货物的发货人，也就相当于“二船东”。这种情况下，租船提单可以由租船人签发，并由租船人签署租船提单，这是符合 UCP600 第 22 条要求的。

租船提单的签署可以由船长、船东、租船人及各自的代理人签署，组合起来共六种签署方法。

1. 船长签署

×××（船长的名字）

AS MASTER

其中×××是船长签字，并在签字旁表明船长身份即可。无须在 AS MASTER 前再次引述船长的名字，只要有船长的签名即可。

2. 船长的代理人签署

×××（代理人的名字）

ABC SHIPPING COMPANY（船长代理人的名称）

AS AGENT FOR THE MASTER（代理人的身份）

代理人代表船长签署，需要表明代理人的名称和代理人的名字，以及其代表船长的身份，但是不用显示船长的名称。

3. 船东签署

×××（船东的签字人）

ABC SHIPPING COMPANY（船东名称）

AS OWENER

×××是船东 ABC SHIPPING COMPANY 的签字人。AS OWENER 则表明了签署人的身份是船东。

4. 船东的代理人签署

×××（船东代理人的签字人）

ABC SHIPPING COMPANY（船东代理人的名称）

AS AGENT FOR THE OWNER：BCD COMPANY（船东名称）

其中，×××是船东的代理人 ABC SHIPPING COMPANY 的签字人，AS AGENT FOR THE OWNER 表明了 ABC SHIPPING COMPANY 的身份系船东 OWNER 的代理。同时，签署需要表明船东的名称 BCD COMPANY 才完整。

5. 租船人签署

×××（租船人的签字人）

ABC SHIPPING COMPANY（租船人的名称）

AS CHARTERER（租船人的身份）

×××是租船人的签字，租船人的名称为 ABC SHIPPING COMPANY，其身份表明是 AS CHARTERER。

6. 租船人的代理人的签署

×××（租船人代理人的签字人）

ABC SHIPPING COMPANY（租船人的代理人的名称）

AS AGENT FOR CHARTERER：BCD COMPANY（租船人的名称）

其中，×××是租船人代理人的签字人的签字，ABC SHIPPING COMPANY 是租船人的代理人，签署人的身份是：AS AGENT FOR CHARTERER（租船人的代理人），而租船人的名称则是 BCD COMPANY。

除了以上常规的签署方式，关于租船提单的签署还有一些典型的案例。

案例分析

附样 5－6 是作者在实务中遇到的租船提单的签署案例。

附样 5－6：某租船提单的签署示例

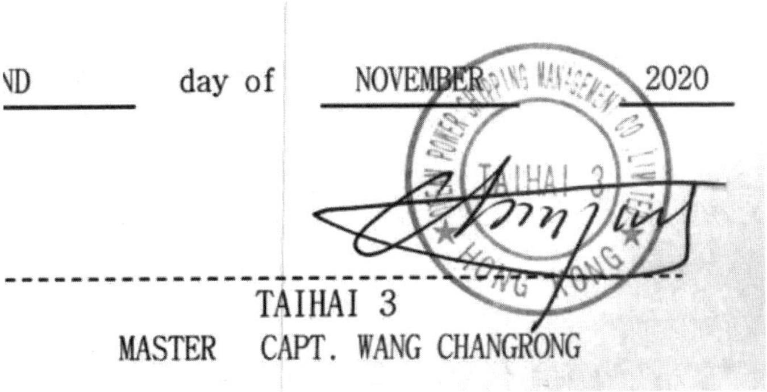

其中，海运船只是 TAIHAI 3。船长是 MASTER（CAPT.）WANG CHANGRONG。此外，在船长名称上方还有人名签和一个盖章，章上内部是海运船只的名称，章的外圈部分显示的名称是：OCEAN POWER SHIPPING MANAGEMENT CO LTD.

该签署符合 UCP600 关于租船提单签署的要求吗？

分析：在该签署中，有 MASTER 的名称，并且有人名签，看似完全符合 UCP600 关于租船提单签署的规定。但是唯独多了个印章，且印章上的名称为 OCEAN POWER SHIPPING MANAGEMENT CO LTD.。租船提单也未表明该名称的身份，推断可能是租船运输的船东或者租船人。正因为多了这个印章，所以人名签字无法判断是船长 MASTER CAPT. WANG CHANGRONG 的签字还是印章中的 OCEAN POWER SHIPPING MANAGEMENT CO LTD.的有权签字人的签字。而根据惯例，如果此处的签字是船长 MASTER 的签字，则该租船提单的签署是相符的，而若该人名签字是 OCEAN POWER SHIPPING MANAGEMENT CO LTD 这个实体的话，则签署是不相符的。但是在提单的其他地方并未再次出现这个印章，也就无从判断该签字人到底是船长的还是印章中显示的实体的签字。需要注意的是，如果从表面上能够判断出签字人确实是船长的签字，则多了如示例所示的印章也不影响该租船提单的签署是相符的。

（三）租船合同

UCP600 第 22 条 b 款规定："银行将不审核租船合同，即使信用证要求提交租船合同。"ISBP745 第 G27 条规定："除非信用证特别排除适用 UCP600 第 22 条 b 款，且明确规定了需要审核的数据和范围，银行将不审核租船合同的内容，即便信用证要求将该租船合同作为规定的单据。"因此，除非明确规定，否则银行不会审核租船合同。

案例分析

信用证要求提交租船提单和相应的（respective）租船合同，开证行审单人员发现提交的租船合同开头部分的日期及船名、航次、船东等主要信息与租船提单不一致，是否构成不符？

分析：

国际商会的意见为："UCP600 第 22 条 B 款的适用不受信用证所使用措辞的影响。即使信用证要求提交租船合同，银行也无须审核。信用证使用 respective 一词也不构成对 UCP600 第 22 条 B 款的修改。提交的租船合同无须审核。"

可见，根据 ISBP745 第 G27 条的规定，即使信用证要求提交租船合同，但是如果信用证未进一步规定租船合同需要审核的内容，并排除 UCP600 第 22 条 b 款，则银行无须审核租船合同。

第五节　空运单据

一、空运单据概述

（一）空运单据的定义

根据《关于统一国际航空运输某些规则的公约》（即《华沙公约》）第 11 条的规定："在没有相反的证据时，航空货运单是订立合同、接受货物和承运条件的证明。"因此，空运单据指的是承运人或其代理人向托运人签发的货运单据，既是承运人收到货物的收据，也是托运人与承运人之间的运输契约。

空运单据与海运提单不同，空运单据是不可转让的，因此收货人实际上是凭身份证明提货的。

（二）空运单据的分类

实务中常见的两种空运单据是主运单（Master Air Waybill，简称 MAWB）和分运单（House Air Waybill，简称 HAWB）。其中，主运单（MAWB）指的是由航空公司直接签发的空运单，而分运单（HAWB）指的是航空公司的货运代理在办理集中托运时，签发给各个发货人的空运单据。

这里的分运单类似海运提单中的运输行提单。运输行可以以两种身份签发空单，一种是运输行以运输行的身份签发空运单，第二种是运输行以承运人或者承运人的代理身份签发的空运单。

根据 ISBP 745 第 H3 条 b 款，当信用证规定"Freight Forwarder's air transport document is acceptable"（货运代理人空运单据可接受），"House air transport document is acceptable"

（运输行空运单据可接受），或类似措辞时，空运单据可以由出具人签署，且不必注明其签署身份或承运人名称。根据该条，当信用证规定货代空运单可以接受的时候，则空运单据中的签署既无须表明身份（如果表明身份为 FORWARDER 仍可接受），也无须显示承运人的名称。

二、空运单的内容及缮制

附样 5-7 是空运单的式样。

附样 5-7：空运单的式样

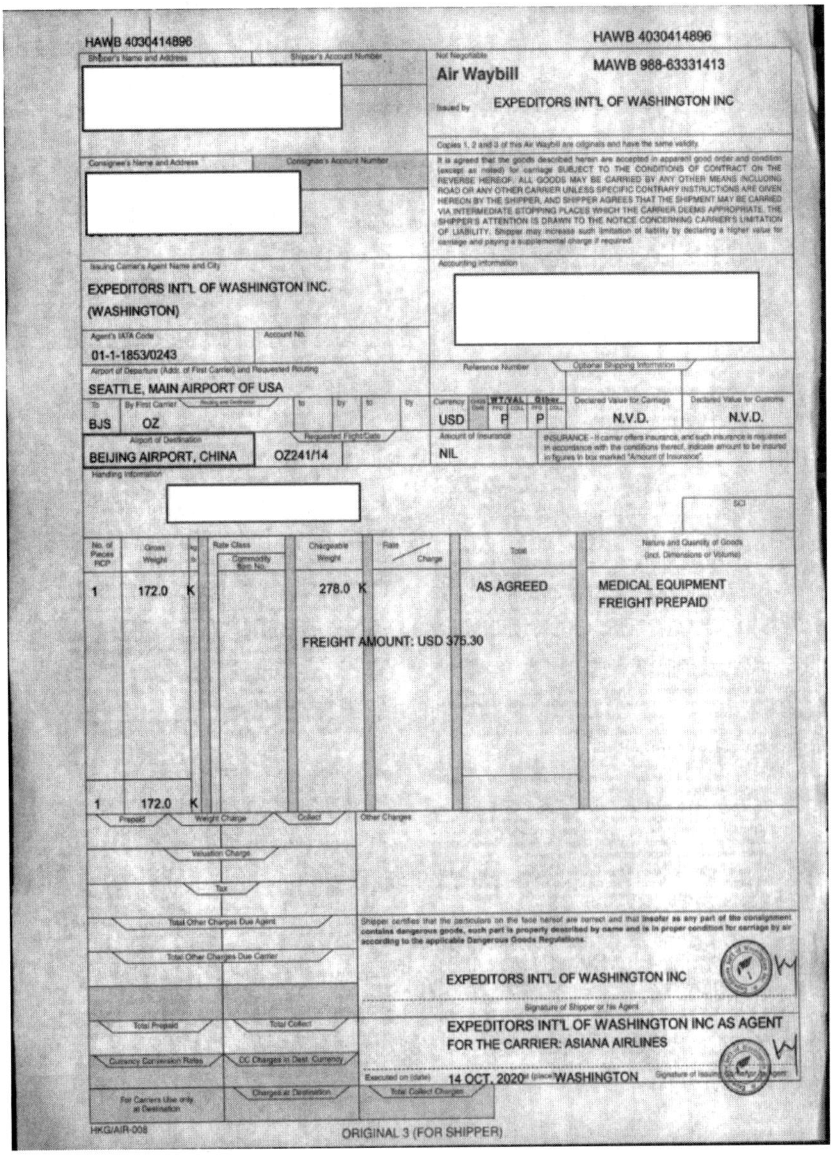

HAWB 4030414896

HAWB 4030414896

Shipper's Name and Address | Shipper's Account Number

Not Negotiable

Air Waybill

MAWB 988-63331413

Issued by EXPEDITORS INT'L OF WASHINGTON INC

Copies 1, 2 and 3 of this Air Waybill are originals and have the same validity.

Consignee's Name and Address | Consignee's Account Number

It is agreed that the goods described herein are accepted in apparent good order and condition (except as noted) for carriage SUBJECT TO THE CONDITIONS OF CONTRACT ON THE REVERSE HEREOF. ALL GOODS MAY BE CARRIED BY ANY OTHER MEANS INCLUDING ROAD OR ANY OTHER CARRIER UNLESS SPECIFIC CONTRARY INSTRUCTIONS ARE GIVEN HEREON BY THE SHIPPER, AND SHIPPER AGREES THAT THE SHIPMENT MAY BE CARRIED VIA INTERMEDIATE STOPPING PLACES WHICH THE CARRIER DEEMS APPROPRIATE. THE SHIPPER'S ATTENTION IS DRAWN TO THE NOTICE CONCERNING CARRIER'S LIMITATION OF LIABILITY. Shipper may increase such limitation of liability by declaring a higher value for carriage and paying a supplemental charge if required.

Issuing Carrier's Agent Name and City: EXPEDITORS INT'L OF WASHINGTON INC. (WASHINGTON)

Accounting Information

Agent's IATA Code: 01-1-1853/0243 | Account No.

Airport of Departure (Addr. of First Carrier) and Requested Routing: SEATTLE, MAIN AIRPORT OF USA

Reference Number | Optional Shipping Information

To: BJS | By First Carrier: OZ | Routing and Destination | to | by | to | by

Currency: USD | CHGS Code | WT/VAL PPD: P | COLL | Other PPD: P | COLL | Declared Value for Carriage: N.V.D. | Declared Value for Customs: N.V.D.

Airport of Destination: BEIJING AIRPORT, CHINA | Requested Flight/Date: OZ241/14

Amount of Insurance: NIL

INSURANCE - If carrier offers insurance, and such insurance is requested in accordance with the conditions thereof, indicate amount to be insured in figures in box marked "Amount of Insurance".

Handling Information

SCI

No. of Pieces RCP	Gross Weight	kg lb	Rate Class / Commodity Item No.	Chargeable Weight	Rate / Charge	Total	Nature and Quantity of Goods (incl. Dimensions or Volume)
1	172.0	K		278.0 K		AS AGREED	MEDICAL EQUIPMENT FREIGHT PREPAID
					FREIGHT AMOUNT: USD 375.30		
1	172.0	K					

Prepaid | Weight Charge | Collect

Other Charges

Valuation Charge

Tax

Total Other Charges Due Agent

Total Other Charges Due Carrier

Shipper certifies that the particulars on the face hereof are correct and that insofar as any part of the consignment contains dangerous goods, such part is properly described by name and is in proper condition for carriage by air according to the applicable Dangerous Goods Regulations.

EXPEDITORS INT'L OF WASHINGTON INC

Signature of Shipper or his Agent

Total Prepaid | Total Collect

EXPEDITORS INT'L OF WASHINGTON INC AS AGENT FOR THE CARRIER: ASIANA AIRLINES

Currency Conversion Rates | CC Charges in Dest. Currency

Executed on (date) 14 OCT. 2020 at (place) WASHINGTON Signature of Issuing Carrier or its Agent

For Carriers Use only at Destination | Charges at Destination | Total Collect Charges

HKG/AIR-008

ORIGINAL 3 (FOR SHIPPER)

以下是空运单据中需要填写的栏位说明。

（1）运单号。其中包括了主运单号（MAWB）和分运单号（HAWB）。运单号通常出现在空运单据的右上方处。其中主运单号（MAWB）一共有 11 位数字，前 3 位是航空公司的代码，后面八位数的前面七位是主单顺序码，而最后一位是验证码。例如，MAWB：988－63331413。

（2）SHIPPER’S NAME AND ADDRESS。这里主要填写托运人的名称和具体的地址。此栏位旁边的 SHIPPER’S ACCOUNT NUMBER 栏位是指发货人的账号，如非承运人特别要求，一般不填写。

（3）AIR WAYBILL ISSUED BY。在空单的右上方的这个栏位预先印就了空运单是不可转让的（NOT NEGOTIATION）。在预先印就的 ISSUED BY 后填写空运单据出具人的名称。如果是主运单（MAWB）的话，该栏位显示的是航空公司的名称或者标志。如果是分运单的话，该栏位显示的是货代的名称或者标志。有时候该栏位也会显示出具人的身份，例如在主运单中，该栏位显示航空公司是承运人，通常会在名称后注明身份，即 AS CARRIER。

（4）CONSIGNEE’S NAME AND ADDRESS。该栏位填写收货人的名称和地址。根据 ISBP745 的规定，如果信用证要求收货人为开证行或者申请人，则该栏位就显示开证人或者申请人的名称即可，而无须显示信用证可能规定的具体的地址和任何联络细节。如果信用证规定收货人为 TO ORDER OF NAMED ENTITY，则无须显示“TO ORDER OF”字样。如果信用证规定收货人为 TO ORDER，则空运单据的收货人须显示开证行或者申请人为收货人。

（5）NOTIFY PARTY。通知方栏位有时在空运单据中出现，有时则显示在空运单据的空白处（NOTIFY PARTY：×××）。该栏位主要显示通知方的细节。除了信用证规定的通知方需要显示外，还可以额外显示其他一个或者多个被通知方的细节信息。此外，需要注意的是，如果申请人作为被通知人，则显示的申请人的细节信息不得与信用证相互矛盾。如果通知方与托运人相同，也可以直接显示 THE SAME AS CONSIGNEE。

（6）ISSUING CARRIER’S AGENT NAME AND ADDRESS。该栏位主要显示的是承运人代理的名称以及地址。

（7）AGENT’S IATA CODE。该栏位填写的是代理人的 IATA CASS 代码。该栏位右边的 ACCOUNT NO.指的是代理人的 IATA 结算账号。这两个栏位应根据航空公司的具体要求选择性填写。

（8）ACCOUNTING INFORMATION。该栏位指的是财务结算信息。该栏位实务中经常不显示内容。有时空运单据中无 NOTIFY PARTY 栏位，会在该栏位中显示通知方的具体信息。

（9）AIRPORT OF DEPARTURE。该栏位填写起飞机场的名称。根据信用证 44E 栏位的指示填写起飞的机场。也可以用起飞机场的 IATA 代码表示。

（10）AIRPORT OF DESTINATION。该栏位填写目的地机场的名称。也可以用目的地机场的 IATA 代码表示。

（11）REFERENCE NUMBER。该栏位填写的是证明参考编号。如果没有，可以不填写。

（12）TO。该栏位填写的是目的地机场的代码。

（13）BY FIRST CARRIER。该栏位填写第一承运人，可以填写航空公司的代码。如果涉及转运，则后面两个 TO、BY 栏位分别填写第二、第三航空公司的代码及第二、第三机场的代码。

（14）CURRENCY。填写始发地的货币代号。

（15）CHGS CODE。填写运费代号，表明付款方式。

（16）WT/VAL，即 WEIGHT CHARGE/VALUATION CHARGE 的全称，是运费和声明价值费。下方的栏位 PPD 是指 PREPAID，即全部运费预付，并在下方填写 PP 或 X 代表选择。下方另一个栏位是 COLL，指 COLLECT，即全部运费到付，此方式下填写 CC 或者 X 代表选择。

（17）OTHER。该栏位指的是除了运费以及声明价值费之外的费用付款方式。同样，在下方填写 PP 或者 CC 代表选择运费预付或者运费到付。

（18）DECLARED VALUE FOR CARRIAGE。该栏位填写发货人提供给承运人的货物的声明价值，如果发货人不要求声明价值，则填写 N.V.D。

（19）DECLARED VALUE FOR CUSTOMS。该栏位指的是提供给海关的声明价值，如果没有声明价值，则填写 N.C.D。

（20）FLIGHT/DATE 或者 REQUESTED FLIGHT/DATE，该栏位填写航班号以及相应的起飞时间。须注意的是，在判断空运单据的装运日期（SHIPMENT DATE）时，不得以该栏位显示的日期为准。

（21）ACCOUNT OF INSURANCE。该栏位填写保险金额。当航空公司提供保险服务时，在该栏位显示保险金额。如果不需要保险服务，则该栏位显示 NIL.。

（22）HANDLING INFORMATION。该栏位填写承运人对于货物处理的有关注意事项或者特殊的要求。例如，货物是否包含危险品，木质包装等。同时，此栏位较为灵活，也可以作为空白栏位显示其他的信息，例如通知方、信用证号、合同号等信用证可能要求显示的信息。

（23）NO OF PIECES RCP。该栏位填写货物的件数和运价组成点。当货物涉及不同的运价种类，例如货物的运价是组成比例运价或者分段相加运价，则在此栏位还须填写运价组成点机场的 IATA 代码。

（24）GROSS WEIGHT。此栏位填写货物的毛重。其中“K”代表公斤（kg），“L”代表磅（lb）。

（25）RATE CLASS。该栏位填写运价等级。针对不同的航空运价有 6 种代码。M（MINIMUM，起码运费）、C（SPECIFIC COMMODITY RATES，特种运价）、S（SURCHARGE，高于普通货物运价的等级货物运价）、R（REDUCED，低于普通货物运价的等级货物运价）、N（NORMAL，45 千克以下的货物适用的普通货物运价）、Q（QUANTITY，45 千克以上的货物适用的普通货物运价）。

（26）COMMODITY ITEM NO.。当使用特种运价（C）时，该栏位填写商品代号。

（27）CHARGEABLE WEIGHT。该栏位填写货物计费重量，即航空公司据以计算运费的计费重量。该重量显示的与货物的毛重可以相同也可以不同，是航空公司按照货物的毛重和体积重取最大值。

（28）TOTAL。该栏位填写运费总金额，即货物的运费单价和计费重量相乘得到的总金额。

（29）RATE/CHARGE。该栏位填写货物适用的费率。

（30）NATURE OF QUANTITY OF GOODS（INCL DIMENSIONS OR VOLUME），该栏位填写货物的品名和数量（包含货物的尺码和体积）。货物的尺码应当以厘米或者英寸为单位，尺寸分别以货物的最长、最宽、最高边为基础，体积单位通常是立方厘米或立方英寸。该栏位是显示货物信息的重要栏位。

（31）WEIGHT CHARGE。在该栏位左边显示的是 PREPAID，在该栏位的右边显示的是 COLLECT。WEIGHT CHARGE 栏位填写航空运费，如果运费是预付的话，则在左边的 PREPAID 显示运费，如果运费到付的话，则在右边的 COLLECT 显示运费。

（32）VALUATION CHARGE。该栏位填写货物的声明价值附加费，根据预付或者到付分别将相应的金额填写在左边的 PREPAID 和右边的 COLLECT 栏位中。

（33）TAX。该栏位填写税费。根据预付或者到付，分别将相应的金额填写在左边的 PREPAID 和右边的 COLLECT 栏位中。

（34）TOTAL OTHER CHARGES DUE AGENT。该栏位填写代理收取的其他费用，根据预付或者到付分别将相应的金额填写在左边的 PREPAID 和右边的 COLLECT 栏位中。

（35）TOTAL OTHER CHARGES DUE CARRIER。该栏位填写承运人收取的其他费用，根据预付或者到付分别将相应的金额填写在左边的 PREPAID 和右边的 COLLECT 栏位中。

（36）TOTAL PREPAID 和 TOTAL COLLECT。这两个栏位填写预付总计金额和到付总计金额。

（37）CURRENCY CONVERSION RATES。该栏位填写目的地国家的币种和汇率。

（38）CC CHARGES IN DEST. CURRENCY。该栏位填写目的国到付的金额，将以目的地国家到付的金额按照汇率折算并填写在此栏位中。

（39）CHARGES AT DESTINATION。该栏位是由承运人在目的地机场填写的目的地机场费用。

（40）OTHER CHARGES。该栏位填写其他费用，主要是运费和声明价值附加费以外的费用。该栏位按照费用代码加金额的方式填写。根据 IATA 规则，各项费用分别用三个英文字母表示。例如，AWC 运单费、ADC 文件费等。

（41）TOTAL COLLECT CHARGES。该栏位填写到付费用的总金额。是 CC CHARGES IN DEST. CURRENCY 及 CHARGES AT DESTINATION 两个栏位的金额总和。

（42）SIGNATURE OF SHIPPER OR HIS AGENT。该栏位填写发货人或者其代理人的签名。该栏位填写货运代理人名称后签字或者盖章。

（43）SIGNATURE OF ISSUING CARRIER OR ITS AGENT。该栏位是空运单据的签署栏位，由承运人或者承运人代理签署，或者由货代签署。

（44）EXECTUTED ON（DATE）。该栏位显示空运单据的出具日期。

（45）AT PLACE。该栏位填写空运单据的签署地点。

以上的栏位并不需要全部填写，根据实际需求填写即可。同时，还可以根据需求，填写其他内容。

三、空运单的有关规定

UCP600 及 ISBP745 对空运单的相关特殊规定如下。

（一）空运单据的签署

根据 UCP600 的规定，空运单据须由承运人或者承运人的具名的代理人签署。承运人或其代理人的任何签字须表明其承运人或者代理人的身份。如果是代理人签字，必须表明其系代表承运人签字。

根据 UCP600 第 23 条的规定，空运单据必须表明承运人的名称。在 ISBP745 第 H5 条 c 款中进一步明确："空运单据的承运人须以其名称标明身份，而非国际航空运输协会（IATA）的航空公司代码，例如，标明英国航空（BRITISH AIRWAYS）而非 BA，汉莎航空（Lufthansa AIRWAYS）而非 LH。"因此，空运单据的必须要显示承运人名称，并且承运人名称不可以使用代码的形式显示。

根据 ISBP745 第 H5 条的 b 款，"空运单据由承运人的具名分支机构签署，该签字视同由承运人作出。"该规则与海运提单是一致的。

案例分析

国际商会案例 TA.883rev 中描述了空运单上 FIRST CARRIER 栏位如果显示了承运人名称是否与签署栏位的承运人名称相互矛盾的问题。

案情描述：空运单中"BY FIRST CARRIER"栏位显示"CARGOLUX"，签名栏中显示"PANALPINA WORLD TRANSPORT BV，AS CARRIER"，同时空运单据右上方的信头显示"ISSUED BY PANALPINA WORLD TRANSPORT BV，AMSTERDAM AIRPORT HOLLAND, AS CARRIER"。空运单显示由 PANALPINA WORLD TRANSPORT BV 签署。保兑行认为空运单中的信息栏在实务中仅供承运人参考，不符点不成立。

咨询者提问：空运单中"BY FIRST CARRIER"栏位显示的承运人名称与下方签字栏中的不一致，是否构成不符？

商会意见：1. UCP 600 23（a）（i）要求空运单据必须表明承运人名称，并由承运人或其具名代理人签署。本案中空运单据显示了承运人名称并由其签署，符合 UCP600 这一规定。空运单中所有"ISSUED BY""BY FIRST CARRIER"栏位或签名栏中显示的信息不应视作与 UCP600 的要求冲突，签署人已表明了承运人身份。不符点不成立。

空运单中通常会有"BY FIRST CARRIER"栏位，那么该栏位的作用是什么呢？在空运方式下，通常存在转运的情形，全程运输可能并不是由一个承运人完成，而是存在若干个承运人。全程运输存在第一承运人、第二承运人、第三承运人等，每个承运人仅仅对自己的航线负责。

因此，本案中的第一承运人（FIRST CARRIER）可能与承运人一致，也可能不一致，只要签署符合 UCP600 第 23 条的要求即可。实务中，此处的 FIRST CARRIER 栏位经常会使用 IATA 航空公司代码来显示。

（二）空运单据须显示收妥待运

ISBP745 规定，空运单据须显示货物已收妥待运（ACCEPTED FOR CARRIAGE）或者类似措辞。当然，ISBP745 要求的是“类似措辞”，即并不要求完全按照“ACCEPTED FOR CARRIAGE”一字不差地显示，表达相同的含义均可。

例如，实务中空运单据显示“IT IS AGREED THAT THE GOODS DESCRIBED HEREIN ARE ACCEPTED IN APPARENT GOOD ORDER AND CONDITION（EXCEPT AS NOTEDFOR CARRIAGE SUBJECT TO THE CONDITIONS OF CONTRACT ON THE REVERSE HEREOF.”同样表明了收妥待运的含义。

（三）空运单据的出具日期与装运日期

UCP600 第 23 条 A 款及 ISBP745 第 H8 条明确规定，空运单据须显示出具日。这一点与 UCP600 中规定的其他运输单据不同，仅有空运单据明确要求需要显示出具日期。

根据 ISBP745 第 H8 条的规定，空运单据的出具日期可以视为装运日期，除非空运单据载有注明实际装运日期的特定批注。那么，这种情况下，特定批注中的日期视为装运日期，不论这个日期是早于还是晚于空运单据的出具日期。

ISBP745 第 H8 条中规定的“实际装运日期”（ACTUAL DATE OF SHIPMENT），批注如何显示才能满足 H8 条的要求呢？实务中，只要专门的装运批注显示了诸如 ACTUAL FLIGHT DATE，SHIPMENT DATE，FLIGHT DATE，DEPARTURE DATE 等，都可以将其日期视为实际的转运日期。批注通常是在空运单据的货描栏位显示，该批注也可以以盖章的形式体现。因此，即使未显示“ACUTAL”字样，或是表述上与惯例不一致，也可将该类批注作为空运单据的装运日来判断。

空运单栏位 FLIGHT NUMBER AND DATE 栏位的日期是否能作为装运日期呢？根据 ISPB745 第 H8 条 b 款中规定，如果未含有注明实际装运日期的特定批注，那么在判断装运日期时，空运单据上显示的任何关于“仅供承运人使用”（FOR CARRIER USD ONLY）栏位、“要求的航班日期”（REQUIRED FLIGHT DATE）栏位或“路线和目的地”（ROUTING AND DESTINATION）栏位的其他信息将不予理会。可以看出，空运单据印就的关于 FLIGHT DATE 的栏位显示的日期并不能作为装运日期。在国际商会案例中也有相关说明。

案例分析

在国际商会案例 TA.839rev 中，谈到了空运单固定格式“FLIGHT/DATE”栏位信息是否可视为 UCP 600 第 23（a）款中所指的专门批注的问题。

案情简述：空运单固定格式“FLIGHT/DATE”栏位中的日期 4.18 与出具日 4.21 不同，咨询者提问“FLIGHT/DATE”栏位中的日期属于 ISBP745 的 H8（a）中所述的专门批注，还是属于 ISBP745 的 H8（b）中所指“其他信息”，是否应被视为装运日期（SHIPMENT DATE）。

国际商会结论：空运单据固定栏位“FLIGHT/DATE”是承运人据以标明航班号及航班日期的预期安排，不属于 UCP 600 第 23 条（a）款所述的专门批注，只能作为“OTHER

INFORMATION”，不能被用来确定发运日期。

从本案例可以看出，如果 FLIGHT DATE 是空运单固定栏位中显示的，则不能将其作为判定装运日期的依据，正确的做法应当是将该栏位显示的内容忽略。此时，如果没有专门的批注的情况下，则空运单据的出具日应被视为装运日。如果有专门批注，例如 SHIPMENT DATE、DISPATCH DATE、FLIGHT DATE 等，则将该专门批注中的日期作为装运日期。

（四）空运单据的份数

通常来说，空运提单一般为一式正本三份及副本若干份。第一份正本空运提单由航空承运人（航空公司）留底，第二份正本将随同货物一道交收货人，第三份正本由承运人交托运人，托运人可凭此向银行办理业务。根据 ISBP745 第 H12 款的规定，提交的空运单据必须是看似为“交发货人或托运人”的正本联（ORIGINAL FOR CONSIGNOR OR SHIPPER）。在 UCP600 中也有同样的规定，当信用证要求提交全套正本空运单据的时候，提交开给发货人或者托运人的正本（ORIGINAL FOR CONSIGNOR OR SHIPPER）即满足要求。为何是 FOR SHIPPER/CONSIGNOR 联呢？这主要与控制货权有关，虽然空运单据不可转让，不是物权凭证，但是通过持有正本空运单据的 FOR SHIPPER/CONSIGNOR 联，可以控制托运人不能在运输途中随意的改变空运单据的收货人。

（五）空运单据的收货人

空运单据并非物权凭证，不可转让，因此空运单据的收货人不应当出具成可转让的形式。例如“TO ORDER”“TO ORDER OF ×××（NAMED ENTITY）”，都是无意义的。

在 ISBP745 第 H13 条也有所规定，当信用证要求空运单据表明收货人为“凭（具名实体）指示”时，该空运单据可以显示该实体为收货人，无须注明“凭×××指示”字样。

例如，如果信用证规定空运单据的收货人显示为 CONSIGNED TO ORDER OF ABC COMPANY，则空运单据可以显示为 CONSIGNED TO ABC COMPANY。当然如果空运单据照抄信用证上的内容也可接受，但是仅有承运人（TO ORDER）而未提及指示方时，该空运单据应当显示开证行或申请人为收货人，无须注明“凭指示”（TO ORDER）字样。例如，信用证要求空运单据的收货人显示为 CONSIGNED TO ORDER，则提交的空运单据收货人可以显示为 CONSIGNED TO ×××（APPLICANT）或者 CONSIGNED TO ××× BANK（ISSUING BANK）。

（六）转运

根据 UCP600 第 23 条 b 款的规定:“转运是指在信用证规定的起飞机场到目的地机场的运输过程中，将货物从一飞机卸下再装上另一飞机的行为。”这里需要注意的是，该条款中的转运应当是指在信用证规定的起飞机场到目的地机场之间的运输路径中发生货物卸下并装运至另一飞机的行为，而不是指在起飞机场之前或者在目的地机场之后的运输路径中发生的货物卸下再重装的行为。

实务中，在国际航空运输中，由于航程较远，或者没有直达的航班，转运是经常出现的情况。因此，UCP600 第 23 条 C 款规定："空运单据可以注明货物将要或可能转运，只要全程运输由同一空运单据覆盖。"同时还规定："即使信用证禁止转运，注明将要或可能发生转运的空运单据仍可接受。"因此，结合以上两条，不论信用证是否允许转运，空运单据表明了转运是可以接受的。那么，信用证如何规定才能真正禁止转运，即空运单据显示了转运则不符呢？解决方法是将 UCP600 第 23 条的 C 款排除，这样该条款反向情况才适用，即空运单据不得显示存在转运的信息。

（七）运费

根据 ISBP745 第 H25 条的规定，空运单据的运费显示不必与信用证完全等同，但是要与信用证规定的不相矛盾。例如，如果信用证规定"运费待收"（FREIGHT COLLECT）时，则空运单据除了显示"FREIGHT COLLECT"，还可以显示不相矛盾的内容，如"FREIGHT PAYABLE AT DESTINATION"。还可以在类似措辞的栏位中，如该栏位标有"FREIGHT CHARGES COLLECT"，在该栏位中显示相应的运费金额也可接受。如果信用证规定运费已付（FREIGHT PREPAID），则空运单据除了显示"FREIGHT PREPAID"外，还可以在运费预付（FREIGHT CHARGES PREPAID）的栏位中显示相应的运费金额，以表示运费已付。

在实务中，经常会看到空运单据中显示"FREIGHT PAID AS ARRANGED"等类似措辞，其中"AS ARRANGED"是根据安排的意思，但是作为银行根本无法从中判断出运费到底是已付还是待付，如此显示不能满足信用证关于运费显示的要求。

根据 ISBP745 第 H27 条的规定，如果信用证特别规定了运费以外的费用不可接受的话，那么空运单据就不得显示除运费之外的额外费用可能或者将要产生。

第六节　公路、铁路、内河运输单据及邮政运输单据

公路、铁路和内河运输都是运输的重要方式，他们的共同点是皆为内陆运输，具有共性，所以 UCP600 把它们划为一大类单据。相对于海运与空运，公路、铁路和内河运输占比较小，但是随着"一带一路"倡议推进，公路、铁路和内河运输的方式的运用有所提高。尤其铁路运输具有稳定性强、风险小、运输速度快的特点，铁路运输的重要性日益突出。

邮政运输是一种手续简便、运输范围较广的运输方式。当通过邮局邮寄货物时，由经办邮局签发的货物收据和合同证明就是邮包收据（Post Receipt）。邮包运输的手续简便，费用也不太高，但运量有限，故适用于运输量轻和体积小的商品。国际邮包运输具有国际多式联运和"门到门"运输的性质。

本节主要介绍公路、铁路、内河运输单据及邮政运输单据。

一、公路运输单据

公路运输也是陆上运输的一种基本运输方式。公路运输机动灵活、方便，是港口、车

站、机场集散进出口货物的重要手段。由于我国幅员辽阔，在陆地上与许多国家相邻，所以在我国边疆地区与邻国的进出口贸易交换中，公路运输也占重要地位。尤其在目前“门到门”的运输业务中，公路运输发挥着不可替代的作用。

《国际公路货物运输公约》适用于公路联合运输合同以及海上、铁路、内陆水路或航空等其他运输方式下所明确的公路货运合同。该公约规定了公路运单是运输合同，是承运人收到货物的初步证据和交付货物的证明。运单的内容包括有关当事人的名称地址、货物说明、货物的接管与交货地点、运输费用的说明、有关办理海关和其他手续的必要通知、运单的签发日期和地点等。除此以外，运单通常还包括是否允许转运的说明、货物价值、交付承运人的单据清单、发货人关于货物保险所给予承运人的指示等。公路运单的正本一式三份。第一份正本运单交给发货人，第二份随货物同行，第三份则由承运人留存。

附样 5-8 是公路运单的式样。

附样 5-8：公路运单式样

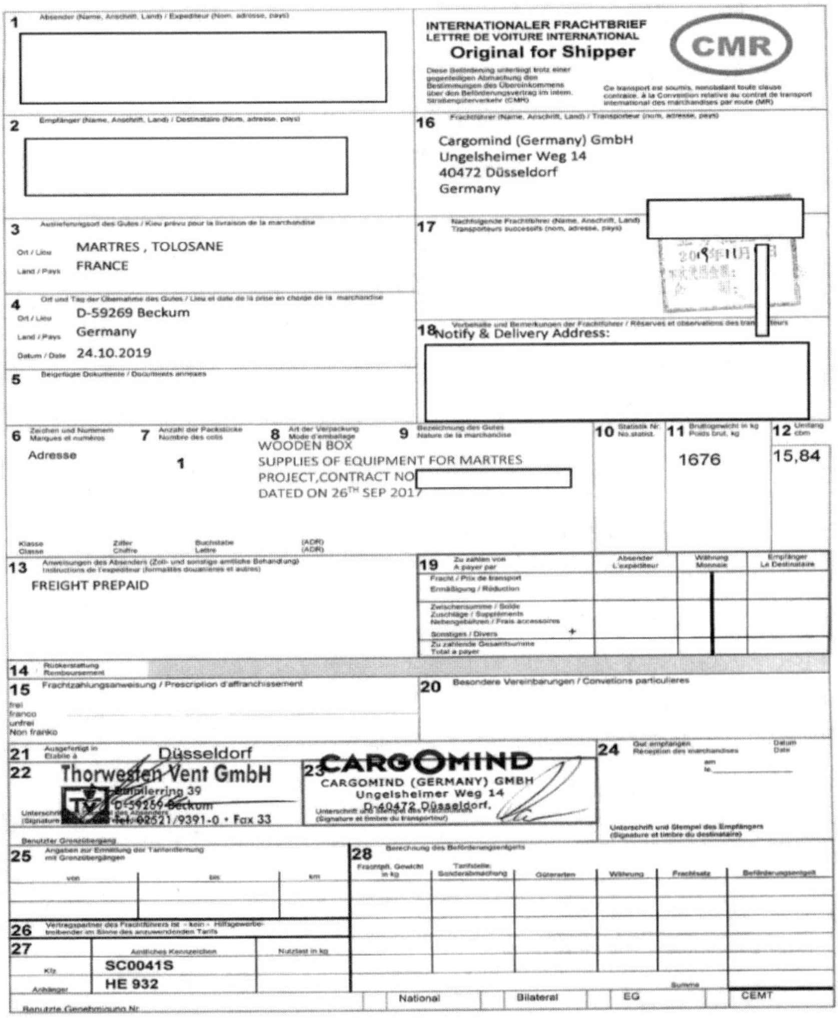

INTERNATIONALER FRACHTBRIEF
LETTRE DE VOITURE INTERNATIONAL
Original for Shipper
CMR

1 Absender (Name, Anschrift, Land) / Expéditeur (Nom, adresse, pays)

2 Empfänger (Name, Anschrift, Land) / Destinataire (Nom, adresse, pays)

16 Frachtführer (Name, Anschrift, Land) / Transporteur (nom, adresse, pays)
Cargomind (Germany) GmbH
Ungelsheimer Weg 14
40472 Düsseldorf
Germany

3 Auslieferungsort des Gutes / Lieu prévu pour la livraison de la marchandise
Ort / Lieu: MARTRES , TOLOSANE
Land / Pays: FRANCE

17 Nachfolgende Frachtführer (Name, Anschrift, Land) / Transporteurs successifs (nom, adresse, pays)

4 Ort und Tag der Übernahme des Gutes / Lieu et date de la prise en charge de la marchandise
Ort / Lieu: D-59269 Beckum
Land / Pays: Germany
Datum / Date: 24.10.2019

18 Notify & Delivery Address:

5 Beigefügte Dokumente / Documents annexés

6 Zeichen und Nummern / Marques et numéros: Adresse
7 Anzahl der Packstücke / Nombre des colis: 1
8 Art der Verpackung / Mode d'emballage: WOODEN BOX
9 Bezeichnung des Gutes / Nature de la marchandise: SUPPLIES OF EQUIPMENT FOR MARTRES PROJECT,CONTRACT NO DATED ON 26TH SEP 2017
10 Statistik Nr. / No. statist.
11 Bruttogewicht in kg / Poids brut, kg: 1676
12 Umfang cbm: 15,84

13 Anweisungen des Absenders / Instructions de l'expéditeur: FREIGHT PREPAID

19 Zu zahlen von / A payer par

14 Rückerstattung / Remboursement

15 Frachtzahlungsanweisung / Prescription d'affranchissement
frei / franco / unfrei / Non franko

20 Besondere Vereinbarungen / Conventions particulières

21 Ausgefertigt in / Etablie à: Düsseldorf

22 Thorwesten Vent GmbH
Tel. 02521/9391-0 • Fax 33

23 CARGOMIND
CARGOMIND (GERMANY) GMBH
Ungelsheimer Weg 14
D-40472 Düsseldorf.

24 Gut empfangen / Réception des marchandises

25 Angaben zur Ermittlung der Tarifentfernung

28 Berechnung des Beförderungsentgelts

26 Vertragspartner des Frachtführers ist

27 Amtliches Kennzeichen / Nutzlast in kg
Kfz: SC0041S
Anhänger: HE 932

National　Bilateral　EG　CEMT

一般公路运输单据主要栏位有:托运人或者发货人栏位、承运人名称及地址信息栏位、后续承运人的名称及地址信息栏位、承运人签署栏位、收妥待运栏位、货描栏位、日期栏位、目的地栏位等。

二、铁路运输单据

铁路运输单据简称铁路运单（Railway Bill），它是铁路运输当局向托运人签发的承运货物的收据。它既是铁路方面承运货物的凭证，也是铁路方面收取运杂费以及与货主交接货物的依据，在发生争议时它还是货运双方索赔、理赔的依据。与其他运输单据不同的是，铁路运单的正本随货物从始发站送至终点站，最后交给收货人。结算中使用的是铁路运单的副本，始发站在运单及其副本上加盖注明日期的印章证明货物已被接受承运，契约生效。

我国对外贸易铁路运输按营运方式分为国际铁路联运和国内铁路承运，其铁路运单分别采用国际货协运单和承运货物收据。

（一）国际货协运单

国际货协运单是参加国际货协各成员国之间办理铁路联运时所使用的运输单据。它是铁路与货主间缔结的运输契约，具有合同性质。当发货人填写运单和运单副本，付交费用、加盖戳记后，合同即告生效。我国是国际货协的成员国，已经开通了从连云港到鹿特丹的国际铁路运输。

按《国际铁路货物联运协定》（简称《国际货协》）规定，国际货协运单以发送国家的文字和俄文或德文印制。在我国则以中、俄两种文字缮制运单。国际货协运单分快运（Express）和慢运（Ordinary）两种，均为白纸印制，采用普通白纸印制的为慢运运单，加红边线者为快运运单。

国际货协运单上载明的栏目一般包括经由路线及到达站、收货人及发货人名称地址、发货的特别声明、货物名称、数量、唛头、包装、价格、运费、海关记载、车辆记载等。运单正面各栏，粗线内和运单背面由铁路填写，未划粗线的各栏由发货人填写。

附样 5-9 是国际货协铁路运单的式样。

主要栏位填写内容如下。

第 1 栏填写发货人名称及地址

第 2 栏填写货物的始发站

第 3 栏填写发货人的特别声明

第 4 栏填写收货人的名称及地址

第 5 栏填写货物的到达站

第 6 栏填写国境口岸站

第 7 栏填写车辆信息

第 13 栏填写换装后货物重量信息

第 14 栏填写换装后货物件数信息

第 15 栏填写货物名称

附样 5-9：国际货协铁路运单式样

4 运 单 副 本 — Дубликат накладной
（给发货人）— （для отправителя）

29 批号—Отправка №

国际货协运单 — Накладная СМГС
缔约承运人—Договорный перевозчик

1 发货人—Отправитель

签字—Подпись

4 收货人—Получатель

2 发站—Станция отправления

3 发货人声明—Заявления отправителя

5 到站—Станция назначения

8 车辆由何方提供—Вагон предоставлен / 9 载重量—Грузоподъёмность
10 轴数—Оси / 11 自重—Масса тары / 12 罐车类型—Тип цистерны

6 国境口岸站—Пограничные станции переходов

7 车辆—Вагон	8	9	10	11	12	换装后—После перегрузки	
						13 货物重量 Масса груза	14 件数 К-во мест

15 货物名称—Наименование груза	16 包装种类 Род упаковки	17 件数 К-во мест	18 重量（公斤） Масса (в кг)	19 封印—Пломбы	
				数量 К-во	记号—знаки
				20 由何方装车—Погружено	
				21 确定重量的方法 Способ определения массы	

22 承运人—Перевозчики	（区段自/至—участки от/до）	车站代码 (коды станций)

23 运送费用的支付—Уплата провозных платежей

24 发货人添附的文件—Документы, приложенные отправителем

25 与承运人无关的信息，供货合同号码
Информация, не предназначенная для перевозчика, № договора на поставку

26 缔结运输合同的日期
Дата заключения договора перевозки

27 到达日期—Дата прибытия

28 办理海关和其他行政手续的记载
Отметки для выполнения таможенных и других административных формальностей

第 16 栏填写货物包装种类
第 17 栏填写货物件数信息
第 18 栏填写货物重量（公斤）
第 19 栏填写封印/数量/记号
第 20 栏填写由何人装车
第 21 栏填写确定重量的方法
第 22 栏填写承运人/区段/车站代码
第 23 栏填写运送费用的支付
第 24 栏填写发货人添附的文件
第 25 栏填写与承运人无关的信息、供货合同号码
第 26 栏填写缔结运输合同的日期
第 27 栏填写到达日期
第 28 栏填写办理海关和其他行政手续的记载

（二）承运货物收据

承运货物收据（Cargo Receipt）是承运人出具的货物收据，也是承运人与托运人签订的运输契约。我国内地通过铁路运往港澳地区的出口货物，一般委托中国对外贸易运输公司承办。当出口货物装车发运后，对外贸易运输公司即签发一份承运货物收据给托运人，以此作为对外办理结汇的凭证。通过铁路对港澳出口的货物，由于国内铁路运单不能作为对外结汇的凭证，故使用承运货物收据这种特定性质和格式的单据。

承运货物收据一式四份（一正二副一留底），主要栏目内容有收发货人、运输路线、车（票）号、唛头、货物名称、件数、重量、起运日期、运费支付情况、提货地点等。正本背面印有“承运简章”，载明承运人的责任范围。

（三）铁路提单

随着“一带一路”倡议持续推进，中欧班列在陆路货物运输方式方面迅猛发展，仅仅作为运输合同证明的铁路运单并不能完全满足实务中的需要，不能满足贸易便利化和贸易融资的需求。在此背景下，“铁路提单”的概念被创设出来，进一步向铁路运单物权化发展。

国家发展改革委在 2019 年印发的《西部陆海新通道总体规划》，正式提出了“铁路提单”的概念，意在推动国家铁路提单的融资工程，使其在国际贸易中更好地发挥作用。

对铁路运单进行改进，使其具有“物权凭证”的功能主要有两种方式：第一种就是将铁路运单附加以“权力凭证”的功能，创设出铁路提单这一运输单据；第二种方法是“双轨制”。所谓双规制，指的是多式联运承运人向实际的发货人签发多式联运提单用于铁路运输，同时铁路承运人以货运代理作为发货人签发铁路运单，保持铁路运单的本身的属性不变。在实践中，中国国际货运代理协会在 2020 年初就开始由法律工作委员会牵头制定标准 CIFA 国际多式联运提单（以下简称 CIFA 提单）。目前，CIFA 提单在哈尔滨、重庆、成都等试点试用。其操作是实务中签发铁路提单和铁路运单，其中铁路提单出具成可转让的 CIFA 提单的形式，以实现铁路提单物权凭证功能的实现。

从目前的政策导向以及中欧班列的不断发展来看，铁路提单的运用将会越来越多，不断推动铁路提单的物权化进程。但也应注意，国际贸易惯例 UCP600 尚未对铁路提单的审核标准加以规定，因此铁路提单还处在一个探索的阶段，还有包括法律等很多方面需要完善的地方。附样 5－10 是实践中某铁路提单的式样。

附样 5－10：铁路提单式样

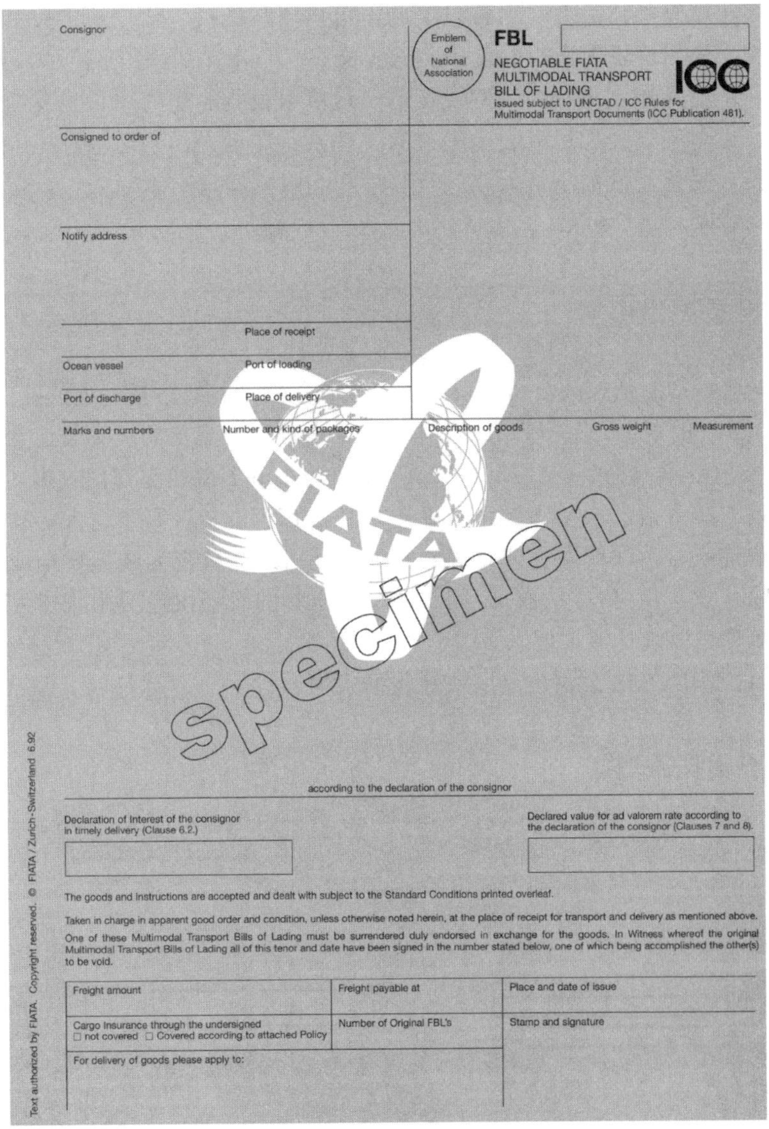

Consignor

Emblem of National Association

FBL

NEGOTIABLE FIATA MULTIMODAL TRANSPORT BILL OF LADING

ICC

issued subject to UNCTAD / ICC Rules for Multimodal Transport Documents (ICC Publication 481).

Consigned to order of

Notify address

Place of receipt

Ocean vessel | Port of loading

Port of discharge | Place of delivery

Marks and numbers	Number and kind of packages	Description of goods	Gross weight	Measurement

FIATA

specimen

according to the declaration of the consignor

Declaration of Interest of the consignor in timely delivery (Clause 6.2.)

Declared value for ad valorem rate according to the declaration of the consignor (Clauses 7 and 8).

The goods and instructions are accepted and dealt with subject to the Standard Conditions printed overleaf.

Taken in charge in apparent good order and condition, unless otherwise noted herein, at the place of receipt for transport and delivery as mentioned above.

One of these Multimodal Transport Bills of Lading must be surrendered duly endorsed in exchange for the goods. In Witness whereof the original Multimodal Transport Bills of Lading all of this tenor and date have been signed in the number stated below, one of which being accomplished the other(s) to be void.

Freight amount	Freight payable at	Place and date of issue
Cargo Insurance through the undersigned ☐ not covered　☐ Covered according to attached Policy	Number of Original FBL's	Stamp and signature
For delivery of goods please apply to:		

三、内河运输单据

内河运输是水上运输的重要组成部分，它是连接内陆腹地与沿海地区的纽带，在运输和集散进出口货物中起着重要的作用。2001 年 1 月 1 日起施行的《国内水路货物运输规则》第四章规定了内河运单的定义、性质、内容及填制。

内河运单是运输合同的证明，是承运人已经接收货物的收据。运单内容一般包括下列各项：承运人、托运人和收货人名称；货物名称、件数、重量、体积（长、宽、高）；运输费用及其结算方式；船名、航次；起运港、中转港和到达港；货物交接的地点和时间；装船日期；运到期限；包装方式；识别标志；相关事项。

内河运单应当按照下列要求填制：一份运单，填写一个托运人、收货人、起运港、到达港；货物名称填写具体品名，名称过繁的，可以填写概括名称；规定按重量和尺码择大计费的货物，应当填写货物的重量和尺码（长、宽、高）；填写的各项内容应当准确、完整、清晰。承运人接收货物应当签发运单，运单由载货船舶的船长签发的，视为代表承运人签发。运单签发后承运人、承运人的代理人、托运人、到达港港口经营人、收货人各留存一份，另外一份由收货人收到货物后作为收据签还给承运人。承运人可以视情况需要增加或者减少运单份数。

四、邮政运输单据

邮政运输单据指的是邮政公司或快递公司收到货物后签发给托运人的收货证明。

按照 UCP600 的规定，除非信用证另有规定，在信用证规定的货物装运地点由任何快邮公司/快递部门盖章或签字的快邮收据（Courier Receipt）或快递部门收据，银行均可接受。如果申请人愿意指定一家特定的快邮公司/快递部门发货，则申请人必须在信用证中予以说明。快递收据须注明取件或收件的日期，此日期即被视为装运日期或发运日期。如果要求显示快递费用付讫或预付，则快递机构出具的表明快递费由收货人以外的一方支付的运输单据可以满足该项要求。

附样 5－11 是由 EMS 公司出具的快递收据式样。

附样 5－11：快递收据式样

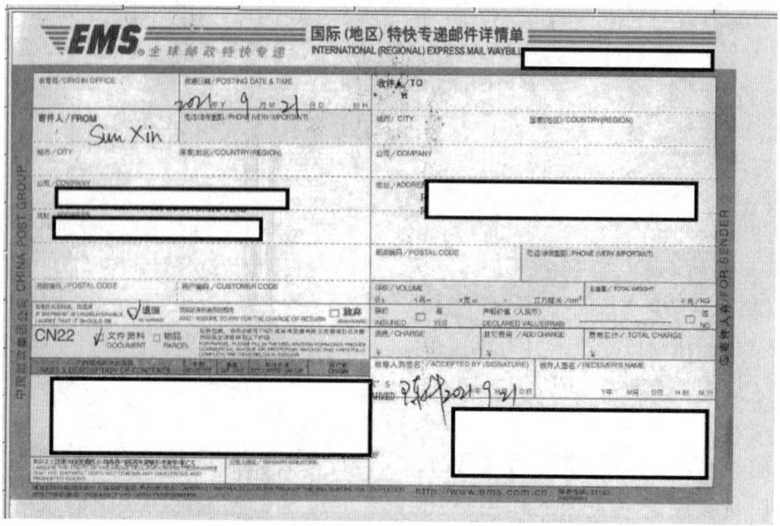
EMS 全球邮政特快专递
国际(地区)特快专递邮件详情单
INTERNATIONAL (REGIONAL) EXPRESS MAIL WAYBILL [redacted]

寄件人/FROM Sun Xin
POSTING DATE & TIME 2021 年 9 月 21 日
CITY
COUNTRY(REGION)
公司/COMPANY [redacted]
ADDRESS [redacted]
POSTAL CODE
CUSTOMER CODE
CN22 √ 文件资料 DOCUMENT □ 物品 PARCEL
√ 退回 □ 放弃
NAME & DESCRIPTION OF CONTENTS
[redacted]

收件人/TO
城市/CITY
COUNTRY(REGION)
公司/COMPANY
ADDRESS [redacted]
POSTAL CODE
PHONE (VERY IMPORTANT)
VOLUME
TOTAL WEIGHT
INSURED □ YES
DECLARED VALUE(RMB) □ NO
CHARGE ¥
ADD CHARGE ¥
TOTAL CHARGE ¥
ACCEPTED BY (SIGNATURE) 2021 9 21
RECEIVER'S NAME
[redacted]

CHINA POST GROUP
FOR SENDER
http://www.ems.com.cn

证明货物收讫待运的邮政收据或投邮证明，无论名称如何，必须看似在信用证规定的货物装运地点盖章或签署并注明日期。该日期将被视为发运日期。邮政收据应该由寄件人填写寄、收件人的名称及地址、寄件物的价值、名称等内容。邮局核实重量并收费后，予以签发。一份随同所及物品一起发往目的地，然后由目的地邮局向收件人发出联件通知书，另一份则交给寄件人向银行办理议付。由于邮局收据及快邮收据必须载明特定的收货人，因此，开证行如未收足百分之百保证金，应规定收据上的收货人为开证行，以便掌握提货权。

五、UCP600 的有关规定

UCP600 第 24 条规定了对信用证项下所要求提交的公路、铁路或内河运输单据的详细要求。主要规定如下。

1. 单据的签署

公路、铁路或内陆水运单据，无论名称如何，必须看似表明承运人名称，并且其上的任何签字、印戳或收妥批注必须看似由下列人员做出：承运人，并表明其承运人身份，或代表承运人签字的具名代理人，并注明代理人所代表的承运人的名称和身份。

如果运输单据表面已经以其他方式表明承运人的承运人身份，则“承运人”一词就不需要出现在签字处，只要运输单据看似是由承运人或其代理人签署即可。国际标准银行实务做法接受带有铁路运输公司日期章的铁路运输单据，此时无须注明承运人名称或者代表承运人签字的具名代理人的名称。

2. 单据的出具日期

公路、铁路或内陆水运单据必须表明信用证规定的发运地及目的地，且须表明货物在信用证规定地点的装运日期，或者收讫待运或待发送的日期。运输单据的出具日期将被视为发运日期，除非运输单据上盖有带日期的收货印戳，或注明了收货日期或发运日期。

3. 正本的含义

如果信用证要求铁路或内河运输单据，则不论提交的运输单据是否注明为正本单据，都将作为正本单据接受。公路运输单据必须看似其为签发给托运人/发货人的正本联，或者对其签发对象不做任何标注。

关于铁路运单应注意一个问题，就是铁路局签发运单有时只有一式两份，其中正本随货运到目的地，作为到货通知交给收货人，副本交给托运人。所以受益人提交的铁路运单只有一份副本。为此，UCP600 规定，对铁路运单而言，许多铁路运输公司的做法是仅向托运人/发货人提供加盖铁路公司印章的一联（常常是复写联），此联将作为正本接受。如果信用证要求提供铁路运单正本，受益人所提交的副本铁路运单将被视为正本接受。

另外，如运输单据上未注明出具的正本数量，则提交的份数即视为全套正本。

不是提货凭证的运输单据不应做成“指示抬头”或“某具名人的指示抬头”。即使信用证要求将不是提货凭证的运输单据做成“指示抬头”或“某具名人的指示抬头”，如提交的单据表明该具名人为收货人，即使其没有做成“指示抬头”或“某具名人的指示抬头”也可接受。

4. 转运的含义

UCP600 规定，在公路、铁路或内陆水运方式下，“转运”是指在信用证规定的装运、发送或运送的地点到目的地之间的运输过程中，在同一运输方式中从一运输工具卸下再装上另一运输工具的行为。

在公路、铁路或内陆水运方式下，货物在同一运输方式下从装运地运到目的地通常需要间接运输。例如，货物用汽车从一个国家运至另一个国家，进口国禁止出口国运货汽车越过国境，需要从原来的卡车卸货，再装上另外一个进口国承运人的卡车上。同样，铁路运输方式下，货物从一个国家运至另一个国家，因为两国铁路轨距不一致，在越过国境时，从原来铁路车辆卸货，再装上进口国家铁路车辆。可见，在相同运输方式下的转运是不可避免的。为此，UCP600 规定，即使信用证禁止转运，注明将要或可能发生转运的公路、铁路或内陆水运单据仍可接受。

本章小结

本章主要介绍了海运提单、国际多式联运单据、不可转让海运单、租船提单、空运单据，公路、铁路、内河运输单据与邮政运输单据定义、性质、功能，介绍了各单据的内容及填写方法，并结合案例分析了 UCP600 及 ISBP745 对于各单据的相关规定，以便更好地了解及掌握各运输单据的缮制及审核。

思考题

1. 指示提单和记名提单有何不同?
2. 什么是无船承运人提单，什么是运输行提单?
3. 收妥待运提单和已装船提单的区别是什么?
4. 提单收货人的抬头有哪几种?
5. 何谓“不清洁提单”?
6. 提单如何背书转让?
7. 什么是国际多式联运单据?
8. 如何识别租船提单，租船提单和普通的海运提单有什么区别?
9. 不可转让海运单和海运提单的区别是什么?
10. 空运单据可以转让吗? 可以作为物权凭证吗?
11. 公路、铁路和内河运输单据及邮政运输单据如何显示装运日期?

案例讨论题

1. 开证行 A 银行开立信用证，要求提交单据：“FULL SET OF BILL OF LADING MADE OUT TO ORDER AND BLANK ENDORSED, MARKED ‘FREIGHT PREPAID’AND NOTIFYING APPLICANT.”。同时，47A 附加条款中规定：“B/L ISSUED BY FREIGHT

FORWARDER ARE NOT ACCEPTABLE NO MATTER THE FREIGHT FORWARDER ACTS AS A CARRIER OR AS AN ANGENT OF CARRIER."。

随后，开证行A银行收到来单，提单签署栏位显示："××× FORWARDER AS AGENT FOR THE CARRIER ××× SHIPPING COMPANY."。

请问：

（1）该提单如此签署是否符合UCP600对于提单签署的要求？

（2）从承运人代理人的名称是否能判断其是不是FORWARDER？

2. A公司是国内的电子产品生产商，A公司与新西兰的B公司开展了多年的出口贸易，双方保持着良好的贸易关系。2020年，A公司向B公司出口100万元的电子产品，约定的付款方式是D/P AT SIGHT。根据B公司的指示，货物出口至澳大利亚的C公司。当到付款日时，B公司作为进口方未付款，并声称最终的买家C公司破产清算，未向B公司支付货款，因此拒绝向A公司支付货款。A公司遂联系律师与B公司进行交涉，明确C公司破产不能构成B公司不付款的理由。此外，A公司还积极联系当地的买家，意图通过联系新的买家来转卖货物。但是，当A公司联系船公司准备退运时，得知C公司早已经提货，且货物已经被列为破产清算的财产。A公司因此遭受了巨大损失。

本案中，C公司之所以能够将货物顺利提走，是因为A公司运输单据使用的是海运单，而海运单不是物权凭证，具名收货人C公司无须凭借正本海运单，而仅凭身份即可提取货物。因此，A公司在B公司付款前就已经失去了对货权的控制，最终导致了损失。

请问：A公司从该案例中应吸取何种经验教训？

3. 国内A公司向德国的B公司进口一台医疗器械，通过空运方式运输。信用证要求提交副本空运单据，并且规定副本空运单的起运机场为瑞典、欧洲、中国的任一机场。来单时，副本空运单上起运机场栏位显示的是"瑞典"，并未显示具体的机场，开证行拒付。但是，遭到交单行反驳称，信用证要求提交的是副本空运单据，因此审核不可根据UCP600第23条审核，应当根据第14条f款审核。

请问：交单行的反驳有道理吗？

第六章　保险单据与案例分析

案例导入

A公司通过海运方式向B公司出口一批货物，并由I银行开立信用证，贸易术语显示为CIF。信用证要求提交保险单据，且保险单据显示“FULL SET OF INSURANCE POLICY SHOWING CLAIMS PAYABLE TO I BANK IN THE CURRENCY OF DRAFT，COVERING ALL RISKS AND WAR RISKS.”。受益人向所在国家的交单行交单，交单行审单相符后将单据寄往开证行。开证行审单完毕后对此次交单进行了拒付，不符点是保险单据未显示“SHOWING CLAIMS PAYABLE TO I BANK”。交单行反驳称，保险单据的被保险人直接为I BANK，已经满足了此要求，并不需要再在保险单据上重复显示“SHOWING CLAIMS PAYABLE TO I BANK”这句文字。请问：开证行的说法是否有道理？

分析：信用证的保单条款中的表述不够明确，通常情况下保单条款会显示保险赔付地，表述为“SHOWING CLAIMS PAYABLE AT DESTINATION”。而本案例中是“SHOWING CLAIMS PAYABLE TO I BANK”，对比下来看似是赔付地在I BANK。但是赔付地一般显示的是国家名称或者直接显示目的地赔付，不会具体到哪个机构。另一方面，可将“SHOWING CLAIMS PAYABLE TO I BANK”理解为I BANK为被保险人，而提交的保单被保险人恰好就是I BANK。并且在CIF术语下，货物的海运风险已经从受益人A处转移，同时开证行为被保险人，如运输过程中发生损失，即由I BANK向保险公司索赔。因此，对于I BANK来说并无风险。

综上所述，开证行在开立信用证条款的时候，应当以明确的方式表达，不要开立会产生不同理解的条款。保单条款应更加明确，否则可能造成不必要的障碍。

国际贸易货物一般都经过长途运输，在运输、装卸和储存的过程中，由于自然灾害、意外事故和其他外来的原因，货物有可能遭受各种损失，货主为了保障货物一旦遭到损失，能从经济上得到补偿，一般都要投保货物运输险。

国际货物运输保险是以运输过程中的各种货物作为保险标的，被保险人（买方和卖方）向保险人（保险公司）按一定金额投保一定的险别，并交纳保险费，保险人承保以后，如果保险标的在运输过程中发生约定范围内的损失，应按规定给予被保险人经济补偿的一种财产保险。本章结合国际惯例与实践案例，重点介绍与货物运输保险相关的保险单据，包括保险单据的种类、作用、主要内容、缮制与审核要点等。

第一节 保险单据概述

国际货物运输保险，因采用的运输方式不同，分为海上货物运输保险、陆上货物运输保险、航空货物运输保险和邮包运输保险，其中以海上货物运输保险起源最早、历史最久，陆上、航空等货物运输保险都是在海上货物运输保险的基础上发展而来的。

国际贸易中，不论是海运、空运、陆路运输还是邮包运输，通常都需要办理保险来一定程度地规避运输过程中可能发生的各种风险和损失。保险单据是由保险公司根据不同的险种设计不同的内容及格式，并根据贸易、运输及货物状况等信息填写的单据。保险单据是保险公司进行风险衡量、保险费用计算等事项的重要依据。

UCP600 第 28 条提到的保险单据有保险单（Insurance Policy）、预约保险（Open Cover）下的保险证明书（Insurance Certificate）或者声明书（Insurance Declaration）。其中，保险单和保险证明书在实务中使用频率较高。此外，UCP600 第 28 条还规定，暂保单（Cover Notes）将不被接受。需要注意的是，如果信用证要求提交保险单（Insurance Policy），则提交保险证明书或者保险声明则不符。相反，如果信用证要求提交保险证明书或者保险声明，则提交保险单是符合要求的。

一、保险单（Insurance Policy）

保险单（Insurance Policy）俗称大保单，是保险公司和投保人之间订立的正式的保险合同，也是保险公司根据承保范围进行理赔的主要依据。保险单可出具成可转让的形式，通过背书的形式转让保险利益，从而将索赔权利转让给被转让人。保险单正面主要显示的内容包括了基础交易的相关信息，含发票号、提单号、基础交易合同号、信用证号、货描、唛头、包装数量、运输工具等。另外，还显示了被保险人（The Insured）、保险金额、起讫地点、承保险别、赔付地点和赔付币种、出具日期等。

二、预约保险单（Open Cover）

在了解保险证明书和保险声明书之前，我们先介绍下什么是预约保险（Open Cover）。预约保险俗称开口保单，主要是一些较大的贸易商，为了进行长期、多次货物运输时免去每次都向保险公司投保的麻烦，和保险公司签订的一种预约保险单。这种开口保单将这家贸易商的单批货物包含在内，但贸易商一般无法将可能长达一年或者更久的开口保单交给买方作为投保证明。另外，开口保单也无法显示单笔货物是什么，要运往哪里，所以就有了保险人针对每次货运签发的保险证明。

三、保险凭证（Insurance Certificate）

保险人将预约保险的明细条款印就在空白的保险凭证上交给被保险人。被保险人只要在每次货物出运前自行在保险凭证上填写具体的货物信息，例如货物名称、保险金额、包装、唛头、运输工具、起讫地点、装运日期等信息，并将一份副本保单交给保险人用作起运通知书，按预约保险单中的规定一起向保险公司申报。

保险凭证又称“小保单”，其与保险单具有同等的效力。附样 6－1 是保险凭证上显示预约保险单的内容。

附样 6－1：保险凭证与预约保险单关联示例

EXPORT
MARINE OPEN POLICY No.
20-21 EXPORTS T/0 DTA POLICY
CERTIFICATE OF INSURANCE

附样 6－2 是保险凭证的式样。

附样 6－2：保险凭证式样

中国人民财产保险股份有限公司运输保险凭证

本公司依照国内货物运输保险条款的规定，对下列货物名称、金额等承保运输险：

被保险人：　　　　　　　　　　　　　　　　　　　　投保人：

货票号码	货物名称	保险金额	保险费率		保险费	目的地
			基本型	综合险		
			‰	‰		

保险公司签章

年　月　日

如遇出险，请凭有关单证及本证抄件报当地保险公司处理。

四、保险声明（Insurance Declaration）

保险声明也是预约保险下的一种保险单据，但是和保险凭证不同的是，保险声明是被保险人确定了货物的名称、种类、金额、运输工具、装运日期等细节后，通过保险人印就的格式向保险人的一种呈报。

第二节　保险单据的内容及案例分析

按照 INCOTERMS® 2020 的规定，CIF 和 CIP 术语下卖方须提供给买方保险单或保险凭证或其他保险证据。进出口合同中的保险条款通常如下。

INSURANCE：To be effected by the Seller for 110% of the invoice value against All Risks and War Risk showing claims payable in China in currency of the draft.Insurance Policy or Certificate in 1 original and 2 copies covering 110% of the Invoice Value against All Risks and War Risk with the Buyer as the beneficiary showing claims payable in China in currency of the draft.

本节结合 UCP600、ISBP745 等国际惯例及实践案例，介绍保险单据的主要内容，解读重点保险条款。

一、保险单据的出具及签署

（一）保险公司或者保险商签署

根据 ISBP745 第 K2 条的规定："保险单据须看似由保险公司（Insurance Company）或保险商（Underwriter）或其代理人（Agents）或代表（Proxies）签署。"从该条可以看出，保险单据须经过签署。在 ISBP745 第 K2 b 条中还规定："如果表明出具人为'保险人'（Insurer），则保险单据无须显示出具人为保险公司或者承保人。"因此，如果保单签署方的名称中包含"Insurance"或者"Underwriter"，或者从保单签署方名称可以看出属于保险公司或者保险商，则可以通过名称来判断签署的公司身份，而无须额外批注签署人为保险公司或者承保人，即无须额外标注"AS INSURANCE COMPANY OR AS UNDERWRITER"。如果从签署名称看不出是保险公司或者保险商，同时显示签署的人为保险人（Insurer），则无须再显示签署方的身份为保险公司或者保险商。附样 6-3 就是签署方名称中包含"Insurance"的签署情况。

附样 6-3：保险公司签署情况

（二）代理人或者代表签署

根据 ISBP745 K4 条的规定："保险单据由代理人或者代表签署时，须注明其所代理或者代表签署的保险公司或者承保人的名称，除非保险公司或承保人已在保险单据的其他地方表明其身份。"并且，K4 条款中还列举了一个示例：JOHN DOE 作为保险人 AA INSURANCE LTD 的代表签署。

JOHN DOE（BY PROXY）ON BEHALF OF THE INSURER 或者

JOHN DOE（BY PROXY）ON BEHALF OF AA INSURANCE LTD.

需要注意的是，此种签署需要在 AA INSURANCE LTD 已经表明为保险人的前提下，即从名称可以看出 AA INSURANCE LTD 为保险人，或者在保单的其他地方已经表明 AA INSURANCE LTD AS INSURER。

那么当保单由代理人或者代表签署时是否与海运提单类似，必须要同时显示签字和具体的名称呢？下面一例商会案例进行了解答。

案例分析

在商会案例 TA.835rev 中，信用证要求提交正本保险单据。交单后所提交的保单明显已手签并在签名上方显示："Signed as Proxy for ×××× Insurance plc（Ireland），Sweden Branch"。在签名下方，单据上有印就的"Clarification of Signature"字样。保险公司名称已清楚显示，但是签名并没有澄清。开证行提出不符点："保单号（××××）没有显示代表（PROXY）名称"。

咨询者提问：

1. 开证行所提出的关于保单没有显示保险公司代表的不符点是否成立？
2. 保险单据除了显示保险公司名称外，是否必须有签名澄清？
3. 单据本身有印就的"签名的澄清"用语的事实是否会影响上述结论？

商会意见：UCP600 第 28（a）款要求保险单据"必须看似由保险公司或承保人或其代理人或代表出具并签署。代理人或代表的签字必须标明其系代表保险公司或承保人签字。"提交的保险单据满足该款要求。ISBP745 第 K2、K3 和 K4 段提供了如何应用 UCP600 第 28（a）款的指引。UCP600 没有要求此单据显示代理人或代表的名称。注意开证行并没有提出缺少澄清签名的不符点，拒付通知中所述不符点仅仅只是缺少代表的名称。

商会最终给出的结论是：(1)开证行所提不符点不成立。(2)"Clarification of Signature"非必要，并且预先印就的用语不会改变结论。

此案例是关于保险公司或保险商的代表（Proxy）签署，而如果是代理人（Agent）签署，一般会显示代理人的机构名称（如，ABC COMPANY AS AGENT FOR AA INSURANCE），并进行签字。

根据 ISBP745 第 K3 条的规定："保险单据须由保险公司或者承保人或者其代理人或代表签署，保险单据也可以出具在保险经纪人的信笺上。同时，保险经纪人可以作为具名保险公司或者具名承保人的代理人或代表签署保险单据。"简言之，就是保险经纪人不可以出具保险单据，但是可以作为代理人签署保险单据。当保险单据出具在保险经纪人的信笺上时，保险单据的签署人也可以不是保险经纪人。

实务中，保单上常常会见到劳合社（LLOYD'S），其本身不是保险公司，而是一个社团组织。劳合社并不直接经营保险业务或者出具保险单据，而是通过这个组织的成员，即承保人以各自自身的名义来办理保险业务，劳合社为其成员提供交易场所，并依据劳合社法案和劳合社委员会对成员进行严格的管理和控制。劳合社通过保险经纪人来招揽业务，劳合社的承保人并不直接与保险客户联系，而是通过保险经纪人来根据客户需求安排投保。附样 6-4 就是一个例子，该保单上同时显示了保险公司（Insurance Companies）和承保人（Underwriters）。

附样 6–4：保险经纪人签署

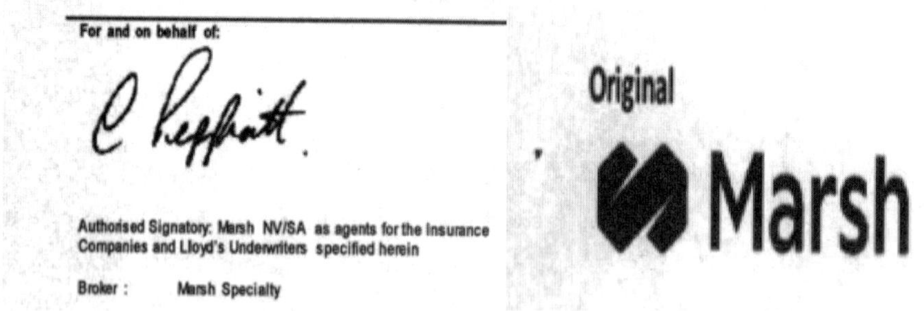

上述保单在其他位置处显示了 MARSH NV/SA 是 MARSH SPECIALTY 的交易名称，二者为一家机构。

从左侧可以看出，MARSH SPECIALTY 作为保险经纪人（Broker），以代理的身份签署了此保险单据，其作为代理人（Agent）的身份签署了本保单。该保险经纪人代理的对象是 INSURANCE COMPANIES 及 LLOYD'S UNDERWRITERS。此保单在其他位置显示了保险公司名称及劳合社的承保人的组成。右侧显示的是本保单出具在保险经纪人的信笺上。

（三）保险单据的副签

在 ISPB745 第 K5 条中提到："如果保险单据要求由出具人、被保险人或具名实体副签，则保险单据必须副签"。在实务中，经常会见到在保险单据的下方显示小字"THIS DOCUMENT IS NOT VALID UNLESS COUNTERSIGNED BY ISSURED."。意为此保险单据必须经过被保险人副签才可以生效，则提交来的保单除了有保险公司或承保人的签署，还必须显示被保险人的副签。商会案例中有相关咨询如下。

案例分析

在商会案例 TA.794rev 中，咨询者询问：保险单据有副签栏位，且该栏位上方用粗体字印就"not transferable unless countersigned"语句。交单行称，这是保单上的标准语句，无法更改，但开证行认为如此表述不正确，应改为"only valid unless countersigned by the insured"。开证行的理解正确吗？

商会的意见是：UCP600 或 ISBP745 没有要求保险单据必须含有副签的位置，也无须注明诸如"only valid if countersigned by the insured"这种特定的语句。本案例中副签仅是针对保单转让的前提条件，该措辞与 UCP600 或 ISBP745 相关条款不矛盾。

因此，从本案可以看出保单条款显示的“not transferable unless countersigned”仅仅是针对保单转让的一个要求，保单转让的前提是须进行副签。而与保单生效时以副签为前提无关，开证行的说法不正确。另外，保险单据并不要求必须显示副签，也不是一定要显示“only valid unless countersigned by the insured”语句，但是如果保单上要求了，则须遵守。

例如附样 6-5 副签示例。

附样 6-5：副签

上述示例中，LOUIS DREYFUS COMPANY SUISSE S.A.是被保险人。附样 6-5 中小字显示了本保险凭证必须经过副签后生效。

（四）共同保险人的签署

根据 ISBP745 第 K7 条 a 款的规定：“如保险单据表明由一个以上的保险人承保，该保险单据可以由单一代表或者代理人代表所有保险人签署，或由一个保险人代表所有共同保险人签署。”在 b 款中还规定：“如果保险单据表明由一个以上的保险人承保，无须显示每个保险人的名称或者各自的承保比例。”如附样 6-6 所示，保单是出具在保险经纪人 ALLIA INSURANCE BROKERS 的信笺中，并且签署方式是 ALLIA INSURANCE BROKERS 作为所有保险公司的代表签署此保单（BY PROXY OF ALL COMPANIES，AS PER CO-INSURANCE LIST OF THE OPEN COVER），并且 BALOISE BELGIUM NV/SA 公司是作为所有保险人的牵头保险人身份。该签署方式符合 ISBP745 第 K 条的要求。

附样 6-6：共同保险签署

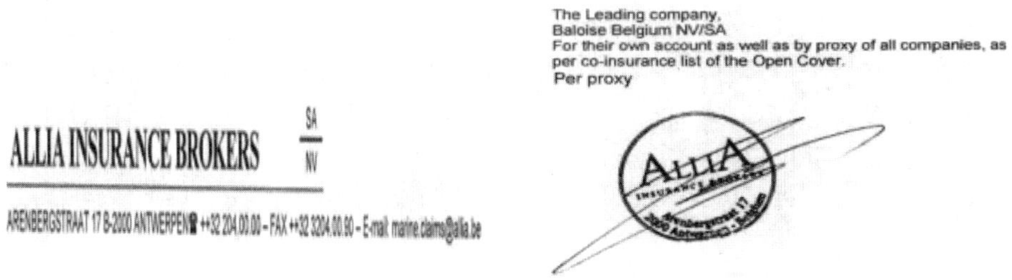

在以下案例中探讨了牵头保险人代表其他共同保险人签署的情况。

案例分析

在商会案例 TA.759 Final 中，保险由共同保险人承保。共同保险人出具了一份保单，其中主保险人 ABC 承保 60%的保险金额，共同保险人 XYZ 承保 40%的保险金额。但是该保单仅仅由一个保险人 ABC 签署，并表示为“AS LEADING INSURERS”，而无其他的指示，开证行拒付。

商会意见：该签署是不符的，ABC 公司作为牵头代表人，除了表示其为“LEADING INSURERS”，还应当根据惯例显示其“FOR（OR ON BEHALF OF）THE CO－INSURERS”才满足签署要求。

从上述案例可以看出，共同保险人签署的时候，在表示身份方面应当严格按照惯例的要求，防止因为签署不当而被拒付。

（五）保险单据的正副本

根据 ISBP745 第 K8 条及 UCP600 第 28 条 b 款的规定，如果信用证要求提交一份以上的正本保险单据，则出具的所有保险单据的正本均须提交；如果提交的保单上表明以多份正本出具，那么所有的正本均须提交。但是惯例中并不强制保单必须显示出具的正本份数。如果保险单据未显示出具的正本份数的话，那么提交的正本视为全套正本。实务中，经常会出现提交的保单显示出具了两份正本的情况，并且在第一份正本上标注“ORIGINAL”，在正本的第二联上标注“DUPLICATE”。这两份均视为正本，并附有出具人的原始签名、标记、印戳或标签。

二、保险单据的日期、金额和投保比例、免赔额

（一）保险单据的日期

ISBP745 第 K9 条中规定，保险单据不得显示提出索赔的失效日期。也就是说，有索赔权利的人向保险公司索赔无时间限制。本条也是为了保护被保险人的利益。

关于保险单据的日期问题还需要提到根据 ISBP745 的 K10 和 K11 条，保险单据必须要表明生效日期，即保险人承担保险责任的起始时间。判断保险单据的生效日期的方法通常是看保单的出具日（当保单未显示保险生效日期），并且 ISBP745 第 K10 条还规定，保险单据的生效日期不得晚于装运日期。在审单时，会将保险单据的出具日期与货物的装运日期进行对比，看是否相符。此外，如果保险单据除了出具日还显示了保险生效日期，又或者保险单据仅仅显示了保险生效日期，这两种情况下仅须将显示的保险生效日期和货物的装运日期进行对比，来判断是否满足不晚于装运日期的规定。保单的生效日期如附样 6－7 示例。

附样 6–7：保险生效日期示例

Dated at	Mumbai	on	21.09.2020
Risk Commencement Date	20.09.2020		

如附样 6–7 所示，该保险单据的出具日期时 2020 年 9 月 21 日，而保险生效日期为 2020 年 9 月 20 日（RISK COMMENCEMENT DATE：2020.09.20）。两个日期不同，这种情况应当将保险生效日与装运日期进行对比。

如果保单既未显示出具日，也未显示保险生效日期的话，那么根据 ISBP745 第 K11 条的规定，副签日期将视为保险生效日期，应当将副签日期与装运日期进行对比。

当然，如果保单中未显示出具日、保险生效日期及副签日期，那么将无法判断保险的生效日期，造成不符。

（二）保险单据中的“仓至仓”条款

保险责任起讫亦称保险期间或保险期限，是指保险人承担责任的起讫时限，由于海运货物保险是特定航程中货物的保险，因而海运货物的保险期限一般没有固定、具体的起讫日期。我国货物基本险的保险期限一般采取“仓至仓”的原则。

“仓至仓”责任，通常自被保险货物运离保险单所载明的起运地仓库或储存处所开始运输时生效，包括正常运输过程中的海上、陆上、内河和驳船运输在内，直至该项货物到达保险单所载明目的地收货人的最后仓库或储存处所或被保险人用作分配、分派或非正常运输的其他储存处所为止。如未抵达上述仓库或储存处所，则以被保险货物在最后卸载港全部卸离海轮后满六十天为止。如在上述六十天内，被保险货物须转运到非保险单所载明的目的地时，则以该项货物开始转运时终止。

根据 ISBP745 第 K10 条 c 款的规定，如果保单中显示保险基于“仓至仓”或者类似条款已经生效，同时出具日晚于装运日期，这并不表明保险的生效日期不晚于装运日。该条可以理解为即使保险单据中显示了“仓至仓”条款，仍然不改变前述判断保险生效日期不得晚于装运日期的原则。这主要是因为实务中保险责任的生效问题较为复杂，仅仅根据保单上显示了“仓至仓”条款仍然无法判断保险责任是否已经开始生效。另一方面，即使保险单据表面未显示“仓至仓”条款，在保险单据背面规定的保险当事人的权力义务的条款中也含有“仓至仓”条款，而银行是不审核这些内容的。所以，从便于审单的角度来说，惯例采用了较为简便的方法来审核保险责任是否能够覆盖信用证规定的运输区间，即通过保险单据出具日期、保险生效日期或者副签日期来判断是否不晚于货物装运日期。

（三）保险单据的金额和比例

对于保险金额的规定，首先就是保险金额的币种。根据 UCP600 第 28 条 f（i）款的规定，保险单据必须表明投保金额，并与信用证相同的货币表示。也就是说，如果信用证金额币种为美元，则保险单据中的投保金额币种也应当是美元。这主要是为了防止汇率的波动给被保险人带来损失。如果投保金额的币种与信用证币种不同（信用证币种通常是涉及运输的货物的金额币种），如果发生货损，向保险公司索赔时，投保币种汇率大跌，导致赔付金额不足以覆盖货值的110%，甚至无法覆盖货值，将会给被保险人带来巨大损失。例如，信用证币种为美元，货物以美元计价，但是保险单据显示的承保金额币种为印度卢比（Rs.），应当提不符点“保险单据显示的投保币种与信用证币种不同”。附样6－8为保单与信用证“错币种”的示例。

附样6－8：保险单据与信用证“错币种”示例

Sum Insured Cargo :	Rs.8355010.95 (US$ 103410 @ 73.45) So valued at 7595464.5

保险金额的第二个问题是投保金额的多少。根据UCP600第28条f（ii）款的规定，信用证对于投保金额的要求，视为是对于最低保额的要求。也就是说，信用证中规定承保金额的多少是最小值，保险单据上显示的承保金额应当大于或者等于信用证要求的承保金额的数值，并且保险单据显示的金额是无上限的。

UCP600第28条f（ii）款还规定，如果信用证未对投保金额进行规定，那么投保金额至少为货物的CIF或者CIP价格的110%。这主要是因为，信用证中要求提交保单的情况主要是基于贸易术语CIF或者CIP。这两种贸易术语下，保险通常是由出口商办理，信用证通常也会要求提交保单，则保险承保金额就以信用证中货物的CIF或CIP价值来计算。如信用证规定的CIF货物金额为100万美元，那么保险单据中显示的投保金额（Insured Amount）应当至少为110万美元（包含10%的投保加成），才满足惯例的要求。但是，通常情况下这一加成比例不会无限制的高，因为越高，投保人需要付出的成本则越多，也没有必要。

此外，如果从提交的单据中无法判断CIF或CIP的货物价值的多少，投保金额无从参照的情况下，UCP600第28条f（ii）款规定，这种情况下投保金额必须基于要求承付或者议付的金额或者基于发票显示的货物总价值来计算，以二者中取较高者。

实务中也经常出现以下情况，须注意保险金额的计算。

（1）在一些矿证中，经常会涉及首尾款的支付问题，即首款仅仅支付部分金额（如95%的货物金额），尾款支付剩余的金额（Balance Amount）。这种情况下，在支取首款时，单据中如果包含保单，通常信用证会规定承保金额应当为货值的110%（110% OF CARGO VALUE）。提交来的支取首款的发票显示了多个金额，分别是“100 PCT OF CARGO VALUE，95% OF CARGO VALUE以及INVOICE VALUE”。那么计算保单金额时就应当以“100 PCT OF CARGO VALUE”为基础，乘以110%得出投保金额。

（2）信用证提交的发票会显示给予一定折扣，例如“DISCOUNT 20%”，那么发票的总金额就是货物本身货值的金额扣除20%，即该次的支取金额。信用证规定承保金额为CIF价格的110%，那么该保单的承保金额就要以货物CIF总价值的金额乘上110%计算。该情况同样适用于包含预付款（Down Payment）的情况。

（3）实务中存在由于货物的价格会根据最终含量的测定而上下波动，或者存在一些罚金或者奖励的情况，因此，信用证的金额也会上下浮动，信用证45A栏位货描中也不显示相应的CIF价值。这种情况下，保险金额就应当根据提交的发票中显示的货物总价值乘以信用证要求的加成比例求得投保的最低金额。

（4）实务中还存在货物的部分金额通过 T/T 方式支付，剩余部分金额则通过信用证支付的情况。这种情况下，在规定信用证的保单条款时需要注意的是，承保金额如果显示成 FOR 110% OF INVOICE VALUE，则存在少保的风险，建议改为“FOR 110% OF CARGO VALUE”，以确保足额投保。

保险金额涉及的第三个问题就是保险金额保留小数位数的问题。根据 ISBP745 第 K13 条的规定，保险金额不要求计算至两位以上的小数。但是并未对保留两位小数的方法详细介绍。在商会案例中，也有过相关的咨询。

案例分析

在商会案例 R768/TA687REV 中，交单行两次交单，开证行提出不符点，表述如下：

1. 保险单据显示的金额 USD102762.02，未按发票金额 USD93420.02 的 110%投保，正确的保单金额应为 USD102762.022，不应舍去小数点后第三位。

2. 保险单据显示金额 USD18880.32，未按发票金额 USD17163.96 的 110%投保，正确的保险单据金额应为 USD18880.323。请参考 UCP600 第 28 条（F）款和商会意见 R468。（信用证金额显示到小数点后两位数，未规定投保金额的计算方法。）

商会意见：

1. 国际商会第 R468 号案例只提及保险单金额必须是 CIF 或 CIP 价格的 110%，并不涉及开证行所提出的关于保险金额小数点计算的问题。

2. 保险行业的惯例是保单所显示的投保金额最多可以保留小数点后两位数。在索赔时，保险公司或其代理将不能赔付含有小数点后三位数的金额。

3. 本案例中的最低金额计算方式如下：

发票金额 USD93420.02 + 10% × USD93420.02 = USD102762.02

发票金额 USD17163.96 + 10% × USD17163.96 = USD18880.32

因此，两次交单均无不符点。虽然有些货币如：BHD\KWD\OMR\TND，通常计算并标注到小数点后三位，但就确定保单是否相符而言，计算到小数点后两位的确符合国际标准银行实务。

但是，对于这种保留两位小数如何进位的问题，国际商会并未详细说明。比如，第三位数字大于 5，是四舍五入还是直接舍去第三位数字并未清楚说明。因此，在实务中，如果计算出来的保险金额涉及第三位甚至更多位的小数，建议进行进位，以免不必要的纠纷。

（四）保单的免赔额

只要信用证未禁止保单显示免赔额，保单是可以显示免赔额的。通常信用证禁止显示免赔额的语句为“IRRESPECTIVE OF PERCENTAGE”，该语句不必在保单中体现。但是如果有此规定，保单不得显示任何免赔额。根据 ISBP745 第 K14 条的规定，如果信用证未要求不计免赔率，则保险单据可以显示绝对免赔额和相对免赔额。

绝对免赔额指的是当损失超过一定的金额时，保险公司进行赔付时将扣除免赔部分的金额。例如，绝对免赔额为 100 元，当损失小于 100 元时，则保险公司免除赔付责任；当损失大于等于 100 元时，保险公司进行赔付，但是仅赔付超过 100 元的部分。

相对免赔额指的是当损失金额达到一定的金额时，保险公司才予以赔付。例如，相对免赔额是 100 元，当损失达到或超过 100 元时，保险公司将对损失的全额进行赔付；当损失小于 100 元时，保险公司不予赔付。

三、保险单据的承保险别和背书

（一）承保险别

保险单据显示的承保险别应当根据信用证上的规定。一般来说，信用证对于保险单据条款规定如下："FULL SET OF INSURANCE CERTIFICATE/POLICY FOR 110 PCT OF THE CIF CARGO VALUE，SHOWING CLAIMS PAYABLE IN ××× IN CURRENCY OF THE DRAFT，BLANK ENDORSED，COVERING ALL RISKS AND WAR RISK。"该条款规定的投保方式并未明确规定具体投保的条款，但是在保单中只要能看到"ALL RISKS"和"WAR RISKS"这两个险种即符合要求，而不论保单中显示的具体承保条款是什么样的，例如附样 6－9 和附样 6－10。

附样 6－9：承保险别的示例

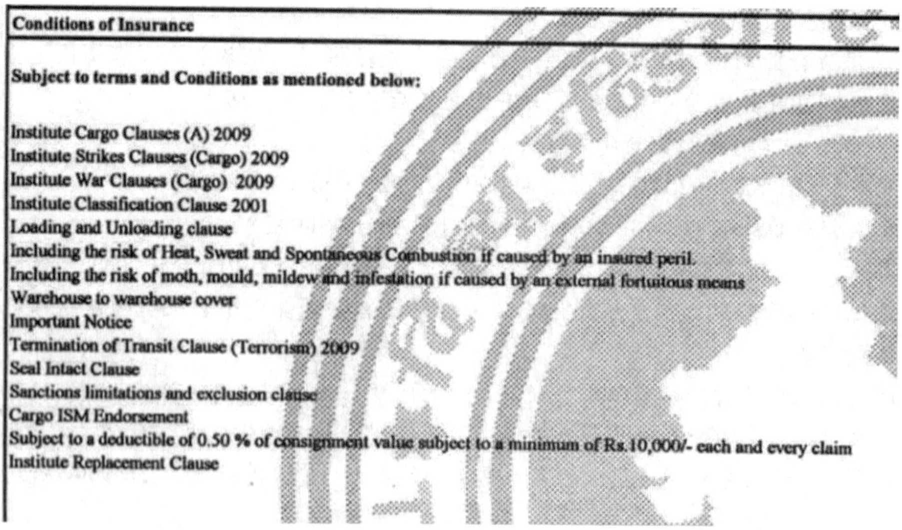
Conditions of Insurance

Subject to terms and Conditions as mentioned below:

Institute Cargo Clauses (A) 2009
Institute Strikes Clauses (Cargo) 2009
Institute War Clauses (Cargo) 2009
Institute Classification Clause 2001
Loading and Unloading clause
Including the risk of Heat, Sweat and Spontaneous Combustion if caused by an insured peril.
Including the risk of moth, mould, mildew and infestation if caused by an external fortuitous means
Warehouse to warehouse cover
Important Notice
Termination of Transit Clause (Terrorism) 2009
Seal Intact Clause
Sanctions limitations and exclusion clause
Cargo ISM Endorsement
Subject to a deductible of 0.50 % of consignment value subject to a minimum of Rs.10,000/- each and every claim
Institute Replacement Clause

附样 6－10：承保险别的示例

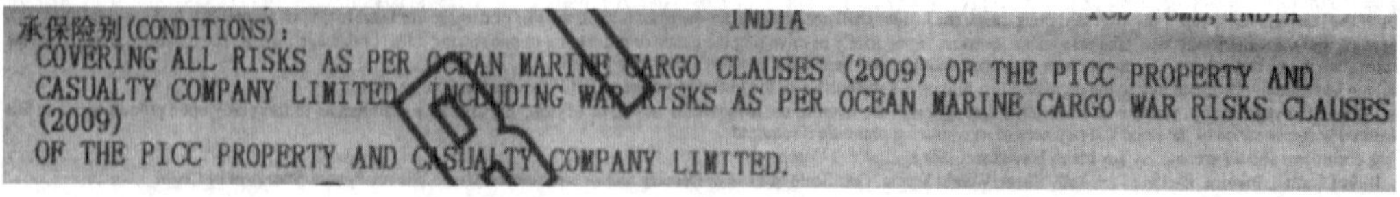
承保险别(CONDITIONS):
COVERING ALL RISKS AS PER OCEAN MARINE CARGO CLAUSES (2009) OF THE PICC PROPERTY AND CASUALTY COMPANY LIMITED, INCLUDING WAR RISKS AS PER OCEAN MARINE CARGO WAR RISKS CLAUSES (2009)
OF THE PICC PROPERTY AND CASUALTY COMPANY LIMITED.

这两张附样显示的承保险别是符合信用证要求的。

此外，根据 ISBP745 第 K17 条 b 款的规定，即使信用证已经明确了应当承保的险别，保险单据也可援引任何除外条款。如附样 6－9 中的“Sanctions limitationas and exclusion clause”，该条是制裁限制与除外条款，意在保险当事方在对某类风险提供保障，根据某项索赔进行赔付或者给付保险金的行为时，可能违反相关制裁法令而面临处罚的情况下，保险人将不承担任何赔偿或者给付保险金的责任。除外条款也是保险人保护自己的一种方法。

（二）关于信用证要求的“ALL RISKS”

根据 ISBP745 第 K18 条的规定，当信用证要求保险显示“一切险”（ALL RISKS）时，提交的保单显示承保“伦敦保险协会货物运输保险条款（A）”，即“INSTITUTE CARGO CLAUSES（A）”，简称“ICC（A）”，即符合要求，或者空运下表明其承保“INSTITUTE CARGO CLAUSES（AIR）”，简称“ICC（AIR）”，即满足要求。但是，反过来理解则不成立，当信用证要求承保险别显示“ICC（A）”，而提交的保单显示承保险别“ALL RISKS”，则不满足信用证的要求，因为“ALL RISKS”不足以涵盖 ICC（A）承保的所有内容。

案例分析

我国向海湾某国出口花生糖一批，投保的是一切险，由于货轮陈旧，速度慢，加上该轮沿途到处揽载，结果航行 3 个月才到达目的港。卸货后，花生糖因受热时间过长已全部潮解软化，无法销售。

请问这种情况下保险公司是否应拒赔？

分析：尽管该批货物投保了一切险，但并非一切损失保险公司都负责赔偿。通常被保险货物的自然损耗、本质缺陷、特性及市价跌落、运输延迟所引起的损失或费用，不属于保险承保损因及赔偿范围。花生糖之所以变质是因为运输延迟造成的，所以保险公司将不予赔偿。

在审核保单时候，保单的承保风险区间应当能够覆盖信用证上的运输路径。根据 UCP600 第 28 条 f（iii）的规定，保险单据须表明承保的风险区间至少涵盖从信用证规定的货物接管地或发运地开始到卸货地或最终目的地为止。因此，银行审单人员须能够从保险单据表面判断出其是否覆盖信用证规定的运输路径。这一点在商会案例中也有所体现。

案例分析

在商会案例 R774/TA699REV 中，信用证相关规定运输路径如下：

44A：CZECH REPUBLIC

44B：MINSK，BELARUS

交单后，开证行拒付，提出的其中一个不符点是“保单显示投保区间为‘FROM KOLIN/CZECH REPUBLIC TO MINSK/BELORUSSIA’，与 CMR 上的发货地 PODERBADY，CZ 不一致”。受益人银行不同意该不符点。

商会意见：CMR 显示货物收货地为 PODEBRADY，而保单显示承保的风险区间起始点为 KOLIN，没有证据表明货物从 PODEBRADY 发运时，已办理保险。即使从其他单据可以看出货物在 KOLIN 生产，但保单没有表明保险从 PODEBRADY 开始生效，故存在不符。

因此，银行审单人员仅从单据表面显示的承保区间来判断是否覆盖了信用证规定的承保区间，而不会查找相关资料或者进行逻辑推理来判断保单是否覆盖信用证的运输路径，也无法判断。

（三）保险单据背书

我国《保险法》规定：“财产保险的被保险人在保险事故发生时，对保险标的应当具有保险利益。”也就是说，当保险事故发生时，货运风险应当由被保险人承担才使得其具有向保险公司索赔的权利。在海上货物运输中，风险的转移通常发生在装运港的船上，此时风险从出口商转移至进口商。在海上发生损失时，进口商承担风险，而通常被保险人是作为投保人的出口商，则保单就需要通过背书转让的方式转让给进口商，从而使得其具有向保险公司索赔的权力。那么保险单据如何显示才能顺利进行转让，才能使得被转让人在发生货损时具有向保险公司索赔的权力呢？

ISBP745 第 K19 条规定：“保险单据须作成信用证所要求的形式，如有必要，须由凭其指示赔付或以其为赔付受益人的实体背书（...BE ENDORSED BY THE ENTITY TO WHOSE ORDER OR IN WHOSE FAVOUR CLAIMS ARE PAYABLE)。”此处的 ENTITY 即被保险人，保单需要被保险人通过背书的方式将保险权利转让。

1. 被保险人不应当作成“TO ORDER”或者“TO BEARER”的形式

ISBP745 对于保单上被保险人的显示也做了相关的规定。根据 ISBP745 第 K20 条 a 款的规定：“信用证不应当要求保险单据出具成‘来人’（TO BEARER）或‘凭指示’（TO ORDER）抬头。信用证应当表明被保险人的名称。”

也就是说，保险的被保险人栏位应当显示具名被保险人，而不应当显示成诸如“TO ORDER”“TO BEARER”的形式。如此显示，则使得任何持有保险单据的人都成为保险单据的被转让人，而无须经过被保险人的同意。如此出具使得保单成为完全可流通的单据，任何人拿到保单后将保单背书都可以随意继续转让。因此，在开证时最好将保险单据的被保险人予以规定，至少避免显示成这种完全可转让的形式。

2. 被保险人不应出具成“凭（具名实体）指示（TO ORDER OF NAMED ENTITY）”的形式

ISBP745 第 K20 条 b 款规定：“如果信用证要求保险单据出具成‘凭（具名实体）指示’的形式，则保险单据无须显示‘凭指示’，但是须表明具名实体为被保险人或者赔付的受益人，且没有明确禁止背书转让。”

由此看出，保险单据的被保险人应当显示成具名实体，而不应当像海运提单那样出具成凭指示的形式。与海运提单不同，保险单据被保险人显示为具名实体，并不影响其可转让性，如需转让（只要保险单据上未显示禁止转让的语句），只要被保险人在保险单据上进行背书即可。

对于开证行来说，在拟定保险单据条款的时候，就不应当显示成“INSURED TO ORDER OF NAMED ENTITY”的形式，而是直接出具成“INSURED TO NAMED ENTITY”。即便开证行出具成了“凭指示”的形式，来单时保险单据未显示凭指示，而是直接显示成了“NAMED ENTITY”，也是完全相符的。此外，开证时有时会要求保险单据出具成“IN NEGOTIABLE FORM”，如此，保险单据的被保险人也应当出具成具名实体，只不过保险单据上不得显示任何禁止转让的字样。

3. 如果信用证未对被保险人进行规定

ISBP745 第 K21 条也对被保险人未做规定的情况提供了指导，如果信用证被保险人未做规定，则保险单据不得表明信用证受益人或者除开证行或申请人以外的任何实体为赔付的受益人，或根据其指示赔付，除非该保险单据由信用证受益人或该实体作空白背书，或背书给开证行或者申请人。因为，如果受益人或者该实体未背书的话，那么当单据寄到开证行后，申请人拿到保单，即使风险已经转移给了申请人，申请人也因为不是保单的被保险人（背书不连续）而无法向保险公司索赔。从而也就不符合 ISBP745 第 K21 条 b 款的规定：“保险单据的出具或背书须使其项下获得付款的权力在放单之时或者之前被转让。”

4. 信用证未规定背书

当信用证未规定保险单据的被保险人和背书情况，则如果来单时，被保险人显示为申请人与受益人背书的情况一样吗？显然答案是否定的。如果被保险人为受益人，而无受益人背书，那么正如上文提到的，保险权力无法转让给申请人，申请人也就无法背书，因此是不符的。而如果被保险人显示成了申请人，那么来单时无背书是肯定的，也是相符的。

四、保险单据的其他事项

（一）多份保单的情况

实务中，涉及同一运输的同一险别基本都是由一份保单来承保，很少看到存在多个保单的情况，但是在 ISBP745 第 K16 条中提到了，提交一份以上的保单表明部分承保，且每份保单都可以百分比或者其他方式明确地表明。

（1）每个保险人承保的金额。

（2）每个保险人将分别承担各自的保险责任份额，并且不以在该次运输下可能已经承保的任何其他的保险为前提条件。也就是说，每个人承担各自的保险责任是互相独立的，每个人对于承担的保险责任范围内的损失进行赔付是相互独立的，互不影响。

（3）每份保险单据各自的承保金额加总后至少为信用证或者 UCP600 第 28 条 f（ii）

款所要求的保险金额。也就是说当存在多份保单的情况下，所有保单的保险金额加总应当至少是 UCP600 第 28 条 f（ii）款规定的承保金额，不得少保，但是保险金额无上限。

（二）保险单据的一般条款和条件

ISBP745 第 K22 条提到："银行不审核保险单据的一般条款和条件。"那么什么是保险的单据的一般条款和条件呢？类似提单等运输单据，银行不予审核承运条款和条件。因为保险单据的一般条款和条件涉及的内容是保险人和被保险人之间签订的合约，通常显示在保单的背面，而银行审单仅仅根据信用证条款和惯例规定判定表面相符不矛盾即可，对于合约的内容不予审核。在商会案例中就有关于保险单据显示一般条款的咨询。

案例分析

在商会案例 R724/TA731REV 中提到了保险单据上预先印就诸如"THE COVER WILL BE VALID，IF AND ONLY IF，THE TRANSPORTING VESSEL（S）HAVE A VALID ISM CERTIFICATEAND CLASSIFICATION CERTIFICATE（ACCORDING TO INSTITUTE CLASSIFICATION CLAUSE 01.01.2001）DURING THE TRANSPORT"条款。但是从来单时提交的单据中无法判断是否满足该保险单据上的要求。

商会意见：

商会认为，根据 UCP600 第 14 条 d 款的规定，单据中的数据在与信用证、单据本身以及国际标准银行实务参照解读时，无须与该单据本身中的数据、其他要求的单据或信用证中的数据等同一致，但不得矛盾。根据 UCP600 第 28 条 i 款的规定，保险单据可以援引任何除外条款。因此，其他单据上没有显示任何矛盾的信息，保单上的这些附加条款，基于单据表面并没有产生不一致，不构成不符。

因此，类似上述案例中的一般条款和条件，银行审核时只要与其他单据不矛盾即可以接受。从银行本身来看，只要表面相符，无须要求受益人提供证明材料来判断是否满足该类条款。

（三）保费支付

ISBP745 第 K23 条中明确指出："保险单据上关于保费支付的任何说明均不予理会，除非保险单据表明如保费未付则该单据无效，且该单据载明了保费未付。"也就是说，如果信用证对于保费支付无相关的规定，那么对于保单本身，关于保费支付的任何印就的条款和条件将不予理会，除非出现如第 K23 条的情况。并且针对第 K23 条中的"且该单据载明了保费未付"，解释为如果保险单据中并无内容体现保费未付的情况，也无法因此而判断保单不符。

但是，实务中，有时信用证会规定，保险单据应显示保费已付或者保险单据应显示保费具体金额。如果信用证额外要求了，那么保单须根据信用证的要求显示保费已付或保费的具体金额，否则将构成不符。

第三节　保险单据的缮制与审核

本节以附样 6－11 中国人民财产保险股份有限公司的货物运输保险单为例，介绍保单的缮制与审核要点。

附样 6－11：中国人民财产保险股份有限公司货物运输保险单式样

PICC 中国人民保险
中国人民财产保险股份有限公司
总公司设于北京　Head Office Beijing　一九四九年创立　Established in 1949　保险单号(POLICY NO.)　PYII202013030000000277

货物运输保险　保险单 CARGO TRANSPORTATION INSURANCE POLICY

发票号(INVOICE NO.)
合同号(CONTRACT NO.)
提单号 (B/L NO.)
信用证号(L/C NO.)
被保险人(THE INSURED)：

中国人民财产保险股份有限公司(以下简称本公司)根据被保险人要求，以被保险人向本公司缴付约定的保险费为对价，按照本保险单列明条款承保下述货物运输保险，特订立本保险单。
THIS POLICY OF INSURANCE WITNESSES THAT PICC PROPERTY AND CASUALTY COMPANY LIMITED (HEREINAFTER CALLED "THE COMPANY") AT THE REQUEST OF THE INSURED AND IN CONSIDERATION OF THE AGREED PREMIUM PAID TO THE COMPANY BY THE INSURED, UNDERTAKES TO INSURE THE UNDERMENTIONED GOODS IN TRANSPORTATION SUBJECT TO THE CONDITIONS OF THIS POLICY AS PER THE CLAUSES PRINTED OVERLEAF.

标记(MARKS & NOS.)	包装及数量(PACKAGE & QUANTITY)	保险货物项目(GOODS)	保险金额(AMOUNT INSURED)
9*40' containers	6840BAGS 25KG/BAG	LACTOSE	USD195624.00

总保险金额(TOTAL AMOUNT INSURED)：US DOLLARS ONE HUNDRED AND NINETY FIVE THOUSAND SIX HUNDRED AND TWENTY FOUR ONLY
保险费(PREMIUM)：USD117.37　启运日期(DATE OF COMMENCEMENT)：Sep.02,2020
装载运输工具(PER CONVEYANCE)：HYUNDAI MARS /023W
自(FROM)：LOS ANGELES　经(VIA)：　至(TO)：TIANJIN XINGANG,CHINA
承保险别(CONDITIONS)：
COVERING ALL RISKS AS PER OCEAN MARINE CARGO CLAUSES (2009) OF THE PICC PROPERTY AND CASUALTY COMPANY LIMITED. Sanction Limitation and Exclusion Clause (JHC2010/009)

ORIGINAL

所保货物如发生保险单项下可能引起索赔的损失，应立即通知本公司或下述代理人查勘，如有索赔，应向本公司提交正本保险单(本保险单共有 二 份正本)及有关文件，如一份正本已用于索赔，其余正本自动失效。
IN THE EVENT OF LOSS OR DAMAGE WHICH MAY RESULT IN A CLAIM UNDER THIS POLICY, IMMEDIATE NOTICE MUST BE GIVEN TO THE COMPANY OR AGENT AS MENTIONED. CLAIMS, IF ANY, ONE OF THE ORIGINAL POLICIES WHICH HAS BEEN ISSUED IN TWO ORIGINAL(S) TOGETHER WITH THE RELEVANT DOCUMENTS SHALL BE SURRENDERED TO THE COMPANY. IF ONE OF THE ORIGINAL POLICIES HAS BEEN ACCOMPLISHED, THE OTHERS TO BE VOID.

天津市分公司
ADD：涉外业务公司天津市和平区曲阜道2号
TEL：022-23328103
TELEX：
FAX：
POST CODE：300
EMAIL：

保险服务请联系：
CONTACT INFORMATION OF INSURANCE SERVICE：
中国人民财产保险股份有限公司秦皇岛市分公司
电话(TEL)：0335-3653881
传真(FAX)：0335-3653856
PICC PROPERTY AND CASUALTY COMPANY LIMITED QINHUANGDAO BRANCH
EMAIL：
地址(ADD)：秦皇岛市海港区八一街
ADDRESS：BAYI STREET QINHUANGDAO CHINA
保险人：
UNDERWRITER：

赔款偿付地点 (CLAIM PAYABLE AT) DESTINATION IN USD
签单日期(ISSUING DATE) Sep.01,2020

1. 保险人及保单出具人或保险经纪人

通常，在保险单据的最上方会显示保险单据的出具方，保险单据的出具方包括保险公司或者承保人或者其代理。有时显示的则是保险经纪人。

2. 被保险人（THE INSURED）

该栏位应当根据信用证显示被保险人的名称。该栏位的填写及相应的背书请参考第二节。

3. 发票号/合同号/信用证号/提单号等信息

该栏位主要填写涉及的基础交易信息，注意需要与其他单据显示不矛盾。

4. 标记

该栏位填写货物装运的唛头（SHIPPING MARK）。如果不显示具体的唛头，也可以显示“AS PER INVOICE”代替。

5. 包装及数量（PACKAGE AND QUANTITY）

该栏位填写保险货物的运输包装和数量（例如，××× PALLETS；××× SETS；××× CARTONS；××× BAGS ××KG/BAG 等）。注意该栏位显示的内容不得与其他单据相矛盾。如为散装货，应填写相应的重量，如××× MT IN BULK。

6. 保险货物项目（GOODS）

该栏位主要填写承保货物的名称。可以不显示货物的详细货描，允许仅显示货物的统称。

7. 保险金额（AMOUNT INSURED）

此栏位显示承保的金额。注意该金额的币种应当与信用证的币种相同。具体金额的确定请参照第二节。

8. 总保险金额（TOTAL AMOUNT INSURED）

该栏位填写保险金额栏位显示的金额的大写形式。注意币种和具体金额大写都应当与小写金额保持一致。

9. 保险费（PREMIUM）

该栏位非必填项。可以显示具体的保险费金额，也可以显示“PREMIUM PREPAID”，或者“PREMIUM AS ARRANGED”，根据信用证的要求填写。有时该栏位旁边还会显示适用的费率（RATE）。

10. 启运日期（DATE OF COMMENCEMENT）

该栏位一般填写货物的装运日期。在有些保单中也显示为开航日期（SLG. ON OR ABT），根据运输单据填写。该栏位也可以不显示具体的日期，而显示为“AS PER B/L”。

11. 装载运输工具（PER CONVEYANCE）

此栏填写装载货物的运输工具的名称。例如船名和航次号（如 HYUNDAI MARS/23W）。

12. FROM…（VIA）…TO…

此栏填写货物的运输路径，包括货物的起运港口、目的地港口以及转运地点，反映货物的真实运输情况。该栏位的运输路径应当能够覆盖信用证上规定的运输路径。

13. 承保险别（CONDITIONS）

该栏位填写信用证规定的险别，是保险人的责任范围。具体填写方法参见第二节。如果信用证规定的是“通常风险”“惯常风险”等这类不确定的语句，那么无论是否有漏保的风险，保险单据显示的承保险别都应被接受。另外，此栏可以填写信用证未规定的除外条款。

14. 免赔额

有些保单还有免赔额栏位，根据实际是否存在绝对免赔额或者相对免赔额来进行填写。如果不存在免赔额，该栏位可以不填写。如果保单中无此栏位，则相应的免赔额可以在保单的空白处填写。

15. 勘察代理或者索赔代理（SURVEYING/CLAIM SETTING AGENTS）

勘察代理人指的是保险公司在目的地对货损进行检验、勘察的代理，以便分析出险原因及受损程度并确定赔偿责任。索赔代理是负责索赔事项的代理人。二者可以为同一人，也可以不是同一人。如果信用证特别要求保单要显示索赔代理或者勘察代理，那么保险单据在代理的具体信息前应当特别注明其身份为索赔代理还是勘察代理。

16. 赔偿赔付地点（CLAIMS PAYABLE AT…）

此栏位根据信用证规定的赔付地点填写。如果信用证未规定赔付地点，此栏为一般填写货物运抵的目的地名称。此外，如附样所示，该栏位还一并显示了赔付的币种。通常信用证规定“CLAIMS PAYABLE AT DESTINATION IN THE CURRENCY OF CREDIT”，该栏位同时填写赔付地和赔付币种。

17. 签单日期（ISSUING DATE AND PLACE）

该栏位填写保险单据的出具日期及出具地点。一般来说，保单出具日即视为保险单据生效日期（除非保单额外显示了保险生效日期），同时不得晚于装运日期。

18. 保险人盖章

该栏位由保险人或承保人或代理人签章。

19. 保单出具的正本份数

该栏位不是必填项，主要填写保险单据出具的正本份数，且如果填写了，那么交单时如无特别约定，应当提交全部的正本份数。

本章小结

本章主要介绍了保险单据的种类和作用，以及保险单据的主要内容，并辅以中国人民保险公司的货物运输保险单，详细阐述了保险单据的各个栏位的缮制及审核要点。同时，结合国际商会意见以及实务中发生的案例，探讨了保险单据中的常见问题，以期帮助读者进一步掌握国际贸易过程中运输保险单据的相关知识。

思考题

1. 保险单据的种类有哪些？
2. 保险单据应当如何签署？
3. 保险单据的生效日期如何规定？

4. 保险单据显示的承保风险区间与信用证显示的运输路径有何关系?
5. 保险单据的承保金额及比例该如何确定?
6. 保险险种都有哪些? ALL RISKS 与 ICC(A)可以互相替代吗?
7. 保险金额的币种可以随意选择吗?
8. 缮制及审核保险单据应注意哪些事项?

案例讨论题

受益人将单据提交给保兑行，保兑行审单相符后将单据寄往开证行索偿，却遭到了开证行的拒付，理由是保单中显示了如下条款:“This insurance policy has been issued on 19.05.2020 for the insurance period starting on 02 May 2020.The end of the insurance cover in accordance with the insurance terms c100/2015.Warranted free from known and/or reported losses on or before 19.05.2020.”。开证行认为其中的“Warranted free from known and/or reported losses on or before 19.05.2020”属于限制索赔的条款，不满足 UCP600 第 28 条 e 款的规定，因此拒付。

而保兑行认为该条款不是不符点，本保单的出具日期是“2020.05.19”，但是生效日期为“2020.05.02”。若索赔事件发生在“2020.05.02”至“2020.05.19”之间，则不会限制被保险人的索赔权利。也满足 UCP600 第 28 条 e 款的规定，实际发运日期为“2020.05.02”，保险责任不迟于发运日生效。

请问：开证行提的不符点是否成立？保兑行的理由是否合理?

第七章　原产地证书与案例分析

案例导入

一则由信用证下不同单据显示相同价格而导致的银行拒付案

2013 年 6 月 10 日，东盟自贸区内某银行以我国某出口商为受益人开立了 553-01-1165349 号信用证，用以支付信用证中所描述货物的货款。该信用证 32B 栏目规定信用证总金额为 8 938 290.98 美元；44E 规定装货港为中国上海；44A 货物描述为“合同 HWM12-002 下用于 PTDABIOLEO2X90T/H+15MW 电站的一套电厂设备，CIF 印度尼西亚杜迈”。2013 年 11 月 29 日，出口商向开证行提交了包括商业发票和中国—东盟原产地证书（FORME）在内的信用证所列单据并要求付款。商业发票显示涉案交易的价格条件为 CIF 印度尼西亚杜迈，价值为 8 938 290.98 美元。FORME 第 7 栏显示了包装件数及种类、产品名称（包括相应数量及进口方 HS 编码）。除其他相关内容外，还填写有：“合同 HWM12-002 下用于 PTDABIOLEO2X90T/H+15MW 电站的电厂设备，CIF 印度尼西亚杜迈”；第 9 栏“毛重或其他数量及价格（FOB）”项下，除其他相关内容外还填写有：“USD:8 938 290.98”。

可见，出口商所提交的商业发票上显示的货物 CIF 价格与中国—东盟原产地证书（FORME）中第 9 栏显示的同一货物的 FOB 价格相同。UCP600 第 14 条 d 款规定：“单据中的数据，在与信用证、单据本身以及国际标准银行实务参照解读时，无须与该单据本身中的数据、其他要求的单据或信用证中的数据等同一致，但不得矛盾。”据此，开证行认为，由于 CIF 价格还要在 FOB 价格的基础上再加上运费和保险费，因此 FOB 价格肯定应该低于 CIF 价格，两者的价格不可能相同，而 FORME 原产地证书上显示的 FOB 价格与商业发票上显示的 CIF 价格相同，构成单据之间的数据矛盾，违背了前述 UCP600 第 14 条 d 款的规定，构成不符点，银行有权拒付。

而出口商则认为，开证行的上述拒付理由不能成立。

本案的争议焦点是：原产地证书上显示的 FOB 价格与发票上显示的 CIF 价格相同，是否构成不符点？

分析：

一、出口方的观点及其探讨

（一）出口方的观点

1. FORME 原产地证书第 9 栏中的“FOB”是栏目名称自带内容，由于该 FOB 后面并没有连接具体装运港，该表述不符合国际贸易术语的基本格式，因此不是 INCOTERMS® 2010 所定义的 FOB 贸易术语，与发票中列明的 CIF 贸易术语下的价格属于不同类型的数据，两者不应该进行比较。

其次，中国—东盟自由贸易区内的国际贸易不可能仅仅允许当事人使用 FOB 价格而排除其他价格，如果将第 9 栏中的“FOB”理解为国际贸易术语项下的 FOB 价格，明显不符合市场需求。

据此，开证行将不同类型的数据进行比较，违反了 UCP600 第 14 条 d 款比较同类数据的审单规则。即使发票与 FORME 中出现了相同的价格，开证行也无权拒付。

2. 由于本信用证仅规定了 CIF 价格而并未规定 FOB 价格的具体数值，本案信用证、商业发票和原产地证明中均出现了涉案货物的 CIF 价格，因此开证行应审查的是单证之间、单单之间的 CIF 价格是否存在矛盾，而不是将货物的 CIF 价格与 FOB 价格进行比较。因此，开证行无权审查 FORME 原产地证书中所添加的 FOB 价格的适当性。

（二）相关探讨

作者对出口商的上述两个观点并不同意。原因如下：

1. FORME 原产地证书背面的填制规范明确规定：第 9 栏中的 FOB 价格应该与发票上显示的 FOB 价格一致。据此，两种单据的价格属于同一类型的数据，可以而且也应该进行比较，否则原产地证书的签证人员将丧失核对原产地证书信息准确性和合理性的客观依据。此外，中国—东盟原产地规则中也明确表明计算非原产成分比例的基数为 FOB 价值，因此确保原产地证书中所填写的 FOB 价格的准确性和合理性，对判定产品是否能够满足不低于 40%的中国—东盟自贸区内部的增值百分比标准具有重要作用。

INCOTERMS®2010 所定义的 FOB 和 CIF 等贸易术语，不仅具有表示出口方交货地点和进出口双方风险划分地点的功能，而且也具有表示不同价格条件的功能。因此，不应该因为 FORME 原产地证书第 9 栏中的“FOB”仅表示价格，就轻易得出与贸易术语属于不同类型的数据而无法比较的结论。

尽管 FORME 原产地证第 9 栏中仅列明了 FOB 价格，而发票中显示的实际成交价格为 CIF 价格，但这并不阻碍出口商通过 FOB 价格＝CIF 价格－运费－保险费这一换算公式，换算出 FORME 所要求的 FOB 价格。例如，中国进出口报关单中的成交方式栏目中仅仅列明了“FOB、CFR、CIF”三种不同的成交价格选项，而 INCOTERMS®2010 还规定了 FCA、CPT 和 CIP 等其他 8 种贸易术语。此时，出于征收关税的需要，海关关心的只是进出口商成交价格中的价格构成要素，而并不关心三种成交条件下出口商的交货地点等贸易术语所涉及的其他内容。因此，按照中国进出口报关单填制规范的要求，如果进出口商实际成交的是 FCA 等其他贸易术语下的价格，就应该按照特定的要求分别折算出报关单中的 FOB、CFR、CIF 价格。

2. 开证行并非没有权力审核信用证中没有规定的任何数据。例如，一份仅规定了货物净重而未规定毛重的信用证，如果出口商提交的装箱单中添加了低于货物净重的毛重数据，此时根据 UCP600 第 14 条 d 款的规定，开证行仍然有权拒付。因为装箱单中的毛重与净重出现了“不可思议”的矛盾。同样，尽管信用证仅规定了 CIF 价格而并未规定 FOB 价格的具体数值，开证银行仍然有权审查不同单据之间的 CIF 价格与 FOB 价格是否构成矛盾。

二、开证行的观点及其探讨

（一）开证行的观点

开证行认为：出口商提交的商业发票上显示的货物 CIF 价格与 FORME 原产地证明第 9 栏显示的同一货物 FOB 价格相同，系数据矛盾，因此开证行有权拒付。

（二）有关探讨

作者并不赞同开证行的上述观点。这是因为，原产地证书上的 FOB 价格与发票上的 CIF 价格之间，究竟哪个价格应该更高，并不能一概而论。具体原因如下：

1. 本案信用证条款、UCP600、《跟单信用证下银行审核单据的国际标准银行实务》（ISBP745）及 INCOTERMS®2010 均没有规定 CIF 价格不能等于 FOB 价格。

2. CIF 价格下存在卖方可能免费为买方提供运输合同和保险合同的个别情况，此时 CIF 价格就等于 FOB 价格。

3. FORME 原产地证明第 9 栏显示的同一货物 FOB 价格也有可能出现高于发票上的 CIF 价格。例如，在转口贸易的情况下，按照相关填制要求，FORME 原产地证明第 9 栏可以填写转口中间商加价后的 FOB 价格，此时的 FOB 价格就极有可能高于原产国出口商提交的发票上的 CIF 价格。

三、本案总结与启示

UCP600 第 14 条 f 款规定："如果信用证要求提交运输单据、保险单据或商业发票之外的单据，却未规定出单人或其数据内容，则只要提交的单据内容看似满足所要求单据的功能，且其他方面符合第 14 条 d 款，银行将接受该单据。"本案 FORME 原产地证明属于信用证要求提交的运输单据、保险单据或商业发票之外的单据，且信用证未规定 FOB 价格的数据内容。据此，FORME 只要满足以下两个条件，银行就必须予以接受：（1）原产地证明的内容看似满足中国—东盟自由贸易区原产地证明的功能；（2）其他方面符合第 14 条 d 款的规定。

作者认为，鉴于原产地证书上的 FOB 价格与发票上的 CIF 价格之间，哪个价格应该更高并不确定，而且也不能一概而论。因此，开证行无权因为两者的价格相同而拒付。

但是，在实际业务中上述两种单据"价格相同"问题又极有可能引起进口国海关怀疑 FORME 原产地证书中所申明的原产地标准的准确性和合理性，从而导致退证查询或者拒绝提供中国—东盟自贸区的优惠关税待遇，从而使 FORME 原产地证书丧失进口关税"优惠券"的功能。为此，进口商为确保自身利益，应该在信用证开证申请书中要求出口商在发票中明确列明运费和保险费的具体金额，从而佐证 FORME 原产地证书中 FOB 价格的合理性和准确性。

本章主要介绍原产地规则、原产地标准及原产地证书的含义、作用和种类，在此基础上，分别就我国进出口企业所涉及的如下原产地证书的制作予以详细讲解：一般原产地证书；自贸协定优惠性原产地证书。

第一节 原产地规则概述与案例分析

原产地规则可以看作是判定商品“国籍”的规则，是国际贸易中为了确定产品的原产地而实施的法律准则。原产地是指产品的原产国，是生产或制造某一产品的国家，它是指作为商品加入国际贸易流通的产品的来源地，这里的“国家”可以是一个国家、一个地区或一个贸易集团。按照 WTO《原产地规则协议》的规定，原产地规则是指任何成员方为确定货物原产国而实施的法律、法规及普遍适用的行政命令。原产地规则的初衷是为了进行国别贸易统计，随着全球范围内自由贸易区的发展，原产地规则作为自由贸易区的一项核心内容，受到越来越多的重视，原产地规则已从一种统计工具演变为世界各国的重要经济政策工具。

一、原产地规则的概念

原产地规则，是各国和地区为了确定商品原产国或地区而采取的法律、规章和普遍适用的行政命令。它实际上指出了货物的经济国籍，通过对货物国籍的认定，施以不同的贸易待遇和措施，如适用关税税率、国别配额等。因此，一国出口的货物是否能够在进口国享受较优惠的贸易待遇，以及一国海外投资所生产或加工的制成品，是否能够在进口国享有厂商原有期待的贸易优惠，都由进口国对该货物进行原产地认定时决定。因此，原产地规则背后实际上隐含一个相当大的贸易政策含义，对于一国贸易政策的制定和具体执行、国际投资决策都有着极为深远的影响。

按照 WTO《原产地规则协议》的规定，原产地规则是指任何成员为确定货物的原产国而实行的普遍适用的法律、法规和行政管理决定。据此，原产地规则的核心应该是判定货物的原产地标准。

二、原产地规则的分类

如今国际上原产地规则种类繁多，不同的国家、不同的经济贸易集团都制定有各自的原产地规则。不仅如此，即使一国国内，也往往根据不同的目的，制定不同的原产地规则。

按照原产地规则适用的贸易领域可以分为货物原产地规则和服务原产地规则；按货物流向划分，可分为进口原产地规则和出口原产地规则；按照一项原产地规则的实施主体及其所适用客体来划分，可分为国家原产地规则和区域性原产地规则；按照原产地规则的作用不同可以分为优惠和非优惠原产地规则。优惠原产地规则又可以分为单方给惠原产地规则和互惠原产地规则等。

以优惠和非优惠原产地规则为例，WTO《原产地规则协定》对于优惠性原产地规则（Preferential Rules of Origin）和非优惠性原产地规则（Non-preferential Rules of Origin）

这两类原产地规则进行了界定。

（1）非优惠性原产地规则是指“任何成员为确定货物原产地而实施的普遍适用的法律、法规和行政裁决，只要此类原产地规则与导致给予超出 GATT 1994 第一条第一款适用范围的关税优惠的契约式或自主贸易制度无关”。其适用范围包括：最惠国待遇、反倾销和反补贴税、保障措施、原产地标记要求及任何歧视性数量限制或关税配额、政府采购和贸易统计。

（2）优惠性原产地规则是为了确定货物是否有资格享有超出 GATT 1994 第一条第一款的关税优惠，广泛适用于普惠制（Generalized System of Preferences，简称 GSP）等单边优惠和自贸区互惠优惠关税的实施。

制定非优惠性原产地规则的主要目的并不是防止出口商规避进口关税，只有优惠性原产地规则才有这种作用和目的。例如，自由贸易区的特点是区内各成员之间减免关税，但各成员对外则保持各自独立的关税水平，此时就必须制定优惠性原产地规则，以防止非成员方货物以自贸区内对外关税税率最低的成员为跳板，再转口至区内其他拥有较高对外关税税率的成员方。例如，A、B 两国之间签订了自由贸易区协定，约定彼此之间的关税税率为零，同时两国对外保持独立的关税政策，A 国对某产品的最惠国关税税率为 30%，B 国则为 10%。此时如果没有制定相应的优惠性原产地规则，区外 C 国出口商就极有可能先将该商品出口到 B 国，再以 B 国为跳板零关税转口到 A 国，从而规避 20% 的进口关税。

三、原产地标准

就原产地规则本身的结构而言，它包括程序规则和实体规则。程序规则主要就其制定原则、适用范围、实施程序、管理机构、罚则及争端解决等做出规定，规范原产地规则的管理体系，体现了原产地的透明度。实体规则是确定某产品为原产于某一特定国家或地区从而获得优惠性待遇的要求，是原产地规则的核心，它具体规定了确定商品原产地的标准，其内容大都包括原产地标准、产品特定原产地规则、累计规则、微小含量、微小加工、原产地证书等，其他可能涉及的条款有包装、中性成分、附件备件及工具、成套货物、可互换材料、吸收规则、禁止退税、展览、外运加工、地域规则等。

原产地标准通常把原产品分为两大类，完全原产品和含有非原产成分的原产品，即全部或部分使用非原产（包括原产地不明）的原材料、零部件生产制造的产品，除了这两大类外，我国与其他国家签订的一些自由贸易协定或区域性协定（中国—智利、中国—新西兰、中国—秘鲁、中国—哥斯达黎加、中国—冰岛、中国—瑞士）以及海峡两岸经济合作框架协议，还规定了第三类产品，即完全用已获得原产资格的材料制得的原产品。

（一）完全原产品

完全原产品，或完全在一国获得的产品，即全部使用本国的原材料、零部件，完全由一国生产、制造的产品。其定义主要是基于 1973 年《京都公约——关于简化和协调海关业务制度的国际公约》附约 D 1（关于原产地规则的附约）中的规定，“完全在一国生产”的准则主要适用于自然产物和完全用该产物制取的货物。

全部在一指定国内生产的货物应被认为系产自该国。全部在一指定国家生产的货物仅指：

1. 从其土地、领海内或从其海底所采集的矿物
2. 在该国收获或采集的植物产品
3. 在该国出生或饲养的活动物
4. 从该国的活动物所取得的产品
5. 在该国狩猎或捕捞所得的产品
6. 从事海洋渔业所得的产品以及由该国船只在海上取得的其他产品
7. 由该国加工船利用上款所列各产品加工所得的产品
8. 如该国对海底及其底土拥有单独开采的权力，从领海以外的海底或其底土中采得的产品
9. 在该国收集并只适于回收其原料用的废旧物品和在加工制造过程中所产生的废碎料
10. 由该国仅利用上述第 1 至 9 款中所指的各种产物所生产的产品

毫无疑问，这种完全由一国生产、制造的产品，其原产地肯定是该生产国或制造国，这是各国普遍公认的。由于完全原产品不含有涉及其他国家（地区）的产品成分，技术上容易判断和界定，不易引起异议。但是，在个别产品上也存在差别，例如：由于各国对于“领海”及“船只国籍”所下的定义有所不同，对于海产品的原产国的规定也就可能有所不同。WTO 协调非优惠原产地规则对从领海以外专属经济区海域内捕捞鱼货的原产地就有船籍国和沿海国的争议。

我们在判断一个产品是否是完全原产品或完全获得品时，要注意有关原产地规则规定的起始材料，例如“从该国土壤或海床开采的矿产品”，如果我们所能查明的国产材料不是这种起始材料，除非我们能追溯到用于生产该国产材料的这种起始材料也是原产的，我们不能说该国产材料是完全原产的，当然就更不能说用该国产材料制得的产品是完全原产品或完全获得品。

例如：某企业生产的变压器，所用材料是国产的漆包线、矽钢片和绝缘纸，通常考虑到分段计算的原则，我们可以对这些材料所含的非原产或产地不明成分忽略不计，确定产品符合给惠国的原产地标准，但不能因此就说该变压器是完全原产品，因为工厂生产变压器所用的初始材料远不是规定的判定完全原产品时须查明产地的起始材料，除非我们能追溯查明这种起始材料的情况，我们不能说这些材料是完全原产的，更不能说变压器是完全原产的。以漆包线为例，由铜杆和绝缘漆组成，就铜杆而言，由铜锭经机加工制成，铜锭由铜矿石经冶炼而成，铜矿石才是规定的判定完全原产品时须查明产地的起始材料，如果铜矿石是国产的，但在冶炼过程中加入了其他材料，对这些材料也要以此类推查清其起始材料的产地，只有上述起始材料都是国产的，铜杆才是完全原产的，而对绝缘漆也要进行类似的调查。由此可见，从理论上讲，要查明这样一个变压器是完全

原产的，没有几十次甚至上百次调查是不可能的。对绝大多数工业品，仅凭在最终制成产品的企业进行的调查，不可能查清产品是否是完全原产的，当然也没有必要，我们只须查明产品是否符合原产地标准就可以了。

（二）含有非原产成分的原产品

含有非原产成分的产品，即全部或部分使用非原产（包括原产地不明）的原材料、零部件生产制造的产品。对于这类含有非原产成分的产品如何确定其原产地，是一个较复杂的技术性问题，不能简单地做出“是”或“否”的回答，关键在于使用进口原材料在一国生产、加工过程中是否经历了实质性改变，即是否在其外表、性质、基本特征和用途等方面都发生了实质性的改变。由于全球一体化的推进，实质性改变标准被世界上越来越多的国家所采用，但是“实质性改变”只是判定货物原产地的原则，由于该原则过于笼统、不易操作，为此世贸组织和大多数国家对“实质性改变”这一原则做出具体解释时，分别采取了税则归类改变标准、百分比标准和制造或者加工工序三种主要原产地标准，作为补充，其他可能涉及的条款有累计规则、微小加工、微小含量、包装、中性成分、附件备件及工具、成套货物、可互换材料、原产地证书等规则。

1. 税则归类改变标准（A change in tariff classification，简称 CTC）

税则归类改变标准要求最终制成品税则归类编码与其所使用的非原产材料的税则归类编码相比发生了规定的变化。这里的“税则归类”是以货物的《商品名称及编码协调制度》，简称《协调制度》（Harmonized System，缩写为 HS）编码为参考基础的；在实际应用中“改变”主要包括章改变（HS 2 位）、品目改变（HS 4 位）、子目改变（HS 6 位）和分子目改变（HS 8 位）。例如，中国—新加坡 FTA 原产地规则规定：“3917.21 硬管：——乙烯聚合物制，从任何其他品目改变至子目 3917.21”，即为税则归类改变要求的品目改变。一般来讲，对于同一产品，要求改变的 HS 级数越少，该原产地标准就越严格。

一般地说，如果非原产成分与其制成品的 HS 品目号或子目不同，即认为非原产成分的品目号发生了变化，非原产成分达到了实质性改变；如果非原产成份的品目号或子目与制成品的品目号或子目相同，则非原产成分没有达到实质性改变。所谓品目号或子目变化，是指 HS 四位数或六位数中任何一位数字的变化。

CTC 的优点是概念简单，适用方便，对原产地的确定客观、透明和统一，管理成本较低，也是目前应用较多的判定标准。采用了以 CTC 为主标准的原产地规则，对于进口方的海关，便于监管和适用，从而降低了执行成本，通过改变产品的税则归类就可以达到控制优惠分配的作用。目前各国原产地规则大都适用 CTC，但适用的程度和侧重点是不同的。

另外，由于 CTC 可操作性高、适用方便并易于定制统一的标准，WTO 协调原产地规则协议的工作计划明显倾向于以 CTC 作为“实质性改变”的定义，并在此基础上制定协调化的原产地规则，通过这种方式，世贸组织《原产地规则协议》要求的多边纪律能够更加容易、完整地实现。

但是，HS 并非为协调制定原产地规则的需要而制定的，在某些情况下，品目或子目的改变，并不能完全准确地反映出非原产成分是否发生了实质性改变。这时就需要其他条款来补充和完善。

其次，HS 往往落后于生产技术的发展，需要经常修订更新。因此，CTC 需要根据 HS 的修订不断地进行维护或修订。这就给各组织利用 CTC 制定符合各自利益的原产地规则提供了机会。这种机会表现在绝大多数国家在采用 CTC 的同时，还针对某些特定产品制定了若干例外条款，如加工工序清单及增值百分比标准等。如 2006 年 7 月 1 日，NAFTA 修订了软木及软木制品的原产地规则，新规则允许非原产的、未加工的天然软木，在北美自由贸易区加工成工业用软木制品取得原产资格。

2. 增值百分比标准（Value Added Test）或者区域价值成分标准（Regional Value Content，简称 RVC）

根据非原产成分（或原产成分）的价值占制成品价值的百分比，确定进口成分是否达到实质性改变的标准，称为百分比标准。

按照这一标准，一项产品的价值中，进口成分或本国成分在一国出口制成品价格中的百分比必须符合原产地规则中指定的百分比标准范围，才能被赋予相应的原产地资格。各国对于该价值含量的计算通常采用三种方法：（1）最低国内成分标准；（2）最大进口成分标准；（3）规定产品所用零件的总价值中，原产零件必须达到一定的百分比。该标准根据使用的条件不同，被称为“从价百分比标准”“增值百分比标准”“区域价值成分”。为统一起见，本书下文的“区域价值成分”（简称 RVC）一般涵盖不同的计算方法。

RVC 的优点是制定比较容易，不需要制定一个很长的加工工序清单，也不需要了解有关产品加工工序或商品分类方面的知识（如 HS 制度）。

但对于产品本身价值的计算，不同国家有不同的做法。有些国家以产品的出厂价为标准，有的则以产品本身的成本进行计算，有的直接采用产品出口的离岸价格，有的国家采用生产国国内市场的平均价格，还有一些国家的原产地制度规定以进口部分的 CIF 价值和出口产品的 FOB 价值进行计算，从而把利润、国内运费、税收保险等项目都包括进去。采用不同的价格构成，将直接影响计算结果，从而影响产品能否被赋予原产地资格。

由于汇率以及各种原材料的价格始终处于波动之中，也给该标准的实施带来了某种不确定性。货物的生产商可能用一种货币购买原材料，用本国货币支付劳动成本和其他制造成本，用另外一种货币为其产品定价。这些货币之间汇率的不断波动，常常会影响到货物 RVC 计算的结果，甚至使本可以赋予原产地的货物失去原产地资格。

我国自贸区优惠原产地规则中，采用 RVC 为一般或基本标准的有亚太贸易协定、中国—东盟自由贸易协定、中国—新加坡自由贸易协定、中国—巴基斯坦自由贸易协定、中国—智利自由贸易协定。其中，亚太贸易协定的原产地规则规定：非原产成分不可以超过产品 FOB 价的 55%，其他的规则要求原产成分要达到产品 FOB 价的 40%。需要注意的是，这种区域性优惠原产地规则也有充分加工的要求和对一般标准作为补充的产品特定原产地规则，在运用时要考虑非原产成分所经受的加工是否超出不充分加工的范围，在运用一般标准之前，应首先查阅产品特定规则清单，对于列入清单的产品，按清单的规则判定产品的原产地资格，对于未列入清单的产品，按一般标准确定其原产地资格。

3. 加工工序标准（Technical Process，简称 TP）

加工工序标准是依据产品在加工、生产过程中是否经历了特定的加工、生产工序来确定其原产国的标准。按照制造加工工序清单，以对产品进行了符合要求的加工工序的生产地作为产品原产地，也即按照特殊工业操作过程规定原产地。该标准常应用于化学产品和纺织品部门。某些化学品性质差异很大但仍属于同一章、同一个品目，此时应用税则归类改变标准就不再合适，所以加工工序标准可作为税则改变标准的有力补充。另外，该标准可针对某一特定工序进行限制，对产业的保护也更为精准，常应用于保护纺织品等敏感部门以及引进高新技术。与 RVC 标准相比，加工工序标准因为规定明确具体，易于适用，对于生产者来说，能够清楚地预见到自己产品的原产地，对于签证、调查人员来说则更具有可操作性。但其缺点也是显而易见的，主要包括以下几点。

首先，因为工业技术的发展日新月异，产品的生产加工工序会随着生产技术的发展而随时进行改进或调整，加工工序的变化往往会超出规则所规定的工艺操作范围。

其次，对于产品的生产加工工序哪一道重要，哪一道不重要，显然生产厂家最有发言权。由于产品的加工工序是技术性事项，作为一般签证和调查人员难以深入全面地了解。

4. 复合原产地标准及产品特定原产地规则（Product Specific Rule，简称 PSR）

根据上述分析，三种基本原产地标准税则归类改变标准（CTC）、区域价值成分标准（RVC）和加工工序标准（TP）都各有不足，一般很少单独使用一种判定标准，而是将以上三种结合使用，取长补短，争取灵活性、稳定性与成本最小化的平衡，使之具有较高的透明度和可操作性。因此，许多优惠原产地规则中，除了对其所用到的具体判定标准做出规定和解释外，还有“产品特定原产地规则”条款，产品特定原产地规则（PSR）是针对一些特定产品制定的实质性改变标准，即：非原产材料已经过税则归类改变、区域价值成分、完成特定加工或者制造工序，或者混合使用上述标准的规则，以此作为对原产地基本标准的补充或完善。如中国—秘鲁等自贸区产品特定原产地规则中分别列明了采用章改变、品目改变、不同区域价值成分等。

如《中国—东盟自贸协定》规定：HS4304.00“人造毛皮及其制品”的原产地标准为满足 40%的区域价值成分或者“从任何其他品目改变到该品目”。《中国—新西兰自贸协定》规定：HS901010 商品的原产地标准为“从任何其他子目改变至此，只要其区域价值成分不少于 30%”。此外，随着原产地规则制定经验的积累，原产地标准也越来越灵活，出现了特殊原产地规则，如《中国—新西兰自贸协定》第二十八章“无机化学品、贵金属、稀土金属、放射性元素及其同位素的有机及无机化合物”引入了化学反应原产地规则、提纯原产地规则、混合原产地规则等特殊原产地规则，以满足特殊产品的特殊需要。

辅助规则，或者制度性原产地规则（Regime－Wide Rule）是原产地标准的“阀门”，对标准主体起到了很好的调节和完善的作用，适当使用这些辅助规则可以改变原产地标准的严格度，有助于实现相应的政策目标。一般包括累计规则、微小加工、微量条款、成套货物、可互换材料、包装、中性成分、附件备件及工具、原产地证书等。

5. 累计规则（Acumulation Rules）

我国利用累计原产地规则起源于普惠制的累计，其基本概念是：在确定受惠国产品原产地资格时，把若干个或所有受惠国（地区）视为一个统一的经济区域。在这个统一的经济区域内生产、加工产品时所得的增值，可以视为受惠国的本国成分加以累计。原产地累计使得适用同一原产地规则的国家能够合作生产符合普惠制条件的产品，是一项重要的便利措施。例如，此前我国出口澳大利亚的自行车，中国原料和劳务价值占产品出厂成本价的 40%，从德国进口的钢材占 30%，从美国进口的橡胶占 30%，该产品的本国成分为 40%，不符合澳大利亚大于等于 50%的规定，但如果改从同为受惠国的印度尼西亚进口印度尼西亚原产橡胶，这些橡胶可视为中国原产，则经过累计的中国成分为 70%，符合澳大利亚的普惠制原产地标准。

原产地累计，可分为完全累计、区域累计、双边累计、斜边累计和扩展累计。

完全累计，是指在实施累计时，把世界上所有的受惠国（地区）视为一个整体，产品中所含的任何一个受惠国（地区）的原材料或劳务的价值，都可视为出口受惠国的本国成分加以累计，也称为全球累计。加拿大、澳大利亚、新西兰、俄罗斯、乌克兰、白俄罗斯、哈萨克斯坦的普惠制实行全球累计，这对我国产品享受这些国家的普惠制待遇十分有利，我国从其他受惠国进口非原产原材料、零部件加工成产品，向这些给惠国出口时，仍可享受普惠制减免关税的待遇。在多边优惠贸易协定中，此种累计方式被称为完全累计。

区域累计，指原产于某一国家的产品，如果该国是某个区域性集团的成员，当该产品在同一集团内另一国家（或者在适用集团间累计的情况下，可以是另一区域性集团内的国家）用于另一产品的生产时，可被视为原产于该另一国家。欧盟、日本、瑞士、挪威、土耳其和列支敦士登公国的普惠制实行区域累计。目前欧盟普惠制原产地规则中，分为同一集团内部的国家之间的区域累计（如东盟）和不同集团的国家之间的区域累计（如东盟与南盟之间）。南盟包括孟加拉国、不丹、印度、马尔代夫、尼泊尔、巴基斯坦、斯里兰卡。

双边累计，指原产于给惠国的产品，在受惠国用于另一产品的生产时，可以被视为受惠国原产材料。这些给惠国产品也被称为给惠国成分，采用双边累计的给惠国（地区）有：欧盟、澳大利亚、新西兰、加拿大、日本、俄罗斯、白俄罗斯、乌克兰、哈萨克斯坦、瑞士、挪威、土耳其和列支敦士登公国。

斜边累计，指在欧盟普惠制原产地规则中，鉴于挪威、瑞士、土耳其对原产于受惠国的产品给予普惠制，欧盟允许受惠国对原产于挪威、瑞士和土耳其的、归类为协调制度第 25 章至 97 章的产品进行原产地累计。条件是土耳其、挪威和瑞士基于对等原则，给予采用了欧盟原料的受惠国产品相同待遇，并且挪威、瑞士和土耳其三国采用与欧盟相同的原产地标准。这种累计被称为斜边累计。在多双边优惠贸易协定中，允许使用此种累计方式的条件一般为采用相同的原产地规则，适用税率相同，互相承认累计。

扩展累计，在欧盟普惠制原产地规则中，根据受惠国的申请和委员会的批准，原产于某一国家的某些原料，该国已按照关贸总协定第 24 项条款与欧盟达成自由贸易协定，在受惠国用于另一产品的生产时，可以视为受惠国的原产原料。即允许受惠国与其他已经与欧盟签订自由贸易协定（FTA）的国家进行累计。这种新的累计形式，称为扩展累计。HS 第 1–24 章的产品由于其敏感性，被排除在扩展累计之外。在扩展累计中，所用原料的原产地及其原产地证明应根据相关的自由贸易协定的原产地规则进行确定。最终出口到欧盟的产品的原产地应根据普惠制原产地规则来确定。

第二节 原产地证书概述与案例分析

原产地证书是指可以证明货物原产地的文件,对于实施最惠国待遇、反倾销和反补贴、保障措施、原产地标记管理、国别数量限制、关税配额等非优惠性贸易措施的货物，海关、中国国际贸易促进委员会及其地方分会（以下简称签证机构）依据《中华人民共和国进出口货物原产地条例》及《中华人民共和国非优惠原产地证书签证管理办法》签发原产地证书；对于实施优惠性贸易措施的进出口货物，签证机构依据中国缔结或者参加的国际条约、协定的有关规定及对应协定项下的《中华人民共和国海关进出口货物优惠原产地管理规定》签发原产地证书。

原产地证书是在进口国享受优惠关税待遇的凭证,因此也被很多企业视为降低进出口贸易成本的“纸黄金”，更是企业增强产品国际竞争力的有力工具。

一、原产地证书概述

（一）原产地证书的种类

原产地证明的方式分为两种：原产地证书（Certificate of Origin）和原产地声明（Declaration）。原产地证书的签发由缔约方授权机构完成，包括官方签证和商会签证；而原产地声明通常由出口商、生产商做出，以单独原产地声明的文件形式或直接在发票上声明。当然，为了便利贸易，一般自贸区都规定在一定条件下可以免于提交原产地证书或原产地声明。

原产地证书按照是否可以凭以享受进口国的优惠性贸易措施来划分，主要分为两大类：非优惠性原产地证书，即一般原产地证书；优惠性原产地证书，包括普惠制优惠性原产地证书和自贸区优惠性原产地证书。

根据我国对外签署的优惠贸易协定以及俄罗斯、白俄罗斯、哈萨克斯坦、乌克兰的普惠制方案，我国原产的受惠清单内货物可到签证机构申请签发相应的优惠原产地证书，在自贸伙伴和普惠制给惠国减免进口关税。相关政策依据是：《中华人民共和国进出口货物原产地条例》；我国对外签署的优惠贸易协定；联合国贸发会议关于普遍优惠制的决议及有关国家的普惠制方案。

货物在自贸伙伴或普惠制给惠国报关时，提交我国签证机构签发的相应优惠原产地证书办理关税减免手续。相关优惠贸易伙伴为：东盟（马来西亚、印度尼西亚、泰国、菲律宾、新加坡、文莱、越南、老挝、缅甸、柬埔寨）、巴基斯坦、智利、新西兰、秘鲁、哥斯达黎加、冰岛、瑞士、韩国、澳大利亚、格鲁吉亚、中国台湾、孟加拉国、斯里兰卡、印度。

原产地证书的签证操作程序一般包括证书申请和提交、证书有效期、文件保存、原产地核查等程序。

（二）原产地证书的作用

原产地证主要有以下几个作用。

（1）原产地证是各国海关据以征收关税和实施差别待遇的有效凭证。当进口国与出口国政府之间签订了关税协定，以条约形式规定了协定税率，或两国之间的条约上规定了最惠国待遇条款，买方往往要求卖方提供有效的原产地证来证明进口货物的原产地确系缔约的对方国，据此获得相应的税率待遇。而进口国政府也为了对协定国与非协定国的商品征收不同的进口税率，要求商品在输入时提供原产地证，以防止非协定国生产的货物享受优惠待遇。

（2）原产地证是货物进口国实行有差别的数量控制，进行贸易管理的有效工具。世界各国根据其贸易政策，为保护本国民族工业和区域贸易，保持其国际竞争力的需要，往往对某些货物的进口实行限制，制定一些数量控制措施，例如进口国别配额、许可证制度、反倾销、反补贴等。为实行这些控制措施，首先需要确定进口的货物原产自哪个国家，然后确定这批货是否应受到国别进口数量的限制，是否需要持有进口许可证，是否要冲销国别配额及征收反倾销、反补贴税等。原产地证书就成为实施这些制度的重要工具。

（3）原产地证起到保障进口商品合乎卫生条件的作用。对于进口动植物、医药用品等卫生情况有严格要求的产品，如果知道哪些国家的产品不符合卫生或检疫的条件，可凭原产地证禁止进口。例如，近年来某些国家发生了禽流感，可凭借原产地证书判定进口的鸡肉来自这些国家，继而禁止进口。

（4）原产地证起到证明商品内在品质、提高商品竞争力的作用。当交易双方商定以原产地证作为商品品质标准时，原产地证就是货物品质的证明。比如有法国原产地证书的葡萄酒通常比其他的葡萄酒品质更高，更能卖出好价格。

（5）原产地证是海关借以对进口货物进行统计的重要依据。海关通过对原产地证的监督使用，确定商品的原产国别，以确保进出口贸易的平衡发展，同时根据原产地证所列内容进行贸易统计。

案例分析

2020 年 4 月，我国某进口商进口货物，采用信用证结算。国外出口商交单后，国内开证行经审单发现如下不符点：发票上的发票号是：ABC/123×××，而原产地证的发票号是 123/ABC×××。ISBP745 规定，如果产地证的发货方为受益人，则产地证的发票号与日期应与发票上保持一致。两个发票号不符，构成了单据的不符点，开证行拒付。国外出口商提出反驳：原产地证的发票号是明显的打印错误，根据 ISBP 关于非实质性拼写错误的相关规定，开证行不能拒付。

分析：站在银行的角度，这个不符点似乎是非实质性不符点。但经过开证行工作人员与国内进口商沟通，得知原产地证发票号英文与数字打印位置颠倒，造成该批货物无法正常报关。因此开证行坚持拒付并退单。

（三）原产地证书申办程序

根据原产地证的相关管理规定，海关出具的原产地证书与贸促会出具的原产地证书在格式上和所能起到的作用上是一致的，只是签证机构不同。其中，有些贸易协定下的原产地证书只能由海关签发，贸促会不能签发，比如普惠制原产地证书和中国—巴基斯坦自贸协定原产地证书。

以向海关申办原产地证书为例，相关程序如下。

1. 原产地证书对申领企业的要求

申请人应当于货物出运前向申请人所在地、货物生产地或者出境口岸的签证机构申请办理原产地证书。

2. 四个步骤申领原产地证书

中国海关对原产地证书的申请和签发目前已基本实现电子化，企业可以在“中国国际贸易单一窗口”网站（http://www.singlewindow.cn）申领原产地证书。

第一步，企业备案。自 2019 年 10 月 15 日起，海关和商务部门完成了对外贸易经营者备案和原产地企业备案“两证合一”。企业的基本信息已通过数据共享获得，不再要求企业重复申报。但在申请原产地证书前，应添加与原产地签证有关的信息，具体包括企业中英文印章、申领员信息、产品信息（贸易公司除外）。企业可登录“互联网海关”平台（http://online.customs.gov.cn）办理。

第二步，产品预审。海关须对出口产品是否具备中国原产资格进行确认。

企业可通过“互联网海关”平台（http://online.customs.gov.cn）提交产品预审申请、申报产品 HS 编码、中英文名称、原材料情况、生产工序等，进行预审。海关将依据《中华人民共和国进出口货物原产地条例》以及各自由贸易协定中原产地规则，审核该产品是否具备中国原产资格。值得注意的是，海关为确认产品原产资格可能需要进行实地调查，企业应当配合调查工作，及时提供有关资料。

第三步，证书申报。企业应在货物出口前或出口时向海关申请办理原产地证书。可登录“中国国际贸易单一窗口”网站（http://www.singlewindow.cn），选择“海关原产地证申请”，进行网上申报。其中进出口双方信息、运输细节、商品描述、适用原产地标准等各栏目内容应依据各自贸协定相关规定和信用证及买卖合同要求如实申报。

第四步，证书签发。企业收到证书审核通过回执后，即可在“中国国际贸易单一窗口”网站（http://www.singlewindow.cn）自行打印带有海关签章和签名的原产地证书。对于尚未开通自助打印的原产地证书，企业可到海关现场办理签发手续。

上述流程如图 7–1 所示。

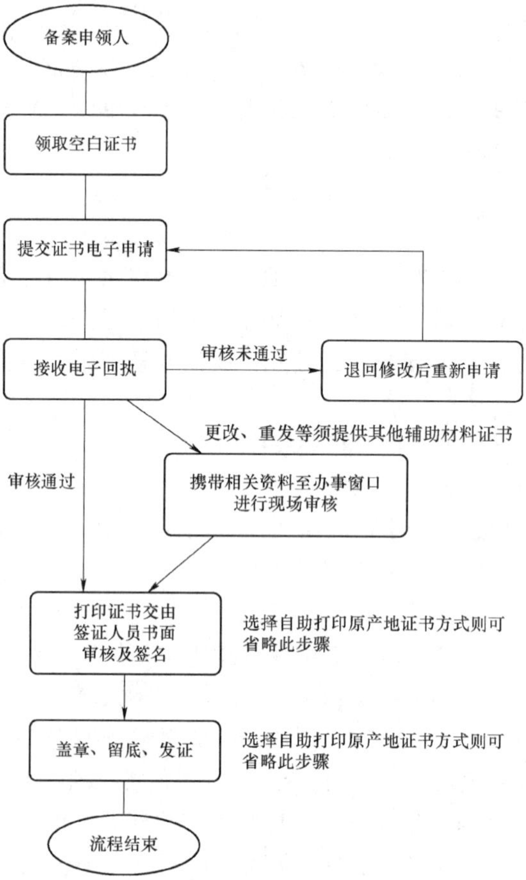

图 7－1　原产地证书申办程序流程图

为进一步优化口岸营商环境，促进跨境贸易便利化，在原有 16 种自助打印原产地证书的基础上，海关总署决定自 2021 年 7 月 1 日起，增加输泰国的《中华人民共和国与东南亚国家联盟全面经济合作框架协议》项下原产地证书以及《中华人民共和国政府和毛里求斯共和国政府自由贸易协定》项下原产地证书为可自助打印证书。

二、ISBP745 与原产地证书的缮制新规范

信用证是单据业务，《跟单信用证统一惯例》（UCP600）第 14 条“审核单据的标准”中规定：“单据中内容的描述不必与信用证、信用证对该项单据的描述以及国际标准银行实务完全一致，但不得与该项单据中的内容、其他规定的单据或信用证相冲突。”为此，2003 年 1 月，《跟单信用证项下审核单据的国际标准银行实务》（简称 ISBP645）作为国际商会第 645 号出版物正式出版，用以指导 UCP500 下的银行审单工作以及 UCP 和信用证条款的解释与应用；随着 UCP600 于 2007 年的生效，ISBP 也于 2007 年更新为 ISBP681。

国际商会银行委员会 2013 年里斯本春季年会上通过了最新的 ISBP745，以取代 ISBP681。与先前的 ISBP681 版本相比，ISBP745 就若干审单标准做出了重大改变。鉴于此，作者就与原产地证书密切相关的若干重大变化予以分析，以便我国原产地签证机构

和外贸企业做好应对准备。

（一）原产地证书的签发日期

ISBP681 第 181 段规定："如信用证要求原产地证明，则提交经过签署、注明日期的证明货物原产地的单据即满足要求。"据此，按照 ISBP681 的规定，原产地证书上必须有三要素，即签署、日期和原产地。

案例分析

一份信用证要求原产地证书上表明皮棉的原产地是苏丹，而受益人在信用证下提交的原产地证书上载明的是"苏丹皮棉"（Sudan Raw Cotton）。此时开证行有权拒付。这是因为，"苏丹皮棉"既可能是皮棉的一个品牌，也可能是皮棉的一个通用品种，而不必然意指皮棉的原产地是苏丹。因此，该原产地证书并没有清晰表明皮棉的原产地是苏丹。同样，在原产地证书中，也不能将"俄罗斯原产地烟煤"简写为"俄罗斯烟煤"。

与 ISBP681 不同，ISBP745 第 L1 段规定：原产地证书须签章但不必注明日期，而且原产地证书必须与发票货物相联系。据此，按照 ISBP745 的规定，原产地证书上必须有二要素：签署、原产地。因此，按照 ISBP745 的规定，对于银行来说，不仅原产地证书的签发日可以晚于装运日，而且没有签发日期的原产地证书也是可以接受的。

ISBP745 新增信用证未要求提交原产地证书时的情况，在第 L7 段规定如下：如果信用证规定了货物的原产地但并未要求提交相应的原产地证书，此时所提交的所有单据中都不得显示与信用证中所规定的原产地相矛盾的信息。例如，信用证注明货物的原产地是德国，但并未要求提交相应的原产地证书，此时所提交的所有单据中注明其他产地的信息就将视为与信用证中所规定的原产地相矛盾。

（二）原产地证书的格式

ISBP745 新增第 L2 段规定：如果信用证要求特定格式的原产地证书（例如 FORM A），则必须提交此特定格式的原产地证书。因此，按照 ISBP745 的最新规定，如果信用证要求提交 FORM A 原产地证书，此时在受益人公司的函头纸上出具的原产地证书是不可接受的。因为，FORM A 原产地证书有其特定的格式，而且只有特定机构才有权签发 FORM A 原产地证书。ISBP745 增加此规定的目的是确保进口商能够取得特定格式的优惠性原产地证书，以便能够依法享受各自贸区等优惠性关税安排。

（三）原产地证书的签发人

ISBP681 第 182 段规定：原产地证明必须由信用证规定的人出具。但是，如果信用证要求原产地证明由受益人、出口商或制造商出具，则由商会出具的单据可以接受，只要该单据根据不同情形相应地注明受益人、出口商或制造商。如果信用证没有规定由何人出具原产地证明，则由任何人包括受益人出具的单据均可接受。

与 ISBP681 相比，ISBP745 在第 L3 ci 段中增加了商会的类似机构对原产地证书的签发权：如果信用证要求原产地证明由受益人、出口商或制造商出具，则由商会出具或者其他类似机构出具的单据可以接受，例如包括但不局限于工业商会（Chamber of Industry）、工业协会（Association of Industry）、经济商会（Economic Chamber）、海关机构和贸易部门等类似机构。必须指出的是，按照中国现行法律，只有质检总局下属的检验检疫机构和贸促会才有权签发原产地证书，其他类似机构一概无权签发原产地证书。其中，FORM E、FORM F 和 FORM A 原产地证书唯有检验检疫机构才有权签发。因此，ISBP745 的上述规定违背了中国法律，在中国的出口贸易中也就不能适用。

（四）原产地证书与货物相联系的方式

原产地证书应该如何与货物相联系呢？对此，ISBP681 第 183 段做出规定：原产地证明必须看似与发票所指货物相关联。原产地证明中的货物描述可以使用与信用证所载不相矛盾的统称，或通过其他援引表明其与要求的单据中的货物相关联。

ISBP745 第 L4 段修改为：原产地证明必须看似与发票所指货物相关联，联系方式：（1）注明信用证中的货物描述，或者使用与信用证所载货物描述不相矛盾的统称；（2）引用信用证所规定单据中对货物的描述，或者引用随附原产地证书的单据或者构成原产地证书组成部分的单据中对货物的描述。

可见，ISBP745 删除了 ISBP681 所允许的与货物相联系的其他方式，即不允许仅通过在原产地证书上注明发票号码、提单号码、唛头或者信用证号码等方式间接与货物相联系。作者认为，如此规定的目的旨在保护消费者权益。这是因为，只有进口商才能够看到显示进口价格的发票等其他单据，而消费者是看不到包括发票在内的其他单据的，此时通过将注明货物名称的原产地证书摆放在商场中，可以使消费者清楚知晓进口货物的原产地。

案例分析

一份编号 DC123 的信用证要求提交原产地证书，所提交的原产地证书上注明：“We certify that the goods are of Germany origin.” ISBP745 要求原产地证书与货物直接联系，而不能间接联系。因此，即便本案中的原产地证书其中援引了信用证编号，按照 ISBP745 规定也构成不符点交单。试想：如果该信用证所涉及的货物为德国汽车 3 辆和中国摩托车 3 辆，且允许分批装运，其中需要德国汽车的原产地证明。第一批发货为 2 辆德国汽车和 1 辆中国摩托车，显然此案中出口商提交的原产地证明是无法达到原产地证书的通常功能的。

但是我国出口企业在此应该注意的是，我国签发的各类优惠贸易原产地证书均要求：证书应详细列明每种货物的商品名称，以便于进口方海关关员查验时加以识别，并要求商品名称应与发票及商品编码协调制度上的描述相符。

（五）原产地证书上的收货人和发货人

关于原产地证书上收货人的填写方式，ISBP681 第 184 段规定：如果显示有收货人信息，则不得与运输单据中的收货人信息相矛盾。但是，如果信用证要求运输单据出具成空白指示、凭托运人指示、凭开证行指示或以开证行为收货人，则原产地证明可以显示信用证的申请人或信用证中指名的另外一人作为收货人。如果信用证已经转让，以第一受益人作为收货人也可接受。ISBP745 第 L5 段对此的修改是：在信用证未转让时，原产地证书不得显示收货人为信用证的受益人。

关于原产地证书上发货人的填写方式，ISBP681 第 185 段规定：原产地证明可以显示信用证受益人或“运输单据”上的托运人之外的另外一人为发货人或出口方。ISBP745 第 L5 段对此的修改是：原产地证明可以显示信用证受益人或“信用证下任何其他规定单据”上的托运人之外的另外一人为发货人或出口方。如此修改，使得 ISBP 的规定更为严谨。

但是，我国出口企业在此应该注意的是：我国签发的各类自贸区原产地证书，除亚太贸易协定允许在第三方贸易时收货人为“TO ORDER”，其他均要求详细列明自贸协定进口国家的依法登记的收货人名称和地址。

（六）转口贸易下的原产地证书

为适用转口贸易的现实，ISBP745 新增 L8 条款：在原产地证书上显示的出口商或者发货人不是信用证受益人的前提下，此时原产地证书上可以注明与所提交的其他单据中不同的发票号码、发票日期和运输路线。

案例分析

信用证受益人是 B 公司，要求发票编号是 123，结果受益人提交的原产地证明显示“consignor：M 公司”，发票号是 456，交单时是否会引起拒付？国际贸易中，中间商可以采取开立可转让信用证，通过替换最终供货商发票和汇票的方法切断其与最终用户之间的联系，以便保守商业机密。而原产地证书通常无法替换。因此，按照 ISBP745 的上述规定，在原产地证书上显示的出口商或者发货人不是信用证受益人的前提下，此时原产地证书上可以注明与所提交的其他单据中不同的发票号码、发票日期和运输路线。因此，本案中的原产地证书可接受。但是，如果此案中提交的原产地证书上显示的出口商或者发货人是信用证的受益人，此时原产地证书上显示的发票号码就必须是 123。另外，按照国际商会 R389 的观点，原产地证书上可以不显示运输细节。另外，按照国际商会 R489 案例的观点，在可转让信用证下，最终供货商提交的原产地证书上显示的货物价格，也可以与中间商在信用证下提交的发票和汇票显示的货物价格不一致，因为两者的差额就是中间商赚取的差价。

第三节 我国非优惠性原产地证书与案例分析

我国一般非优惠性原产地证书（C/O）是证明出口货物原产地为中国的证明文件，附样 7-1 为我国非优惠性原产地证书样式。中国签证机构依据 2019 年修订的《中华人民共和国进出口货物原产地条例》签发中华人民共和国出口货物原产地证明书。本条例第二条明确规定：“本条例适用于实施最惠国待遇、反倾销和反补贴、保障措施、原产地标记管理、国别数量限制、关税配额等非优惠性贸易措施以及进行政府采购、贸易统计等活动对进出口货物原产地的确定。实施优惠性贸易措施对进出口货物原产地的确定，不适用本条例。具体办法依照中华人民共和国缔结或者参加的国际条约、协定的有关规定另行制定。”第十七条规定：“出口货物发货人可以向海关、中国国际贸易促进委员会及其地方分会（以下简称签证机构），申请领取出口货物原产地证书。”

附样 7-1：我国一般非优惠性原产地证书样式

ORIGINAL

1. Exporter	Certificate No. CCPIT 130011143 CERTIFICATE OF ORIGIN OF THE PEOPLE' S REPUBLIC OF CHINA
2. Consignee	
3. Means of transport and route	5. For certifying authority use only
4. Country / region of destination	

6. Marks and numbers	7. Number and kind of packages; description of goods	8. H.S.Code	9. Quantity	10. Number and date of invoices

11. Declaration by the exporter The undersigned hereby declares that the above details and statements are correct, that all the goods were produced in China and that they comply with the Rules of Origin of the People's Republic of China.	12. Certification It is hereby certified that the declaration by the exporter is correct.
Place and date, signature and stamp of authorized signatory	Place and date, signature and stamp of certifying authority

上述中华人民共和国出口货物原产地证明书填制说明如下。

（1）应在证书右上角填上证书编号。此栏不得留空，否则，证书无效。

（2）第一栏：出口方。

此栏不得留空，填写出口方的名称、详细地址及国家（或地区）。若经其他国家或地区须填写转口商名称时，可在出口商后面加填英文“VIA”或“O/B”，然后再填写转口商名称、地址和国家。例如：

SINOCHEM International Engineering & Trading Corp.

NO.40，Fucheng Road，Beijing，China

Via Hongkong Daming CO.Ltd

No.656，Guangdong Road，Hongkong

（3）第二栏：收货方。

应填写最终收货方的名称、详细地址及国家（或地区），通常是外贸合同中的买方或信用证上规定的提单通知人。但往往由于贸易的需要，信用证规定所有单证收货人一栏留空，在这种情况下，此栏应加注“TO WHOM IT MAY CONCERN”或“TO ORDER”，但不得留空。须填写转口商名称时，可在收货人后面加填英文“VIA”或“O/B”，然后再填写转口商名称、地址、国家。

Tiruala Seven Hills（P）Ltd.，

Add：80 Strand Road，5rd Floor，Suite no.20，Kolkata 700 001，India

Via Hongkong Daming CO.Ltd

No.656，Guangdong Road，Hongkong

（4）第三栏：运输方式和路线。

此栏应填写货物从中国境内最后离境口岸到目的港的详细运输路线、运输方式（如海运、陆运、空运等）。货物最终目的地应为第 4 栏目的地国家（或地区）港口或城市。如经转运，应注明转运地。例如通过海运，于 2015 年 7 月 1 日由上海港经香港转运至鹿特丹港，英文为“FROM SHANGHAI TO HONGKONG ON JUL 1，2015，THENCE TRANSHIPPED TO ROTTERADM BY VE SSEL”，或“FROM SHANGHAI TO ROTTERDAM BY VESSEL VIA HONGKONG”或“FROM SHANGHAI TO ROTTERDAM BY AIR VIA HONGKONG”。

（5）第四栏：目的地国家（或地区）。指货物最终运抵港（地），一般应与最终收货人或最终目的港国别一致，不能填写中间商国家名称。

（6）第五栏：签证机构用栏。此栏为签证机构在签发后发证书、被发证书或加注其他声明时使用。证书申领单位应将此栏留空。

（7）第六栏：运输标志。应按照出口发票和货物外包装上所列唛头填写完整图案、文字标记及包装号码，不可简单地填写“AS PER INVOICE NO.”（按照发票）或者“AS PER B/L NO.”（按照提单），货物无唛头，应填写“N/M”（NO MARK，无唛头）。此栏不得留空。如唛头多，本栏填写不开，可填写在第七、八、九栏的空白处，如还不够，可附页。

唛头中不能出现中国境外的其他国家或地区制造的字样。

（8）第七栏：商品名称、数量及种类。商品名称要填写具体名称，例如，睡袋（SLEEPINGBAGS）、杯子（CUPS），不得用概括性表述，例如：服装（GARMENT），而要填写具体商品名称，例如：衬衫（SHIRT）、T 恤（T－SHIRT）。包装数量及种类要按具体单位填写，例如：100 箱彩电，填写为“100C ARTO NS（ONE HANDRED CARTONS ONLY）OF COLOUR TVSET”。在阿拉伯数字后最好能够加注英文表述，如货物系散装，在商品名称后加注“散装（IN BULK）”，例如：1 000 公吨生铁，填写为“1 000 M/T（ONE THOUSAND M/T ONLY）PIGIRON IN BULK”。有时信用证要求在所有单证上加注合同号、信用证号码等，可加在此栏。本栏的末行要打上表示结束的符号（*******），以防加添内容。

目前往伊朗、哈萨克斯坦、孟加拉国等国家出口，经常会出现对方客户信用证要求打在原产地证上的 HS 编码与国内企业出口报关的 HS 编码不一致的情况，对此签证机构应该要求企业按照出口报关单上的 HS 编码填写，同时建议修改信用证。

（9）第八栏：商品编码。此栏要求填写四位数的 HS 编码，与报关单一致。若同一证书包含有几种商品，则应将相应的税目号全部填写。此栏不得留空。

（10）第九栏：数量。填写出口货物的数量，并与商品的计量单位联用。

（11）第十栏：发票号码及日期。必须按照所申请出口货物的清关发票填写。该栏日期应早于或同于实际出口日期。为避免对月份、日期的误解，月份一律用英文表述，例如：2020 年 12 月 10 日，用英文表述为“DEC.10，2020”。此栏不得留空。

（12）第十一栏：出口方声明。该栏由申领单位已在签证机构注册的人员签字并加盖有中英文的印章，并填写申领地点和日期，该栏日期不得早于发票日期（第十栏）。此栏填写的申报点应与签证地点一致。

（13）第十二栏：签证机构证明。由签证机构签字、盖章。签字和盖章不得重合，并填写签证日期、地点。签发日期不得早于发票日期（第十栏）和申请日期（第十一栏）。

案例分析

某公司在接到欧盟的反倾销调查时，积极与盐城贸促会进行了深入的研究和探讨，在贸促会的指导下，该企业在遵守我国原产地法律法规的前提下，通过改进加工工序，合法地将产品由中国原产变为中国加工，并申请加工装配证书。由于货物不再是中国原产，德国海关决定不再对该公司征收反倾销税，为企业避免了重大经济损失。

案例分析

应对反倾销 原产地政策发挥大能量

近年来，中国产品遭遇国外反倾销调查频繁，进口国征收反倾销税后，产品成本上升，严重影响中国产品在国外市场的竞争力。检验检疫部门积极帮扶企业用好原产地政策，应对反倾销，使得小小原产地证书成为应对反倾销的利器。

2017年，国家质检总局利用原产地证书应对国外反倾销实践取得突破。2017年2月巴基斯坦开始对华瓷砖征收5.21%～59.18%的反倾销税，经过质检总局积极谈判，2017年10月，巴方政府发布公告，对做出价格承诺的企业，申请检验检疫部门签发的价格承诺原产地证书，免征反倾销税。检验检疫部门第一时间告知了企业相关信息，并积极指导企业做好价格承诺原产地证书的申请。截至2018年3月2日，已为该外贸公司签发中巴价格承诺原产地证11份，签证金额26.4万美元，可为企业减免反倾销税超103万人民币。

此外，检验检疫还积极帮扶企业用好原产地政策，应对国外反倾销。浙江巨石集团是全球最大的玻纤制造商。2011年，欧盟开始对中国玻纤产品征收13.8%的反倾销税，企业在欧盟市场的竞争力受到重大影响。国家质检总局从原产地政策角度积极帮助企业思考对策，建议企业将欧盟订单交给埃及工厂生产来规避反倾销，同时产品还能享受欧盟普惠制关税优惠待遇。2017年，企业埃及工厂出口欧盟9 427万美元，覆盖了欧盟订单量的60%，申请普惠制证书1 676份，免除了1 301万美元的反倾销税。

第四节 中国—东盟自贸协定原产地证书与案例分析

根据商务部数据，截至2021年3月10日，我国签订或加入的双边、多边自由贸易协定或贸易安排，数量为19个，而如果将内地与港澳间CEPA协议视为2个，则总数为21个。按照我国签订的时间顺序，依次为：2001年，《亚太贸易协定》（前身为《曼谷协定》），成员国为中国、孟加拉国、印度、老挝、韩国、斯里兰卡和蒙古；2002年，中国—东盟；2003年，中国香港/澳门CEPA（《关于建立更紧密经贸关系的安排》）；2005年，中国—智利；2006年，中国—巴基斯坦；2008年，中国—新西兰；2008年，中国—新加坡；2009年，中国—秘鲁；2010年，大陆与台湾地区ECFA（《海峡两岸经济合作框架协议》）；2010年，中国—哥斯达黎加；2013年，中国—冰岛；2013年，中国—瑞士；2015年，中国—澳大利亚；2015年，中国—韩国；2017年，中国—格鲁吉亚；2017年，中国—马尔代夫；2019年，中国—毛里求斯；2020年，中国—柬埔寨；2020年，《区域全面经济伙伴关系协定》（RCEP），成员分别为东南亚国家联盟成员国（文莱、柬埔寨、印度尼西亚、老挝、马来西亚、缅甸、菲律宾、新加坡、泰国和越南）和中国、澳大利亚、日本、韩国及新西兰。

RCEP由东盟于2012年发起，历经8年、31轮正式谈判，于2019年11月整体结束谈判。2020年11月15日，在时任中国国务院总理李克强和东盟10国、日本、韩国、澳大利亚、新西兰领导人共同见证下，正式签署RCEP。基于2019年数据，RCEP协定是一项前所未有的、由域内发达国家、发展中国家和最不发达国家参与的大型区域贸易安排。该协定涵盖了拥有22亿人口（占全球将近30%）的市场、26.2万亿美元GDP（占全球约30%）和将近28%的全球贸易。

要想充分享受中国所涉自贸区带来的优惠，就需要认真研究相关自贸区原产地规则的具体规定及正确填制相关优惠性原产地证书的方法。

中国海关总署发布数据显示，2020 年，我国货物贸易进出口总值 32.16 万亿元人民币。2020 年，我国前五大贸易伙伴依次为东盟、欧盟、美国、日本和韩国，对上述贸易伙伴进出口分别为 4.74 万亿元、4.5 万亿元、4.06 万亿元、2.2 万亿元和 1.97 万亿元人民币，分别增长 7%、5.3%、8.8%、1.2%和 0.7%。

受篇幅所限，本章以中国—东盟为例介绍我国相关自贸区优惠性原产地证书的填制方法。我国签订的其他自贸协定下优惠性原产地证书的制作方法均须依据中国缔结或者参加的国际条约、协定的有关规定及对应协定项下的《中华人民共和国海关进出口货物原产地管理办法》。

一、中国—东盟自贸协定概述

中国—东盟自贸协定的全称是《中国—东盟全面经济合作框架协议》，签署时间为 2002 年 11 月 4 日，全面实施的时间为 2010 年 1 月 1 日，其升级版全称是《中华人民共和国与东南亚国家联盟关于修订〈中国—东盟全面经济合作框架协议〉及项下部分协议的议定书》，升级版生效时间是 2019 年 8 月 20 日。2020 年 11 月 12 日发布的《中国—东盟自由贸易区全面建成 10 周年实施报告》显示：2019 年，双边货物贸易额为 5 079 亿美元（占东盟贸易总额的 18%），相比 2010 年增长 1 倍多，约为 2005 年货物贸易协议生效时的 4 倍。2020 年 1 月至 9 月中国和东盟贸易额逆势增长 5%，东盟首次成为中国第一大贸易伙伴，形成中国和东盟互为第一大贸易伙伴的良好局面。

中国—东盟自贸区是我国同其他国家商谈的第一个自贸区，其成员包括中国和东盟 10 国，涵盖 18.5 亿人口和 1 400 万平方公里。东盟是东南亚国家联盟（Association of Southeast Asian Nations，简称 ASEAN）的简称，有 10 个成员国，分别为文莱、印度尼西亚、马来西亚、菲律宾、新加坡、泰国、柬埔寨、老挝、缅甸和越南。其中，前 6 个国家加入东盟的时间比较早，是东盟的老成员，经济相对发达；后 4 个国家是东盟新成员。

二、中国—东盟自贸协定原产地规则概述

经国务院批准，《中华人民共和国与东南亚国家联盟关于修订〈中国—东盟全面经济合作框架协议〉及项下部分协议的议定书》以及《中华人民共和国与东南亚国家联盟关于修订〈中国—东盟全面经济合作框架协议〉及项下部分协议的议定书》附件 1 的附录 B：产品特定原产地规则修订》（以下简称中国—东盟自贸协定升级版）已经于 2019 年 8 月 20 日起正式实施。

为此，各相关企业须依据《中华人民共和国海关〈中华人民共和国与东南亚联盟全面经济合作框架协议〉项下经修订的进出口货物原产地管理办法》（详见海关总署相关公告〔2019〕136 号）和“中国—东盟自贸协定升级版”相关规定，重点关注原产地标准及证书格式、填制等方面最新调整。

现将《中华人民共和国海关〈中华人民共和国与东南亚联盟全面经济合作框架协议〉项下经修订的进出口货物原产地管理办法》有关原产地标准的主要规定摘录如下。

第二条　本办法适用于我国与东盟成员国之间的《中国东盟框架协议》项下进出口货物的原产地管理。

第三条　进出口货物符合下列条件之一的，应视为《中国东盟框架协议》项下原产货物：

（一）在中国或者一个东盟成员国完全获得或者生产的；

（二）在中国或者一个东盟成员国完全使用符合本办法规定的原产材料生产的；

（三）在中国或者一个东盟成员国非完全获得或者生产的：

1. 属于本办法附 1 适用范围，并且符合相应的税则归类改变、区域价值成分、制造加工工序或者其他规定的；

2. 不属于本办法附 1 适用范围，但是满足以下条件之一：

（1）用本办法第六条所列公式计算的区域价值成分不少于货物离岸价格的 40%；

（2）《中华人民共和国进出口税则》（以下简称《税则》）第 25、26、28、29（29.01、29.02 除外）、31（31.05 除外）、39（39.01、39.02、39.03、39.07、39.08 除外）、42—49、57—59、61、62、64、66—71、73—83、86、88、91—97 章项下货物，非原产材料制造或者加工后，发生了 4 位级税则归类改变。

符合本办法规定的东盟成员国原产货物，最后生产工序在该东盟成员国境内完成，并且自该成员国直接运输至中国境内的，可以适用《中国东盟框架协议》的协定税率。

第四条　本办法第三条第（一）项"在中国或者一个东盟成员国完全获得或者生产的"货物是指：

（一）在中国或者该东盟成员国种植、收获、采摘或者采集的植物和植物产品（包括水果、花、蔬菜、树、海藻、菌类和活的植物）；

（二）在中国或者该东盟成员国出生并且饲养的活动物；

（三）在中国或者该东盟成员国从本条第（二）项所述活动物中获得的未经过进一步加工的产品，包括牛奶、鸡蛋、天然蜂蜜、毛发、羊毛、精液和粪便；

（四）在中国或者该东盟成员国狩猎、诱捕、捕捞、水产养殖、采集或者捕捉获得的货物；

（五）从中国或者该东盟成员国领土、领水及其海床或者海床下提取或者得到的，未包括在本条第（一）项至第（四）项内的矿物质及其他天然资源；

（六）在中国或者该东盟成员国领水以外、该方有权开发的水域、海床或底土提取的产品；

（七）由在中国或者该东盟成员国注册并悬挂其国旗的船舶在该方领水以外海域捕捞获得的鱼类以及其他海洋产品；

（八）在中国或者该东盟成员国注册并且悬挂其国旗的加工船上完全用本条第（四）项和第（七）项所述货物加工制造的货物；

（九）在中国或者该东盟成员国制造、加工或者消费过程中产生的，仅适用于原材料回收的废碎料；

（十）在中国或者该东盟成员国消费并收集的，仅适用于原材料回收的旧货物；

（十一）在中国或者该东盟成员国完全从本条第（一）项至第（十）项所指货物生产的货物。

第五条　本办法第三条第（三）项规定的区域价值成分应当按照下列公式计算：

$$\text{区域价值成分}=\frac{\text{离岸价格}-\text{非原产材料价格}}{\text{离岸价格}}\times 100\%$$

其中,“非原产材料价格”是指按照《WTO 估价协定》确定的非原产材料的进口成本、运至目的港口或者地点的运费和保险费，包括不明原产地材料的价格。非原产材料在中国或者一个东盟成员国境内获得时，按照《WTO 估价协定》确定的成交价格，应当在中国或者该东盟成员国最早确定的非原产材料的实付或应付价格，不包括将该非原产材料从供应商仓库运抵生产商所在地的运费、保险费、包装费及任何其他费用。

根据本条第一款计算货物的区域价值成分时,非原产材料价格不包括在生产过程中为生产原产材料而使用的非原产材料的价格。

第六条　原产于中国或者东盟成员国的货物或者材料在另一个东盟成员国境内用于生产另一货物的，该货物或者材料应当视为生产另一货物的东盟成员国的原产材料。

原产于东盟成员国的货物或者材料在中国用于生产另一货物的,该货物或者材料应当视为中国的原产材料。

第八条　适用《议定书》项下税则归类改变要求的货物，生产过程中所使用的非原产材料不满足税则归类改变要求，但是符合本办法所有其他适用规定且符合下列条件之一的，应视为原产货物：

（一）《税则》第 50—63 章的货物，在货物生产中所使用的，但是未发生税则归类改变的全部非原产材料重量不超过该货物总重量的 10%，或者按照本办法第五条确定的价格不超过该货物离岸价格的 10%;

（二）《税则》第 50—63 章以外的货物，在货物生产中所使用的，但是未发生税则归类改变的全部非原产材料按照本办法第五条确定的价格不超过该货物离岸价格的 10%。

符合上述办法原产于中国的货物，出口商或者生产商可以向海关、中国国际贸易促进委员会及其地方分会申请签发原产地证书，并且按上述签证机构要求提交申请签发原产地证书所需资料，证明出口货物符合原产地证书签证要求。必要时接受签证机构开展的检查。

三、中国—东盟自贸协定原产地证书式样及填制说明

自 2019 年 8 月 20 日起，中国贸促会及地方机构依照《中华人民共和国与东南亚国家联盟关于修订〈中国—东盟全面经济合作框架协议〉及项下部分协议的议定书》和《中华人民共和国海关〈中华人民共和国与东南亚联盟全面经济合作框架协议〉项下经修订的进出口货物原产地管理办法》签发中国—东盟自贸协定项下原产地证书（以下简称 FORM E)。签证机构签发的 FORM E 须符合中国—东盟自由贸易协定原产地规则签证操作程序修订案的规定。

（一）中国—东盟自贸协定原产地证书式样

中国贸促会及地方机构于 2019 年 9 月 20 日后签发的中国—东盟自贸协定原产地证书（FORM E）新格式如附样 7-2。

附样 7－2：中国贸促会及地方机构签发的 FORM E 新格式

Original

1. Products consigned from (Exporter's business name, address, country)	Serial No. Reference No. **ASEAN-CHINA FREE TRADE AREA** **PREFERENTIAL TARIFF** **CERTIFICATE OF ORIGIN** **(Combined Declaration and Certificate)** **FORM E** Issued in THE PEOPLE'S REPUBLIC OF CHINA (Country) See Overleaf Notes
2. Products consigned to (Consignee's name, address, country)	
3. Means of transport and route (as far as known) Departure date Vessel's name / Aircraft etc. Port of Discharge	4. For Official Use ☐ Preferential Treatment Given ☐ Preferential Treatment Not Given(Please state reason/s) Signature of Authorised Signatory of the Importing Party

5. Item number	6. Marks and numbers on packages	7. Number and type of packages, description of products(including quantity where appropriate and HS number in six digit code)	8. Origin criteria (see Overleaf Notes)	9. Gross weight or net weight or other quantity, and value (FOB) only when RVC criterion is applied	10. Number, date of Invoices

11. Declaration by the exporter The undersigned hereby declares that the above details and statement are correct; that all the products were produced in CHINA (Country) and that they comply with the origin requirements specified for these products in the Rules of Origin for the ACFTA for the products exported to (Importing Country) Place and date, signature of authorised signatory	12. Certification It is hereby certified, on the basis of control carried out, that the declaration by the exporter is correct. Place and date, signature and stamp of certifying authority
13. ☐ Issued Retroactively　☐ Exhibition ☐ Movement Certificate　☐ Third Party Invoicing	

page 1 of 1

（二）中国—东盟自贸协定原产地证书填制说明

中国—东盟自贸协定原产地证书填制说明如下。

（1）为享受中国—东盟自由贸易区优惠关税协议下优惠待遇而接受本证书的缔约各方：文莱、柬埔寨、中国、印度尼西亚、老挝、马来西亚、缅甸、菲律宾、新加坡、泰国、越南。

（2）条件：出口至上述任一方的产品，享受中国—东盟自由贸易区优惠关税协议下优惠待遇的主要条件如下。

必须是在目的国可享受关税减让的产品；

必须符合议定书附件 1 相关条款的要求。

第 1 栏产品运自（出口商名称、地址、国家）。

此栏应填写已办理原产地证书申请人备案的中国境内的出口商名称、详细地址和国家。此栏不得填写两个或两个以上公司信息。此栏填写生产商（不是出口商）信息时，应在第 7 栏填写货物出口商的名称和地址。同时，应由生产商授权专人在第 11 栏签字。

第 2 栏货物运输至（收货人的名称、地址和国家）。

此栏应填写进口方收货人名称、地址和国家，进口方应为东盟成员国。此栏不得填写非进口方公司信息。涉及展会产品的，展览的名称及地址应在该栏注明。

第 3 栏运输工具及路线（已知）。

此栏应填写离港日期、运输工具号和卸货口岸。出运后申报的原产地证书，此栏必须填写具体运输工具名称及号码，出运前申报且具体运输工具名称及号码未知的原产地证书，此栏可填写“***”或“BY SEA”或“BY AIR”或其他运输方式。卸货口岸应为进口方口岸。

第 4 栏供官方使用，此栏留空。

第 5 栏项目编号。

在收货人、运输条件相同的情况下，如同批出口产品有不同品种，则可按不同品种分列“1”“2”“3”……以此类推。

第 6 栏唛头及包装号。

此栏填写的唛头及包装号应与发票、产品外包装上的一致。唛头不得出现中国境外的国家或地区制造的字样。如产品没有唛头及包装号应填“N/M”“NO MARK”或“NOMARKS AND NUMBERS”。如有特殊唛头的，可在此栏填写“SEE ATTACHMENT”，并在证书背页贴唛（盖骑缝章）或 A4 白纸打印唛头（盖骑缝章）。“CARTON LABEL、ASADDRESS、AS PER INVOICE、AS PACKING LIST、AS B/L、AS BILL OF LADING、COLOR LABEL”等不能作唛头。

第 7 栏包装数量及种类、产品描述及 HS 编码。

产品描述必须详细，以使对方验货的海关官员可以识别。产品描述应与清关发票一致，不同类型、型号的产品应分项列明。如果信用证、合同中品名笼统或拼写错误，应在括号内加注具体描述或正确品名。HS 编码应填写 6 位。包装数量必须用英文或阿拉伯数字表示，并标明产品具体包装种类（如“CASE”“CARTON”）。产品无包装的，应填明产品出运时的状态，如“NUDE CARGO”“IN BULK”“HANGING GARMENTS”等。

若国外信用证要求填具合同、信用证号码等信息，可填写在商品描述特殊条款栏。生产商申请证书并授权其他机构代表其出口时，应在第 7 栏注明出口商的名称、地址和国家。

第 8 栏原产地标准。

（1）产品符合《中华人民共和国与东南亚国家联盟关于修订〈中国—东盟全面经济合作框架协议〉及项下部分协议的议定书》（以下简称《议定书》）附件 1 第三条（完全获得或生产的货物）的规定，在一方境内完全获得或生产的，填写“WO”。

（2）产品符合《议定书》附件 1 第二条（原产产品）b 款相关规定，在一方境内完全由缔约一方或多方的原产材料生产的，填写“PE”。

（3）产品符合《议定书》附件 1 附录 B（产品特定原产地规则）相关规定的。

① 列入产品特定原产地规则清单，但注明只能适用完全获得标准的，填写“WO”，该标准为此类产品的唯一标准。

② 列入产品特定原产地规则清单，含非原产成分的产品，符合清单相应标准的，填写“PSR”。

（4）产品在缔约一方采用非原产材料生产，满足《议定书》附件 1 第四条（非完全获得或生产的产品）相关规定，且不列入产品特定原产地规则清单的。

①《中华人民共和国进出口税则》第 25、26、28、29（29.01、29.02 除外）、31（31.05 除外）、39（39.01、39.02、39.03、39.07、39.08 除外）、42—49、57—59、61、62、64、66—71、73—83、86、88、91—97 章项下产品，符合 4 位税则归类改变的，可填写 CTH；符合区域价值成分标准的，也可填写产品的区域价值成分，例如“40%”。

② 其他适用区域价值成分标准的产品，应填写产品的区域价值成分，例如“40%”。

第 9 栏毛重或净重或其他数量及当适用区域价值成分时应填写价格（FOB）。

采用区域价值成分标准时（含填写“PSR”原产地标准，但适用特定产品原产地规则清单中区域价值成分标准的），应在此栏填写产品 FOB 价格。

此栏应填写产品的正常计量单位，如“PCS”“PAIRS”“SETS”等。产品以重量计的则填毛重或净重，须加注“G.W.”（GROSS WEIGHT）或“N.W.”（NET WEIGHT）。涉及第三方的，FOB 价格可填写第三方发票金额或国内出口发票金额。如已知第三方发票金额的，一般应填写第三方发票金额，以避免金额与清关发票不一致导致进口方海关核查。

第 10 栏发票号码及日期。

此栏填写发票号和发票日期。所填写的发票号码、日期应与货物在进口方海关清关时使用的发票一致。发票日期不能迟于第 3 栏出运日期和第 11、12 栏证书申请、签证日期。如使用第三方发票，此栏必须填写第三方发票号码和日期。

第 11 栏出口商声明。

此栏填写申报地点、日期，申报地点应与签证地点一致，申请人授权专人在此栏签字。生产国国名应为“CHINA”，进口国应为最终进口国且与卸货港的国别一致，进口国必须是东盟成员国。申报日期应为实际申请日期。

第 12 栏签证机构证明。

此栏填写签证机构签证地点、日期。签证人员在此栏签名，并在证书正本和交给申请人的副本上加盖原产地（ORIGIN）印章。签证人员的手签笔迹应与向东盟秘书处备案的最新有效笔迹一致。签名、印章应清晰完整且不得重叠。

第 13 栏其他标注。

补发证书：勾选“Issued Retroactively”；

使用第三方发票：勾选“Third Party Invoicing”；

展会产品：勾选“Exhibition”。展览的名称及地址应在第 2 栏中注明。

其他要求：

（1）如果发票是由第三方经营者开具的，应填写第三方经营者的名称和所在国家或地区等信息，填写的第三方经营者信息，打印时自动生成在证书第 7 栏。中国、进口方境内企业不属于第三方经营者。填写第三方经营者信息时，证书第 13 栏“第三方发票”应打钩。

（2）申请人申报时，每项产品的发票金额价格条款应选“FOB，币种不限”。

（3）产品不含非原产成分时，其非原产成分应为 0；产品含非原产成分时，其非原产成分应大于 0。

（4）应如实填写每项产品生产企业组织机构代码或统一社会信用代码 9－17 位、生产企业名称、联系人及电话。

四、有关案例研究

案例研究

某中国公司 A 通过香港公司 B 进口泰国 D 公司的原产货物，在中国海关报关时提交的原产地证书上显示第三方发票的出具人为日本公司 C，中国海关拒绝就此份证书所涉货物给予优惠关税。

分析：中国—东盟自贸区原产地规则要求，FORM E 证书第一栏应该填写出口商名称、地址、国家。如存在第三方发票的情形，应在证书第 7 栏商品描述栏目加注该第三方公司名称及所在国家，必须为货物原产国以外的第三方的公司，不得加注原产国国内的公司，且不得出现“O/B”字样。同时，须在证书第 10 栏中填写第三方发票的编号和日期，且货物出口商和收货人必须驻在缔约各方。在证书第 13 栏“第三方发票”字样前机打“√”。

在多方贸易中，如本案例中，存在两个中间商，则 FORM E 证书上体现的第三方发票的出具人应是与 A 公司签订合同的 B 公司，而不是与 D 公司签订合同的 C 公司，因此中国海关拒绝此份证书。该种情况的发生，在于多方贸易过程中 D 公司直接将货物运输至中国 A 公司，并不知 B 公司的存在，而造成申请证书时出现差错。这种情况下，还须特别注意的是，FORM E 证书上的发票号码日期一定要填写 AB 之间的发票信息，FOB 价格可填写第三方发票金额或国内出口发票金额。如已知第三方发票金额的，一般应填写第三方发票金额，以避免金额与清关发票不一致导致进口方海关核查。

针对涉及非缔约方的第三方转口商的发票，不同自贸区原产地证书规定各不相同。其中，中国—东盟自贸区原产地证上的发票信息要求为第三方发票号码和日期，价格可以选择使用“第三方发票金额或制造商的发票金额”；而中国—秘鲁、哥斯达黎加自贸区原产地证则规定，如果发票是由非缔约方经营者开具的，则应在发票信息栏目注明非缔约方经营者的发票号码和发票价格等信息。如果是由非缔约方经营者开具的发票，且不知道该商业发票号码及开发票日期，则可以使用出口方签发的原始商业发票信息。

案例研究

某中国公司已为出口到东盟的“家用全自动滚筒洗衣机，可容纳10公斤干亚麻以下”办理了FORM E证书，随后要求更改证书中的HS编码，原因在于已办理证书上HS845011为出口报关时所用编码，但客户要求该编码应为东盟进口国的编码HS845019。

分析：税则归类不同的产品适用不同的关税税率。一般来说，同一个国家的海关对于来自不同国家的同样的货物可能征收不同的关税税率，而对于不同的货物，税则分类不同，其适用的进口关税税率也不同。因此，决定关税高低的因素，一个是货物的原产国，另一个是税则归类。例如，欧盟对HS8703211000的汽车征收10%的税率，对HS8708291000的汽车零部件征收3%的税率，如果提供了中国签发的FORM A证书，则分别可以享受6.5%和零关税的优惠待遇。

原产地证书中所指HS编码一般应为进口方的6位HS编码，对于税则归类的前6位，国际上有统一的目录和解释——国际贸易商品分类HS，虽然不排除不同的海关有不同的理解，但有的企业是为了利益最大化或为了避免进口国的海关监管。如作者遇到的案例，氯化胆碱如果作为饲料添加剂，可以归类为230990，该编码的出口退税率为13%，出口巴基斯坦可享受中国—巴基斯坦自贸区下的优惠关税率16%；而氯化胆碱如果作为化工品，则可以归类为292310，该编码的出口退税率仅为9%，出口巴基斯坦的优惠关税率为0。因此，为使利益最大化，中国氯化胆碱生产企业出口报关时选择申报为HS230990，以便获取13%的出口退税率；同时在原产地证书和进口国的进口报关单上申报为HS292310，以便享受零关税。

在实践中，虽然不乏上述案例，对同一商品的归类不同，海关有不同的理解，为顺利享受进口国关税优惠，可以在原产地证书中注明与我国出口报关时不同归类的进口国HS。但企业应该注意的是，这种做法仅限于商品归类比较模糊，归入不同的编码都有一定道理的情况，而对于根据国际HS的解释没有任何疑问的归类，不能仅从满足进口的要求而使用错误的HS编码。

如本例中的洗衣机，发票中商品品名为“洗衣机WASHING MACHINE(WM12S461TH)”，HS编码对洗衣机的分类如下。

8450　家庭或洗衣店用洗衣机，包括清洗干燥两用机器

——容量可容纳 10 公斤干亚麻以下的机器

845011——全自动的

845012——其内部装有离心干燥器的机器

845019——其他

845020——容量可容纳 10 公斤干亚麻以上的机器

845090——零件

在此例中，洗衣机通过规格型号可能已经暗含容量、全自动等约定信息，因此发票上的品名对于买卖双方可能已经是详细商品描述，但对于进口国海关官员来说，由于不了解也不可能全部了解其编码规则，则属于不详细描述，在原产地证书上必须描述得更加具体。

为了满足“证书品名描述能与 HS 编码的货名对应”的要求，原产地证书中仅列明发票上的品名不能满足要求，根据 HS 编码对洗衣机的分类，必须在品名中列明洗衣机的容量是否“可容纳 10 公斤干亚麻以上或以下”，如果容量属于“可容纳 10 公斤干亚麻以上”，则可以确定 HS 编码为 845020，即为满足要求的详细商品描述，例如“洗衣机，容量 15 公斤”；如果容量属于“可容纳 10 公斤干亚麻以下”，则上述品名不能满足要求，必须继续列明是“全自动”或是“其内部装有离心干燥器的机器”或是属于其他情况，例如满足要求的品名可以为：“HOUSEHOLD FULLY AUTOMATIC WASHING MACHINE OF DRUM TYPE（DRY LINEN CAPACITY NOT EXCEEDING 10KG）（WM12S460TH）（家用全自动滚筒洗衣机，可容纳 10 公斤干亚麻以下）”。

根据上述资料，“家用全自动滚筒洗衣机，可容纳 10 公斤干亚麻以下”的归类应该是 845011，但东盟某国海关坚持 845011 在本国代表的是“非家用的洗衣机”，并将该洗衣机归入 845019，此时，可以在证书上注明双方的分歧，做到即不违背原产地证申报的真实准确，又兼顾进口国适用不同的商品归类。

本章小结

本章在对原产地规则、原产地标准及原产地证书的含义、作用和种类予以讲解的基础上，分别就我国进出口企业所涉及的如下原产地证书的制作予以了详细讲解：一般原产地证书、普惠制原产地证书、自贸协定优惠性原产地证书。另外，与先前的 ISBP681 版本相比，ISBP745 就原产地证书的审单标准做出了若干重大改变，需要制单人员切实掌握，并严格遵循。

思考题

1. 原产地规则的种类主要有哪些？
2. 原产地标准主要有哪几种？
3. 何谓完全原产货物？

4. 含有非原产成分的原产货物的判定标准主要有哪些？
5. 何谓原产地累计规则？
6. 原产地证书的种类主要有哪些？
7. 与先前的ISBP681版本相比，ISBP745就产地证的制作标准做出了哪些重大改变？
8. 何谓 FORM A 原产地证书？
9. 何谓 FORM E 原产地证书？

案例讨论题

若干年前，我国某橡胶出口企业A与泰国某进口贸易有限公司B达成了一笔信用证交易，信用证中有关单据的条款规定：“商业发票一式三份，以及由商检局出具的普惠制原产地证书 FORM A，所有单据除发票外不得表示发货人或受益人的地址。”A公司按信用证要求进行装运后，便向当地商检机构申请出具普惠制原产地证书 FORM A，但商检机构却要求普惠制原产地证书 FORM A 上发货人地址栏不得留空。

这样，A感受不得不电告B公司：“由于我国商检机构强制规定普惠制原产地证书上的发货人栏必须表明发货人的名称和详细地址，请立即将原信用证中的条款改为：‘所有单据除发票、普惠制原产地证书以外，不得表示发货人或受益人地址。’”不久，B公司即回电称：“该普惠制原产地证书系我方提供给另外的客户，并非我方所需要，所以难以改正。如果你方不在原产地证书中表示你方的真实详细地址，而是虚构一个地址，则我方可考虑修改信用证。”接电后，A公司考虑到货物已发运，如果拒绝接受B方的要求和建议，将会承担运费的损失。另外，也以为虚构原产地证书中的发货人的地址，不会影响最终的结汇。于是，A公司便接受了B公司的要求，同时，B公司也如约将原信用证中的单据条款改为：“除发票、普惠制原产地证书外，所有单据不得表示发货人或受益人的地址。”

一切似乎进展顺利，A公司将制好的全套单据交议付行又寄至开证行。但开证行当即提出了单据中的不符点：“你第×××号 L/C 项下的单据，经审核发现发票上受益人的地址与原产地证书中发货人的地址不符，故而构成单单不符，我行无法付款，请速告单据处理意见。”A公司得到消息后，才意识到原来公司里的单证员习惯了按固定的发票格式制单，忽略了将发票发货人真实详细的地址改为虚构的地址，而此时想再置换发票已为时过晚。最终，A公司不得不与B公司商议降价处理此笔货物，才了结了此案。

请问：从这个案例可以吸取何种经验？

第八章 装箱单/重量单与案例分析

案例导入

进口商委托银行开出的信用证上规定，出口商必须提交“商品净重检验证书”。进口商在收到货物后，发现除质量不符外，卖方仅提供了装箱重量单。买方立即委托开证行向议付行提出拒付，但货款已经押出。事后，议付行向开证行催付货款，并解释卖方所附的装箱重量单即为净重检验证书。

请问：开证行能否拒付货款给议付行？

分析：商品净重检验证书通常是由商检机构签发的关于货物重量的公证文件，而装箱重量单为发货人出具的货物重量说明文件，二者的内容与用途是不同的。信用证中要求出口商提供商品净重检验证书，而卖方未提供商品净重检验证书，仅提供装箱重量单是不符的。因此，开证行拒付有理。

本章主要介绍国际结算中较常使用的包装单据，重点以装箱单为例。尽管包装单据可能没有提单等单据作用大，但却比较容易出现问题，易导致出口商在信用证结算方式下无法获得出口款项。本章第一节介绍装箱单，主要包括装箱单的概念、作用及特点，如何缮制装箱单及信用证中有关装箱单据的条款。第二节结合 ISBP745 的相关规定和案例，介绍装箱单的制单审单过程中应注意的问题。

第一节 装箱单的概述

一、装箱单的概念

国际贸易中的货物买卖数量大，花色品种繁多，通常无法在商业发票上一一列明，一般使用包装单据加以说明。它包括不同名称的各式单据，例如装箱单（Packing List）、重量单（Weight List）、规格单（Specification List）、尺码单（Measurement List）、花色搭配单（Assortment List）、包装说明（Packing Specification）、详细装箱单（Detailed Packing List）、重量证书（Weight Certificate/Certificate of Weight）等。不同单据的作用各不相同：重量单用来列明每件货物的毛重、净重；规格单用来列明包装的规格；尺码单用于列明每件货物的尺码和总尺码；花色搭配单用来列明每批货物的花色搭配。

本章节主要以最常见的包装单据——装箱单为例，介绍这一类单据。

装箱单又称包装单、码单，是用以说明货物包装细节的清单，详细记录货物的包装方法、包装材料、包装件数、规格、数量和重量。在信用证业务中有"Packing List""Packing Note""Packing Specification""Detailed Packing List"等不同的表述方式。以下附样 8–1 是简版装箱单。

附样 8–1：简版装箱单

Packing list

No：______________________________ Date：

Material：

Packing：

Brand：

Origin：

Marks：

Pieces：

Bundles：

Net Weight：

Gross Weight：

FOR AND ON BEHALF OF

二、装箱单的用途

装箱单的主要用途是详细记载货物数量、重量、包装方式等一系列内容，以便进口商或海关等有关部门对货物进行核准及查验。其用途可概括如下。

（1）出口商缮制商业发票及其他单据时计量、计价的基础资料；

（2）进口商清点数量或重量及销售货物的依据；

（3）海关查验货物的凭证；

（4）公证或商检机构查验货物的参考资料。

信用证往往也将装箱单作为结汇单据之一。尽管装箱单的内容通常可以加列在商业发票上，但是在信用证有明确要求时，须严格按信用证规定制单。

三、装箱单的缮制

装箱单并无统一固定的格式，制单时可以根据信用证的要求或货物的特点自行设计。以附样 8–2 为示例，其主要内容和缮制方法如下。

附样 8－2：装箱单

EXPORTER（出口商）： Contact: Tel: Address: City: Country:		PACKING LIST （装箱单）	
		P/L DATE（装箱日期）：	
IMPORTER（进口商）： Contact: Tel: Address: City: Country:		INVOICE NO.(发票号)：	
		INVOICE DATE(发票日期)：	
		CONTRACT NO.（合同号）：	
Letter of Credit No.(信用证号)		Date of Shipment(装运日期)：	
FROM（出发地）：		TO（目的地）：	

Marks （唛头）	Description of goods （商品描述）	Quantity （数量）	Unit （单位）	G.W （毛重）	N.W （净重）	Meas. （体积）
Total amount（总计）：						
Exporter stamp and signature（出口商签章）：						

1. 装箱单名称（Packing List）

装箱单名称通常用英文粗体标出。常见的英文名称有："Packing List/Note""Packing Specification"等。在实际使用中，一般应与信用证要求的名称相符，倘若信用证未作规定，可自行选择。

2. 出口商和进口商

该栏目应填列出口商和进口商姓名、联系方式及地址。

3. 日期和编号

装箱单的日期通常与发票日期一致。编号与发票记载的号码通常一致。

4. 唛头（Marks）

唛头又称运输标志，是出口货物包装上的装运标记和号码。凡信用证有关于唛头的规定，必须依照规定制唛。装箱单上的唛头要与发票、提单、托运单等单据上的唛头保持一致。如信用证未规定唛头，则出口商可自行设计且与商业发票、提单等单据所注唛头保持一致。如无唛头，可填写"（N/M）"。

5. 商品描述

商品描述须与信用证的描述相符，具体包括名称和规格等。货物名称可以用统称。规格包括商品规格和包装规格，通常对货物的包装情况详细说明，特别是信用证要求提供"Detailed Packing List"时，应该详细列出有关包装的细节，如规格、型号、色泽、尺码和内包装量等。

6. 数量、单位

数量填写实际件数，如品质规格不同应分别列出，并累计其总数。单位如箱、包、桶等。

7. 毛重（Gross Weight）、净重（Net Weight）

毛重指包括包装在内的每件货物的重量，规格不同可分别列出，并累计其总量。净重须填写每件货物的实际重量并计其总量。

8. 体积（Measurement）

尺码填写每件包装的体积，并表明总尺码。如果要求显示箱子的尺寸（Dimension），可以使用“长×宽×高”的形式加注。注意不要遗漏单位。

9. 出口商签章

出口商签章应与商业发票相符。如来证要求提供“中性包装清单”（Neutral Packing List）时，通常由第三方填制，不要注明受益人的名称。这是由于进口商在转让单据时，不愿将原始出口情况暴露给买主，所以要求出口商出具中性单据。如来证要求用“空白纸张”（Plain Paper）填制这两种单据时，在单据内一般不要体现受益人及开证行名称，也不要加盖任何签章。

10. 自由处理区

自由处理区位于单据格式下方，用于记载其他栏目不能或不便表达的内容。

四、信用证有关装箱单据的条款

以下为信用证中有关装箱单据的条款描述。

1. PACKING LIST IN TRIPLICATE

装箱单一式三份。

2. SIGNED PACKING LIST，ONE ORIGINAL AND ONE COPY

签署的装箱单，正副本各一份。

3. DETAILED WEIGHT AND MEASUREMENT LIST SHOWING THE DETAIL OF COLORS，SIZES AND QUANTITIES IN EACH CARTON AND ALSO NET WEIGHT AND GROSS WEIGHT

重量单/尺码单，详注每箱货物的颜色、尺寸和数量以及毛重和净重。

4. PACKING LIST IN TRIPLICATE ISSUED BY BENEFICIARY INDICATING QUANTITY，GROSS AND NET WEIGHT OF EACH PACKAGE/CONTAINER

受益人出具的装箱单一式三份，注明每包或每集装箱的数量及毛、净重。

第二节　装箱单的缮制及案例分析

信用证业务中装箱单的制单和审单，结合 ISBP745 的规定，最有可能出现的关注点主要在四个方面：一是装箱单名称；二是装箱单显示的信息；三是装箱单唛头；四是装箱单与其他单据组成的联合单据。

一、装箱单名称

根据ISBP745第M1条的规定："When a credit requires the presentation of a packing list, this will be satisfied by the presentation of a document titled as called for in the credit, or bearing a similar title or untitled, that fulfils its function by containing any information as to the packing of the goods."。当信用证要求提交装箱单时，提交的单据包含货物包装的任何信息以满足其功能，并表明信用证规定的名称，或标明相似名称，或没有名称，即符合要求。

根据 UCP600 第 14 条的内容，如果信用证要求提交运输单据、保险单据或者商业发票之外的单据时，却未规定出单人或其数据内容，则只要提交的单据内容看似满足所要求单据的功能，且其他方面符合第 14 条 d 款，银行将接受该单据。

案例分析

国内 A 企业向美国 B 企业出口一批货物，B 企业开来的信用证要求提供"Packing List"，A 企业提交的单据名称为"Packing and Weight List"，但单据中包含的装箱单细节均满足信用证对装箱单的功能要求。当 A 企业提交全套单据向银行议付时，银行以单证不相符为由予以拒付。

试问：银行拒付理由是否充分？

分析：银行拒付理由不充分。ISBP745 认为，单据可以使用信用证要求的名称或相似的名称，或无名称。例如，信用证要求提交"Packing list"，无论提交的单据名为"Packing note""Packing and Weight List"或没有名称，只要单据包含了装箱细节，即满足信用证要求。重要的是，所提交的单据内容必须在表面上满足信用证所要求单据的功能。

二、装箱单显示信息

根据 ISBP745 第 M4 条的规定："When a credit indicates specific packing requirements, without stipulating the document to indicate compliance with these requirements, any data regarding the packing of the goods mentioned on a packing list, if presented, are not to conflict with those requirements."。当信用证规定了明确的包装要求时，且没有规定与其相符的单据，装箱单如有提交，其提及的有关货物包装的任何数据不应与该要求矛盾。

根据 ISBP745 第 M6 条的规定："Banks only examine total values, including but not limited to, total quantities, total weights, total measurements or total packages, to ensure that the applicable total does not conflict with a total shown in the credit and on any other stipulated documents."。即银行只审核总量，包括但不限于总数量、总重量、总尺寸或总包装件数，以确保相关的总量与信用证中和任何其他规定单据上显示的总量没有矛盾。

如果信用证对装箱单直接提出了装箱条件，则必须予以满足。如信用证对装箱单要求

"that the cartons containing the spares are marked separately evidencing the carton number (s) which the FOC spare parts are loaded"。对于该项要求应予以满足，而且不能只是照抄文句，理应显示该部分对应的箱数和箱号，否则将构成不符点。

案例分析

国内 A 企业向外国 B 企业出口一批货物，B 企业开来的信用证中规定："Packing list in triplicate mentioning:

…

3. packing is export standard;
4. and certifying that the cartons containing the spares have been marked separately."。

议付行收到 A 企提交的装箱单后，发现装箱单上显示了其他项要求的事项，但照抄了 3 和 4 两项对应的文句。银行以单证不符为由予以拒付。

试问：银行拒付理由是否充分？

分析：银行可以拒付。信用证第 3 项要求可以直接照抄该文句到装箱单上。但是对于信用证第 4 项的具体的要求，应该具体显示出来，予以满足，即理应显示该部分对应的箱数和箱号。例如，在制作的装箱单的最下面显示并作说明如下。

Description of goods		Quantity(Pcs)	G.W(kgs)	N.W(kgs)	Meas.(M3)
the spare parts	×××	100	5.45	4.8	0.03
	×××	110	11	8.9	0.05

否则，便构成不符点。

三、装箱单唛头

使用装箱单唛头的目的在于对箱、包或包装提供标识。如果信用证规定了装运唛头细节，则载有唛头的单据必须显示这些细节，但额外信息可以接受，只要与信用证的条款不相矛盾即可。某些单据中装箱单唛头所包含的信息超出通常意义上的唛头所包含的内容，包括诸如货物种类、易碎货物的警告、货物净重及/或毛重等。如果一些单据里显示了此类额外信息而其他单据没有显示，不构成不符点。

案例分析

国内 A 企业向非洲的 B 企业出口一批货物，A 企业所提交的装箱单中对唛头的规定，不仅包含了唛头所规定的内容，还额外增加了易碎警告，这也是国内企业普遍采用的方式。但开证行因自身经营困难，以单证不符为由，予以拒付。

试问：银行拒付理由是否充分？

分析：根据 ISBP745 的相关规定，显然开证行拒付是没有理由的。只要单据中有关唛头的额外信息内容与信用证的条款不矛盾，银行必须接受该单据，也不构成不符点。该案例也是提醒国内的出口企业，对部分地区的出口一定要慎之又慎，一定要对开证行的信誉有所了解。

四、提交联合单据

根据 ISBP745 第 A40 条的规定："Documents required by a credit are to be presented as separated documents." 即信用证要求的单据应当单独提交。然而，如果信用证要求一份正本装箱单和一份正本重量单，那么提交两份正本装箱与重量联合单据，只要其同时表明了包装和重量细节，也满足要求。注意这里联合单据的份数为各单独单据份数的总数。

根据 ISBP745 第 A41 条的规定，当信用证要求单据涵盖不止一项功能时，可以提交看似满足每项功能的一种单一单据，或提交看似满足每项功能的各种分开单据。例如，当信用证要求提交质量和数量证明时，单独提交单一单据，或提交质量和数量证明的联合单据均可满足要求，只要单据看似满足其功能，且提交信用证所要求的正本和副本份数。再如，信用证要求提交"a Certificate of Quality and Quantity"，出口企业可以提交 1 份质量和数量证明的联合单据，也可以分开提交一份质量证明和一份数量证明。

案例分析

国内 A 企业向国外 B 企业出口一批货物，信用证 46A 单据要求"WEIGHT LIST IN 1 ORIGINALS AND 1 COPY; PACKING LIST IN 1 ORIGINALS AND 1 COPY."。并未明确是否提交单独单据。A 企业为省事，将两份单据进行了合并，并提交了 1 份正本 1 份副本的重量单与装箱单的联合单据。开证行以 A 企业未按信用证要求提交单据为由，予以拒付。

试问：银行拒付理由是否充分？

分析：

拒付理由充分。根据 ISBP745 的相关规定，只要联合单据同时表明了包装和重量的细节，也是满足要求的。此案例中虽然联合单据本身没有问题，但份数不对，应该提交信用证所要求的正本和副本份数：提交一份正本装箱单、一份副本装箱单；一份正本重量单、一份副本重量单。所以应提交两份正本联合单据，两份副本联合单据，即便两份内容一模一样。

本章小结

国际贸易中的货物买卖数量较大，花色品种繁多，无法在商业发票上一一列明，通常使用包装单据加以说明。装箱单是用以说明货物包装细节的清单，详细记载货物数量、重量、包装方式等一系列内容。装箱单的作用主要是补充发票内容，以便于进口商或海关等有关部门对货物进行核准。装箱单通常可以将其有关内容加列在商业发票上，但是在信用证有明确要求时，就必须严格按信用证要求制单。在装箱单的制单、审单环节，应注意装箱单名称、装箱单显示信息、装箱单唛头、装箱单与其他单据组成联合单据等方面。

思考题

1. 什么是装箱单？其主要作用是什么？
2. 装箱单有哪些主要特点？
3. 装箱单中主要有哪些项目？如何缮制？
4. 出口商根据信用证要求缮制装箱单，装箱单名称是否必须与信用证要求名称一致？为什么？
5. 如出口商须同时提交装箱单和重量单，是否必须提供单独单据？为什么？

案例讨论题

国内 A 企业向国外 B 企业出口一批货物，信用证中的货物描述为男式长裤（MEN TROUSER），数量为 20 000 条（20 000PCS）。A 企业出口制单后向议付行提交了相符单据，当议付行向开证行寄单和索偿时，开证行以如下单据不符点为由拒付：装箱单显示了 400CTNS “MEN TROUSER”，50PCS per CTNS，毛重 7 800KG，体积 43CBM。

请问：开证行的拒付是否合理？

第九章　受益人证明及装运通知与案例分析

案例导入

某国出口商收到进口商开来的信用证，金额为50万美元。其中信用证规定："Country of origin including details of merchandise must be printed on every package/carton/container.A certificate to this effect must accompany the original shipping documents."。受益人提交的证明照抄了信用证的这句原话，结果开证行拒付，不符点是："Beneficiary certificate...does not certify that the origin has been printed on every package/carton/container."。

请问：开证行的拒付是否合理？

分析：这个案例曾有人咨询过国际商会。商会意见是开证行拒付合理，因为该证明没有确切的证明文句。如果受益人提交的证明显示："We certify that country of origin including details of merchandise are printed on every package/carton/container." 或者 "Country of origin including details of merchandise have been printed on every package/carton/container."。这样就可以看出受益人确实按照信用证的规定操作了。

受益人证明与装运通知是信用证业务中相对简单的两类单据，实践中使用得也较为频繁。本章对这两类单据予以介绍。

第一节　受益人证明与案例分析

一、受益人证明概述

受益人证明（Beneficiary’s Certificate），是由受益人自己出具的证明，以便证明自己履行了信用证规定的任务和要求。如证明所交货物的品质、证明运输包装的处理、证明按要求寄单通知等。

受益人证明一般无固定格式，内容多种多样，视信用证的具体要求而定。

二、常见的受益人证明

（一）寄单证明

寄单证明是最常见的受益人证明之一，通常证明受益人根据信用证要求，在货物装运前后一段时间，以邮寄、传真、E-mail、快递等规定的方式，将正本或副本单据寄送开证申请人。该证明也随附其他单据一齐提交银行议付。

寄单证明在信用证里的措辞通常如下。

① CERTIFICATE FROM BENEFICIARY STATING THAT ONE COPY OF THE DOCUMENTS CALLED FOR UNDER THE LC HAS BEEN DISPATCHED BY COURIER SERVICE DIRECT TO THE APPLICANT WITHIN 3 DAYS AFTER SHIPMENT.

提交受益人证明，声明信用证下一套副本单据已经在装船后3日内通过快递邮寄给开证申请人。

② BENEFICIARY'S CERTIFICATE EVIDENCING THAT BENEFICAIRY WILL FAX THE DOCS（B/L、INVOICE、PACKING LIST、PHYTOSANITARY CERTIFICATE）WITHIN 2 BUSINESS DAYS AFTER SHIPMENT DATE TO APPLICANT AND THE RELATED CERTIFIED TRUE COPY OF FAX.

提交受益人证明，证明受益人将在货物装运日后的两个营业日内，将全套单据（包括提单、发票、装箱单、植物检验检疫证明）通过传真发送开证申请人，并随附相关经认证的真实传真副本。

（二）寄样证明

寄样证明与寄单证明类似，用于证明受益人根据合同或信用证的规定，已将样品、样卡、码样等寄送传递给开证申请人。

寄样证明在信用证里的措辞通常如下。

CERTIFICATE FROM BENEFICIARY TO SHOW THAT THE REQUIRED SHIPMENT SAMPLES HAVE BEEN SENT BY DHL TO THE APPLICANT ON OCT，10TH，2021.

提交受益人寄样证明，表明需要的发运样品已在2021年10月10日由受益人通过DHL寄送给开证申请人。

（三）运输证明

运输证明，通常用来证明船籍、航程、船龄、船级、集装箱船、运费等信息。运输证明可以由船公司、船长或其代理人出具，也可以由受益人自行出具，具体视信用证的规定而定。

常见的运输证明有以下几种。

1. 船龄证明

这是一种证明船舶船龄的文件。通常要求船龄在15年以内，如超过，一般视为超龄船只。

2. 船级证明

这是一种证明载货船舶符合一定船级标准的文本。

3. 船籍证明

这是一种证明载货船舶的国际证明文件。

4. 黑名单证明

某些阿拉伯国家将一些与以色列有业务往来的船舶及公司列入黑名单，阿拉伯国家将不允许这些船舶及公司与本国发生运输往来关系。在阿拉伯国家开出的信用证中常常有此条规定。例如：

A CERTIFICATE FROM THE STEAMSHIP AGENTS/OWNER/MASTER CERTIFYING THAT THE VESSEL CARRYING GOODS IS NOT ISRAELI AND WILL NOT CALL ON AN ISRAELI PORT WHILE CARRYING THE GOODS，AND THAT THE VESSEL IS NOT BANNED ENTRY TO THE PORTS OF THE ARAB STATES.

由船务代理或船东或船长签发的证明书证明载货船舶不是以色列船籍，在航行途中不停靠以色列港口并且不受限制进入阿拉伯国家的港口。

（四）包装证明

包装证明是用来证明对出口货物按照合同或信用证规定的材料或方式进行包装。常见的如非木质包装，对包装熏蒸处理等。

包装证明在信用证里的措辞通常如下。

① A CERTIFICATE FROM THE BENEFICIARY TO THE EFFECT THAT ONE SET OF INVOICE AND PACKING LIST HAS BEEN PLACED ON THE INNER SIDE OF THE DOOR OF EACH CONTAINER IN CASE OF FCL CARGO OR ATTACHED TO THE GOODS OR PACKAGES AT AN OBVIOUS PLACE IN CASE OF LCL CARGO.

受益人应证明已把一套发票和箱单贴在集装箱箱门内侧（整箱货）或拼箱货的显眼的地方。

② BENEFICIARY CERTIFICATE IN TRIPLICATE STATING THE SHIPMENT DOES NOT INCLUDE NON－MANUFACTURED WOOD DUNNAGE，PALLETS，CRATING OR OTHER PACKAGING MATERIALS；THE SHIPMENT IS COMPLETELY FREE OF WOOD BARK，VISIBLE PESTS AND SIGNS OF LIVING PESTS.

要求三份受益人证明，证明货物未再加工、非木制包装、无树皮、无肉眼可见虫害、无活虫。

（五）其他证明

其他证明用于证明信用证规定的其他事项。例如：CERTIFICATE CONFIRMING THAT ALL GOODS ARE LABELLED IN ENGLISH（货物加贴英文标签）；BENEFICIARY'S CERTIFICATE STATING ORIGINAL B/L OF 1 SET CARRIED BY THE CAPTAIN OF THE VESSEL（一套正本提单已交由船长携带）；A STATEMENT FROM THE BENEFICARY EVIDENCING THAT PACKING EFFECTED IN 25KGS CTN（货物 25 公斤箱装）；

BENEFICIARY'S CERTIFICATE CONFIRMING THEIR ACCEPTANCE OF THE AMENDMENT DATED 10/09/2021 MADE UNDER THIS CREDIT QUOTING THE RELEVANT AMENDMENT NUMBER（确认改证相关内容）；CERTIFICATE TO SHOW GOODS ARE NOT OF ISRAELI ORIGIN AND DO NOT CONTAIN ANY ISRAELI MATERIAL（货物须保证非以色列产并且不含以色列的材料）。

三、受益人证明的内容与缮制

附样 9－1 是受益人证明的模板。

附样 9－1：受益人证明

ABC COMPANY

GUANGHUA ROADE，BEIJING，CHINA

TEL：0086－010－65651234

FAX：0086－010－65654321

DATE：September 10th，2021

CREDIT NUMBER：LC0001

BENEFICIARY CERTIFICATE

WE HEREBY CERTIFY THAT

＋1/3 ORIGINAL B/L

＋ONE COPY OF INVOICE

＋ONE COPY OF PACKING LIST

HAVE BEEN MAILED BY DHL TO APPLICANT WITHIN 72 HOURS AFTER B/L DATE.

ABC COMPANY

张三

受益人证明通常包括如下内容。

1. 抬头或标题

受益人证明的抬头通常是“BENEFICIARY CERTIFICATE”，当然也可以用“BENEFICIARY DECLARATION、BENEFICIARY STATEMENT”等措辞。具体的抬头因所证明的事项不同而略异。

2. 内容

受益人证明的内容通常照搬信用证中关于受益人证明的规定的措辞即可，但前提是照搬信用证的措辞亦能起到证明的效果，否则需要做必要修改。例如上述寄单证明第二个示例，受益人制单时应将“WILL FAX”修改为“HAS/HAVE FAXED”，以标明传真已发送。

此外，受益人证明的内容应与信用证规定及其他单据相符，如援引的信用证号、提单号、发票号等信息。

一般受益人证明内容文字并不多，通常一张纸即可。因此在设计版面时可注意字体字号，保持美观。

3. 落款/签署

因该单据有证明的性质，通常是需要落款或签署的。具体遵从信用证的规定。

四、ISBP745 关于受益人证明的规定

ISBP745 将分析、检验、健康、植物检疫、数量、质量和其他任何证明统一归类为“证明”。根据其第 Q1 条规定：“当信用证要求此类证明时，提交经过签署的单据证实所要求行为的结果，并标明信用证规定的名称，或相似名称，或没有名称，即符合要求。”

受益人证明应由信用证规定的实体出具，当没有规定出具人的名称时，证明可以由任何实体包括信用证受益人出具。若信用证使用“独立的”“正式的”“合格的”或类似措辞描述出具人时，该证明可由除受益人以外的任何实体出具。可理解为任意第三方出具即可。

受益人证明可显示多于信用证或任何其他规定单据上显示的数量。

当信用证规定了关于分析、检验、健康、植物检疫、数量或质量的评估或类似方面的明确要求时，无论是否规定与其相符的单据，该证明或任何其他规定单据上提及的有关分析、检验、健康、植物检疫、数量或质量的评估或类似方面的数据不应与该要求矛盾。

只要证明显示的出口商或发货人不是受益人，该证明可以显示不同于其他一种或多种规定单据上注明的发票号码、发票日期和运输路线。

第二节 装运通知与案例分析

一、装运通知的概述

装运通知（Shipping Advice），是受益人根据信用证的规定，在一定时间内通过传真、邮寄、电传、E－mail 等方式，将货物装运情况通知开证申请人、申请人的指定人或保险公司等的单据。通知信息包括通知船名、航次、提单号、开船日期、货物名称及数量等。

装运通知的作用在于让进口商做好资金筹措、付款和接货的准备，特别是 FOB、CFR 条件成交的贸易，因为这直接关系到买方能否及时安排接货或办理保险。

装运通知应按合同或信用证规定的时间发出，传真、E－mail、电报等副本单据可作为出口信用证交单议付的单据之一。

二、装运通知的内容与缮制

附样 9–2 是装运通知的式样。

附样 9–2：装运通知

[redacted] IMPORT & EXPORT CO., LTD

[redacted] SHANGHAI CHINA

SHIPPINGADVICE

02-Feb-97

Messre: HYCO INDUSRTIES GMBH

Dear sirs,

Re: Invoice No., 97HJINV-007 L/C No.: CMK972831

We hereby inform you that the goods under the above mentioned credit have been shipped. The details of the shipment are stated below.

Commodity:	BOBBING HEAD DOLL
Quantity:	370 CARTONS
Amount:	US$ 14,009.20
Ocean vessel:	Per s. s. HANJIANG HE Voy.133
Bill of Landing No.:	97COS22321
E. T. D.:	On/or about 02-Feb-97
Port of Landing:	SHANGHAI
Destination:	BREMEN

We hereby certify that the above content is true and correct.

[redacted] IMPORT & EXPORT CO., LTD

[redacted]

装运通知的内容包括如下。

1. 单据名称

单据名称通常是“Shipping Advice、Shipment Advice、Advice of Shipment”等，也有用“Shipment Notice、Shipment Statement”等。若信用证有具体规定的，应从其规定。

2. 抬头

装船通知抬头一般是买方或开证申请人，也可以是买方指定的人或保险公司。若出给保险公司，通常抬头应注明预保险合同号。

3. 通知内容

通知内容主要包括所发运货物的合同号、信用证号、品名、数量、金额、运输工具名称、开航日期、启运地、目的地、运单号、运输标志等，并且应与其他相关单据保持一致。此外，装船通知还可能包括 ETD（Estimate Time of Departure，船舶预离港时间）、ETA（Estimate Time of Arrival，船舶预计抵港时间）等信息。

4. 制作和发出日期

该日期不能超过信用证约定的时间。若信用证未规定，应在装船后立即发出。

三、信用证有关装运通知的条款

信用证中关于装运通知的条款通常有如下两点。

ORIGINAL FAX FROM BENEFICARY TO APPLICANT EVIDENCING B/L NO., NAME OF THE VESSEL, SHIPMENT DATE, QUANTITY AND VALUE OF THE GOODS.

受益人向申请人发送的正本传真件一份，列明提单号、船名、装运日期、货物数量与价值。

SHIPMENT ADVICE WITH FULL DETAILS INCLUDING SHIPPING MARKS, CTN NUMBER, VESSEL'S NAME, B/L NUMBER, VALUE AND QUANTITY OF GOODS MUST BE SENT ON DATE OF SHIPMENT TO APPLIANCT.

装运通知列明包括运输标志、箱号、船名、提单号、货物数量与价值。装运通知在货物发运当天寄给开证申请人。

本章小结

本章介绍了受益人证明及装运通知两类单据的概念、作用、常见类型、内容、缮制及ISBP745的有关规定。这两类单据虽相对简单，实践中却被频繁使用。通过本章学习，帮助读者了解、认识并掌握受益人证明及装运通知的制单与操作。

思考题

1. 什么是受益人证明？
2. 常见的受益人证明有哪些？作用都是什么？
3. 受益人证明的内容包括哪些？怎样缮制受益人证明？
4. 受益人证明可照抄信用证中的有关措辞吗？
5. 什么是装运通知？
6. 装运通知的作用是什么？
7. 怎样缮制装运通知？

案例讨论题

信用证规定受益人提交货物已被熏蒸处理的证明（Fumigation Certificate）。受益人提交的是货物已被热处理的证明（Heat Certificate）。开证行以此提出不符点拒付。受益人辩称货物经过处理已达到熏蒸效果。请问：开证行的拒付是否有理？为什么？

第十章　出入境检验检疫证书与案例分析

案例导入

我国F食品出口公司向韩国K公司出口一批蕨菜干。F出口公司收到了来自韩国开证行的一张不可撤销信用证，信用证主要规定如下："30M/Tons of Bracken.Packed in wooden cases. The goods before shipment should be inspected by their presentative of ×××× Co.Ltd.Mr.A…Phytosanitary certificate in duplicate fumigated by PH duration 72 hours in container. Document to be presented to negotiation bank within 10 days after shipment."。(30公吨蕨菜干，木箱包装。装运前货物须由×××公司代表A先生检验，集装箱内有以磷化铝熏蒸72小时的植物检疫证书一式二份。单据须于装运后10天内向议付行交单。) F出口公司按规定由动植物检疫局在集装箱内进行熏蒸消毒，并于植物检疫证书上给予熏蒸证明。在该批蕨菜干快要到达目的港时，蕨菜干在韩国市场上的价格出现大幅度暴跌。该韩国进口公司K不想接收该批货物，于是仔细寻找单证不符点。

我国F出口公司不久后收到了来自开证行的拒付通知："我信用证规定：'…fumigated by PH，duration 72 hours in container'(在集装箱内以磷化铝进行熏蒸72小时)。根据你方所提供的植物检疫证书中仅证明：'Fumigated by PH，duration in 72 hours.'漏掉'in container'这一条件，不符合信用证要求。"对此，F出口公司认为，信用证规定：植物检疫证书一式两份，并没有明确要求在证书上必须原句不变地证明熏蒸的情况。而且我方在证书上也已经证明货物以磷化铝进行熏蒸72小时，满足了信用证的要求，所以其不符点是不成立的。但开证行坚持认为关于植物检疫证书上的相关证明的文句，即使在开立的信用证中没有明确规定必须原句不变地给予证明，但信用证中的相关规定是："在集装箱内进行熏蒸"，而F出口公司提交的证书中仅证明进行了熏蒸，而无法确认"在集装箱内"这一熏蒸地点，就是单证不符。

分析：事实上，我国F出口公司确实是在集装箱内进行的熏蒸，符合信用证要求。但由于进口公司K的别有用心，所以开证行的审单更为严格。最后，F出口公司与买方联系无果，只好将货物运回国内，降价销售，损失惨重。

本案例对出口相关人员的主要启示是，在办理信用证规定的程序与证书时，除实际程序应符合要求外，最为重要的是保证单据符合信用证要求。F出口公司虽实际上是按照规定于集装箱内进行了熏蒸，但单据中证明文句的遗漏给出口方造成结汇问题，白白遭受损失。

第一节　出入境检验检疫概述

一、出入境检验检疫的概念

依照海关总署发布并于2021年4月29日经过第五次修改的《中华人民共和国进出口商品检验法》第一章第五条："列入目录的进出口商品，由商检机构实施检验。前款规定的进口商品未经检验的，不准销售、使用；前款规定的出口商品未经检验合格的，不准出口。"另外，对于目录之外的商品，信用证规定须提交的某类检验检疫证书但商品未经相关检验检疫的，会构成单证不符，导致银行拒付的情况。

出入境检验检疫是政府的相关行政部门及商检机构依照我国的法律法规或国际惯例等，或商检公司根据进出口双方的要求对要进出口的货物、交通工具、随行人员等进行检验的一项工作。货物检验检疫，即检验检疫人员对进出口货物的品质、数量、重量、卫生、包装等进行检查，并出具相关证书，以证明货物的状态。国境卫生检疫机关对来自疫区的、被检疫传染病污染的或者可能成为检疫传染病传播媒介的货物应进行卫生检查，实施消毒、除鼠、除虫或者其他卫生处理。出入境检验检疫的主要目的是为了检验货物情况是否与合同及其他单据上载明的情况相符，以及保护人类健康和安全、保护动物或者植物的生命和健康、保护环境、防止欺诈行为、保护国家安全、维护国家和社会的整体利益。作为货物进出口从业人员的一项法定职责，应受到相关当事人的重视。

我国目前与出入境检验检疫有关的法律法规主要有《中华人民共和国进出口商品检验法》《中华人民共和国进出口商品检验法实施条例》《中华人民共和国进出境动植物检疫法》《中华人民共和国进出境动植物检疫法实施条例》《中华人民共和国国境卫生检疫法》《中华人民共和国国境卫生检疫法实施细则》以及与进出口食品安全相关的法律等。相关从业人员须对该类法律法规有基本的了解。

二、法定检验与非法定检验

出入境检验检疫广义上可以分为法定检验与非法定检验两种。

海关总署会依照商检法及其他法律规定，制定、调整必须实施检验的进出口商品目录并公布实施。而法定检验则是出入境检验检疫机构根据上述进出口商品目录，对列入目录的进出口商品以及法律、行政法规规定须经出入境检验检疫机构检验的其他进出口商品实施检验。相关报检人员须对照目录判断所报检货物是否属于法定检验，并时刻关注海关总署对目录的更新调整。目前，除对目录内的进出口商品实施检验检疫外，相关机构还对法定检验以外的进出口商品，根据国家规定实施抽查检验。列入检验检疫法检目录的进出境商品，必须经出入境检验检疫机构实施检验检疫和监管，海关凭此办理进出口放行手续。这是国家强制性要求的检验，属于法定义务。法定检验的主要方式有逐批检验与抽批检验，检验的监管模式主要有型式试验模式、过程监控模式（过程检验模式）、符合性验证模式、符合性评估模式、合格保证模式、备案登记模式六种。检验检疫机构根据进出口企业的管理状况、商品结构和特点，可以对不同的对象选取不同的监管模式。[①]对于法定检验的标准，《中华人民共和国进出口商品检验法》规定："按照国家技术规范的强制性要求进行检验；尚未制定国家技术规范的强制性要求的，应当依法及时制定，未制定之前，可以参照国家商检部门指定的国外有关标准进行检验。"

非法定检验一般属于商业检验。它是由进出口双方经过协商在合同中另行规定的、由双方均认可的第三方检验检疫机构对进出口货物各方面的检验。非法定检验检疫不具有强制性，是根据进出口双方的需求而自行规定的。国际上知名度与认可度较高的第三方检验检疫机构主要有瑞士通用公证行（SGS）、香港天祥化验公证行（Intertek）、中国检验认证集团（CCIC）、必维国际检验集团（BV）、德国莱茵集团（TÜV）、日本海事鉴定协会（NKKK）等。

一般来说，两者最主要的区别在于检验检疫的机构。法定检验的机构一般是国家的官方检验检疫机构，而非法定检验的机构多为商会、协会等设立的半官方或民间、商业性的检验检疫机构。

三、报检概述

1. 报检的范围与时限和地点

报检，即从事进出口业务的相关当事人依照我国检验检疫法律法规，填制报检单，将报检单与其他必要的随附单证一并提交，向相关机构申请办理货物的检验与鉴定的行为。报检分为自理报检与代理报检两种。

（1）报检的范围

依据海关总署发布并于2018年11月23日第四次修正的《出入境检验检疫报检规定》，需要报检的货物范围如下。

① 国家法律法规规定须经检验检疫的；

② 输入国家或地区规定必须凭检验检疫证书方准入境的；

③ 有关国际条约规定须经检验检疫的；

④ 申请签发原产地证明书及普惠制原产地证明书的。

依据国务院发布的《中华人民共和国进出境动植物检疫法实施条例》，需要按照国家规定申请检疫的主要有以下几种类型。

① 进境、出境、过境的动植物、动植物产品和其他检疫物；

② 装载动植物、动植物产品和其他检疫物的装载容器、包装物、铺垫材料；

③ 来自动植物疫区的运输工具；

④ 进境拆解的废旧船舶；

⑤ 有关法律、行政法规、国际条约规定或者贸易合同约定应当实施进出境动植物检

---

① 资料来源：中华人民共和国商务部，http://www.mofcom.gov.cn/.

疫的其他货物、物品。

除此之外，还包括输入国要求检验检疫的、买卖合同规定须检验检疫的、国际惯例或规定要求检验检疫的货物。报检人员还须注意，有些国家规定，进出口某一类货物时，运载该批货物的运输工具也必须接受检验检疫，否则无法进出口境，报检人员也要对相应的运输工具予以报检。

（2）报检的时限和地点

对入境货物，应在入境前或入境时向入境口岸、指定的或到达站的海关办理报检手续；出境货物最迟应于报关或装运前 7 天报检，对于个别检验检疫周期较长的货物，应留有相应的检验检疫时间。另外，对于一些特殊货物的报检另有规定，例如：输入微生物、人体组织、生物制品、血液及其制品或种畜、禽及其精液、胚胎、受精卵的，应当在入境前 30 天报检；输入其他动物的，应当在入境前 15 天报检；输入植物、种子、种苗及其他繁殖材料的，应当在入境前 7 天报检；须隔离检疫的出境动物在出境前 60 天预报，隔离前 7 天报检。

输入动植物、动植物产品和其他检疫物的，货主或者其代理人应当在进境前或者进境时向进境口岸动植物检疫机关报检。属于调离海关监管区检疫的，运达指定地点时，货主或者其代理人应当通知有关口岸动植物检疫机关。属于转关货物的，货主或者其代理人应当在进境时向进境口岸动植物检疫机关申报；到达指运地时，应当向指运地口岸动植物检疫机关报检。

2. 报检时所需的单证

（1）入境报检所需的单证

入境报检时，应填写入境货物报检单并提供合同及信用证副本、发票、提单、装箱单等有关单证。另外，存在以下情况的，还应当另外提供一些必要单证。

① 国家实施许可制度管理的货物，应提供有关证明。

② 申请品质检验的还应提供国外品质证书或质量保证书、产品使用说明书及有关标准和技术资料；凭样成交的，须加附成交样品；以品级或公量计价结算的，应同时申请重量鉴定。

③ 报检入境废物原料时，还应当取得装运前检验证书；属于限制类废物原料的，应当取得进口许可证明。海关对有关进口许可证明电子数据进行系统自动比对核验。

④ 申请残损鉴定的还应提供理货残损单、铁路商务记录、空运事故记录或海事报告等证明货损情况的有关单证。

⑤ 申请重（数）量鉴定的还应提供重量明细单、理货清单等。

⑥ 货物经收、用货部门验收或其他单位检测的，应随附验收报告或检测结果以及重量明细单等。

⑦ 入境的动植物及其产品，在提供贸易合同、发票、产地证书的同时，还必须提供输出国家或地区官方的检疫证书；须办理入境检疫审批手续的，还应当取得入境动植物检疫许可证。

⑧ 过境动植物及其产品报检时，应持货运单和输出国家或地区官方出具的检疫证书；运输动物过境时，还应当取得海关总署签发的动植物过境许可证。

（2）出境报检所需的单证

出境报检时，与入境检验一样，应填写出境货物报检单并提供合同及信用证副本、发票、提单、装箱单等有关单证，除了上述单证，存在以下情况的，还应当满足相应要求。

① 国家实施许可制度管理的货物，应提供有关证明。

② 出境货物须经生产者或经营者检验合格并加附检验合格证或检测报告；申请重量鉴定的，应加附重量明细单或磅码单。

③ 凭样成交的货物，应提供经买卖双方确认的样品。

④ 生产出境危险货物包装容器的企业，必须向海关申请包装容器的性能鉴定。生产出境危险货物的企业，必须向海关申请危险货物包装容器的使用鉴定。

⑤ 报检出境危险货物时，应当取得危险货物包装容器性能鉴定结果单和使用鉴定结果单。

⑥ 申请原产地证明书和普惠制原产地证明书的，应提供商业发票等资料。

随着口岸通关效率的进一步提升，如今，报检时所需的单证提交均已实现电子化。根据海关总署于 2018 年 7 月 11 日发布的《关于检验检疫单证电子化的公告》，相关申请人向海关办理检验检疫手续，可按照以下要求提供单证电子化信息，无须在申报时提交纸质单证。

① 国内外相关主管部门或机构出具的单证，实现联网核查或可互联网查询的，只须录入单证编号。尚未实现联网核查且不能通过互联网查询的，须上传单证扫描件。

② 海关出具的资质证明及其他单证，只须录入相关资质证明或单证编号。

③ 法律、法规、规章规定应当向海关提交的其他证明、声明类材料，只须依法申明持有相关材料。

海关监管过程中按照风险布控、签注作业等要求需要验核纸质单证的，申请人应当补充提交相关纸质单证。

3. 检验检疫流程

一般来说，在法定检验中，出境货物是先进行检验检疫工作，经检验合格后，通关放行；入境货物则是先通关放行后，再安排检验检疫工作，如有检验不合格的情况则作退运或销毁等处理。而非法定检验中，则是商检机构按照进出口方的要求对货物做出公证、鉴定等，并签发相关证书。在出口国境内的检验检疫可以分为卖方仓库检验检疫与装运港（地）检验检疫；在进口国境内的检验检疫可以分为买方仓库检验检疫与目的港（地）的检验检疫。对一般货物的检验可以分为以下几种方式：在装运地进行品质、数量、重量等的检验；在目的地进行品质、数量、重量等检验；在装运地检验后，检验证书作为议付款项的主要依据，但货物到达目的地后，进口方有权对货物实施复验；在装运地进行重量检验，在目的地进行品质等其他检验。其中，第三种方式因其公平性，使用最为普遍。一般情况下，相关人员从申请报检到获取相关检验检疫证书的间隔时长在 15 天左右。以出境货物法定检验检疫为例，检验检疫的基本流程如图 10 - 1 所示。

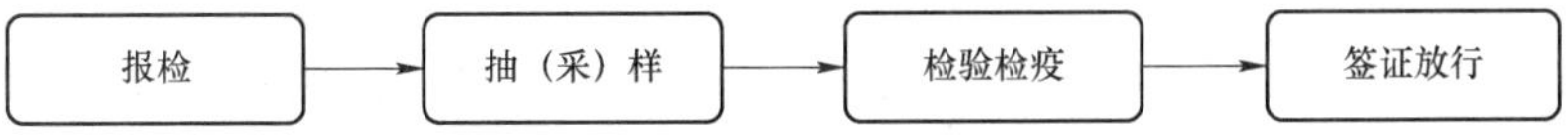

图 10 - 1　出境货物检验检疫流程

（1）报检

由进出口企业的报检人员或代理报检的报检企业向受理机构提出报检申请并提交有关材料。如今，报检业务一般采用网上申报的方式。相关人员通过登录“中国电子口岸”或者“中国国际贸易单一窗口”、海关总署的“互联网+海关”网站进行网上报检业务申报，须按照报检单的相关填制要求认真填写（目前实行“关检合并”，报关单与报检单合并为一张单据），申报成功后打印入/出境货物报检单，原则上一批货物只允许填写一张报检单，报检单完成后再到隶属海关受理部门办理。海关工作人员根据有关规定审核报检资料，符合规范要求的予以受理，不符合要求内容的一次性告知企业进行补正。

报检的相关细则如前文所述。相关报检人员应严格按照要求完成出入境检验检疫的申报。在货物报检成功至抽样检验的这段时间内，未经检验检疫人员允许，进出口收发货人不得随意处置货物。

（2）抽（采）样

进出口货物的数量一般较多，因此，相关检验检疫人员对货物实行抽样检查。通常情况下，海关会根据有关工作规范、企业信用类别、产品风险等级，判别是否需要实施现场检验及是否需要对产品实施抽样检测。在确定检验批次后，检验检疫人员将于货物堆放现场对货物进行简单随机抽样。当遇到有些货物不能直接用于检验的，例如矿石与金属、某些纺织布料等，还须对所抽取样品进行一定的加工处理。常见的抽样方式有包装前抽样、装货时抽样等，具体抽样方式依据货物情况而定。

（3）检验检疫

检验检疫人员在确定审查标准与不合格品的分类标准后，进行检验检疫工作，审查标准往往是合同中规定的审查标准以及我国相关法律法规中规定的标准或国际标准，合同中要求的审查标准优先考虑。检验检疫人员依据相应标准并根据所须出具的证书类型，采取必要的技术手段对货物的相关方面予以检查。对于动植物产品，要另外按照《中华人民共和国进出境动植物检疫法》《中华人民共和国国境卫生检疫法》及相关实施条例进行检疫工作，包括对该类货物的卫生除害处理等。在进行检验检疫的过程中，如海关发现存在对人身安全、财产安全、环境保护等构成威胁的货物，海关有权对相关进出口货物实施查封与扣押管理，即海关为履行检验检疫职责依法实施的核查、封存或者留置等行政强制措施，或由出入境检验检疫机构责令当事人销毁。其他项目不合格的，可以在海关监督下进行技术处理，并申请复验，经重新检验合格的，方可进入输入国境内。

进出口商品报检人员如对商检机构做出的检验结果有异议，可以向原商检机构或者其上级商检机构以至国家商检部门申请复验，由受理复验的商检机构或者国家商检部门及时做出复验结论。

（4）签证放行

海关实施检验检疫监管后建立电子底账，向企业反馈电子底账数据号。海关受理报检并进行相关检验检疫程序后，当事人申请海关出证的，海关应当及时出证，出证前计收检验检疫费与签证费等相关费用。一般情况下，检验检疫证书只有一份正本，对副本数量有要求时须提前说明。经检验检疫合格的货物，海关将签发出境货物检验检疫证明及贸易另一方所需的其他商检证书，且海关通关放行。

案例分析

我国浙江一出口企业 Z 向美国公司 R 出口一批袜子。从开证行开来的信用证看，信用证规定该批袜子必须是 100%纯棉，且出口方提交单据时须提交该批袜子的品质检验证书。开证行在审单时，认定出口方提交的单据中存在单证不符的情况。信用证与合同中的该批货物品名是“socks”，而在袜子的品质检验证明书中，该批商品的品名为“cotton socks”（棉袜），相关工作人员在填制证书相关信息时，将品名与美国进口方对袜子的质量要求融合在了品名中，而没有严格依照信用证与合同的规定来填写。最后，美方拒付。若货物退运将导致更为惨重的损失，于是我方接受了进口方降价销售的要求，遭受了不必要的经济损失。

分析：不管双方在买卖合同或信用证中有没有对货物的其他规定，单据中的货物品名、数量、重量等一些必要条件应与信用证和合同相符的。单证不符造成银行拒付的情况下，出口方的任何解释与辩解均无效。

第二节 出入境检验检疫证书的作用与种类

一、出入境检验检疫证书概述

出入境检验检疫证书也分为法定检验下与非法定检验下签发的证书。法定检验下签发的证书是指商检机构或第三方授权机构，根据国家法律法规对进出口货物进行检验和鉴定后，对进出口的商品的质量、规格、卫生、安全、包装、数量、重量等做出证明的文件。非法定检验下签发的证书是商检机构依照进出口双方的要求签发的，它是进出口双方自愿对货物做出检验检疫，商检机构于鉴定后签发的。根据海关总署的相关部署，自 2020 年 8 月 1 日起，进出口企业要取得出入境货物检验检疫证书的，可以访问“电子证书信息查询”页面或者登录“中国国际贸易单一窗口”等网站，输入出入境检验检疫证书的相关编号与查询码查询和证书有关的电子信息，并由企业根据需要自助下载打印。企业如有需要，也可按照原流程正常领取纸质版出入境检验检疫证书。

另外，不同的出入境检验检疫证书都有不同的有效期限，出口方应在有效期限内及时交单，超过证书有效期时，相关报检人员须重新报检并取得证书。如相关报检人员发现证书内容有误或不符合要求，需要申请更改证单时，应首先填写更改申请单，同时交附有关函电等证明单据，并交还原证单，经审核同意后方可办理更改手续，新签发的检验检疫证书须注明为更改件。如品名、数（重）量、检验检疫结果、包装、发货人、收货人等重要项目更改后与合同、信用证不符的，或者更改后与输出、输入国家或地区法律法规规定不符的，均不能更改。检验检疫证书遗失后需补办的，须申请并说明原因，经检验检疫机构批准后，原证书作废，并签发新证书。

以下是货物进出口合同、信用证中对出入境检验检疫证书的规定条款示例，相关人员应按照要求办理相应的证书。

（1）货物进出口合同中检验检疫证书条款示例如下。

The seller shall before making delivery，make a precise and comprehensive inspection of the goods as regards the quality，specifications，performance and quantity/weight.After arrival of the goods at the plant site，the Buyer shall apply for a preliminary inspection in respect of the quality，specifications and quantity/weight of the goods and survey report shall be issued therefore.If discrepancies are found by relatedagenciesregarding specifications or the quantity or both，except when the responsibilities lie with insurance company or shipping company，the buyer shall，within 30 days after arrival of the goods at the plant site，have the right to reject the goods or to claim against the seller.

卖方应在交货前对货物的质量、规格、性能和数量/重量进行精确、全面的检验。货物到达工厂后，买方应申请对货物的质量、规格和数量/重量进行初步检验，并出具检验报告。如果相关机构发现规格或数量或两者均不符，除非责任在保险公司或船公司，买方在货物到达工厂后 30 天内有权拒收货物或向卖方提出索赔要求。

（2）信用证中检验检疫证书条款示例如下。

Certificate of Analysis in duplicate in English version，issued by manufacturer with detailed specification.

分析证书一式两份（英文版），证书由制造商出具，并附有详细的规格说明。

案例分析

位于我国东北地区的一谷物出口企业D与俄罗斯一进口企业G签订了一笔买卖合同，该俄罗斯进口企业想进口一批东北玉米，并以信用证方式付款。订立合同前，俄罗斯进口企业询问了 D 出口企业他们的玉米普遍含水量，称自己希望玉米含水量在 12%以下。D 出口企业告知本企业出口的玉米含水量在 10%与 13%左右。于是俄罗斯进口企业 G 同意订立合同，信用证中规定 CFR 圣彼得堡，信用证中同时规定出口方须提交一份该批玉米的品质检验证书，检验该玉米含水量多少以及其他的基本信息。我国 D 出口企业按要求发货交单，开证行审单后付款，而该俄罗斯进口企业在收到该批玉米后，又安排有关检验机构对玉米的含水量做了检验，检验报告中显示该批玉米的含水量达到 15.1%，远高于该进口企业对含水量的要求。于是 G 企业认为该检验结果与企业对玉米的质量要求不符，开证行应该拒付。那么，开证行应该拒付吗?

分析：开证行没有理由拒付。该进口企业 G 控诉玉米含水量不符合要求，认为应该拒付是没有道理的。在该笔进出口业务中，信用证上要求 D 出口企业出示一份关于该批玉米的品质检验证书，检测玉米含水量。但是进口企业 G 并没有把自己对玉米含水量低于 12%的要求写入信用证中。如写入该要求，则 D 出口企业提交的检验证书结果含水量高于 12%时，即构成单证不符，开证行有理由拒付。如未写入该要求，则 D 出口企业只须按照信用证规定上交品质检验证书，即满足了交单条件，未构成不符点，开证行必须付清款项。G进口企业只能通过协商的方式让D出口企业赔偿一些损失，但无权要求开证行拒付。

二、出入境检验检疫证书的作用

出入境检验检疫证书是具有法律效力的公证文件，它在进出口业务中扮演着十分重要的角色，大多数的进出口业务的合同与信用证中都有提交检验检疫证书的规定，其作用不可忽视。一般来说，出入境检验检疫证书的作用包括但不限于以下几点。

1. 租船订舱时的重要凭证

进出口收发货人或其他代理人在办理租船订舱时，相关检验检疫证书会成为重要凭证。在与船公司协商运费时，有关货物的数量、重量检验证书、价值检验证书等都是运费计算的依据。涉及装卸、理货、平舱等港口相关费用的计算时，也以相关检验检疫证书为准。

2. 海关计税放行以及关税减免的必要证件

出入境检验检疫证书对于海关计征进出口关税也有很大的影响。例如，因各贸易协定的签订等，原产国不同的货物所适用的进口关税税率也会有很大差异，产地检验证书则可作为确定适用税率的依据；品质检验证书上的商品名称也会成为货物税则号列归类的凭证。此外，出入境检验检疫证书也是进口国准入的有效证件，进行出入境检验检疫是从事货物进出口人员的法定职责，未获相关检验检疫证书的进出口货物，海关不予放行。

3. 出口方议付结汇的重要依据

《民法典》第六百一十条规定："因标的物不符合质量要求，致使不能实现合同目的的，买受人可以拒绝接受标的物或者解除合同。"出入境检验检疫证书则是最客观、真实地反映货物相关情况的文件。信用证项下货物进出口业务中，未按照信用证与合同中明确规定的出入境检验检疫证书类型与数量提交相关证书的出口方，议付行会因单证不符而拒绝议付，无法成功结汇。

4. 进出口方索赔与赔偿、仲裁及诉讼的凭证

进出口货物出现品质、数量不符合要求或出现残损等情况而涉及索赔时，进口方凭反映货物实际情况的品质检验证书、数量检验证书及验残检验证书等向出口方、承运人或保险人提出索赔，赔偿金额也以检验证书为准。如进出口货物的争议无法解决而采取仲裁甚至是诉讼措施时，出入境检验检疫证书也是反映货物情况的重要依据。

5. 作为货物定价的依据

有一些价格与品质关系较大的商品，例如纺织纤维制品与粮食的价格，受到品质与含水量等因素影响较大，须凭检验检疫证书结果确定货物品质，进而确定货价。一般情况下，合同中订有价格增减条款的均须以检验检疫证书结果定价。

6. 保护各国及其人民安全

如进出口货物途经发生重大传染病国家（或地区），或携带有破坏生态的害虫等其他生物时，则其出入境时的检验检疫证书的签发以及相关人员对货物进行的一系列卫生

处理等，都能从根源处阻断传染源及有害生物的出入境，切实保护国家与人民的安全。

综上所述，出入境检验检疫证书是进出口业务中多个环节的重要凭证，进出口业务相关人员应按照买卖合同与信用证要求，以及国家法律法规办理好出入境检验检疫证书。

案例分析

我国一煤炭进口企业C欲向印度尼西亚某煤炭出口企业S进口一批动力煤。由于印度尼西亚的煤炭品质较为参差不齐，因此C进口企业派人前往印度尼西亚监装。但由于天气与签证原因，C进口企业的工作人员只监装了五天即回国。两公司在合同中约定双方同意以位于印度尼西亚的一家中资商检公司E对煤炭的检验结果为准。货物全部装运完并离港，在货物到达目的港前两天，商检公司E才正式出具商检证书。证书结果显示，该批煤炭符合合同与信用证规定。货物到达目的港后，C进口企业要求国际知名商检企业F对货物进行重新检验，结果显示，该批货物质量很差，完全不符合规定。为避免自身损失，C进口企业一边配合开证行严查S出口企业提交的信用证单据，希望找出不符点拒付，一边又联系S出口企业派人前来卸货港解决货物品质问题。但S出口企业拒绝该要求，并要求C进口企业尽快解付信用证。该企业认为C进口企业必须先履行付款义务，才能就品质问题向该企业提出索赔，况且双方已经在合同中明确了同意以中资商检公司E的检验结果为准。C进口企业在明知货物质量完全不达标的情况下，为控制风险，也坚决不同意先行支付货物全款。

分析：经双方多次讨论以及多方的调解，S出口企业先行向C进口企业赔偿200万美元，随后C进口企业解付了信用证。本案例的主要启示是，从事进出口业务的人员在订立合同的检验条款时，一定要对约定的商检机构进行考察与审核。这对避免损失与风险是很重要的一点。

三、出入境检验检疫证书的种类

出入境检验检疫证书依据所检验的方面不同而产生多种类型，广义上可以分为货物检验与公证鉴定两大类。其中货物检验即对货物的品质、数量、重量等各方面信息的检验，而公证鉴定主要是指经过残损鉴定、积载鉴定、货载衡量鉴定等流程而签发的证书。常见的出入境检验检疫证书主要有以下几类。

（1）品质检验证书，即证明进出口商品品质和规格、所含成分及货物等级、结构、加工标准的证书，它是出口时交货结汇以及进口时进行结算索赔的重要凭证。

（2）重量检验证书，即证明进出口商品重量、包装情况、件数等的证书，该证书中的结果须与其他信用证项下的随附单据内容不矛盾，包括商业发票、装运单据以及其他单据等。该证书对报关征税以及运费计算都有很重要的凭证作用。

（3）数量检验证书，即证明进出口商品数量的证书，用以证明实际的货物数量是否与买卖合同和信用证中内容相一致。

（4）兽医检验证书，即证明进出口动物产品或食品在进出口前经过了兽医检验，未经过疫情风险区，符合检疫要求而出具的证书。该证书主要适用于牲畜、冻肉、毛绒类等进出口货物的检验检疫。

（5）卫生检验证书（又称健康机构证书），即证明出口的动植物产品、食品经卫生检验，未受传染病感染的，可供食用和使用而签发的证书。一般适用于罐头、冻品、肠衣、蛋制品、乳制品及水果等产品的检验检疫。

（6）消毒检验证书，即证明出口动物产品经过消毒处理后，保证安全卫生而出具的证书。例如检验猪鬃、马尾、山羊毛等动物皮毛商品就使用此种证书。

（7）产地检验证书，即证明出口商品原产地的证书，包括一般产地证、普惠制产地证、限制禁运产地证、野生动物制品产地证等，它是进口国通关验放和减免征收关税的有效凭证。

（8）价值检验证书，即证明出口商品价值的证书，主要用于证明发货人发票所载商品价值属实正确。它也是国家外汇管理局与国家税务总局进行外汇管理与关税征收的重要依据。

（9）验残检验证书，即证明进口商品残损情况对货物价值影响程度的估定、判断致损原因的证书。货物短失、残损及遭受污染等在国际贸易业务中也较为常见，发生类似情况后，受损方可以凭借验残检验证书向责任方进行索赔。

（10）熏蒸证书，即证明进出口的粮谷、豆类以及用于包装或填充的木材或植物性材料或其他动植物产品，已经经过熏蒸消毒及其他卫生处理，最大限度地减小了携带害虫或其他有害生物的证明文件。熏蒸证书的内容有时会直接列入品质检验证书。

（11）温度检验证书，即用来证明出口冷冻商品温度的证书。有时，关于该类商品的测温结果直接计入品质检验证书，无须单独签发温度检验证书，视实际要求而定。

（12）积载鉴定证书，即证明船公司以及集装箱装货部门正确配载积载货物，采取隔离、通风、垫衬等必要措施装载货物，按照要求履行了运输契约义务。该证书主要包括了货物的标记与包装情况，以及船公司装船前的准备工作及积载经过等。它是货物交接以及在货物短失或遭受货损时争议处理的重要依据。

（13）货载衡量检验证书，即证明进出口货物的重量以及体积吨位的证件。在运费计算以及制定配载计划的过程中，该证书也是重要依据之一。该证书一般由承运人申请办理。

（14）生丝品级及公量检验证书。它是生丝进出口专用证书，是对生丝的质量、数量、重量、纤度、清洁程度以及外观等信息进行验证的证书，可以理解为生丝的品质检验证书和数量/质量检验证书。该证书因格式特殊以及内容较多而自成一类。

（15）船舱检验证书，即证明装运进出口货物的船舱的清洁、密封、冷藏等效能以及其他必要的技术条件，船舱是否进行消毒、是否有异味等，是否符合保护所运载商品的质量与数量等完整与安全的要求。该证书主要是作为承运人履行租船契约的重要凭证。同时，与积载鉴定证书一样，也可作为货物交接以及在货物短失或遭受货损时争议处理的重要依据。

除此之外，常见的出入境检验检疫证书还有包装检验证书、集装箱租箱交货检验证书、植物检疫证书等。如果外商要求提供其他名称的证书，可建议对方采用上述种类的证书。如对方坚持，可酌情灵活处理。最终证书办理的种类应依据合同或信用证规定以及行业习惯与市场需求。不管是何种证书，都应由政府设立的商检机构、经过授权或认可的第三方检验机构或者进出口双方约定并均认可的商检机构经过检验检疫手续后签出。

案例分析

我国山东H出口企业向韩国一水果进口企业出口一批箱装苹果。两企业订立合同并约定以信用证付款。该韩国进口企业在委托开证行开立信用证时要求开证行于信用证中规定："卖方必须提交由第三方检验机构出具的商品净重检验证书"。信用证开立后，我国出口企业第一时间发货。该韩国进口企业在收到货物外，发现该批箱装苹果不仅质量不合要求，且出口企业未按信用证要求提供商品净重检验证书，而是仅提供了重量单。该韩国进口企业立即委托开证行向议付行提出拒付，但此时，议付行已将货款押出。议付行事后向开证行催付货款，开证行提出进口企业的拒付申请后，议付行解释我国出口企业所附的由出口企业自己出具的重量单即为净重检验证书。

开证行能否拒付议付行？

分析：上述商品净重检验证书是由商检机构按国家法律法规签发的关于货物重量的公证文件，而重量单是由发货人出具的关于货物重量的说明文件，两者有本质区别，不可等同视之。因此，我国出口企业提供的重量单不满足信用证要求。议付行审单不严，错以为出口企业提交的重量单符合信用证要求。此时，根据UCP600，开证行有理由拒付议付行。议付行只能向出口企业追索押汇款项。

第三节　出入境检验检疫证书的填制与案例分析

一、出入境检验检疫证书的填制规范

出入境检验检疫证书的类型多种多样，且这些证书都有其格式规范与填制要求。出入境检验检疫证书的内容必须做到两个基本要求："货证相符"与"证证相符"。即检验检疫证书的内容必须与进出口货物的实际情况相符；此外，不同类型的检验检疫证书之间以及检验检疫证书与信用证及其他单据之间的逻辑关系也须一致。附样10–1、附样10–2是品质检验证书与熏蒸证书的样式示例（不同机构出具的证书格式也存在差异，以下是其中一种样式示例）。

附样 10－1：品质检验证书样例

中华人民共和国出入境检验检疫

ENTRY-EXIT INSPECTION AND QUARANTINE

OF THE PEOPLE'S REPUBLIC OF CHINA

品质检验证书　　编号 NO.

INSPECTION CERTIFICATE OF QUALITY

发货人

Consignor ______

收货人

Consignee ______

品名

Description of Goods ______

报检数量/重量 Quantity /Weight Declared ______ 包装种类及数量 Number and Type of Packages ______ 产地 Place of Origin ______ 到达口岸 Port of Destination ______	标记及号码 Mark & No.

运输工具

Means of Conveyance s. s. ______　　检验日期 Date of Inspection ______

检验结果:

Results of Inspection

WE HEREBY STATE THE RESULTS OF INSPECTION ARE IN CONFORMITY WITH THE CHINESE STANDARD.

签证地点 Place of Issue ______　　签证日期 Date of Issue ______

授权签字人 Authorized Officer ______　　签名 Signature ______

附样 10－2：熏蒸证书样例

中华人民共和国出入境检验检疫

ENTRY-EXIT INSPECTION AND QUARANTINE
OF THE PEOPLE'S REPUBLIC OF CHINA

正 本
ORIGINAL

共1页，第1页Page1of1

编号 No.：2180000030[redacted]

熏蒸/消毒证书

FUMIGATION/DISINFECTION CERTIFICATE

发货人名称及地址
Name and Address of Consignor [redacted]

收货人名称及地址
Name and Address of Consignee [redacted]

品名
Description of Goods SEE REMARKS

产地
Place of Origin GUANGDONG CHINA

报检数量
Quantity Declared **734CTNS

标记及号码
Mark & No.
MAGNUSSEN HOME
PONO.:013567
013441
MADE IN CHINA

启运地
Place of Despatch GUANGDONG,CHINA

到达口岸
Port of Destination LOS ANGELES,CA,USA

运输工具
Means of Conveyance BY SEA

杀虫和/或灭菌处理（DISINFESTATION AND/OR DISINFECTION TREATMENT）

日期
Date 17 Aug.,2018

药剂及浓度
Chemical and Concentration METHYL BROMIDE. $48g/m^3$

处理方法
Treatment FUMIGATION

持续时间及温度
Duration and Temperature 24hrs. 29℃

附加声明 ADDITIONAL DECLARATION

DEGASSED
CONTAINER NO. [redacted]/40HQ
[redacted]/40HQ

备注REMARKS
DESCRIPTION OF GOODS:
METAL TABLES HTS#9403.200018
WOODEN TABLES HTS#9403.608081
FURNITURE PARTS HTS#9403.908061

****

印章
Official Stamp

签证地点 Place of Issue SHENZHEN

签证日期 Date of Issue 21 Aug.,2018

授权签字人 Authorized Officer HU GENGLIANG

签 名 Signature

中华人民共和国出入境检验检疫机关及其官员或代表不承担签发本证书的任何财经责任。No financial liability with respect to this certificate shall attach to the entry-exit inspection and quarantine authorities of the P. R. of China or to any of its officers or representatives.

因篇幅限制，不同证书的填制规范无法一一罗列。现以最常见的品质检验证书为例，其填制规范如下所示。相关报检人员也应该按照要求对照栏目进行填报。

1. 编号

编号由检验机构按照报检企业与货物种类确定。

2. 证书名称

此样例名称为品质检验证书。除此之外，检验检疫证书的名称多种多样。但无论如何，检验检疫证书的名称都要遵循一个最重要的原则，即不与进出口买卖合同、信用证中的要求相矛盾。

3. 发货人

此栏一般填写货物的实际发货人或实体的名称，须与合同、信用证上的信息保持一致。原则上填写信用证受益人，信用证接受“第三方单据”的除外。

4. 收货人

此栏原则上填写信用证申请人也即合同中的买方，有时进出口双方会在信用证中对此另作规定，此时则以信用证中的要求为准。如存在货物需转口的情况，则可在该栏填写“…”符号，不必填写具体内容，或者填写“To order”制成中性抬头证书。

案例分析

我国位于深圳的一家出口厨卫用洗浴池的企业 A 与澳大利亚一进口企业 B 订立了一份该种洗浴池的进出口合同。两企业在洽谈合同的过程中，澳大利亚 B 进口企业有提到，该企业一般会根据市场价格的实际情况决定进口的货物是转售给其他澳大利亚的厨卫用洗浴池采购企业还是该企业自己销售。双方订立的合同中规定以信用证方式结汇，合同中的主要内容如下：价格术语采用 CIF 布里斯班，我国 A 出口企业在向议付行交单时需要提供一份该批厨卫用洗浴池的品质检验证书。另外，与信用证相关的规定参照 UCP600 以及 ISBP745。我国 A 出口企业在备好货源并组织发货后，提交了相关单据给议付行，其中包括品质检验证书。议付行审单付款后向开证行催款。开证行在审核单据的过程中，发现该品质检验证书中的“收货人”一栏未填写内容，而是以符号代替。开证行于是向议付行发出拒付通知，认为该品质检验证书的内容不完备，缺少重要信息，构成单证不符，且该开证行不接受该类内容不完整的检验检疫证书，“收货人”信息必须明确。于是，开证银行拒付。议付行无奈之下只好找 A 出口企业索偿，A 出口企业解释未填写收货人信息是考虑到该澳大利亚进口企业 B 可能会转手货物，故未明确填写。A 出口企业认为自己的填制没有问题，开证行不该拒付。

A 出口企业与开证行哪一方有道理？开证行的拒付理由成立吗？

分析：开证行没有理由拒付，A 出口企业的交单符合要求。合同中明确规定：信用证相关规定参照 UCP600 以及 ISBP745。对此，UCP600 中关于“审单标准”中的第 f 条款中有如下规定：“如果信用证要求提示运输单据、保险单据和商业发票以外的单据，但对该单据由何人出具或单据的内容未做出规定的，则只要所提交单据的内容看起来满足其功能需要且未与信用证对该单据的描述、其他单据以及国际标准银行实务相冲突，银行将对提示的单据予以接受。”该案例中的信用证未对品质检验证书内容做出细致规定，且检验检疫证书作为公证文件，收货人的填写并不对其作用造成重大影响。且 A 出口企业理由恰当，货物的实际收货人若不是澳大利亚 B 出口企业，检验检疫证书上的收货人就不应该明确填写，以免实际收货人不接受。开证行所谓的不接受内容不完备的检验检疫证书的理由不成立，其应及时向议付行偿付货款。

5. 品名

关于商品名称，则须与买卖合同中、信用证、发票、提单等单证中的品名保持一致，商品的名称填写须具体且清晰，可附带型号、规格等必要说明事项。

6. 报检数量/重量

对于报检数量/重量须如实填写，须与发票、提单上的数量/重量一致。在填写重量时，还须分清毛重、净重或者“以毛作净”的情况。原则上，以计价方式所用的重量为准，计价方式中所用到的是毛重，则该栏填写毛重，反之亦然。遇到“以毛作净”的情况，则此栏填写毛重。对于棉、毛等纺织纤维类货物，填写公量重。

7. 包装种类及数量

填写货物实际包装的材料及数量，采用“散装”或“裸装”等特殊方式运输方式的也须注明。以商业发票与提单中的相关内容为准。

8. 产地

填写货物的实际原产地，与合同中的原产国（地区）保持一致。

9. 到达口岸

根据实际情况填写，应与合同中的到达口岸保持一致。一般除港口外，还须填上城市与国家的名称。

10. 标记及号码

如实填写即可，以实际运输包装上的标记及号码为准。货物采用散装或裸装等方式运输，或其他无标记与号码的情况，该栏填写“N/M”，也可直接注明“散装”与“裸装”。

11. 运输工具

该栏中的内容参照提单中的情况来写，一般须包括运输方式与运输工具名称两部分。

12. 检验日期

按实际情况填写即可。填写检验日期时要考虑到检验检疫证书的有效期，以免交单时发生检验检疫证书过期现象而遭受损失。同时也应避免过早检验，有些品质等易受环境影响发生变化的货物，例如生鲜产品等，过早检验可能使到货后货物实际情况与检验检疫证书不相符，从而影响结汇或导致贸易另一方索赔的情况。

13. 检验结果

检验结果是该证书中最为核心的部分，这是相关机构经过实际检验后，对货物的真实情况做出的判断。该栏内容可以是描述性话语，也可以是“与××合同/信用证规定相符”这样的判断。该部分内容无固定格式，以实际情况为准。检验结果应该符合合同与信用证中的要求。

14. 签证地点和日期

填写检验检疫证书的实际签发地点与日期。签证地点一般为装运港口、卸货港口或检验检疫人员指定的地点，信用证另作规定的除外。一般来说，无特殊情况时，该签证日期应该位于商业发票上标注的日期与运输单据上的装运日期之间。如果签证日期晚于装运日期的时间过长，可能会导致开证行、议付行拒付或贸易另一方怀疑检验结果的问题，因此，相关人员应予以注意。另外，有些货物的性质较为特殊，例如散装油类，其签证日期可能更为灵活，信用证中会另作规定，此时，以信用证中的规定为准。有些信用证规定装船时出证，则签证日期应与提单上的日期相同。最后，还须注意签证日期与索赔有效期到期之间的时间间隔，合理把握。

15. 授权签字人

由为货物进行检验检疫的主要人员或机构指定授权人员签字。

除证书内容须完整且符合要求外，出具人或机构应在证书中签名，另外还须印有相关机构的公章，以证实其真实性与有效性。原则上签字与公章具有同等效力，但不同国家对此的要求可能存在差别，比如要求手签，不接受电子签，或认为只有签字无公章的检验检疫证书无效等，相关人员应注意货物的输入/输出国的规定。特殊情况下，有些信用证中还规定在出入境检验检疫证书中标注信用证或买卖合同编号，相关报检人员应咨询检验检疫人员及机构建议后再予以标注。信用证中对检验检疫证书内容还有其他要求的也应照办。

不同类型的检验检疫证书的主要信息要求都有所重合，不管是哪一类型的检验检疫证书，都一定要把控好“货证相符”与“单证相符”这两个原则，妥善备好相关检验检疫证书。

二、ISBP745 中关于检验检疫证书填制的规定

除出入境检验检疫证书的一般填制规范外，我们还须注意国际上对于检验检疫证书的规定与要求。下面以 ISBP745 为例，对相关规定予以介绍。ISBP745 新增了关于检验检疫证书的审核要求这一章节。其中 Q1－Q11 条是对检验检疫证书的相关规定。关于检验检疫证书的内容，ISBP745 从基本要求、检验检疫证书的出具人与检验检疫证书的内容三个方面做出了规定。

1. 基本要求

（1）当信用证要求提供检验检疫证书时，其名称可以是信用证规定的名称、无名称或是相似名称，只要其具有证明货物各方面信息的功能即可。

（2）当信用证要求检验检疫必须发生在装运之前时，该证书的签发日期应当不晚于装运日期；或者在表明检验检疫行为发生在装运当日或装运日之前的前提下，检验检疫证书日期可以晚于装运日期，但不应该晚于该检验检疫证书的交单日期；或直接以“装船前检验证书”命名。

2. 证书出具人

（1）检验检疫证书应当由信用证规定的实体机构出具。

（2）当信用证未明确规定出具检验检疫证书的机构名称时，证书可由包括信用证受益人在内的任何机构或实体出具。

（3）当信用证使用了“独立的”“正式的”“合格的”等词汇描述检验检疫证书的出具人时，证书可以由除信用证受益人以外的任何机构与实体出具。

3. 证书的内容

（1）相关检验检疫证书可以只测试、检验和分析所要求的货物的样品，或者对多于信用证或任何其他单据中规定的数量、多于提单或租船提单上的数目进行检验检疫。

（2）当信用证中规定了关于检验、健康、动植物检疫、数量或质量评估等方面的明确要求时，无论是否规定单据与这些要求相符，检验检疫证书以及其他要求的单据中提到的检验、健康、动植物检疫、数量或质量评估等方面的数据或内容不得与这些要求相矛盾。

（3）当信用证上没有明确规定检验检疫证书的具体内容（包括但不限于为确定分析、检验、评估的结果所依据的标准）时，检验检疫证书中可以包含诸如“不适合人类消费”“化学成分可能无法满足需求”等措辞的申明，只须这类申明不与信用证和其他单据以及UCP600等国际惯例产生矛盾即可。

（4）当检验检疫证明中显示收货人信息时，其不应与运输单据中的收货人信息相矛盾，但是当信用证要求的运输单据中的收货人为“凭指示”“凭托运人指示”“凭开证行指示”“凭指定银行（议付行）指示”或“收货人：开证行”时，检验检疫证书中的收货人可以为信用证受益人以外的任何一个具名实体。当信用证被转让时，收货人可以是第一受益人。

（5）检验检疫证书的发货人或出口商可以是信用证受益人或其他单据中的托运人以外的实体。

（6）只要检验检疫证书中的出口商或发货人不是信用证受益人，该检验检疫证书就可以显示与其他一种或多种规定单据中标注的发票号码、发票日期以及运输路线不同的内容。

为进出口货物办理报检的相关人员除了要熟知我国制定的有关进出口货物检验检疫的法律法规之外，也一定要熟知相关国际惯例的更新变动。

三、检验检疫证书填制的注意事项

（1）检验检疫证书填制的首要要求是实事求是，即其内容必须是相关检验检疫人员根据对货物的实际检验检疫过程出具的结果，要有充分的定量与定性结论作为支撑，要保证检验检疫证书的真实性与客观性，不能为符合合同与信用证规定而扭曲事实。

（2）检验检疫证书的各部分要件须填写完整，不得错漏或涂改，更不得伪造。应保持证书清洁，其内容的逻辑须清晰，不得自相矛盾。

（3）在填制出入境检验检疫证书时，须弄清填制证书的语种要求，是以中文、英文还是其他规定语种出具。

（4）如信用证中规定出入境检验检疫证书由外国的商检机构出具，我方须注意时差导致的出证日期不一致以及国内外的检验检疫标准存在差别而可能导致不同结果的情况。

（5）同一批货物如需分批检验检疫并签发证书的，须在不同的检验检疫证书上注明。

（6）如信用证对出入境检验检疫证书的内容有特殊要求，报检人员应提前向相关检验检疫人员及机构声明。

本章小结

出入境检验检疫作为进出口业务中的必要一环,对国家安全与环境保护等都具有重大意义。同时，检验检疫证书也是国际贸易单证中的重要单据。本章首先对出入境检验检疫的概念与流程予以介绍，对报检相关的基本信息也做出阐述，以使读者对出入境检验检疫有基本了解并认识到其重要性。另外，在此基础上，本章又对检验检疫证书做出了详细介绍，包括检验检疫证书的概念、分类、作用等。同时以品质检验证书为例对出入境检验检疫证书的内容与其填制规范做出介绍，并指出证书填制过程中的一些注意事项等。另外，还对 ISBP745 中与检验检疫证书相关的内容做了介绍。当然，相关人员除熟知相应的规定外，也要关注国内法律的修订与国际惯例的版本更新，以防止在实际业务中产生争议。进出口从业人员须严格按照国家相关法律法规与国际惯例，完成出入境检验检疫工作，并取得检验检疫证书这一重要单证。

思考题

1. 法定检验与非法定检验的主要区别是什么?
2. 报检时必需的单证主要有哪些? 存在特殊情况时还需要哪些证件?
3. 出入境检验检疫的基本流程是怎样的?
4. 什么是出入境检验检疫证书?
5. 出入境检验检疫证书的种类主要有哪些?
6. 出入境检验检疫证书的主要作用都有哪些?
7. 品质检验证书中主要栏目的填制都有哪些要求?
8. ISBP745 中有哪些与出入境检验检疫证书相关的规定?
9. 出入境检验检疫证书的填制过程中有哪些常见问题与注意事项?

案例讨论题

1. 我国广东东莞一家出口企业向日本出口一批茶具，双方约定以信用证方式结汇，信用证中规定我国出口企业向议付行交单时，应提交一份品质检验证书，且信用证中额外规定品质检验证书的出证日期应晚于提单签发日期（the date of inspection is later than the date of bill of loading）。由于我国出口企业相关人员的疏忽，未仔细审查信用证条款，在发货后交单时被议付行发现品质检验证书日期的不符点，拒付货款。出口企业才意识到该条款属于信用证“软条款”，出口企业因此蒙受损失。

此时，我国出口企业能够采取哪些可以减少损失的措施?

2. 我国山东某化工产品出口企业 A 与澳大利亚一进口公司签订了一份化工产品出口合同。在出口合同中，双方就该化工产品订立的主要条款如下：该化工产品的二氧化钛含量不得低于 98%，重量为 18.57 公吨，价格为 CIF 悉尼每公吨 1 136 美元，并以信用证方式付款，装运期为 2017 年 12 月 31 日之前。其中关于产品的检验，合同中写有："商品的品质、数量与重量均以中国进出口商品检验证书为最后的依据。"我国 A 出口企业在收到信用证后便安排货物的装运。随后，A 出口企业向议付行提交相关单据，其中包括由山东省某一进出口商品商检机构出具的商检证书，其中显示的二氧化钛含量为 98.48%，货物的数量、重量等也符合合同中的相关规定。议付行凭单证议付款项。澳大利亚公司在收到货物二十天后，向我国山东 A 出口企业提出索赔，并将 SGS 的检验报告发送至 A 企业，称根据检验报告结果，该批化工产品质量不达标，二氧化钛含量只有 92.74%，货物与合同要求"完全不符"，A 出口企业须予以赔偿。

我国 A 出口企业应该向澳大利亚进口方赔偿吗？哪一方有理？

第十一章　进出口报关单证与案例分析

案例导入

出口税号“申报错误”与“申报不实”的合规风险控制与解决

一家位于深圳的A出口企业近三年一直在从事芳香剂的出口。在海关对A出口企业的稽查中，海关认定，该芳香剂产品的税则号列存在申报不实的违规情况。经过该企业相关人员的测算，如果税务部门取消该产品的出口退税优惠政策进而征收增值税的话，企业损失将达1 700万。海关因该企业申报违规，要对该企业处以罚款及其他行政处罚，而A出口企业表示，自己所申报的税则号列在海关总署制定的《进出口税则商品及品目注释》中可以找到明确依据，并且公司也在不同时间点接受了不同海关对进出口的实质性归类审核，不能证明公司存在申报过错。但A出口企业不知该如何采取救济措施，又害怕采取恰当维权后得不偿失，受到海关的行政处罚。但高额的增值税让公司无法接受这一结果。于是A出口企业决定寻求律师帮助。

案例解析：受A出口企业委托的律师对整个案件的情况进行了多次了解后，掌握了关键事实与依据。与A出口企业协商后，律师决定协助该公司向海关提交行政复议申请，力求海关撤销对申报的违规定性认定。律师认为：企业申报的海关商品编码需要修改并不代表税则号列申报不实，也不能等同于企业违规。企业可以通过合法且适当的程序，对税则号列申报错误的法律风险加以控制。根据《海关总署关于发布第2号行政解释（试行）的决定》等规定，海关对当事人申报的税则号列曾进行过实质性归类审核，如果事后需要修改，除另有规定外，不应认定申报存在违规。事实证明，不同的海关曾分别在不同的时间就申请人进出口的对应货物进行过实质归类审核，并以申报税号作为归类审核结果通关放行。因此，申请人长期以来就同一种类货物在海关申报的税号，由海关实质性归类审核确定无误后通关放行。即使海关后来改变了归类决定，也不应认定为企业之前存在申报“违规”行为。企业申报税号的确可以在《进出口税则商品及品目注释》找到明确依据。无论是从法定归类依据出发，还是从对海关执法的合理性着眼，企业的申报都没有过错。不存在依法应当认定为申报不实的“违规”行为。综上所述，某海关认定申请人“违规”存在法律依据不足的问题，明显不当，请求行政复议机关依法予以撤销或变更。

在复议期限的最后一天，A出口企业向海关递交了行政复议申请，请求复议机关将海关的原有稽查结论予以撤销，并确认企业不存在违规。在企业提出复议申请一周之后，海关撤销了原有稽查结论并重新发布稽查结论，对企业的复议要求予以认可，撤销认定企业申报不实违规的决定。企业原本因申报不实可能导致 1 700 万损失的风险也得以免除。

因此，企业在出口申报税号被要求修改之时，首先应该要高度重视并仔细评估后续对出口退税可能造成的影响，防控潜在的损失风险。其次，海关目前对行政执法合法合理性的控制比较重视，对企业来说是一种利好。在对海关执法产生异议时，企业应及时通过合法适当的渠道提出，给出必要的理由与证据。另外，企业须关注税则号列申报事后争议的解决，但企业更应关注平时的税则号列错误风险事前、事中控制机制，以防问题由风险变为损失。

第一节　进出口报关的概述与案例分析

进出口报关对于国际贸易业务来说是不可或缺的环节，更是不可推卸的义务。

进出口报关对于检验申报是否属实，有无走私嫌疑以及进出口货物是否涉嫌违法等都具有至关重要的作用。因此每一个进出口企业都应依照海关的规定对进出口货物予以报关。

一、进出口报关的概念

进出口报关是指进出口货物收发货人、进出境运输工具负责人、进出境物品所有人或者他们的代理人向海关办理货物、物品或运输工具进出境手续及相关海关事务的过程。包括向海关申报、交验单据证件，并接受海关的监管和检查等。

不管是进出境运输工具，还是进出境货物和物品，均须由在海关进行注册登记的报关企业或者进出口货物的收发货人予以报关。在进口业务中，报关往往在收到运输单据后进行；在出口业务中，报关这一步骤通常在订舱之后进行。

二、进出口货物报关流程简介

鉴于报关的重要性与必要性，每个从事外贸业务的人都应熟知进出口报关的流程。一般来说，进出口货物报关的流程可以简要概括为图 11-1 中的四个步骤。

图 11-1　进出口报关流程

以下是关于进出口货物报关每个步骤的详细介绍。

（一）进出口货物的申报

进出口货物的申报是进出口报关的第一步。“申报”是指进出口货物的收发货人、受委托的报关企业，依照《海关法》以及有关法律、行政法规和规章的要求，在规定的期限、地点，采用电子数据报关单或纸质报关单形式（绝大多数采用电子报关，遇到特殊情况也接受纸质报关），向海关报告进出口货物的情况，并且接受海关的审核行为。进出口货物的收发货人、受委托的报关企业应当依法如实向海关申报，对申报内容的真实性、准确性、完整性和规范性承担相应的法律责任。下面主要根据中华人民共和国海关总署于2018年11月23日发布的最新版《中华人民共和国海关进出口货物申报管理规定》对与申报有关内容予以介绍。

1. 申报时间

按照规定，在进口业务中，进口货物的收货人、受委托的报关企业应当自运输工具申报进境之日起十四日内向海关申报。进口转关运输货物的收货人、受委托的报关企业应当自运输工具申报进境之日起十四日内，向进境地海关办理转关运输手续，有关货物应当自运抵指运地之日起十四日内向指运地海关申报。在出口业务中，出口货物发货人、受委托的报关企业应当在货物运抵海关监管区后、装货的二十四小时以前向海关申报。超过规定时限未向海关申报的，海关按照《中华人民共和国海关征收进口货物滞报金办法》征收滞报金。如果自运输工具申报进境之日起超过三个月未向海关申报，其货物将由海关提取变卖。

此外，还须注意的是，申报人员应把控好申报日期的选择。海关总署规定，不论以纸质报关单还是电子数据报关单申报，申报日期均为申报数据被海关接受的日期。电子数据报关单经过海关计算机检查被退回的，视为海关不接受申报，进出口货物收发货人、受委托的报关企业应当按照要求修改后重新申报，申报日期为海关接受重新申报的日期。如申报当事人先向海关提交电子数据报关单，后提交了纸质的报关单，则申报日期以海关接受电子数据报关单的日期为准。

海关已接受申报的报关单电子数据，人工审核确认需要退回修改的，进出口货物收发货人、受委托的报关企业应当在10日内完成修改并且重新发送报关单电子数据，申报日期仍为海关接受原报关单电子数据的日期；超过10日的，原报关单无效，进出口货物收发货人、受委托的报关企业应当另行向海关申报，申报日期为海关再次接受申报的日期。

2. 申报地点

关于申报地点，负责申报的当事人一般有三种选择。其一是属地报关，其二是口岸报关，最后是指定地点申报。

（1）属地报关。属地报关是指企业选择在其属地海关申报并缴纳关税，同时由货物实际进出境口岸所属海关办理查验货物并放行等一系列手续的报关方式。一般来说，在属地报关中，办理出口报关时的地点为出口企业所在地，而办理进口报关时的地点为进口企业所在地。

（2）口岸报关。口岸报关是一种更加直接的报关方式，即在货物进出境的口岸办理报关。一般来说，出口报关口岸为实际出境口岸，进口报关口岸为实际入境口岸，申报当事人直接在出境地和入境地办理相关的通关手续。

（3）指定地点报关。对于通过管道进出境的天然气、石油及其他化学用品等，以及通过电缆等特殊方式进出境的货物，申报当事人须向指定的海关申报。因这一类物品进出境方式的特殊性，运输途中均会途经多个海关，且这类物品的运送周期一般较长，因此这类物品一般由上级指定某一海关作为报关的地点。这类货物的申报当事人直接在指定海关办理相关报关手续即可。

另外，对于转关运输或以保税、特定减免税以及暂准进境的方式申报进口或进境的货物，申报地点的规则如下：转关运输的货物，进口申报当事人可以在设有海关的货物指运地申报，出口申报当事人可以在设有海关的启运地申报；对于以保税、特定减免税以及暂准进境的方式申报进口或进境的货物，如因特殊原因改变使用目的从而改变货物性质转为一般进口时，进口申报当事人应当在货物所在地主管海关申报。

由于“无纸化”报关的推行，申报当事人无须辗转至海关现场实行申报，只须通过登录“中国电子口岸”“中国国际贸易单一窗口”等系统实现线上申报，相关数据会直接传输给海关，大大节省了通关时间，提高了效率。

3. 申报所需单证

在进出口报关时，除需要纸质报关单或电子数据报关单这类主要单据外，还需要一些随附单证，作为海关查验时的依据。依照海关总署于 2018 年 11 月 23 日发布的《中华人民共和国海关进出口货物申报管理规定》，进、出口货物报关单应当随附的单证包括但不限于以下几种。

① 合同；

② 发票；

③ 装箱清单；

④ 载货清单（舱单）；

⑤ 提（运）单；

⑥ 代理报关授权委托协议；

⑦ 进出口许可证件；

⑧ 海关总署规定的其他进出口单证，如原产地证书等。

但申报所需的随附单证会依据货物是进口或出口，货物本身的性质以及监管条件的差异而发生变动，所以申报当事人须备齐相关单证以便海关随时调阅与收取备案。比如在保税区进出境的货物可能还须提交保税仓储进库登记簿，加工贸易货物还须另外提供加工贸易登记手册等。因此，在实际的进出口报关业务中，所需的随附单证也会因为实际情况而发生改变，申报当事人也应根据情况的不同提交符合规定的单据。

（二）货物的查验

海关对货物的查验是指在接到进出口企业或报关企业的申报之后，海关凭借国家赋予的依法行政权力对进出境货物的性质、原产地、货物状况以及数量和价值等基本情况予以确认的程序。查验主要是为了确认货物的实际情况是否与货物申报单上所填报的详细内容相符，并对货物进行实际性的检查。同时，查验也可以解决在申报以及海关审单的环节中无法核实的问题，以方便海关后续工作的进行。一般情况下，海关查验时需要进出口发货人或报关人在场。海关查验是国家管理进出口业务、保护国家安全和避免违法行为的重要行政行为，所以这一环节尤为重要。

1. 查验的时间和地点

海关在对货物进行查验之前均会通知进出口发货人或者报关企业，同时与进出口发货人或报关企业约定查验的时间。原则上，海关只在正常工作日之内查验，但如有特殊情况，海关也可能应当事人请求在非工作日予以查验。海关查验所需时间视货物种类与特征的不同而有所区别，一般来说，普通货物的海关检验，自海关查验部门受理查验时起，一直到查验结束并且反馈查验结果之间的时间间隔最多不得超过 48 小时。如在查验过程中，发现有违法或走私等嫌疑的，上述规定不适用，海关可根据实际情况调整查验的时间。

一般来说，货物应在所在的海关监管区内进行查验。如因为货物的特殊性质而不便在监管区内查验或有其他特殊情况的，经过当事人提交书面申请且海关同意后，也可以在海关监管区外对货物进行查验，海关会派员前去查验。

目前，为简化通关手续，海关会根据企业的信用等级决定查验与否，对于信用等级较高的企业的某些货物，海关可能免除查验措施，由系统自动放行。其他货物则经查验，无违规等情况后予以放行。目前，查验无纸化作业已经发展较为成熟，免除了相关当事人拿着纸质查验单在海关与码头间来回奔波的情况。

2. 查验的方式

依据《中华人民共和国海关进出口货物查验管理办法》第五条："海关实施查验可以彻底查验，也可以抽查。按照操作方式，查验可以分为人工查验和机检查验，人工查验包括外形查验、开箱查验等方式。"事实上，海关会依据货物的不同特性以及实际的执法需要选取实际所需的查验方式。查验方式如图 11－2 所示。

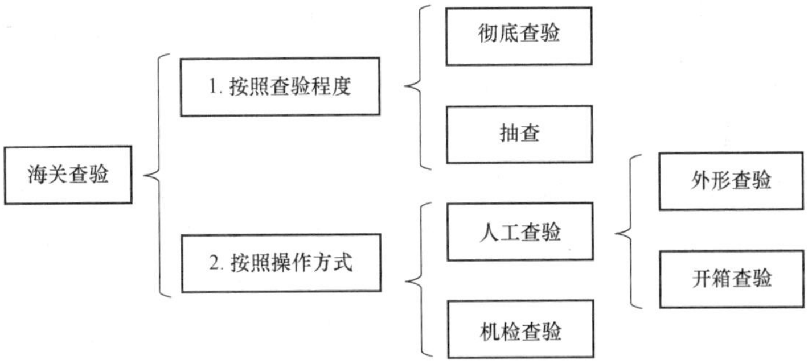

图 11－2　查验方式分类

3. 查验的费用

原则上，海关在对货物进行查验时并不收取费用，但由于配合查验，会产生一些不可避免的费用，因此也要予以考虑。例如，当企业采取代理报关方式时，海关查验过程中需要报关企业的人员在场，因此会产生额外的人工服务费用；在一些业务较为繁忙的口岸，查验程序会因为货物过多而被延迟，或是查验的货物存在问题，海关需进一步核实的，都会产生额外的仓储费用。根据实际情况，会产生包括掏箱费、代办费、杂费、吊机费、过磅费、短驳费、堆存费、开箱费、外理费等在内的额外费用。

（三）缴纳税费

海关对货物查验完毕并确认与申报内容相符且无违法行为，会确定货物的商品编码及征税比列，并利用计算机计算应征关税，同时填发关税缴款书，须缴纳的税费主要包括进出口关税（少数商品须缴纳出口关税）、进口环节增值税等。相关纳税人凭关税缴纳书向指定的银行办理税款的交付以及转账入库等手续后，海关（凭银行回执联）办理结关放行手续。采用电子报关形式的，货物收发货人或报关企业也可凭借海关发出的电子关税缴纳书以及收费票据等，直接于电子缴费系统缴纳税费。由于国家对出口创汇的鼓励，中国海关目前只对大约 47 个税号的商品规定征收出口关税，大部分的出口货物免征关税。所以，以进口关税为例，税费缴纳遵从以下规则。

① 采用从价税时的进口关税计算：进口关税＝货物完税价格×进口关税税率

其中，货物完税价格＝CIF 价格＝CFR 价格/[1－保险费率×（1＋投保加成率）]＝（FOB 价格＋运费）/ [1－保险费率×（1＋投保加成率）]。

② 采用从量税时的进口关税计算：进口税费＝进口货物数量×进口关税税率

③ 采用复合税时的进口关税计算：进口税费＝从价进口关税＋从量进口关税

缴纳税费当事人在收到关税缴纳通知书后应及时缴纳相应税费，自收到关税缴纳通知书次日起的 15 日内（节假日同样计入天数，但如最末一天遇节假日则顺延至工作日），未及时缴纳相应税费的，海关会按日收取应缴税费 0.5‰的滞纳金。

案例分析

海关纳税争议案：进口件特许权使用费是否应计入完税价格征税

2017 年 4 月，广东一家经营出口设备的 B 企业收到了来自海关的稽查报告。该稽查报告主要是对该公司 3 年的“进出口活动的真实性与合法性”提出质疑。该公司是一家中日合资企业，并且在日本有固定合作的供货企业。B 出口企业与在日本的供货企业签订有技术转让合同以及安装保养技术转让合同，合同中涉及的技术提成费是对从日方进口件（包括进口成品、成套散件 CKD、半成套散件）的特许权使用费中间接支付。而 B 出口企业在申报时未将该特许权使用费计入完税价格，涉嫌申报不实。按照海关 3 年内仍可追征税款的规定，海关要求 B 出口企业追缴税款 3 000 万元。B 出口企业因不确定自身是否真的属于申报不实而找到律师沟通。

该事件的主要争议点在于 B 出口企业与日本供货企业签订的合同中涉及的“技术提成费”，该“技术提成费”该不该计入货物完税价格？该合同项下的总费用都应计入完税价格还是部分计入？B 出口企业又是否构成了申报不实的违规呢？

在确定货物完税价格与报关缴税的过程中，涉外企业特许权使用费一直是一个难以辨别与容易疏忽的点，同时这也一直是海关稽查时的重点。特许权使用费由于包含的内容广泛以及涉及的主体关系复杂，因此也是一项难点。按照《中华人民共和国海关审定进出口货物完税价格办法》等相关规定，特许权使用费是否要计入货物完税价格应根据两个条件来判断：一是特许权使用费的支付是否与货物的进口有关，二是特许权使用费的支付是否是外商出口销售货物的条件。经确定，B出口企业与日本供货企业之间涉及的该特许权使用费均满足了上述两个条件。但通过区分货物种类、特许权类别分摊等主张的表达，该企业得以避免将所有的“技术提成费”纳入征税基数中。最后，该企业对进口货物中进口整机部分相关的特许权使用费补征了200万的税款。

因此，企业在签订技术转让等合同时，应当重视海关的审价规则，避免在完税价格申报以及进出口税收筹划上失误，而造成申报不实或其他违规情况。另外，不仅是对于该类容易出错的特许权使用费，对于其他与申报和缴税相关的事宜，企业也须反复确认，以免对企业造成经济损失或导致企业信用降级等损失。

（四）提取或装运货物并通关

《中华人民共和国海关法》第29条中规定：“除海关特准的外，进出口货物在收发货人缴清税款或者提供担保后，由海关签印放行。”一般是在前述三个步骤完成之后，由海关在进出口货物的报关单、装货凭证或提货凭证上盖以海关放行章，证明该批货物通过查验，可离开海关的监管区域并进出境。进出口收发货人在收到盖有海关放行章的装货凭证或提货凭证后，通知各机场、港口等提取或装运货物。采用电子报关方式的，海关在同意放行后，会通过网络系统将海关放行的相关通知发送给进出口收发货人或报关企业以及海关方面监管货物的人，进出口收发货人或报关企业自行从网上打印相关的放行凭证，从而提取或装运货物进出境。

但货物性质不同时，放行与结关就可能非同时进行。在进出口一般货物时，放行几乎等同于结关，但货物属于保税货物或暂时进出境货物等特殊性质货物时，进出口收发货人或报关企业还须办理后续的核销、结案以及补办进出口等相关手续。

三、报关的分类

（一）报关的基本类型

关于报关的种类，主要可以分为自理报关与代理报关（又称委托报关）两种方式。其中，代理报关又可细分为直接代理报关与间接代理报关两种形式。

（1）自理报关。自理报关是指进出口货物收发人自行办理报关业务。根据我国海关目前的规定，进出口货物收发货人必须依法向海关注册登记后方能办理报关业务。

（2）直接代理报关。直接代理报关是指报关企业接受委托人的委托，以委托人的名义办理报关业务的行为。这是进出口企业在选择代理报关时较习惯选择的一种方式。

（3）间接代理报关。间接代理报关是指报关企业接受进出口货物收发货人的委托，以报关企业自身（被委托人）的名义向海关办理报关业务的行为。这种情况下，报关企业以自己的名义报关，一般是因为进出口货物的收发货人可能并没有进出口经营权和报关权，因此不可能成为报关人，所以以报关企业的名义代替。间接代理报关一般只适用经营快件业务的国际货物运输代理等企业。

（二）电子报关

根据《中华人民共和国海关法》规定，海关申报手续，应当采用纸质报关单和电子数据报关单形式。因此，电子报关与一般的报关具有同样的法律地位。办理进出口货物的电子报关是一种新型、现代化的报关方式，是指进出口货物的收发货人或其代理人利用现代通信和网络技术，通过微机、网络或终端向海关传递规定格式的电子数据报关单，并根据海关计算机系统反馈的审核及处理结果，办理海关手续的报关方式。电子报关的申报方式一般分为三种，即终端申报方式、EDI申报方式以及网上申报方式。

（1）终端申报方式：它是指进出口货物收发货人或报关企业使用连接海关计算机系统的电脑终端录入报关单内容，直接向海关发送报关单电子数据的一种报关方式。该方式采用时间较早、速度较快、效率较高，但不太适用于远程报关。

（2）EDI申报方式（Electronic Data Interchange）：它是指进出口货物收发货人或报关企业在微机中安装EDI申报系统之后，在该系统中录入报关单内容，由计算机转换成标准格式的数据报文向海关计算机系统发送报关单电子数据。与终端申报方式相比，EDI方式更适用于远程操作，目前也比终端申报方式广泛，但也存在易受海关主机网络稳定性影响的缺点。

（3）网上申报方式：它是指进出口货物收发货人或报关企业在微机中安装“中国电子口岸”系统，登录“中国电子口岸”等网站，在“联网申报”系统中录入报关单内容，并通过“中国电子口岸”向海关的计算机系统发送报关单电子数据的一种通关方式。

第二节　进出口报关单的概述与案例分析

一、报关单含义

进出口报关单是按照海关规定的标准格式，由进出口收发货人或其代理报关企业依据海关的填制规范填写的单证。它是对货物相关信息予以申明的法律文书，是向海关要求对货物办理通关手续的申明。

根据海关总署统一部署，自2021年8月9日起，广州海关、满洲里海关、海口海关3个直属海关在全国率先开展企业自助打印报关单改革试点。自此，广州海关关区内600多家海关高级认证企业在办结海关进出口通关手续后，可根据实际需要向报关申报地海关申请自助打印进出口货物报关单，无须再到海关通关现场申领。符合申请自助打印报关单条件的企业可通过登录“中国国际贸易单一窗口”网络进行线上操作，登录后在左侧功能模块可以找到“报关单自助打印”选项，可实现查询、申请、打印等功能。自助打印申请须填写申请原因，申请时默认“无签章”，如需海关签章，须删除“无签章”字样后点击选择“有签章”。这也是有关于报关单办理的又一重大进展。

二、报关单的分类

一般说来，报关单主要有以下分类。

按照货物流动方向来分：① 进口报关单；② 出口报关单。

按照表现形式来分：① 纸质报关单；② 电子数据报关单。

按照使用性质来分：① 进料加工进出口货物报关单（粉红色）；② 来料加工及补偿贸易进出口货物报关单（浅绿色）；③ 外商投资企业进出口货物报关单（浅蓝色）；④ 一般贸易及其他贸易进出口货物报关单（白色）；⑤ 须国内退税的出口贸易报关单（浅黄色）。

按照用途来分：

① 报关单录入凭单：进出口发货人或报关企业填写的用作预录入依据的凭单。

② 预录入报关单：是进出口收发货人或报关企业通过预录入系统填制货物相关信息的报关单，内容由系统传至海关。进出口企业可自行选择预录入或代理预录入的方式申报电子数据。

③ 报关单证明联：证明联是企业向税务、外汇等管理部门办理相关手续时的证明文件。但随着“无纸化通关”的推进，海关已经取消了一些证明联的打印。据海关总署2018年第26号公告，海关总署全面取消出口货物报关单证明联（出口退税专用），对2018年4月10日（含）以后实施启运港退税政策的出口货物，海关不再签发纸质出口货物报关单证明联（出口退税专用）。自2019年6月1日起，海关总署取消了报关单收付汇证明联和办理加工贸易核销的海关核销联。企业办理货物贸易外汇收付和加工贸易核销业务，按规定须提交纸质报关单的，可通过中国电子口岸自行以普通A4纸打印报关单并加盖企业公章。

三、报关单的作用

报关单在进出口业务中的重要性不言而喻，进出口企业是否能按要求填制与使用报关单决定了海关是否对货物予以放行。其主要作用有以下几点。

（1）它是海关监管、征税、统计以及开展稽查和调查的重要依据。海关对进出口业务实行监管，以及要求相关人员履行纳税义务，统计我国进出口贸易相关数据，包括在进出口货物放行后对货物展开稽查和调查时，报关单都是最为重要的依据。它详细记载了关于进出口货物的具体信息，为海关开展工作提供了便利。

（2）它是进出口货物核销的重要依据，也是国家税务总局与外汇管理局办理出口退税和外汇管理的重要凭证。依照我国的法律规定，在出口业务中，要办理出口退税业务的企业必须经海关审核，并将证明联电子数据经电子口岸的执法系统提交给国家税务机构后办理。进出口收付汇业务也须凭报关单在“中国电子口岸”网站的“进口付汇”与“出口收汇”等子系统进行办理。

（3）它是海关处理走私、违规案件，及税务、外汇管理部门查处骗税和套汇犯罪活动的重要依据。报关单记载着进出口货物的第一手数据，因此涉及违法违规的调查，均以报关单作为主要证据。

（4）它是进出口企业的重要原始凭证。对于进出口企业的财务来说，报关单是会计处理的原始凭证，必须妥善保管。

案例分析

我国一进口企业从意大利进口了一批大理石。在与该意大利出口企业订立的合同之中，两企业约定成交方式为FOB热那亚。我国该进口企业在国内找到一家知名货代公司为其办理货物运输。货代公司代理该进口企业租船订舱，联系船公司支付运费，该进口企业支付一定费用作为酬劳。该进口企业在填制报关单时，对于“运费”一栏的填写存疑。“运费”的填写是应只填写货代支付给船公司的费用，还是应填报货代支付各船公司的部分与该进口企业支付给货代公司的酬金之和？

案例解析：

依据《中华人民共和国海关审定进出口货物完税价格方法》第三十五条，有关于进口货物的运输及相关费用的计算，都应以进口方应当支付或实际支付的费用计算。另外，依照海关总署发布的2017年第13号公告规定，进口货物运费栏应填报进口货物在运抵我国境内输入地点起卸前的运输费用之和。这里写明了是对运输费用的加总，而进口企业支付给国内货代公司的费用属于服务费用的一类，因此在计算运输费时，国内货代公司收到的佣金应不予考虑。只须将货代公司支付给船公司的金额填报在“运费”栏目中。

第三节　进出口报关单的填制与案例分析

纳税义务人应当按照法律、行政法规和海关规章关于商品归类、审定完税价格和原产地管理的有关规定，如实申报进出口货物的商品名称、税则号列（商品编号）、规格型号、价格、运保费及其他相关费用、原产地与数量等。海关也应按照相关法律法规对货物信息进行审核。

随着“互联网＋海关”模式的推行、无纸化报关的改革，和对于“中国国际贸易单一窗口”功能的持续推进，目前大部分的进出口业务报关单填制以电子报关单的形式为主，填制完毕后由企业自主打印。但如遇到系统异常与设备出现特殊情况时，海关也同样接收纸质报关申请。另有企业需要纸质报关单留存备案时，也会用到纸质报关单。但不管是纸质报关单还是电子报关单，所须填制的内容与填制规范都是相差无几的。

一、进出口报关单填制原则

进口报关单与出口报关单，或者不同监管方式下的货物进出口报关单的填制间会存在细小的差别，但所有的报关单填制都有着共同的原则，相关人员必须严格遵守这些原则，完成报关单填制这项烦琐且重要的工作。报关单填制的具体原则如下。

（1）因报关单有重要凭证作用，当事人在填制报关单时首先要秉持实事求是的态度，力求准确、清楚、真实，绝不能出现瞒报、虚报、漏报的情况。

（2）进出口报关单的填制除了要求清楚、真实与准确外，还须做到两个“相符”，即“单证相符”与“单货相符”。

（3）一份报关单只能对应一种运输工具、一本手册、一种征免性质、一张许可证、一张提运单以及一张征免税证明。如存在一批货物中有不同备案号、提运单或许可证号等，均须分单填报。货物的品名或型号较多且超过 50 项的，或者涉及多份原产地证书的货物，也应分单填报。

（4）存在商品编号与名称和原产国（地区）不同时，应分项填报。

（5）所填制的不同栏目内容须逻辑一致。

二、进出口报关单填制规范

2018 年，海关总署对进出口报关单的格式进行了修改，最新的进口报关单格式如附样 11－1 所示，进出口发货人或报关企业应按要求填写。

附样 11－1：进口报关单样式

中华人民共和国海关进口货物报关单

预录入编号：　　　　海关编号：（××海关）　　　　页码/页数：

<table>
<tr><td>境内收货人</td><td colspan="2">进境关别</td><td colspan="2">进口日期</td><td>申报日期</td><td colspan="2">备案号</td></tr>
<tr><td>境外发货人</td><td colspan="2">运输方式</td><td colspan="2">运输工具名称及航次号</td><td>提运单号</td><td colspan="2">货物存放地点</td></tr>
<tr><td>消费使用单位</td><td colspan="2">监管方式</td><td colspan="2">征免性质</td><td>许可证号</td><td colspan="2">启运港</td></tr>
<tr><td>合同协议号</td><td colspan="2">贸易国（地区）</td><td colspan="2">启运国（地区）</td><td>经停港</td><td colspan="2">入境口岸</td></tr>
<tr><td>包装种类</td><td>件数</td><td>毛重（千克）</td><td>净重（千克）</td><td>成交方式</td><td>运费</td><td>保费</td><td>杂费</td></tr>
<tr><td colspan="8">随附单证及编号</td></tr>
<tr><td colspan="8">标记唛码及备注</td></tr>
<tr><td colspan="8">项号　商品编号　商品名称及规格型号　数量及单位　单价/总价/币制　原产国（地区）最终目的国（地区）境内目的地　征免</td></tr>
<tr><td colspan="8">1
2
3
4
5
6
7</td></tr>
<tr><td colspan="8">特殊关系确认：　　价格影响确认：　　支付特许权使用费确认：　　自报自缴：</td></tr>
<tr><td colspan="6">报关人员　　报关人员证号　　电话　　兹申明对以上内容承担如实申报、依法纳税之法律责任
申报单位　　申报单位（签章）</td><td colspan="2">海关批注及签章</td></tr>
</table>

为规范进出口货物收发货人的申报行为，统一进出口货物报关单的填制要求，保证报关单的数据质量，海关总署于 2019 年 1 月 22 日发布了《关于修订〈中华人民共和国海关进出口货物报关单填制规范〉公告》，对报关单的填制作出了进一步规范。依据该文件，进出口货物报关单的填制规范如附样 11－2 所示。

附样 11－2：出口报关单样式

中华人民共和国海关出口货物报关单

预录入编号：　　　　　　　　　　海关编号：（××海关）　　　　　　　页码/页数：

<table>
<tr><td>境内发货人</td><td colspan="2">出境关别</td><td colspan="2">出口日期</td><td colspan="2">申报日期</td><td>备案号</td></tr>
<tr><td>境外收货人</td><td colspan="2">运输方式</td><td colspan="2">运输工具名称及航次号</td><td colspan="3">提运单号</td></tr>
<tr><td>生产销售单位</td><td colspan="2">监管方式</td><td colspan="2">征免性质</td><td colspan="3">许可证号</td></tr>
<tr><td>合同协议号</td><td colspan="2">贸易国（地区）</td><td colspan="2">运抵国（地区）</td><td colspan="3">指运港</td></tr>
<tr><td>包装种类</td><td>件数</td><td>毛重（千克）</td><td>净重（千克）</td><td>成交方式</td><td>运费</td><td>保费</td><td>杂费</td></tr>
<tr><td colspan="8">随附单证及编号</td></tr>
<tr><td colspan="8">标记唛码及备注</td></tr>
<tr><td colspan="8">项号　商品编号　商品名称及规格型号　数量及单位　单价/总价/币制　原产国（地区）最终目的国（地区）境内货源地　征免</td></tr>
<tr><td colspan="8">1
2
3
4
5
6
7</td></tr>
<tr><td colspan="8">特殊关系确认：　　　　价格影响确认：　　　　支付特许权使用费确认：　　　　自报自缴：</td></tr>
<tr><td colspan="6">报关人员　　报关人员证号　　　　电话　　　　兹申明对以上内容承担如实申报、依法纳税之法律责任
申报单位　　　　　　　　　　　　　　　　申报单位（签章）</td><td colspan="2">海关批注及签章</td></tr>
</table>

1. 预录入编号与海关编号

一份报关单对应一个预录入编号和海关编号，由系统自动生成，无须填写。

2. 境内收发货人

此栏填报在海关备案的对外签订并执行进出口贸易合同的中国境内法人、其他组织名称及编码。编码填报 18 位法人和其他组织统一社会信用代码。没有统一社会信用代码的，填报其在海关的备案编码。

特殊情况下填报要求如下。

（1）进出口货物合同的签订者和执行者非同一企业的，填报执行合同的企业。

（2）外商投资企业委托进出口企业进口投资设备、物品的，填报外商投资企业，并在标记唛码及备注栏注明“委托某进出口企业进口”，同时注明被委托企业的 18 位法人和其他组织统一社会信用代码。

（3）有代理报关资格的报关企业代理其他进出口企业办理进出口报关手续时，填报委托的进出口企业。

（4）海关特殊监管区域收发货人填报该货物的实际经营单位或海关特殊监管区域内经营企业。

（5）免税品经营单位经营出口退税国产商品的，填报免税品经营单位名称。

3. 进出境关别

根据货物实际进出境的口岸海关，填报海关规定的关区代码表中相应口岸海关的名称及代码。

4. 特殊情况填报要求

进口转关运输货物填报货物进境地海关名称及代码，出口转关运输货物填报货物出境地海关名称及代码。按转关运输方式监管的跨关区深加工结转货物，出口报关单填报转出地海关名称及代码，进口报关单填报转入地海关名称及代码。

在不同海关特殊监管区域或保税监管场所之间调拨、转让的货物，填报对方海关特殊监管区域或保税监管场所所在地的海关名称及代码。

其他无实际进出境的货物，填报接受申报的海关名称及代码。

5. 进出口日期

进口日期填报运载进口货物的运输工具申报进境的日期。出口日期指运载出口货物的运输工具办结出境手续的日期，在申报时免予填报。无实际进出境的货物，填报海关接受申报的日期。

6. 申报日期

申报日期指海关接受进出口货物收发货人、受委托的报关企业申报数据的日期。以电子数据报关单方式申报的，申报日期为海关计算机系统接收申报数据时记录的日期。以纸质报关单方式申报的，申报日期为海关接受纸质报关单并对报关单进行登记处理的日期。本栏目在申报时免予填报。

7. 备案号

填报进出口货物收发货人、消费使用单位、生产销售单位在海关办理加工贸易合同备案或征、减、免税审核确认等手续时，填写海关核发的加工贸易手册、海关特殊监管区域和保税监管场所保税账册、征免税证明或其他备案审批文件的编号。

8. 境外收发货人

境外收货人通常指签订并执行出口贸易合同中的买方或合同指定的收货人，境外发货人通常指签订并执行进口贸易合同中的卖方。

填报境外收发货人的名称及编码。名称一般填报英文名称，检验检疫要求填报其他外文名称的，在英文名称后填报，以半角括号分隔；对于 AEO 互认国家（地区）企业的，编码填报 AEO 编码，填报样式为：“国别（地区）代码＋海关企业编码”，例如：新加坡 AEO 企业 SG123456789012（新加坡国别代码＋12 位企业编码）；非互认国家（地区）AEO 企业等其他情形，编码免予填报。

特殊情况下，无境外收发货人的，名称及编码填报“NO”。

9. 运输方式

运输方式包括实际运输方式和海关规定的特殊运输方式，前者指货物实际进出境的运输方式，按进出境所使用的运输工具分类；后者指货物无实际进出境的运输方式，按货物在境内的流向分类。

根据货物实际进出境的运输方式或货物在境内流向的类别，按照海关规定的运输方式代码表选择填报相应的运输方式。

10. 运输工具名称及航次号

此栏填报载运货物进出境的运输工具名称或编号及航次号。填报内容应与运输部门向海关申报的舱单（载货清单）所列相应内容一致。关于运输工具名称与航次号填制细则分为直接在进出境地或采用全国一体化通关模式办理报关手续以及转关货物进出口两种情况予以介绍，同时转关货物的进口与出口又分列在两个表中介绍。

（1）直接在进出境地或采用全国通关一体化通关模式办理报关手续的报关单中，运输工具名称及航次号的填报规则如表 11－1 所示。

表 11－1　进出境报关或采用一体化通关模式下的运输工具名称与航次号填写

	运输工具名称	航次号
水路运输	填报船舶编号（来往港澳小型船舶为监管薄编号）或者船舶英文名称	填报船舶的航次号
公路运输	启用公路舱单前、填报该跨境运输车辆的国内行驶车牌号，深圳提前报关模式的报关单填报国内行驶车牌号+“/”+“提前报关”。启用公路舱单后，免予填报	启用公路舱单前，填报运输车辆的 8 位进出境日期〔顺序为年（4 位）、月（2 位）、日（2 位），下同〕。启用公路舱单后，填报货物运输批次号
铁路运输	填报车厢编号或交接单号	填报列车的进出境日期
航运运输	填报航班号	免予填报
邮件运输	填报邮政包裹单号	填报运输工具的进出境日期
其他运输	填报具体运输方式名称，例如：管道、驮畜等	免予填报

（2）转关运输货物进口时的运输工具名称与航次号填报要求如表 11－2 所示。

表 11－2　转关运输货物进口时的运输工具名称与航次号填写

	运输工具名称	航次号
水路运输	直转、提前报关填报“@”+16 位转关申报单预录入号（或 13 位载货清单号）；中转填报进境英文船名	中转转关方式填报“@”+进境干线船舶航次。直转、提前报关免予填报
铁路运输	直转、提前报关填报“@”+16 位转关申报单预录入号（或 13 位载货清单号）；中转填报车厢编号	“@”+8 位进境日期
航空运输	直转、提前报关填报“@”+16 位转关申报单预录入号（或 13 位载货清单号）；中转填报“@”	免予填报
公路及其他运输	填报“@”+16 位转关申报单预录入号（或 13 位载货清单号）	免予填报

（3）转关运输货物出口时的报关单填报要求如表 11-3 所示（关于运输工具名称，采用“集中申报”通关方式办理报关手续的，报关单填报“集中申报”，免税品经营单位经营出口退税国产商品的或无实际进出境的货物的情况，免予填报。关于航次号，免税品经营单位经营出口退税国产商品或无实际进出境的货物的情况，免予填报）。

表 11-3　　转关运输货物出口时的运输工具名称与航次号填写

	运输工具名称	航次号
水路运输	非中转填报“@”+16 位转关申报单预录入号（或 13 位载货清单号）。如多张报关单需要通过一张转关单转关的，运输工具名称字段填报“@”。 中转货物，境内水路运输填报驳船船名；境内铁路运输填报车名（主管海关 4 位关区代码+“TRAIN”）；境内公路运输填报车名（主管海关 4 位关区代码+“TRAIN”）	非中转货物免予填报。中转货物：境内水路运输填报驳船航次号；境内铁路、公路运输填报 6 位启运日期〔顺序为年（2 位）、月（2 位）、日（2 位）〕
铁路运输	填报“@”+16 位转关申报单预录入号（或 13 位载货清单号）。如多张报关单需要通过一张转关单转关的，填报“@”	免予填报
航空运输	填报“@”+16 位转关申报单预录入号（或 13 位载货清单号）。如多张报关单需要通过一张转关单转关的，填报“@”	免予填报
其他运输方式	填报“@”+16 位转关申报单预录入号（或 13 位载货清单号）	免予填报

11. 提运单号

此栏填报进出口货物提单或运单的编号。一份报关单只允许填报一个提单或运单号，一票货物对应多个提单或运单时，应分单填报。

具体填报要求如表 11-4 所示。

12. 货物存放地点

此栏填报货物进境后存放的场所或地点，包括海关监管作业场所、分拨仓库、定点加工厂、隔离检疫场、企业自有仓库等。

13. 消费使用单位/生产销售单位

（1）消费使用单位填报已知的进口货物在境内的最终消费、使用单位的名称，包括：

① 自行进口货物的单位。

② 委托进出口企业进口货物的单位。

表 11-4　　提运单号填制要求

	提运单号
水路运输	填报进出口提单号。如有分提单的，填报进出口提单号+“*”+分提单号
公路运输	启用公路舱单前，免予填报；启用公路舱单后，填报进出口总运单号
铁路运输	填报运单号
航空运输	填报总运单号+“-”+分运单号，无分运单的填报总运单号
邮件运输	填报邮运包裹单号

（2）生产销售单位填报出口货物在境内的生产或销售单位的名称，包括：

① 自行出口货物的单位。

② 委托进出口企业出口货物的单位。

③ 免税品经营单位经营出口退税国产商品的，填报该免税品经营单位统一管理的免税店。

14. 监管方式

监管方式是以国际贸易中进出口货物的交易方式为基础，结合海关对进出口货物的征税、统计及监管条件综合设定的海关对进出口货物的管理方式。其代码由4位数字构成，前两位是按照海关监管要求和计算机管理需要划分的分类代码，后两位是参照国际标准编制的贸易方式代码。

根据实际对外贸易情况，按海关规定的监管方式代码表选择填报相应的监管方式简称及代码。一份报关单只允许填报一种监管方式。

15. 征免性质

根据实际情况，按海关规定的征免性质代码表选择填报相应的征免性质简称及代码，持有海关核发的征免税证明的，按照征免税证明中批注的征免性质填报。一份报关单只允许填报一种征免性质。

加工贸易货物报关单按照海关核发的加工贸易手册中批注的征免性质简称及代码填报。特殊情况填报要求如表11－5所示。

表11－5 特殊情况下的征免性质填制规范

	特殊情况下的征免性质
加工贸易转内销货物	按实际情况填报（如一般征税、科教用品、其他法定）
料件退运出口、成品退运进口货物	填报“其他法定”
加工贸易结转货物	免予填报
免税品经营单位经营出口退税国产商品	填报“其他法定”

16. 许可证号

填报进（出）口许可证、两用物项和技术进（出）口许可证、两用物项和技术出口许可证（定向）、纺织品临时出口许可证、出口许可证（加工贸易）、出口许可证（边境小额贸易）的编号。

免税品经营单位经营出口退税国产商品的，免予填报。

一份报关单只允许填报一个许可证号。

17. 启运港

填报进口货物在运抵我国关境前的第一个境外装运港。

根据实际情况，按海关规定的港口代码表填报相应的港口名称及代码；未在港口代码表列明的，填报相应的国家名称及代码。货物从海关特殊监管区域或保税监管场所运至境内区外的，填报港口代码表中相应海关特殊监管区域或保税监管场所的名称及代码；未在港口代码表中列明的，填报“未列出的特殊监管区”及代码。

其他无实际进境的货物，填报“中国境内”及代码。

18. 合同协议号

填报进出口货物合同（包括协议或订单）编号。未发生商业性交易的免予填报。

免税品经营单位经营出口退税国产商品的，免予填报。

19. 贸易国（地区）

发生商业性交易的进口填报购自国（地区），出口填报售予国（地区）。未发生商业性交易的填报货物所有权拥有者所属的国家（地区）。

按海关规定的国别（地区）代码表选择填报相应的贸易国（地区）中文名称及代码。

20. 启运国（地区）/运抵国（地区）

启运国（地区）填报进口货物起始发出直接运抵我国或者在运输中转国（地区）未发生任何商业性交易的情况下运抵我国的国家（地区）。

运抵国（地区）填报出口货物离开我国关境直接运抵或者在运输中转国（地区）未发生任何商业性交易的情况下最后运抵的国家（地区）。

不经过第三国（地区）转运的直接运输进出口货物，以进口货物的装货港所在国（地区）为启运国（地区），以出口货物的指运港所在国（地区）为运抵国（地区）。

经过第三国（地区）转运的进出口货物，如在中转国（地区）发生商业性交易，则以中转国（地区）作为启运/运抵国（地区）。

按海关规定的国别（地区）代码表选择填报相应的启运国（地区）或运抵国（地区）中文名称及代码。

无实际进出境的货物，填报“中国”及代码。

21. 经停港/指运港

经停港填报进口货物在运抵我国关境前的最后一个境外装运港。

指运港填报出口货物运往境外的最终目的港；最终目的港不可预知的，按尽可能预知的目的港填报。

根据实际情况，按海关规定的港口代码表选择填报相应的港口名称及代码。经停港/指运港在港口代码表中无港口名称及代码的，可选择填报相应的国家名称及代码。

无实际进出境的货物，填报“中国境内”及代码。

22. 入境口岸/离境口岸

入境口岸填报进境货物从跨境运输工具卸离的第一个境内口岸的中文名称及代码；采取多式联运跨境运输的，填报多式联运货物最终卸离的境内口岸中文名称及代码；过境货物填报货物进入境内的第一个口岸的中文名称及代码；从海关特殊监管区域或保税监管场所进境的，填报海关特殊监管区域或保税监管场所的中文名称及代码。其他无实际进境的货物，填报货物所在地的城市名称及代码。

离境口岸填报装运出境货物的跨境运输工具离境的第一个境内口岸的中文名称及代码；采取多式联运跨境运输的，填报多式联运货物最初离境的境内口岸中文名称及代码；过境货物填报货物离境的第一个境内口岸的中文名称及代码；从海关特殊监管区域或保税监管场所离境的，填报海关特殊监管区域或保税监管场所的中文名称及代码。其他无实际出境的货物，填报货物所在地的城市名称及代码。

23. 包装种类

此栏填报进出口货物的所有包装材料，包括运输包装和其他包装，按海关规定的包装种类代码表选择填报相应的包装种类名称及代码。运输包装指提运单所列货物件数单位对应的包装，其他包装包括货物的各类包装，以及植物性铺垫材料等。

24. 件数

此栏填报进出口货物运输包装的件数（按运输包装计）。特殊情况填报要求如下。

（1）舱单件数为集装箱的，填报集装箱个数。

（2）舱单件数为托盘的，填报托盘数。

不得填报为零，裸装货物填报为“1”。

25. 毛重（千克）

此栏填报进出口货物及其包装材料的重量之和，计量单位为千克，不足一千克的填报为“1”。

26. 净重（千克）

此栏填报进出口货物的毛重减去外包装材料后的重量，即货物本身的实际重量，计量单位为千克，不足一千克的填报为“1”。

27. 成交方式

根据进出口货物实际成交价格条款，按海关规定的成交方式代码表选择填报相应的成交方式代码。

无实际进出境的货物，进口填报 CIF，出口填报 FOB。

28. 运费

此栏填报进口货物运抵我国境内输入地点起卸前的运输费用，出口货物运至我国境内输出地点装载后的运输费用。

运费可按运费单价、总价或运费率三种方式之一填报，注明运费标记（运费标记“1”表示运费率，“2”表示每吨货物的运费单价，“3”表示运费总价），并按海关规定的货币代码表选择填报相应的币种代码。

免税品经营单位经营出口退税国产商品的，免予填报。

29. 保费

此栏填报进口货物运抵我国境内输入地点起卸前的保险费用，出口货物运至我国境内输出地点装载后的保险费用。

保费可按保险费总价或保险费率两种方式之一填报，注明保险费标记（保险费标记“1”表示保险费率，“3”表示保险费总价），并按海关规定的货币代码表选择填报相应的币种代码。

30. 杂费

此栏填报成交价格以外的、按照《中华人民共和国进出口关税条例》相关规定应计入完税价格或应从完税价格中扣除的费用。可按杂费总价或杂费率两种方式之一填报，注明杂费标记（杂费标记“1”表示杂费率，“3”表示杂费总价），并按海关规定的货币代码表选择填报相应的币种代码。

应计入完税价格的杂费填报为正值或正率，应从完税价格中扣除的杂费填报为负值或负率。

31. 随附单证及编号

根据海关规定的监管证件代码表和随附单据代码表选择填报除本规范第十六条规定的许可证件以外的其他进出口许可证件或监管证件、随附单据代码及编号。

32. 标记唛码及备注

此栏填报货物运输包装上的标记唛码中除图形以外的所有文字、数字，无标记唛码的免于填报。同时，包括在报关单其他栏目中无法完全填写的内容或需要额外说明的内容，以及其他需要备注、说明的事项，主要包括：受外商投资企业委托代理进口投资设备、物品的外贸企业名称；关联备案号；关联报关单号；有多个集装箱号和随附单据的，填写未填写完全的部分；其他有必要说明的事项。

无标记唛码的填报“N/M”。

33. 项号

此栏分两行填报。第一行填报报关单中的商品顺序编号；第二行填报备案序号，专用于加工贸易及保税、减免税等已备案、审批的货物，填报该项货物在加工贸易手册或征免税证明等备案、审批单证中的顺序编号。有关优惠贸易协定项下报关单的填制，按照海关总署相关规定执行。

34. 商品编号

此栏填报由10位数字组成的商品编号，前8位为《中华人民共和国进出口税则》和《中华人民共和国海关统计商品目录》确定的编码；9、10位为监管附加编号。

案例分析

丰运国际货运代理公司在接受顺兴公司的委托后，帮其代理申报进口关税配额外甘蔗原糖，适用于配额外税率。在报关单的填制过程中，由于丰运国际货运代理公司相关工作人员的疏忽，商品编码填制错误。该蔗糖原糖的商品编码本为17011300.90，被相关人员错填制为17011300.01，导致货物错误适用配额内税率，少缴纳税款近80余万元。货主顺兴公司在报关单上交给海关后，才发现这一错误。公司经理非常担心受到海关的行政处罚，甚至是被当作走私处理，于是寻求法律援助。该报关单填制产生的错误顺兴公司应该负主要责任吗？

案例解析：

依照《中华人民共和国海关法》《中华人民共和国海关行政处罚实施条例》等法律法规，报关代理方应对报关委托方所提供的业务情况予以合理审查，保证情况的真实性与完整性。未经由合理审查而出现申报违规情况的，报关代理方应负主要责任，但不代表报关委托方可以免责。如报关委托方提供给报关代理方的业务情况真实性与完整性本身有误，则报关委托方应负相应的法律责任。

通常情况下，在报关委托方提供给报关代理方的资料真实无误的情况下，如由于报关代理方的疏忽与失误操作导致的情况，应由报关代理方承担后果，比如币值错误、小数点错误、数字填写错误等制单错误均由报关代理方承担责任。

本案中顺兴公司提供的资料真实无误，完全出于报关代理方的失误而导致报关出现问题，因此应由丰运国际货运代理公司负主要责任。另外，如违法程度显著轻微且及时向海关披露情节，补交税款而未造成严重后果的，海关会减轻甚至是免除处罚。[①]

35. 商品名称及规格型号

此栏分两行填报。第一行填报进出口货物规范的中文商品名称，第二行填报规格型号。具体填报要求如下。

（1）商品名称及规格型号应据实填报，并与进出口货物收发货人或受委托的报关企业所提交的合同、发票等相关单证相符。

（2）商品名称应当规范，规格型号应当足够详细，以能满足海关归类、审价及许可证件管理要求为准，可参照《中华人民共和国海关进出口商品规范申报目录》中对商品名称、规格型号的要求进行填报。

36. 数量及单位

此栏分三行填报。

（1）第一行按进出口货物的法定第一计量单位填报数量及单位，法定计量单位以《中华人民共和国海关统计商品目录》中的计量单位为准。

（2）凡列明有法定第二计量单位的，在第二行按照法定第二计量单位填报数量及单位。无法定第二计量单位的，第二行为空。

（3）成交计量单位及数量填报在第三行。

37. 单价

此栏填报同一项号下进出口货物实际成交的商品单位价格。无实际成交价格的，填报单位货值。

38. 总价

此栏填报同一项号下进出口货物实际成交的商品总价格。无实际成交价格的，填报货值。

39. 币制

此栏按海关规定的货币代码表选择相应的货币名称及代码填报，如货币代码表中无实际成交币种，须将实际成交货币按申报日外汇折算率折算成货币代码表中列明的货币填报。

40. 原产国（地区）

原产国（地区）依据《中华人民共和国进出口货物原产地条例》《中华人民共和国海关关于执行〈非优惠原产地规则中实质性改变标准〉的规定》以及海关总署关于各项优惠贸易协定原产地管理规章规定的原产地确定标准填报。同一批进出口货物的原产地不同的，分别填报原产国（地区）。进出口货物原产国（地区）无法确定的，填报“国别不详”。

按海关规定的国别（地区）代码表选择填报相应的国家（地区）名称及代码。

---

① 资料来源：中国海关律师网，https://www.customslawyer.cn/。

案例分析

我国一家外商独资进料加工企业，从日本进口一批料件，该批料件名为未曝光的感光胶片，该商品的编码为 37024229。我国该进料加工企业对该批感光胶片做了加工剪裁，形成不同形状的成品。成品品名为光绘胶片，商品编码为 37013029。中国的进料加工企业主要是对产品做了裁切与国内捆包，随即出口产品，则出口成品的出口报关单填写中“原产国（地区）”一栏该填写中国还是日本？

案例解析：

依照《中华人民共和国进出口货物原产地条例》的第三条，有两个国家（地区）参与生产的货物，以最后完成实质性改变的国家（地区）为原产国（地区）。该条例第六条中有：本条例第三条规定的实质性改变的确定标准，以税则归类改变为基本标准；税则归类改变不能反映实质性改变的，以从价百分比、制造或加工工程序等作为补充标准。另外，依据《中华人民共和国海关关于执行〈非优惠原产地规则中实质性改变标准〉的规定》第四条：“税则归类改变”标准是指某一国家（地区）对非该国（地区）原产材料进行制造、加工后，所得货物在《中华人民共和国进出口税则》中的四位数级税目归类发生了变化。

本案例中加工裁切可被认定为使胶片发生实质性变化，且由于商品的税则归类发生变化，所以原产国（地区）应填写中国。

41. 最终目的国（地区）

此栏填报已知的进出口货物的最终实际消费、使用或进一步加工制造国家（地区）。不经过第三国（地区）转运的直接运输货物，以运抵国（地区）为最终目的国（地区）；经过第三国（地区）转运的货物，以最后运往国（地区）为最终目的国（地区）。同一批进出口货物的最终目的国（地区）不同的，分别填报最终目的国（地区）。进出口货物不能确定最终目的国（地区）时，以尽可能预知的最后运往国（地区）为最终目的国（地区）。

按海关规定的国别（地区）代码表选择填报相应的国家（地区）名称及代码。

42. 境内目的地/境内货源地

境内目的地一栏填报已知的进口货物在国内的消费、使用地或最终运抵地，其中最终运抵地为最终使用单位所在的地区。最终使用单位难以确定的，填报货物进口时预知的最终收货单位所在地。

境内货源地一栏填报出口货物在国内的产地或原始发货地。出口货物产地难以确定的，填报最早发运该出口货物的单位所在地。

海关特殊监管区域、保税物流中心（B 型）与境外之间的进出境货物，境内目的地/境内货源地填报本海关特殊监管区域、保税物流中心（B 型）所对应的国内地区。

按海关规定的国内地区代码表选择填报相应的国内地区名称及代码。境内目的地还须根据《中华人民共和国行政区划代码表》选择填报其对应的县级行政区名称及代码。无下属区县级行政区的，可选择填报地市级行政区。

43. 征免

按照海关核发的征免税证明或有关政策规定，对报关单所列每项商品选择海关规定的征减免税方式代码表中相应的征减免税方式填报。

加工贸易货物报关单根据加工贸易手册中备案的征免规定填报；加工贸易手册中备案的征免规定为“保金”或“保函”的，填报“全免”。

44. 特殊关系确认

根据《中华人民共和国海关审定进出口货物完税价格办法》（以下简称《审价办法》）第十六条，填报确认进出口行为中买卖双方是否存在特殊关系，具体要求如表 11－6 所示。

表 11－6　　特殊关系确认填写规范

填写“是”的情况	填写“否”的情况
1. 买卖双方为同一家族成员的 2. 买卖双方互为商业上的高级职员或者董事的 3. 一方直接或者间接地受另一方控制的 4. 买卖双方都直接或者间接地受第三方控制的 5. 买卖双方共同直接或者间接地控制第三方的 6. 一方直接或间接地拥有、控制或者持有对方 5%以上（含 5%）公开发行的有表决权的股票或者股份的 7. 一方是另一方的雇员、高级职员或者董事的 8. 买卖双方是同一合伙的成员的	无前述任何情形的情况

买卖双方在经营上相互有联系，一方是另一方的独家代理、独家经销或者独家受让人，如果符合前款的规定，也应当视为存在特殊关系。

出口货物和加工贸易及保税监管货物（内销保税货物除外）免予填报。

45. 价格影响确认

根据《审价办法》第十七条，填报确认纳税义务人是否可以证明特殊关系未对进口货物的成交价格产生影响。其中，出口货物和加工贸易及保税监管货物（内销保税货物除外）免予填报具体要求如表 11－7。

表 11－7　　价格影响关系确认填制规范

填写“是”的情况	填写“否”的情况
无填写“否”中任何情况的	纳税义务人能证明其成交价格与同时或者大约同时发生的下列任何一款价格相近的： 1. 向境内无特殊关系的买方出售的相同或者类似进口货物的成交价格 2. 按照《审价办法》第二十三条的规定所确定的相同或者类似进口货物的完税价格 3. 按照《审价办法》第二十五条的规定所确定的相同或者类似进口货物的完税价格

46. 自报自缴

进出口企业、单位采用“自主申报、自行缴税”（自报自缴）模式向海关申报时，填报“是”；反之则填报“否”。

47. 申报单位

自理报关的，填报进出口企业的名称及编码；委托代理报关的，填报报关企业名称及编码。编码填报 18 位法人和其他组织统一社会信用代码。

报关人员填报在海关备案的姓名、编码、电话，并加盖申报单位印章。

48. 海关批注及签章

此栏供海关作业时签注。

三、报关单填制常见错误分析

因报关单所须填制的项目繁多且不同栏目又分别有相应的填制要求，所以相关当事人在填制过程中总会出现一些错误。较严重的错误可能会使相关当事人承担法律责任。以下是较为常见的一些错误，相关当事人应予以注意，尽力避免。

（1）填制不齐全的情况：制单人员在填制报关单的过程中，常常在备案号、合同号、许可证号、征免性质、总价等多个栏目中出现数字输入不齐全或忘记填制该栏目的情况；有多个集装箱号与随附单证编号的情况下，少填或漏填其中一些编号。

（2）填制不准确的情况：很多栏目的填制没有严格依据规范而出现差错。例如，商品的归类错误；该填在相应栏目里的许可证号、备案号、批文等均填在备注里；将运费、保险费的总价与单价混淆；货币类别填写错误；单价、数量与总价间的逻辑关系不对以及制单人员人为疏忽导致的其他错误。

关于报关单的填制错误无法穷举，但无论如何，相关当事人应仔细核对货物真实情况与报关单填制内容是否相符，并严格按照海关发布的填制规范准确填制报关单，减少企业损失，增加通关效率。

本章小结

本章在对进出口报关的概念、基本流程以及报关的分类做出简单介绍的前提下，对报关单这一重要单据做出概述，其中包括对报关单的概念、分类与其作用的介绍。本章的主体部分为进出口报关单的填制，最后一节以海关总署于 2019 年 1 月 22 日发布的《关于修订〈中华人民共和国海关进出口货物报关单填制规范〉公告》为主要依据，对于报关单的填制原则、具体的填制细则与规范以及在报关单的填制过程中的一些常见错误予以介绍，以规范制单人员对单据的填制。相关人员也应时刻关注海关所发布的关于报关单方面的法律法规与文书，以顺利完成报关这一重要流程。

思考题

1. 进出口报关的基本流程是怎样的？
2. 报关的基本类型有哪些？

3. 一般货物进出口报关时，除了报关单之外，还应准备哪些单证？
4. 报关单的种类有哪些？
5. 报关单填制的基本原则有哪些？
6. 报关单的主要用途有哪些？
7. 不同监管方式下报关单中的“征免性质”应该如何填写？
8. 报关单填制有哪些常见错误？

案例讨论题

1. 我国一出口企业，在2020年2至3月间出口多批儿童玩具，有多份报关单存档。依照规定，该儿童玩具本可享受协定税率，原产地证书等文件也俱在。但在报关单的填制过程中，相关人员错将原产地证书号打在备注栏，致使未适用协定优惠税率，该出口企业多缴纳了税款，遭受了经济损失。

请问该企业能挽回损失吗？如果能，又应采取什么措施？

2. 我国一家在深圳注册的贸易企业，同时在深圳与东莞采购了一批家具，并从盐田港报关出口。该贸易企业的报关人员在填制出口报关单的过程中遇到了难题，对于“境内货源地”一栏应填写深圳还是东莞举棋不定。并且，在深圳的这家家具厂商属于中间商，该家具厂的家具也是从佛山采购来的。

请问该贸易企业对于“境内货源地”一栏应如何填写？

第十二章　国际贸易融资与案例分析

案例导入

根据《国际防止船舶造成污染公约》(以下简称 MARPOL 公约)要求，在波罗的海、北海、北美以及美国加勒比海四大排放控制区内，船舶燃油的硫含量不得超过 0.1%。2020 年后，除排放控制区以外的全球其他海域船用燃油的最大硫含量不得超过 0.5%，至 2030 年，最终控制到 0.1%。全球航运业应对硫排放限制的有效措施主要有三种：使用低硫油、采用 LNG 燃料代替燃油、加装船舶脱硫设备。其中，加装脱硫设备，船东无须对发动机及供油系统进行改造，可以继续使用与主机性能匹配的廉价重油，同时避免了使用低硫油的风险及节省了使用 LNG 的巨额改造成本。欧盟、韩国对于航运企业加装船舶尾气脱硫系统还采取了大规模的补贴政策，促使其成为最主要的限硫方式。中国 C 公司与全球第二大航运公司地中海航运(Mediterranean Shipping Company S. A.)旗下公司签署了多条大型集装箱船脱硫塔改装合同，也是全球船舶业脱硫改装的最大订单。该项目涉及金额巨大，由国内银行提供贸易融资方案。银行融资助力项目落地，采购及改装全面启动，工期完全符合预期，获得国外船东的高度认可。

国际贸易融资通常指银行等金融机构在为进出口商办理汇款、托收或信用证项下结算时，向进出口商提供的与结算相关的贸易项下短期资金融通或信用便利。国际贸易融资的主要特点如下。

1. 期限较短

一般情况下，企业的采购、生产、销售在 30 至 90 天内即可完成，周期较短。银行提供的国际贸易融资服务，随着贸易周期的结束、货款的回笼而结清。根据统计，国际贸易融资的期限通常不超过 180 天。

2. 与交易过程紧密结合

国际贸易融资的基本功能是通过弥补企业在采购、生产、销售等各个环节可能出现的资金缺口，来支持贸易活动的顺利进行。因此，国际贸易融资与企业的日常贸易活动密切相关，贯穿了整个贸易链条，与物流、资金流、信息流紧密结合。

3. 具有自偿性，风险相对可控

国际贸易融资具有自偿性。银行为企业办理的每一笔贸易融资业务均对应企业一笔交易项下的现金流，并可预期该现金流作为第一还款来源，以结清该笔贸易融资。因此，真实的贸易背景是办理贸易融资的前提。基于真实的贸易背景，资金用途指向明确，封闭运营，风险也相对可控。

国际贸易融资，不仅能解决企业的资金短缺问题，而且由于其与贸易结算相关联的特点，融资期限短，有履约保证，能更好地满足银行对资产流动性、安全性及收益性的要求，也是银行运用资金的重要方式。本章主要介绍常见的国际贸易融资产品、相关单据及案例分析。

第一节　出口贸易融资单据与案例分析

国际贸易结算融资方式与商业销售模式的发展相适应。近年来，国际贸易逐渐由卖方市场转变为买方市场，销售方式多由预付货款转变为赊销。这也导致出口融资需求的规模进一步扩大。国际贸易中，出口商对资金的需求成为卖方贸易融资业务的原动力。

在一般贸易过程中，出口商在采购、备货、周转等过程中均有资金需求。在预付款模式下，卖方已经获得了全部或部分来自买方提供的资金，因此出口商融资需求较低。而赊销方式，卖方需要利用自有资金生产、备货、发货，并在发货后一段时间才能收到货款，资金压力大，对贸易融资需求强烈。因此，出口融资的产品多种多样，且发展迅速。出口押汇、福费廷、打包贷款、出口信用保险融资、国际保理等常见出口融资业务可满足出口商的各种资金需求。其中，出口信用保险融资与国际保理将在后文单独章节介绍，本节对前三种出口贸易融资产品及配套单证予以介绍。

一、出口押汇

（一）定义

出口押汇是最具有代表性的出口贸易融资产品之一，包括信用证押汇和出口托收押汇。

出口信用证押汇是指银行根据信用证受益人（即押汇申请人）的要求，以其提交的银行接受的信用证项下的全套单据（或货物）的全部财产权益为质押，将票款按国家政策法规及申请人要求，付给申请人或按银行外汇牌价折成人民币付给申请人并收取利息。银行保留追索权，然后凭单向开证行或保兑行等指定银行收款，归还出口信用证押汇款。

出口托收押汇是指在托收结算方式（D/P、D/A）中，银行根据出口商（即押汇申请人）的要求，以申请人提交的全套单据（或货物）的全部财产权益为质押，将票款按国家政策法规及申请人要求，付给申请人或按银行外汇牌价折成人民币付给申请人并收取利息。银行保留追索权，并通过代收行向进口商收款，归还出口托收押汇款。

（二）流程

以信用证项下出口押汇为例，流程如图 12－1 所示。

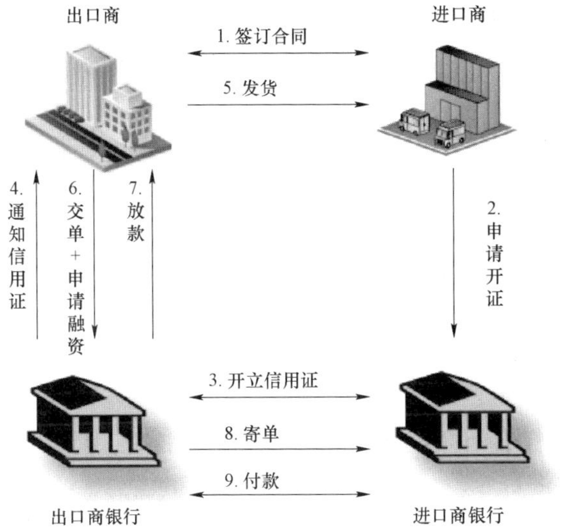

图 12－1　出口信用证押汇流程

① 进出口双方签订商务合同。

② 进口商根据合同要求，向进口商银行提出开证申请，委托其开立信用证。

③ 进口商银行开出信用证。

④ 出口商银行收到信用证后，通知出口商，要求其按照信用证要求提交相应单据。

⑤ 出口商发货。

⑥ 出口商缮制信用证单据，向出口商银行交单。同时，向出口商银行申请办理信用证出口押汇，并提交出口押汇业务申请书。

⑦ 出口商银行对单据及出口押汇业务申请书审核。审核通过后按单据金额的一定比例（一般不超过 90%），向出口商发放融资款。

⑧ 出口商银行向进口商银行寄单，并提示进口商银行即期付款或承兑付款。

⑨ 进口商银行付款。出口商银行收到进口商银行支付的款项后，扣除押汇本金、利息及相关手续费后将余款解付至出口商账户。

（三）单据

以出口信用证押汇为例，出口商应当向银行提供如下申请文件和单据。

1. 出口押汇业务申请书；
2. 信用证及信用证项下全套单据；
3. 银行要求提交的其他文件和资料。

附样 12－1 是出口押汇业务申请书样本。

附样 12－1：出口押汇业务申请书

出口押汇业务申请书

编号：【　　　　】

致：××银行××分行

我方向贵行申请叙做出口押汇融资业务，并提交有关的全套单据，请予以审核批准。具体如下：

一、具体业务品种

□信用证项下出口押汇

□托收项下出口押汇

二、信用证/托收项下出口内容：

1. 发票号码：【　　　　】

2. 单据币种及金额：【　　　　】

3. 单据期限：【　　　　】

4. 开证行、保兑行/国外代收行（如指定）：【　　　　】

5. 申请押汇金额：【　　　　】

6. 申请押汇期限：【　　　　】

7. 押汇利率：【　　　　】

8. 押汇利息按照如下第【　　　　】种方式支付

（1）预收利息，到期结息，预收日期为【　】；

（2）到期付息，利息随对应的本金在押汇到期时一并支付。

如贵行批准我司的申请，我司保证如实履行约定的义务。具体押汇金额、押汇期限、押汇利率、押汇利息、押汇费用等，以贵行出口押汇业务确认书记载的内容为准。

如贵行在下述审批栏未记载或审批栏所述与贵行出具的银行凭证记载不一致的，则以贵行出具的银行凭证的记载为准。

我公司押汇款收款账户信息如下：

账户名称：【　　　　】

账户开立行：【　　　　】

账号：【　　　　】

申请人：（公章/合同专用章）

法定代表人（或授权代理人）

（签字或加盖人名章）

年　　月　　日

银行对出口商提交的申请及相关文件和资料进行审查，对于符合规定的申请，银行叙做出口押汇业务，出具出口押汇业务确认书，确认融资要素，包括金额、利率、期限、还本付息方式等，并将融资款付至出口商。

附样 12－2 为出口押汇业务确认书样本。

附样 12－2：出口押汇业务确认书

出口押汇业务确认书

编号：【　　　　】

【　　　　】（客户名称）：

贵司于【　　】年【　】月【　】日向我行递交的编号为【　　　　】《出口押汇业务申请书》已收悉。

经审查，我行同意贵司提交的该笔申请，根据本确认书的约定与贵司叙做出口押汇业务，具体条件如下：

1. 押汇金额为（大写）：【　　　　】

2. 押汇币种为：【　　　　】

3. 押汇期限为：自【　　】年【　】月【　】日至【　　】年【　】月【　】日，共计【　　　　】天

4. 押汇利率为：【　　　　】

5. 押汇利息：【　　　　】

6. 押汇利息按照如下第【　　　　】种方式支付

（1）预付利息，到期结息，预收日期为【　　　　】；

（2）到期付息，利息随对应的本金在押汇到期时一并支付。

7. 押汇款入账净额：【　　　　】

经办：　　　　复核：　　　　核准：

年　月　日　　　　年　月　日　　　　年　月　日

（盖章）

案例分析

2021 年 3 月底，我国 A 企业向国内 B 银行提交信用证项下一套单据，开证行是印度的 C 银行，金额为 5 万美元，付款期限为 90 DAYS FROM SHIPMENT DATE。交单同时，客户提出了办理出口押汇融资的需求。4 月 5 日，B 银行按流程为客户办理了出口押汇，融资金额 4 万美元，融资到期日为 6 月 11 日（含宽限期）。开证行付款到期日为 6 月 3 日，到期日 B 银行未收到开证行 C 银行付款。由于印度的开证银行拖延迟付风险相对较高，B 银行立即联系 A 客户，要求其督促境外买方及银行尽快付款。同时告知 A 客户一旦融资到期不能及时收汇，将向其追索该笔押汇款项下款项。至 6 月 11 日，仍未收到开证行付款，

B银行按照融资协议约定从A客户的账户扣划款项归还押汇款。6月13日，开证行付款。

分析：通常银行办理出口押汇，会相应设置融资宽限期。宽限期的目的是考虑进口商或开证行的付款效率、国内外节假日、资金清算在途等因素，适当延长融资到期日。应注意，尽管设置宽限期，但在进口商或开证行到期付款日仍未收汇的，银行仍须与客户沟通，做好到期以客户自由资金归还押汇融资的准备，防止贷款逾期。

通过出口押汇，出口商提前获得大部分贸易款，实现资金融通。

二、福费廷

（一）定义

福费廷，是英文单词“Forfaiting”的音译，源自法语“A Forfait”，即“无追索权”的意思。福费廷是金融机构从出口商处无追索权地买断由开证行或保兑行承兑的信用证下远期汇票、做出的延付承诺或进口商所在地银行保付的远期汇票、远期本票所代表的远期债权的一种融资方式。

与出口押汇相比较，福费廷最主要的特征是“无追索权”。对出口商而言，具有许多好处：首先，出口商一旦获得融资，就不必再对债务人偿债与否负责，除非特殊情况，如出口商欺诈；其次，出口商无须考虑应收账款管理工作，大大降低管理费用；最后，出口商实现即期收汇，也不再承担汇率、利率等方面的风险。根据结算工具不同，福费廷又可分为跟单信用证项下的福费廷、D/A 银行保付项下的福费廷、保函及备用信用证项下的福费廷、国际组织担保下的福费廷等。

（二）流程

以跟单信用证项下的福费廷为例，流程如图12－2所示。

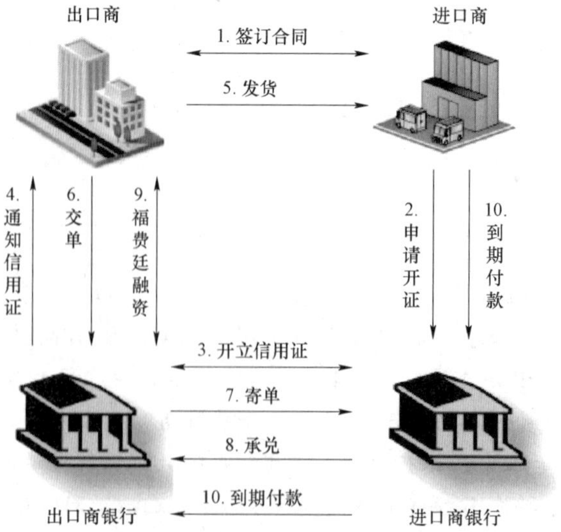

图12－2 出口信用证福费廷流程

①–⑤ 与前述出口押汇类似。

⑥ 出口商缮制信用证单据，向出口商银行交单。

⑦ 出口商银行审核单据，通过后向进口商银行寄单。

⑧ 进口商银行审单，确定相符交单后发送承兑电文，承诺到期付款。

⑨ 出口商向银行申请福费廷融资，提交国际福费廷业务申请书。出口商银行受理，将融资款项付至出口商。

⑩ 信用证到期后，进口商银行付款给出口商银行，用以偿还福费廷融资款。进口商亦付款。

（三）单据

办理福费廷，出口商应当向银行提供如下申请文件和单据。

（1）国际福费廷业务申请书；

（2）信用证及信用证项下全套单据，包括开证行/保兑行有效的承兑/延付承诺电以及承兑项下票据复印件；

（3）银行要求提交的其他文件和资料。

其中，国际福费廷业务申请书如附样 12–3 所示。

附样 12–3：国际福费廷业务申请书

国际福费廷业务申请书

编号：【　　　　】

致：××银行股份有限公司【　　　　】

根据我司与贵行签署的编号为【　　　　】的国际福费廷业务合同（以下称为“主合同”），我司向贵行申请叙做国际福费廷业务并提交与本次国际福费廷业务有关的全套票据/单据，请予以审查批准。我司保证如实履行主合同中约定的义务并严格遵守主合同中的承诺，相关词语的定义以主合同约定为准，具体债权金额、买断期限、买断率、买断净额及相关银行扣费等，以银行受理栏的记载为准。

请将买断净额划入以下账户：

开户行：【　　　　　　】

账户名称：【　　　　　　】

账号：【　　　　　　】

我司向贵行提交的票据/单据如下：

【　　　　】我司提交跟单信用证（L/C NO.【　　　　】）项下票据/单据一套，汇票（发票）号：【　　　　】，币种【　　　　】，金额大写【　　　　】小写【　　　　】，期限为【　　　　】，到期日为【　】年【　】月【　】日。贵行在买入上述远期债权（即向我司支付买断净额）之时，立即取得对该远期债权的一切权利。

【　　　　】我司提交非信用证（业务编号【　　　　】）项下票据/单据一套（以下简称汇票/本票），票据号【　　　　】，币种【　　　　】，金额大写【　　　　】，小写【　　　　】，汇票/本票的期限为【　　　　】，汇票/本票的到期日为【　　】年【　　】月【　　】日。贵行在买入上述远期债权（即向我司支付买断净额）之时，立即取得对该远期债权的一切权利。

申请人（盖章）
法定代表人或授权代理人签章（签字或加盖人名章）：
年　　月　　日

银行对出口商提交的申请及相关文件和资料进行审查，对于符合规定的申请，银行办理国际福费廷业务，出具国际福费廷业务确认书，确认融资要素，包括金额、利率、期限等，并将融资款付至出口商。

国际福费廷业务确认书如附样 12－4 所示。

附样 12－4：国际福费廷业务确认书

国际福费廷业务确认书

编号：【　　　　】

经审查，我行同意为贵公司办理国际福费廷业务，具体如下：

债权面值金额及币种：大写【　　　　】，小写【　　　　】

买断率：【　　　　】

宽限期：【　　　　】

买断期限：自【　　】年【　　】月【　　】日（即付款起息日）至【　　】年【　　】月【　　】日

相关银行扣费：扣费银行【　　　　】，扣费项目【　　　　】，扣费金额【　　　　】

买断净额及币种：大写【　　　　】，小写【　　　　】

【　　　　】经审查，我行不同意为贵公司办理上述国际福费廷业务。

银行盖章
年　　月　　日

三、打包贷款

打包贷款（Packing Loan），一般多与信用证结算方式结合，是银行为信用证项下受益人（即出口商）提供的货物采购、生产和装运的专项贷款。一般来说，出口商与外国进口商签订买卖合同后，就要组织货物生产出口。此过程中，若出口商出现资金困难，可用信用证或其他保证文件作为抵押，向银行借入款项，用于生产和出口。

打包贷款的期限通常较短，金额一般不超过出口货物总值的 70%。当使用打包贷款完成货物的生产和出口后，出口商凭借全套贸易单据，通常可向银行申请叙做出口押汇。出口押汇款项可用于偿还打包贷款。

打包贷款相对简单，实质上是银行对出口商发放的一笔流动资金贷款。实践中，出口商能够获得打包贷款资金，往往不仅基于一份收到的信用证。毕竟信用证是开证行有条件的付款承诺，若出口商未能正常生产发货，或出口商提交的单据不符合信用证要求，开证行都可以不履行付款责任。因此，银行办理打包贷款更看重出口商的整体资信情况。

案例分析

2020 年 7 月，国内 A 公司以其收到的意大利 B 银行开出的信用证向国内 C 银行申请办理打包贷款。信用证金额 150 万美元，船期 2020 年 9 月 11 日，有效期 2021 年 1 月 20 日，付款方式为提单日后 90 天可以付，允许分批装运，FOB 术语，单据要求提交全套海运提单。C 银行受理，并发放打包贷款 700 万元人民币用于 A 公司备货。

贷款发放后，A 公司积极备货，如期备好了信用证要求的货物。但信用证申请人对信用证进行了 3 次修改，一再推迟船期和有效期，虽经 A 公司反复催促，但国外客户始终不指定船公司，导致 A 公司无法装船发货，货款也未按计划回收。后打包贷款到期，因疫情，A 公司资金压力大，还款出现困难，打包贷款逾期。C 银行为 A 公司办理债务展期。

分析：一方面，本案例信用证条款的贸易术语为 FOB，通常由开证申请人指定船公司。开证申请人因经济环境不景气，自身存货过多，故意推迟订舱，导致 A 公司未能按时回收贸易款，这是打包贷款逾期的直接原因。另一方面，打包贷款虽然有信用证作为保障，但应注意信用证仅是开证行的有条件付款承诺，银行不能仅仅依靠信用证项下回款作为打包贷款的风险缓释措施，不能放松对出口商的经营财务状况的把握。

第二节　进口贸易融资单据与案例分析

进口贸易融资是银行对进口商提供的与贸易结算相关的短期融资或信用便利。如进口商银行给予进口商减免保证金或纯粹授信条件开立进口信用证，或利用自身的信贷资源或国外代理行的融资额度和融资条件，延长信用证项下付款期限等。相较出口贸易融资，进口融资更加传统，多年来进口押汇、进口代付等融资方式仍占主导地位。本节重点介绍进口押汇、进口代付、提货担保等进口融资产品及配套单据。

一、进口押汇

（一）定义

进口押汇是最具有代表性的进口贸易融资产品之一，包括进口信用证押汇和进口托收押汇。

进口信用证押汇，是指在进口信用证项下，进口商（开证申请人）承认并与银行（开证行）书面约定，将进口商在单据以及单据代表的货物所具有的一切权利（包括所有权）转移给银行，作为对其对银行所负债务的担保，并应银行要求向银行提供其他担保措施，在此条件下银行代进口商对外支付进口信用证下的货款。进口商在约定期限内偿还银行的上述对外支付款项以及由此产生的利息、费用。

进口代收押汇，是指在进口代收项下，进口商承认并与银行（代收行）书面约定，将进口商在单据以及单据代表的货物所具有的一切权利（包括所有权）转移给银行，作为对其对银行所负债务的担保，并应银行要求向银行提供其他担保措施，在此条件下银行代进口商对外支付进口合同项下的货款。进口商在约定期限内偿还银行的上述对外支付款项以及由此产生的利息、费用。

通俗地讲，进口押汇是融资银行先为进口商垫款支付货款，进口商到期再偿还银行融资款。进口押汇款用途限于进口对外支付，通常不得将押汇款用于其他用途。

（二）流程

以进口信用证押汇为例，流程如图 12－3 所示。

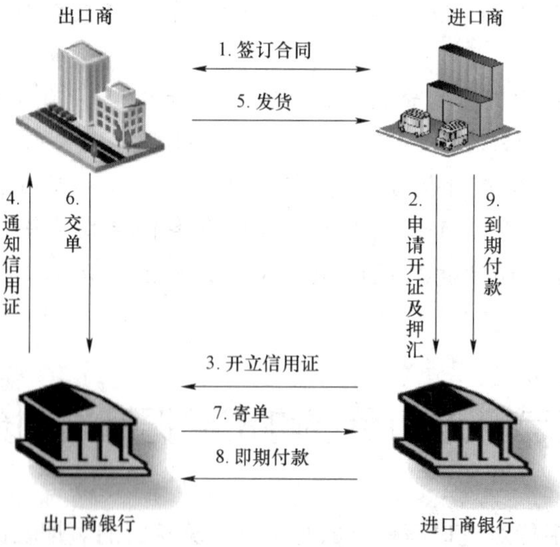

图 12－3　进口信用证押汇流程

① 进出口双方签订商务合同。

② 进口商根据合同要求，向进口商银行申请开证，并叙做进口押汇。

③ 进口商银行开立信用证。
④ 出口商银行收到信用证后，通知出口商。
⑤ 出口商发货。
⑥ 出口商缮制信用证单据，向出口商银行交单。
⑦ 出口商银行对单据审核，审核通过后向进口商银行交单。
⑧ 进口商银行审单，相符交单后即期付款。
⑨ 进口商在规定的押汇到期日后，向进口商银行付款，偿还银行融资款。

（三）单据

办理进口信用证押汇，进口商应当向银行提供如下申请文件和单据。
（1）进口押汇申请书；
（2）进口项下全套相关单据，包含但不限于发票及相关运输单据等；
（3）银行要求提交的其他文件和资料。
其中，进口押汇申请书如附样 12－5 所示。

附样 12－5：进口押汇申请书示例

进口押汇申请书

编号：【　　　　】

致：××银行股份有限公司【　　　　】

根据我司与贵行于【　　】年【　　】月【　　】日签署的编号为【　　　　】的进口押汇合同（“主合同”），我公司就履行编号为【　　　　】的【　　　　】（进口代收或信用证）项下的对外付款义务，向贵行申请叙做进口押汇业务，具体如下：

一、具体业务品种
□进口信用证押汇
□进口代收押汇
二、进口信用证/进口代收内容：
1. 信用证/进口代收编号：
2. 信用证/进口代收币种及金额：
3. 来单银行/托收行：
4. 发票号码：
5. 单据种类及金额：
6. 申请押汇币种及金额：
7. 申请押汇期限：
8. 押汇利率：
9. 押汇利息按照如下第【　　　　】种方式支付：

（1）预收利息，到期结息，预收日期为【　　　　】；

（2）到期付息，利息随对应的本金在押汇到期时一并支付。

我公司在此保证：

如为信用证项下进口押汇，我公司保证申请押汇后，放弃提出任何不符点的权利，并保证不因基础交易合同纠纷拖延归还贵行押汇款和危害贵行债权。

如为托收项下进口押汇，我公司申请押汇后，保证不因贸易合同纠纷拖延归还贵行押汇款和危害贵行债权。

我公司保证按贵行要求认真阅读并签订进口押汇合同、信用证/代收项下信托收据等文本，并履行文本约定的义务。

我公司在本进口押汇申请书项下做出的承诺始终有效，并与进口押汇合同和信用证/代收项下信托收据等共同组成贵我双方履行义务的依据。

在贵行为我公司叙做本申请项下进口押汇业务的情况下，我公司将遵照本申请书及进口押汇合同、信用证/代收项下信托收据的规定履行义务和承担责任。

我公司授权贵行将押汇款直接对外支付至下列账户：

账户名称：【　　　　】

账户开立行：【　　　　】

账号：【　　　　】

本申请书为进口押汇合同的组成部分，与进口押汇合同具有同等法律效力。本申请书一经发出不可撤销，我公司保证严格遵守进口押汇合同的相关约定，请贵行予以办理前述进口押汇业务。

若本申请书有任何不清楚、不完备之处，我公司同意按照进口押汇合同中的相关条款进行解释。

申请人（公章）：

法定代表人或授权代理人签章

（签字或加盖人名章）

年　　月　　日

银行对进口商提交的申请及相关文件和资料进行审查，对于符合规定的申请，银行叙做进口押汇业务，出具进口押汇业务确认书，确认融资要素，包括金额、利率、期限、还本付息方式等，并对外支付。

附样 12－6 为进口押汇业务确认书。

附样 12－6：进口押汇业务确认书

进口押汇业务确认书

编号：【　　　　】

【　　　　】(客户名称)：

贵司于【　　】年【　　】月【　　】日向我行递交的编号为【　　　　】进口押汇申请书已收悉。

根据贵我双方于【　　】年【　　】月【　　】日签订的编号为【　　　　】的进口押汇合同（以下简称主合同）的约定，经审查，我行同意贵司提交的该笔申请，根据主合同及本确认书的约定与贵司叙做进口押汇业务，具体条件如下：

1. 押汇金额为（大写）：【　　　　】

2. 押汇币种为：【　　　　】

3. 押汇期限为：自【　　】年【　　】月【　　】日至【　　】年【　　】月【　　】日，共计【　　　　】天

4. 押汇利率：【　　　　】

5. 押汇利息：【　　　　】

6. 押汇利息按照如下第【　　　　】种方式支付：

（1）预付利息，到期结息，预收日期为【　　　　】；

（2）到期付息，利息随对应的本金在押汇到期时一并支付。

7. 押汇款入账净额：【　　　　】

经办：　　　　复核：　　　　核准：

年　月　日　　年　月　日　　年　月　日

（盖章）

二、进口代付

（一）定义

进口代付，是指进口商银行接受进口商的委托，在进口商承担第一性付款责任的条件下，对进口商按期归还另外一家银行（简称代付行）的到期代付款项加保，由代付行代为清偿其进口应付款项的业务。

本质上讲，进口代付是进口商银行根据进口商的资信状况，授权另外一家银行（“代付行”）即期代理付款给出口商。进口商银行在确定的到期日向代付行支付其所垫款项的本金、利息及相关费用，即利用代付行资金为进口商提供的一种短期贸易融资。

选择进口代付融资，通常出于融资价格或进口商银行的资产负债规模考虑。例如，代

付行的融资成本低，或者进口商银行的资产规模紧张等。可以办理进口代付业务的国际结算方式包括：信用证、进口代收和贸易项下 T/T 汇款等。办理进口代付，通常进口货物为市场适销的商品。进口代付期限，原则上不超过 180 天。

（二）单据

进口代付的流程与进口押汇类似，主要区别在于融资款项是由进口商银行支付，还是由代付行支付。

进口商申请办理进口代付，需要填写进口代付申请书。附样 12－7 为进口代付申请书。

附样 12－7：进口代付申请书

进口代付申请书

编号：

××银行　　　　　：

我公司特向贵行申请办理进口代付，以履行我公司进口合同号××　　　　　项下的对外付款责任。

申请银行进口代付内容如下：

出口商名称：

进口商名称：

进口付汇金额：

利率：　　　LIBOR+　　　BPS

起息日：　　　期限：　　　到期日：

进口代付总金额：

收款人名称：

收款人账户：

开户行：

账　号：

我公司承诺并保证：

一、已就申请事项，选择向贵行提供如下担保措施：

□已按照上述申请代付金额的　　%，将保证金　　　元存入我公司在贵行的质押保证金账户（账号：　　　　　）。

□已与贵行签订相关担保合同（编号：　　　　　）。

二、保证于银行进口代付到期日前向贵行清偿全部进口代付款项。

申请人签章：

进口商银行应尽量充分了解进口商的资金安排，有进口代付需求的应尽早做好代付准备。

进口代付要求进口商银行对代付行的到期代付款项加保。以信用证结算为例，进口商银行通常以 SWIFT MT799 方式向代付行发出代付指示，指示代付行向信用证项下的议付行/受益人/其他指定人付款，并确认对代付款项加保。

附样 12－8 为代付报文。

附样 12－8：代付报文

MT799 SENDING TO: BOFAHKHX

TRANSACTION REFERENCE NUMBER: ×××

ATTENTION:　TRADE FINANCE DEPARTMENT

PLEASE PROVIDE US WITH A TRADE LOAN IN RESPECT OF THE FOLLOWINGUNDERLYING TRADE TRANSACTION (S):

+VALUE DATE:

+MATURITY DATE:

+TENOR:90 DAYS

+AMOUNT: USD8 835 102.69

+INTEREST RATE: LIBOR+XX PERCENT PER ANNUM

+INTEREST PAYMENT: AT MATURITY DATE

+EXPORTER:

+IMPORTER:

+SHIPMENT FROM: HUANGPU, CHINA

+SHIPMENT TO: HUANGPU, CHINA

+PRODUCT (S): ××× WITH TOTAL AMOUNT OFUSD8 835 102.69

+B/L AND SHIPPING DATE:

PAYMENT INSTRUCTIONS:

PLEASE CREDIT THE ABOVE－REQUESTED AMOUNT TO USD A/C NO.: ×××

WITH INDUSTRIAL BANK OFTAIWAN HONG KONG BRANCH (SWIFT: IBOTHKHH) IN FAVOUR OF ×××. WE CONFIRM THAT THE EXPORTER IS ENTITLED TO RECEIVE THE PAYMENT.

REPAYMENT INSTRUCTIONS:

IN CONSIDERATION OF YOUR PROVISION OF THIS TRADE LOAN WE IRREVOCABLY AND UNCONDITIONALLY UNDERTAKE TOPAY THE PRINCIPAL AMOUNT AND ACCRUED INTEREST, WITHOUT ANY DEDUCTIONS OR WITHHOLDINGS, TO BANK OF AMERICA, NATIONAL ASSOCIATION AT MATURITY DATEAS PER YOUR INSTRUCTIONS.FOR THE AVOIDANCE OF DOUBT, IF TAX IS REQUIRED BY LAW TO BE WITHHELD BY US, THE AMOUNT OF THE PAYMENT DUE FROM US SHALL BE INCREASED TO AN AMOUNT

WHICH (AFTER MAKING SUCH WITHHOLDING) LEAVES AN AMOUNT EQUAL TO THE PAYMENT WHICH WOULD HAVE BEEN DUE IF NO WITHHOLDING HAD BEEN REQUIRED.

WE CERTIFY THAT:

(I) THERE IS A FIRM SALE CONTRACT FOR THE ABOVE FINANCING;

(II) THE PROCEEDS OF THIS LOAN (S) WILL BE USED ONLY FOR THE PURPOSE OF PAYMENT OF THE ABOVE TRADE TRANSACTION (S);

(III) NO OTHER FORM OF FINANCING IS OUTSTANDING ON THE ABOVE TRANSACTION (S);

(IV) EACH TRANSACTION IS CLEAR OF ANY TAXES;

(V) THE ABOVE DESCRIBED TRANSACTION (S) COMPLIES WITH ALL APPLICABLE REGULATIONS OF GOVERNING BODIES; AND

(VI) BANK OF AMERICA, NATIONAL ASSOCIATION MAY ASSIGN OR GRANT PARTICIPATION TO ONE OR MORE PARTIES IN OR TO ALL OR ANY PART OF THIS TRADE LOAN.WE ALSO CONFIRM THAT WE WILL PROVIDE THE UNDERLYING DOCUMENTS AT YOUR ENTIRE DISPOSAL.

WE UNDERTAKE TO BEAR ANY STAMP DUTY OR ANY SIMILAR DUTY OR LEVY (IMPOSED UNDER APPLICABLE LAWS) IN RELATION TO THIS MT799 MESSAGE OR ANY RELATED TRANSACTION, MESSAGE OR CONFIRMATION.

WE AGREE THAT THIS AGREEMENT SHALL BE GOVERNED BY AND CONSTRUED IN ACCORDANCE WITH THE LAWS OF THE HONG KONG SPECIAL ADMINISTRATIVE REGION OF THE PEOPLE'S REPUBLIC OF CHINA("HONG KONG")AND WE HEREBY AGREE TO SUBMIT TO THE NON-EXCLUSIVE JURISDICTION OF THE HONG KONG COURTS.

REGARDS.
TRADE FINANCE, INT'L BUSINESS DEPT.
××BANK

上述报文中，进口商银行对代付行代付加保的语句为“In consideration of your provision of this trade loan we irrevocably and unconditionally undertake to pay the principal amount and accrued interest，without any deductions or withholdings，to Bank of America，National Association at maturity date as per your instructions.”即使进口商到期无力付款，进口商银行仍要对代付行偿付。代付行收到代付指示通常回复进口商银行同意办理代付，并将款项付至出口商。

三、提货担保

在近洋贸易的信用证业务中，经常出现货物早于单据抵达目的港的现象。为避免货物压仓、变质，同时为了节省仓储费用，进口方希望在获得提单之前便从船公司提货，办理报关并及时销售。船公司为防止因此造成的损失，便要求进口方提供一份经银行加签的提货保函/提货担保书，保证承担因先行提取货物而可能给船公司造成的损失，并保证收到提单后立即交还给船公司。进口方在向开证银行申请开立此类保证或保函时，须向银行保证，无论单证是否相符或发生其他情况，都要到期付款。

附样 12－9 是提货担保式样。

附样 12－9：提货担保书

提货担保书

编号：

致：

下述船舶所承运的货物系我行开立的第　号信用证项下之货物（货值）。由于正本提单尚未收到，我行在此出具本担保书予以担保提货。

提单号码：

信用证号码：

合同号码：

担保最高金额：

货名：

船名/航次：

发货人：

收货人：

装运地点及日期：

船公司名称：

总件数（大写）：

总重量（大写）：

总体积（大写）：

唛头：

我行担保的最高金额为：（上述担保金额），不包括由此可能产生的其他费用。

并保证如下：

1. 有关以上货物运输条款以原提单条款为准；

2. 我行保证承担由此而引起的一切责任、风险和费用；

3. 若发生纠纷，索赔方又执意通过法律程序解决，因此而导致的索赔及因诉讼所引起的一切费用由我行承担；

4. 一旦该批货物正本提单寄达，将立即送交贵司赎回本保函，我行同时解除保证责任。

请贵司配合，给予同意放货。

本提货担保书保证期间为开立之日起至　　年　　月　　日止，贵司的书面索赔通知应在此保证期间内送达本担保银行所在地址（地址：　　　　　）。

申请人（盖章）
法定代表人或委托代理人（签字）：
联系电话：
年　　月　　日

担保银行（盖章）
法定代表人或委托代理人（签字）：
联系电话：
年　　月　　日

案例分析

某年10月10日，国内某进出口公司将一套含有全套海运提单，金额为USD43 200的出口信用证下单据提交给我国Y银行，开证行为沙特阿拉伯的某银行。Y银行审核了全部单据后认为单证相符，于当日交快递公司寄出，预计10月底能收汇。但超过预计收汇期后还没有贷记头寸，通过快递公司，Y银行了解到开证行已于10月17日签收了此快递单，自11月4日起Y银行便隔日发电查询。11月17日开证行回复，称所查快递单虽签收，但收件内容却是一块长120CM、宽21CM的布料，并未收到Y银行查询电中所述的单据。Y银行收电后意识到该单据已被错寄，于是要求快递公司予以协查。同时由于单据中含有全套提货单据，Y银行又通过船运公司了解到开证申请人用银行担保提走了货物，这进一步证明了开证行确实未收到正本单据。为尽快收回此笔款项，在单据查无着落的情况下，Y银行提出补寄一套副本单据请求开证行付款，但开证行坚持要求正本单据，因为开证行已出具提货担保书，必须用正本提单换回其担保书才能免除其自身责任。而如果再出具一套正本提单，还须出口商提供反担保，出口商要求Y银行承担连带责任。正在Y银行一筹莫展时，快递公司通过国外代理公司、海关等环节的联查，追回了寄错的单据，于12月27日将单据交回Y银行。Y银行当日通过另一家快递公司再将单据寄开证行，同时发电通知。该笔货款终于次年1月6日收回，时间长达三个月。

实践中，提货担保业务风险较大，国内许多商业银行都不受理此类业务。如申请人在近洋运输情况下申请办理提货担保，为有效控制风险，担保银行应详细了解交单情况，必要时应向交单行查询单据寄送情况。

第三节　国际贸易融资风险与防范

近年来，我国对外贸易的数量及范围迅速扩大，对外贸易的主体向多层次扩展，国际贸易结算工具多样化且新业务不断推出，与之相应的贸易融资方式亦呈现出多样性、复杂性和专业化趋势。

目前，世界经济陷入衰退，这对我国的对外贸易、成套机电设备出口、工程承包等造成一定的冲击。由于风险暴露存在一定滞后性，国内金融机构贸易融资的风险也在不断增长和变化。对于我国商业银行来讲，如何把握机遇，扩大国际贸易融资，最大限度地支持实体经济发展，同时有效地防范和控制融资风险，是值得关注的问题。

一、贸易融资风险及防范

（一）打包贷款

打包贷款单纯依靠买方开来的信用证作为风险缓释，实质上是一种无抵押信用放款，银行主要防范下列风险。

1. 出口商的履约风险

作为还款凭据和押品的信用证，开证行的付款承诺以受益人提交相符单据为前提。如受益人不能提交单据，或提交不合格单据，贷款银行就失去了来自开证行的付款保证。银行应严格审查出口商的资信，包括其业务经营、财务情况、市场地位、管理人员的经验及品格、合作历史及履约能力等。银行还应追踪业务的进展与合同的执行情况，以便在第一时间发现问题，保证安全及时收回贷款资金。

2. 信用证的风险

银行应审核开证行的资信状况、信用证的真实性、条款是否合理、是否存在对受益人不利的“软条款”等问题。对于装运单据为非物权单据或不能控制全套正本单据的，应更为严格。

3. 货物的市场风险

市场波动剧烈，需求和价格受季节影响大、易变质的商品市场风险大，不适合进行打包贷款。

（二）出口押汇

出口押汇，尤其信用证出口押汇，使用程度非常普及。出口企业用它来加快短期资金周转，扩大业务量。一般来讲，如果因为各种原因开证行未能履约按时足额付款，押汇银行有权向出口商追索垫款本息。因此，在国际贸易融资业务中，出口押汇的安全性相对较高。然而，这种安全性是基于银行能够审慎地审查出口商交来的各种单据，确保相符交单。一旦开证行因各种原因拒付，出口商的偿付能力决定银行能否成功回收押汇融资款。

案例分析

某年12月，××进出口贸易有限公司总经理蓝某与黄某以信用证押汇方式向银行贷款。其中，蓝某负责向银行申请押汇贷款。黄某负责支付信用证金额的9.5%～20%的好处费，让左某（中国台湾籍）为其开出信用证。其间，左某在明知没有真实贸易背景的情况下，为收取高额佣金，仍然按对方要求帮忙联系开出9份信用证。三人利用这9份信用证，先后向银行申请押汇贷款，骗取贷款高达1 189万余元人民币。后案发，三人被指控信用证诈骗罪，并被追究刑事责任。

分析：本案例属于没有真实贸易背景的商人利用信用证押汇合谋诈骗银行。案例中××进出口贸易公司没有真实贸易背景，蓝某等人与国外不法商人合谋，开出信用证，然后制作假发票、出口报关单、装箱单等，持齐全的空头提单及信用证到银行来交单议付，骗取押汇款项。后开证行拒付款项，这时融资行已将款项贷出，对银行来说，不良贷款已经形成。

以信用证出口押汇为例，对银行来讲，押汇贷款的风险如下。

1. 单据自身是否存在物权属性的风险

信用证规定的货运单据如果是铁路运单、空运单等非物权单据，或虽然是海运提单，但其中的一份正本单据由出口商直接寄给进口商提货，就有可能造成出口押汇项下质押单据对应的物权悬空。虽然融资行给付了对价，但却因单据本身的缺陷不能获得物权，使银行在开证行不付款、向押汇申请人追索又不成的情况下，无法从对物权的掌握中寻找到补偿的办法。此外，如果信用证要求提交全套海运提单，但要求提单抬头人做成进口商指示抬头或限制抬头。这种单据的转让或通过进口商背书才能完成，或因制成限制抬头而不能转让。银行对这样的单据出口押汇同样面临风险。

2. 对不符点单据押汇的风险

常常有企业请求银行对有不符点的单据进行押汇。如果是银行的老客户，收汇比较稳定，以往没有拒付记录，银行很可能对这种单据办理押汇。一般情况下，如果单据出现的不符点不涉及商品价格、数量、质量及发运日期等重要方面，进口商还是会接受单据而不会轻易拒付。但如果出现意外情况，如市场价格下跌，进口商将面临损失，那么进口商就有可能对不符点提出拒付，或以此提出修改价格等不合理要求，对融资行十分不利。如果此时出口企业没有能力偿还押汇本息，银行很有可能产生风险。

3. 开证行无理拒付的风险

开证行无理拒付的情况虽然很少发生，但在产生贸易纠纷的情况下，也会给融资行带来收汇风险。开证行的资信状况也是融资行在办理押汇业务时应注意的一点。这里需要特别提醒的是，要避免陷入“软条款”信用证陷阱。这些信用证往往含有出口商不可控的附加条件。这些条件的加入，等于失去了开证行承担第一性付款责任的保证。

4. 出口商和进口商信用风险

虽然信用证独立于基础的商务合同，但买卖双方之间的商务合同仍然是其产生的基础。在国际贸易融资实例中，经常会有出口商蓄意制作假单据骗取银行资金，或出口商品与合同不符导致银行垫款的案例发生。这类企业多属于贸易型公司，资产较少、规模不大，不具体从事生产经营活动，抗风险能力较差。有的是出口商单方面的行为，有的则是双方串通，共同诈骗银行。这些操作手段具有隐蔽性和欺骗性，应引起银行注意。

鉴于此，银行在办理出口押汇时，通常采取如下措施。

1. 确保出口商的资质

申请押汇的出口商应为银行的优质客户，通常是资金实力雄厚，信誉良好，在银行有综合授信的客户。万一开证行拒付，只要出口商资信良好，押汇行也可收回该笔融资款。

2. 调查开证行的资信

开证行必须对其开立的信用证负第一性付款责任，只要是相符交单就要付款，不能因申请人的不合理要求或从其自身利益出发，鸡蛋里挑骨头，对外拒付。开证行的信誉应良好，不应有不良记录。同时，还应关注开证行的国家风险及政治风险。

3. 仔细审核单据

审单是信用证及其押汇业务操作中的核心环节，审单人员应按照“单单一致，单证一致”原则认真审核信用证的条款及出口商交来的单据。信用证的条款应明确、合理，不存在软条款，要求提交的单据是全套物权单据，且物权单据的抬头不是进口商指示抬头或限制性抬头。对有不符点的单据应尽量要求出口商修改。

4. 控制单据的物权

银行办理出口押汇，一方面应考虑出口商的还款来源是否有保障，另一方面还应考虑对单据代表的物权是否能够有效控制。万一收汇有风险，融资银行可以通过变卖出口商的货物来补偿押汇款项。由于海运提单能代表物权，其他如空运单、陆运单、邮局收据等不能代表物权，特别是空运单，容易混淆。因而，出口商银行对于非海运提单项下的押汇应谨慎办理。

（三）进口押汇

进口押汇，在开证行垫款支付的情况下，开证行作为善意持票人，享有信用证项下单证的所有权。要在进口押汇业务上构筑有效的担保机制，应注意如下几点。

1. 选择适当的担保形式

担保形式通常有提货担保保证、质押担保和信托收据等。银行应根据业务的实际情况，尤其是申请人的资信状况来选择，也可以考虑结合几种形式来担保。

2. 控制进口项下代表物权的提单

如遇开证申请人经营情况恶化，可以随时处置货物。

3. 审查货物性质

审查包括此次交易是否为申请人正常的经营范围，了解市场行情。对大宗商品进口，应跟踪其销售情况，控制收款权。

4. 应强化进口商责任

如在进口商保证条款中规定，在押汇到期前归还本息，否则银行有权对其收取罚息，或有权处理押汇项下的货物。如进口商违约，则银行有权停止对其在银行办理的一切融资业务，并有权冻结其在银行的其他账户。

（四）提货担保

提货担保是常见又重要的担保形式。提货担保，是进口商和银行共同或银行单独向轮船公司出具的书面担保，要求轮船公司凭提货担保先行放货，银行保证日后补交提单，并负责缴纳轮船公司应收费用及赔偿其可能遭受的损失。提货担保，用于近洋贸易中，货物比单据（含提单）先到达目的地而进口商急于提货的情况。当银行收到证下单据后，可要求进口商赎单，凭提单向轮船公司换回原提货担保，退还银行注销。提货担保业务应注意如下几项。

（1）确保提货担保申请书的有效性和完善性。担保申请书是直接反映进口商义务的法律文书，申请书应该至少包括如下内容：货物名称、唛头、船名、发货人、装运地点及日期、信用证或合同号、金额、保证条款、进口商签字盖章等，尤其是保证条款不能少。

（2）可要求进口商提供担保抵押品，或由信誉良好的第三人提供保证担保。

（3）可通过保证金机制防范风险。银行可要求客户申请办理提货担保时提供足额的保证金，并保证在单据到达后及时以提单换回提货保证函，退还银行。

二、贸易真实性风险及防范

国际贸易融资的基础是贸易真实、合法、有效，而银行处理的是单据，通常仅负责审核单据“表面真实性”。因此，企业若编造虚假贸易套取融资，银行存在风险。事实上，早期，鉴于信息技术较落后，全国出现了一批虚构贸易背景，骗取银行贸易融资的案例。但近十年来，随着技术进步，大数据、区块链等一系列第三方信息共享平台日趋成熟，有效协助银行对贸易背景的真实性进行展业调查、背景甄别和放款审核。

案例分析

北京L公司在中国出口信用保险公司（下称“中国信保”）投保短期出口信用保险综合保险保单。中国信保出具保单，最高赔偿限额600万美元。L公司与S公司和B公司两海外买家签署了商务合同，出口纺织品，付款方式为O/A 120天。中国信保为上述两买家出具信用限额审批单，信用限额均为100万美元。

L公司后向银行申请办理150万美元保险后出口押汇额度。融资主要条件为：① 中国信保出具保单；② L公司提供200万元人民币存单质押；③ L公司实际控制人田某提供连带个人保证担保。

在办妥相关抵质押手续，签署相关融资、保险文件后，L公司凭全套的贸易单据，包括发票、报关单、提单、装箱单、验货单等，向银行申请两个买家共10票货物的出口押汇，押汇本金150万美元（折合952.59万元人民币）。银行在审核单据后，为L公司放款。

融资到期日，海外买家并未按时付款。银行第一时间向L公司追索，并督促L公司向中国信保索赔。L公司此时财务状况恶化，无法还款。而中国信保公司在收到可损通知及索赔后，展开海外调查，却发现：

① 两海外买家均否认与L公司存在贸易关系，否认对L公司负有债务；

② 货物已由L公司的关联公司在当地提货。

中国信保公司遂以基础交易非真实、合法、有效为由，拒绝赔付。银行通过法院向L公司提起诉讼，法院判决L公司须在限定期限内偿还银行剩余押汇本金，并支付根据合同计算的利息、罚息。L公司及实控人田某同意承担还款及保证责任。目前，L公司的银行欠款已全部还清。

分析：本案属于制造虚假贸易背景，恶意骗贷，隐蔽性较强。L公司精心策划骗局。

第一，L公司提供了200万元人民币存单质押及实控人连带责任保证担保，对银行融资授信审批起到一定的迷惑作用。

第二，L公司与两买家的合作并非全部虚假贸易。事实上，L公司与两买家进行了多笔正常的交易。在熟悉买家的签字、印章后，L公司伪造了涉案的10票货物的全套单据，并冒名提货。

银行方面，在审核单据表面真实性、合理性、一致性方面没有瑕疵。事后，从中国信保公司调查的情况看，L公司确实发运了货物，报关单等单据都是真实的，且货物已被关联公司提走。

经验：首先，银行可通过第三方公开信息渠道查询基础交易的真实、合法、有效性。本案案发时间距今较早，随着资信水平的不断进步，第三方公开信息渠道已日渐成熟，成为银行审核贸易背景真实性的有力工具。企业造假成本高，甚至无从造假。其次，应选择可靠的交易相关方，不仅包括作为银行客户的出口商，也包括贸易链条上的各参与方。本案货运的承运人是小型运输公司，在冒名提货环节上有与L公司串通的嫌疑。而出口商更应谨慎选择，不应以有中国信保保险或其他抵质押担保而放松对出口商的准入，不应放松对第一还款来源的审查。

1. 虚假贸易及重复融资的防范

国家外汇管理局于2019年打造的跨境金融区块链服务平台，可有效控制虚假关单及重复融资。该平台通过“出口应收账款融资”与“企业跨境信用信息授权查证”两个应用场景，建立外汇局、税务、银行等市场主体之间信息交换和有效核验，以实现出口报关单真实性核验、资金收付、质押物凭证等多信息共享。尤其解决了银行缺少贸易融资背景真实性审核有效便捷渠道的痛点，及审核重复融资和超额融资的难题。

附样12－10为银行办理贸易融资时，登录外汇局平台核验的示例。

附样12－10：国家外汇局贸易背景真实性查验示例

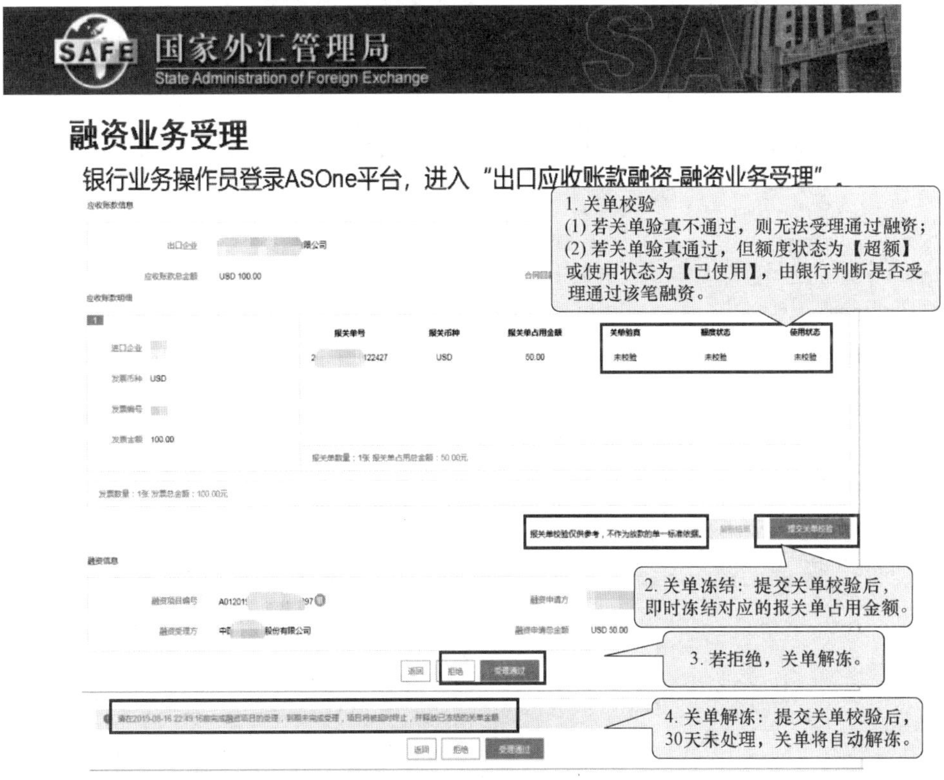

目前，该平台服务全国银行超过 250 家，企业超过 4 325 家（中小企业占比 75%）。完成融资放款 41 679 笔，累计放款 387.83 亿美元。

2. 虚假提单的防范

目前，各大船运公司（中远、马士基、地中海、达飞等）官网均开通物流跟踪查询功能，录入订舱号、集装箱号、提单号即可获得航运信息，可有效防范虚假提单。附样 12－11 及附样 12－12 为中远海运公司货物跟踪查询界面。

附样 12－11：航运公司物流查询示例

附样 12－12：航运公司物流查询示例（续）

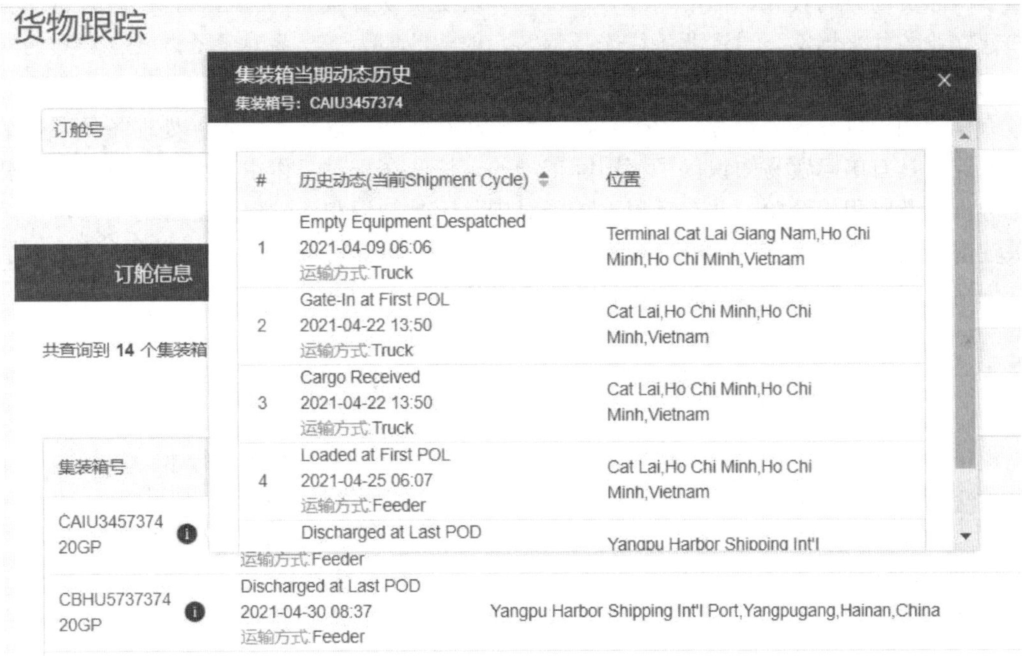

三、国际贸易融资的建议

1. 调整机构设置，实行审贷分离原则

为满足业务发展需要，银行有必要对内部机构进行调整。重新设计国际贸易融资业务的运作模式，将审贷职能进行剥离，实行授信额度管理，达到既有效控制风险又积极服务客户的目的。

首先，应当明确贸易融资属于信贷业务，由信贷管理部门对贸易融资客户进行资信评估，重点审查客户的信用水平、历史贸易融资记录、信誉状况、财务状况、管理水平等，据此初步确立客户的授信额度。其次，由银行信贷审批委员会根据信贷部初步审查的意见，对每一位客户进行资信状况、经营业绩及财务状况的进一步评估并以此最终核定其贸易融资授信额度。最后，信贷管理部门严格按照信贷审批委员会的审查标准及意见与客户签订授信协议，落实抵押、担保手续。国际业务部和其他营业机构则可根据信贷部拟定的授信额度，实际办理有关的贸易融资业务。

通过建立审贷分离制度，将信贷风险和国际结算融资风险的控制分别由信贷部管理部门、信贷审批委员会和国际业务部门负责，最终达到在统一综合管理体系下的审贷分离，风险专项控制。

2. 建立科学的贸易融资风险管理体系，加强风险管理

要制定符合国际贸易融资特点的客户评价标准。国际贸易融资的特点决定了其客户的评级标准应该优于对流动资金贷款客户的评级标准，评级时应更多地根据客户办理业务

的信用记录，而不仅仅根据财务报表反映的经营业绩来选择客户。为此，银行应该选择从事国际贸易时间较长、信用好的客户，为有真实贸易背景的业务融资，同时为每个客户建立业务往来档案，通过业务往来了解客户的业务能力、交易对手资源及客户履约的信用记录等。影响国际贸易融资的风险因素相对较多，防范风险要求商业银行工作人员具有信贷知识以分析评价客户的信用，具有国际结算知识以正确分析并处理各种国际结算业务，具有国际贸易知识以了解国际市场的行情。在平时工作中，要注意对案例的总结分析，及时积累经验，并有意识地加强对国际贸易知识和运输保险业务的学习，密切关注国际贸易市场动态，了解掌握商品的行情变化，培养对国际贸易市场的洞察力，增强识别潜在风险的能力，以不断提高自身业务水平。

3. 加强立法研究，做到有法必依

一方面，我国的立法部门应加强对国际贸易融资的立法研究，建立与国际接轨的法律法规。另一方面，银行应认真研究现有法律法规存在的漏洞，制定切实可行的操作方案，在银行内部建立产品化的操作程序。在实际业务操作中，一定要依法行事。同时要积极运用法律手段保全信贷资产，利用法律武器最大限度地保障银行利益，减小风险。

本章小结

本章介绍了国际贸易融资的概念、特点，出口融资的代表性业务（出口押汇、福费廷、打包贷款）及进口融资的代表性业务（进口押汇、进口代付），并通过实践及案例，阐述了国际贸易融资的风险点及防控措施，以帮助读者了解、认识、掌握国际贸易融资的基础知识及相关单据缮制。

思考题

1. 国际贸易融资有何特点？
2. 出口融资有哪些业务？
3. 何谓出口押汇？
4. 何谓福费廷？
5. 何谓打包贷款？
6. 进口融资有哪些业务？
7. 何谓进口押汇？
8. 何谓进口代付？
9. 何谓提货担保？
10. 国际贸易融资有哪些风险？如何防范国际贸易融资风险？

案例讨论题

国内 A 公司为水产品进出口企业，主打产品为马哈鱼及三文鱼，上游主要供应商为日本海产公司。至 2021 年 6 月，A 公司通过国内各家银行办理各类贸易融资共计约 5 000 万元。后由于日本排放核废水突发事件影响，马哈鱼及三文鱼上下游生产消费疲软，造成 A 公司流动资金严重不足，最终停工停产。银行债务逾期重组。

请问：通过本案例，贸易企业与融资银行应吸取何种教训？

第十三章　国际保理单据与案例分析

案例导入

英国泰克斯公司从中国进口纺织品。几年前，当该公司首次从我国进口商品时，采用的是信用证结算方式。但随着进口量的逐渐增长，他们越来越感到这种方式的烦琐与不灵活，而且还要向开证行提供足够的抵质押，费用也不菲。为了继续保持业务增长，该公司开始谋求至少 60 天的赊销付款方式。但我国出口商考虑到这种方式下的收汇风险过大，因此没有同意。之后，该公司转向英国保理商埃利克斯公司寻求解决方案。英国的进口保理商为该公司核定了一定的信用额度，并通过中国银行通知了我国出口商。通过双保理制（中国银行作为出口保理商，埃利克斯公司作为进口保理商，这是国际保理中最常使用的方式），进口商得到了赊销的优惠付款条件，而出口商也得到了 100%的风险保障以及发票金额 80%的贸易融资。公司董事史密斯先生称，国际保理业务为他们提供了极好的无担保延期付款条件，通过这种结算方式帮助他们扩大了从中国的进口量，而中国的供货商对此也十分高兴。虽然进口产品的价格会高一些，但史密斯先生认为，对他们而言，还是有相当大的好处。当进口商下订单时，交货价格就已确定，他们不须负担信用证手续费等其他附加费用。对出口商而言，虽然理论上说信用证方式可以保护出口商的利益，但实务中由于很难做到完全的单证相符，因此出口商的收汇安全也受到挑战。史密斯先生介绍，该公司在与中国供货商合作的五年时间里仅有两笔交易出现一些货物质量方面的争议，但问题都很快得到解决，且结果令双方满意。

分析：通过上述案例，我们可以进一步认识到国际保理正逐渐发挥越来越大的作用。与信用证这种当前运用最为广泛的结算方式相比，显示了一定的优势。可以预见，国际保理在未来国际贸易结算领域将会发挥更为重要的作用。

国际保理是当前在国际贸易结算领域最为活跃的结算方式之一，特别是在欧美地区，应用更为广泛。它不仅具有传统结算方式的优点，而且还可以弥补它们的不足，特别在当前买方市场的大背景下，这种支付方式更显优越。所以，从事国际贸易的人士对国际保理的了解就显得至关重要了。

第一节 国际保理概述

一、国际保理的内容与特征

（一）国际保理的含义

国际保理（International Factoring）又称作国际付款保理或保付代理、承购出口应收账款等，它是通过收购债权而向出口商提供信用保险或坏账担保、应收账款的代收或管理、贸易融资中至少两种业务的综合性金融服务业务。其核心内容是以收购债权的方式提供出口融资。保理服务是一种介于跟单信用证和跟单托收之间的具有财务担保性质的支付方式。

（二）国际保理的服务内容

在国际贸易结算中采用国际保理业务，保理商应依据双方（即出口商与保理商）所签订的保理合同，提供以下全部或部分服务。

1. 为出口商提供贸易融资

保付代理业务最大的优点就是可以提供无追索权的贸易融资，而且手续简便，既不像信用放款那样需要办理复杂的审批手续，也不像抵押放款那样需要办理抵押品的移交和过户手续。出口商在发货或提供技术服务后，将发票通知保理商就可以立即获得不超过发票金额 80%的无追索权预付款融资。这样就基本解决了在途和信用销售的资金占用问题。

2. 回收应收账款

回收应收账款本来就是一项非常专业化的工作，外贸领域的应收账款回收还牵涉到各个国家、地区的贸易习惯、法律规则等，因此更加麻烦。许多出口商，包括产品畅销、生意兴隆的大出口商都缺乏这种技术和知识。由此，收债效果不佳，大量的营运资金被束缚在应收账款上，从而导致运营资金周转不灵，企业生产经营严重受阻，甚至会造成企业破产。

但保理公司具有专门的收账人员及专业的收账知识，知道在什么时候该用何种方式对何种债务人收债。保理商一般都设有专门的部门处理法律事务，并可随时提供一流的律师服务，因此对这类事情处理起来较为得心应手。保理商往往在签署保理协议之前就要先与出口商议定将来的收债方式、程序和最后手段，为收回核准应收账款而产生的一切诉讼和律师费用也将由保理商负责。因此，销售与收账两个环节的分离，既节省了出口商的营运资金，又免除了其对收债存在的忧虑。出口企业只要与保理商签订了保付代理协议，明确双方的权利与义务，保理商会全权为出口商回收账款。

3. 提供出口贸易销售账务处理

银行作为公共会计已经有一千多年的历史了，它拥有最完善的账务管理制度，先进的管理技术和丰富的管理经验。银行还是电子计算机和现代化办公机具应用最为广泛的行业之一，它能提供高效率的社会化服务。银行还具有分布广泛的国内外业务网络以及分支或代理机构，能够及时传递买卖双方之间有关贸易及法律文书，随时或定期提供各种资料。保理商一般均为大商业银行的附属机构，同样具备银行在账务管理方面的各种有利条件，因此完全有能力向客户提供优良的账务管理服务。

4. 调查进口商的资信状况

在任何国际交易中，出口商最为关心的就是进口商的资信。因为如果将货发出去了，但出口商收不回资金，那么他无论如何是不愿意做这笔买卖的。所有的支付结算方式事实上就是解决这个问题，国际保理也是如此。特别在当前国际买方市场的大背景下，出口商在交易中的地位非常不利，有时会被迫接受一些苛刻的支付条件。这时如果能够知道进口商的资信，那么对安全回收应收账款是大有裨益的，而保理商恰恰可以提供这种服务。通过对进口商进行销售前的调查，出口商可以依据客户的资信状况制订相应的销售计划和必要的账务管理措施，以有效防止贸易风险的出现。在国际保理业务中，通过保理商提供的专业服务，跨国度的买方资信调查问题便迎刃而解，而一般情况下这种资信调查对出口商而言是很难办到的。由于各国保理公司一般都是国际保理商联合会的会员，这使得保理商形成了国际间广泛的相互代理网络和有关咨询机构，同时各国保理公司还在国外设立自己的分支机构和代理网络，通过这种国际间的组织结构布局，为保理商开展跨国的贸易资信调查提供了便利条件。

5. 提供买方信用担保

在保理业务中，进口保理商并不是对所有的应收账款都进行担保，而是通过对进口商的资信进行调查后核准一个信用额度，他只对信用额度内的应收账款承担坏账赔付责任，超过信用额度外的账款则只能由出口商自己负担。但是出口商必须保证出口商品或劳务不存在质量、服务水平、交货期限等可能导致贸易争端的问题，只有这样，出口保理商才会提供信用担保。在货物出运前如果进口保理商发现进口商出现严重的资信问题，他可以取消原来核准的信用额度，并且他不会为此承担任何责任。

案例分析

某出口商 A 与一进口商 B 达成一笔出口合同，双方拟采用 D/A 远期的方式结算，并同时采用国际保理方式融资。出口商向国内的一家出口保理商申请采用此服务，出口保理商通过进口国当地的一家进口保理商对进口商进行资信调查，共核准了 8 万美元应收账款。此批货物采用分批运输，共进行 5 次运输，出口商已经装运了 2 次，价值 3 万美元。但此时，出口商突然收到进口保理商发出的停止装运的通知，并撤销该信用额度的核准。原来，进口商 B 由于涉嫌财务欺诈，正在接受该国司法部门的调查，进口保理商认为进口商 B 的资信已经发生了根本的改变，因此提出撤销该批货物信用额度的核准。

试分析：进口保理商有无权利要求撤销该批货物的信用额度的核准，以及出口商可否获得先前出运的货物已核准的账款的赔偿?

分析：根据国际保理商联合会制定的《国际保理业务惯例规则》第十八条规定，进口保理商有权视情况缩减或撤销信用额度。撤销（在此亦包含减额）必须通过书面形式或通过电话（随后以书面确认）。在收到撤销通知后，出口保理商应立即通知供应商，此撤销对供应商收到通知后的发货有效。

因此根据该规定，如果收到进口商资信的不利报告，进口保理商有权撤销他先前已经核准的信用额度，但是仅仅局限于尚未出运的货物。对于已经出运的货物，进口保理商仍然要承担支付责任。因此，出口商可以获得对于先前已经出运的货物已核准的账款。

（三）国际保理服务的基本特征

保理服务作为一种综合性的贸易融资方式，具有以下特点。

1. 保理商接受出口商的债权转让

保理商通过购买债权能够获得对债款不受任何影响的所有权。拥有全额收取债款的权利，并用收回的债款补偿预付的收购价款，这也是保理商和出口商签订保理协议的主要目的之一。保理协议中所限定的债权应属于可依法获得但尚未实际占有的动产。保理商为获得对债款的绝对所有权，就必须按法律规定办理某种转让手续，这种转让可以协议转让的形式进行。在协议中，出口商同意将对债款的所有权转让给保理商，协议中包括对债款的法定所有权以及对债款的所有法定和其他求偿权的转让，保理商也同意接受这一权利转让，并不必征得债务人的同意和许可。

2. 保理商在核准信用额度内承担坏账风险损失

为了明确保理商对因债务人清偿能力不足而形成呆账、坏账所承担的风险责任，保理商通常必须为出口商的所有客户逐一核定信用销售限额，以控制业务风险。对限额之内的应收账款即已核准应收账款，保理商提供100%的坏账担保，保理商没有追索权。而对于超过信用额度的销售（即未核准）应收账款，保理商仅提供有追索权融资。

但对因产品质量、服务水平、交货期等贸易纠纷所造成的呆账和坏账，保理商不负担赔偿之责并拥有追索权。虽然保理协议规定，出口商必须将所有的应收账款出售给保理商，但一部分被称为不合格的应收账款销售仍要被排除在外。如果出口商误将不合格应收账款填报为合格应收账款，则保理商保留追索的权利。

3. 保理商为赊销或承兑交单托收方式提供风险担保

在实际业务中，出口商可供选择的付款方式有信用证、付款交单、承兑交单和赊销等。对出口商而言，信用证因可靠性和安全性较好而一直受到青睐；而对进口商来说，由于信用证结算手续繁杂，费用偏高，还要在较长时间内占压进口商的营运资金或信用额度，所以进口商往往不愿意采用信用证方式。进口商倾向于采用承兑交单或赊销方式，但在这两种支付方式条件下，出口商承担的风险较大，必须有一种服务提供风险担保，于是保理服务应运而生。出口商将应收账款卖断给保理商后，一旦海外进口商拒付货款，全部风险将由保理商承担。而且，如果支付货币与本国货币不一致，由此形成的收汇风险也由保理商单独承担。保理服务手续简便、资金周转快，促进了发达国家之间贸易的进一步增长。

二、国际保理与其他支付方式的比较

国际保理作为一种新型的国际贸易结算方式，与托收和信用证相比主要有以下几点不同。

1. 责任不同

托收和信用证是国际贸易中传统的支付方式。在托收方式下，买卖双方受销售合同约束，进口商是唯一承担付款责任的人。银行在办理托收业务时，只是按委托人的指示办理，并无承担付款人必然付款的义务。在信用证方式下，买卖双方既受销售合同约束，又受信用证约束，但销售合同和信用证是相互独立的文件，开证行承担有条件的独立的付款责任。只要受益人（出口商）提交符合信用证规定的单据，银行就保证付款。而在国际保理业务中，买卖双方既受销售合同约束，又有保理公司的付款担保，而且两者是紧密联系的，即只有出口商按合同发货，保理公司的担保才能成立。

2. 风险不同

托收是以商业信用为基础。出口商发货后，如进口商借故不付款赎单，代收行和托收行均不承担付款责任，出口商要承担较大的风险。在信用证方式下，也存在进口商不按时开证、开证行倒闭、单证不符致使开证行和进口商拒付或迟付的风险；对进口商来说也存在实际货物不符合要求、出口商制造假单据进行欺诈等风险。在国际保理业务中，只要出口商提供的货物的品质、数量、价格、交货期符合合同规定，如果遇上进口商资金周转不灵或倒闭，进口保理公司将负责付款，承担100%坏账担保。因此，对出口商来讲，摆脱了托收项下进口商无力付款、倒闭或无故拖延付款的风险。

3. 融资不同

在托收业务中进出口双方可采取托收出口押汇、凭信托收据借单提货进行融资。但由于银行承担的风险大，因此控制很严，而且银行对客户有追索权。在信用证业务中，议付行对出口商的融资方式主要通过打包放款、出口押汇等方式。这些融资方式，银行通常是有追索权的。而保理业务一般是在发货之后才申请融资的。进口商收到货物后一段时间内才付款，这是出口商对进口商提供的融资。而出口商为了解决资金周转的困难，可以从保理公司得到不超过发票金额 80%无追索权的预付款融资。无追索权的融资是保理业务融资的特点。对已核准应收账款的融资，如果进口商发生倒闭、资金周转不灵等，保理公司也无权收回其融资。

4. 作用不同

在托收方式下，金融机构的参与只解决了结算的方便和融资问题。与之相比，信用证和保理业务都起到了使出口商收款获得银行信用保障的作用。在出口商对进口商不够信任、收汇风险较大时，这两种结算方式都体现出优越性。而保理业务还有着信用证方式所未有的特殊作用：减少出口商处理应收账款财务上的烦琐事务，负责账务管理，提供综合性的信息和财务服务。

三、国际保理对进出口双方的作用

国际保理对进出口商有诸多的好处，但业务的使用需要支付相应的费用。

（一）国际保理对出口商的作用

国际保理对出口商有如下作用。

1. 增加出口营业额

由于在叙做保理业务时，出口商可以对国外新老客户提供颇受欢迎的D/A、O/A等优惠付款条件，从而使其在激烈的国际市场竞争中赢得优势，极易与进口商达成交易，增加营业额。

2. 有效地规避风险

保理商代出口商对进口商的资信进行调查，为出口商决定是否向进口商提供商业信用以扩大商品销售，由保理商承担100%的买方信用风险担保。只要出口商在批准的信用额度内发运符合合同规定的货物，便可避免到期收不到货款的商业信用风险，杜绝坏账损失。

3. 节省出口商开支

由于进口商的资信调查、销售账务管理、账款追收等都由国际保理商负责，因而大大减轻了出口商的业务负担，节省了业务开支，从而降低了经营成本。

4. 获得融资服务

出口商将货物装运完毕后可向保理商提出融资要求，立即获得资金，从而加速资金周转。出口商利用保理业务进行融资，与贷款融资相比，可减少资产负债表中的负债，有利于企业的有价证券上市或扩展其他融资渠道。

5. 增加出口商利润

由于出口额的扩大、平均业务成本的降低，排除了买方信用风险和坏账损失，并且可以从保理商处获得融资，使出口商利润随之增加。

（二）国际保理对进口商的作用

国际保理对进口商有如下作用。

1. 增加营业额

进口商利用优惠的付款条件，可以用其有限的资金购进更多的货物，有时甚至可以不必动用自身资金就能赚取利润。因为进口商可以在收取货物后，将货物转售出去，用售货所得的款项于远期汇票到期日或规定的远期付款时间再履行其付款责任。因而，进口商可加快资金周转，扩大营业额。

2. 降低进口成本

由于采用的是非信用证支付方式，进口商免向银行交纳开证押金，减少了资金积压和利息损失，同时也省去了诸如开证费、改证费等银行手续费，从而使进口成本有所降低。

3. 保证进口商收到货物

由于保理商对出口商承担买方信用风险担保的前提条件，是出口商严格履行买卖合同的各项义务，出口商为了顺利收回款项，一般都必须按照合同的规定发货并提交单据。因此，在很大程度上保证了进口商所收取单据的真实性及收到货物的合格率，减少了出口商欺诈的可能性。

案例分析

某出口商 A 出口一批货物给进口商 B，他授权当地的一家出口保理商 C 开展出口保理业务，出口保理商通过联系进口保理商为其提供了 8 万美元的信用额度核准，并很快与出口商签订了出口保理业务协议，在出口商提交了相应的发票后，出口保理商向其提供了 80%的信用额度的融资。

但是 10 天后，出口保理商却收到进口保理商发来的贸易纠纷的通知，告知他出口商年初以托收方式发给进口商的同样的货物存在严重的质量问题并已经被当局没收，致使进口商已经付款的货物无法提货，与此同时，进口保理商还随附了一张进口国的质量检验当局开立的证明书，因此进口商拒绝支付保理项下的应收账款。出口保理商为了避免损失，很快将出口商账户上的款项重新划归自己的名下。出口商当时没有提出异议，而是寻求与进口商进行磋商，但是五个月后进口商因为经营不善而破产。

此时出口商转而对出口保理商提出索赔，他认为出口保理商这样随便划拨保理项下的融资款项是非常不妥的。因为保理项下的货物并没有发生质量问题，出口保理商不能因为其他结算方式下出口的货物存在问题，导致进口商没有提到货物，就随便划转保理项下的资金。

试问：出口保理商有无权力划转已经向出口商融通的资金？

分析：出口商保理商有权力划转已经向出口商融通的资金。其理由如下：国际保理商联合会制定的《国际保理业务惯例规则》第二十七条规定，如果债务人拒绝接收货物或发票或提出抗辩、反索或抵消，并且如果出口保理商发生争端的应收账款所涉及的发票日后 90 天内收到该争议通知，进口保理商不应被要求对由于这种争议而被债务人拒付的金额进行付款。“反索”是指因与出口商有关的应收账款所代表交易以外另一笔紧密联系的交易结果，债务人向出口商索赔，导致债务人对该应收账款提出异议。

在此案例中，进口商事实上就是采用反索以免除自己的支付责任。

首先，在保理项下的货物并没有质量问题，所以进口商不能采用抗辩方式来拒付货款，出口保理商也不能划拨出口商账户上的资金。但是在本案例中，进口商是因为另外一批货物出现质量问题，从而导致自己没有收到货物，据此不支付保理项下的应收账款。与此同时，进口保理商也提交了相应的质量证明书，所有的这些都构成了反索成立的要件。

其次，如果贸易纠纷没有在合理的时间内解决，出口保理商有权主动冲账，出口商如果对此提出异议，可以在出口保理商为其提供的对账单 30 天内通知保理商。否则，出口保理商这种冲账行为就会被默认为是正当的，出口商不能对此提出异议。在本案中出口商当时并没有提出异议，而是与进口商磋商，待进口商破产后才提出异议，此时已经过了提出异议的时间。

4. 简化购货手续

因为采取的是非信用证支付方式，进口商可以免去许多烦琐的购货手续。进货迅速，只要收到单据便可凭单提货，而且保理业务也适用于多批次、每批数量较少的交易。

5. 增加进口商的利润

由于进口商的资金周转加快，营业额增加，降低了进口成本，减少了库存积压，可及时将商品投入市场，进口商的利润也会增加。

费用方面，国际保理业务的收费主要有以下几项。

（1）服务佣金：一般是承担服务的发票金额的1%～1.5%。

（2）进口商的资信调查费：对每次额度申请，无论批准与否、批准多少，保理商都收取一定的资信评估费用。

（3）融资费用：如果保理商向出口商提供融资，还要收取一定的融资利息。

第二节　国际保理的种类

在国际保理业务的开展过程中形成了一些不同的保理服务机制。根据业务操作过程中涉及的当事人数量的多少及承担的权利与义务的不同，主要分为以下几种。

一、涉及三方当事人的国际保理业务机制

此类国际保理业务机制又可细分为直接进口保理机制及直接出口保理机制两种。

（一）直接进口保理机制

直接进口保理机制（Direct Import System）的三方当事人分别为出口商、进口商及进口保理商，它是由出口商直接与进口保理商签订保理协议，出口商发货后直接将发票寄给进口保理商，由进口保理商直接为其收取货款及提供坏账担保的保理机制。

直接进口保理机制的优点是减少了环节、提高了效率、降低了费用，但由于出口商与进口保理商分属两个不同的国家，必然存在语言障碍、法律差异与商业习惯不同的问题，加上进口保理商对出口商的其实情况难以全面掌握，所以两者要签订保理协议存在相当的困难。

（二）直接出口保理机制

直接出口保理机制（Direct Export System）起源较早，最初源于国内保理业务，后逐渐发展到用于国际结算，并得到了广泛运用。

直接出口保理机制涉及三方当事人，即出口商、进口商和出口保理商。出口商在发货后，将发票寄给出口保理商，由出口保理商负责向债务人收取债款并提供坏账担保。直接出口保理机制除了保持直接进口机制的环节少、效率高、费用低的优点外，克服了出口商与保理商之间由于分属两国而存在的语言障碍、法律差异与商业习惯不同等问题，出口商与出口保理商之间的沟通比较容易。但是，由于出口保理商要直接为位于他国的进口商提供担保及收取货款，所以出口保理商的风险大大提高了。其难度主要体现在如下几个方面。

1. 加大了债权转让的难度

出口保理商必须以非常谨慎的态度对待债权转让，以保证转让符合本国及债务人所在国的法律，使债权不至于与法律相冲突或受第三者权益阻碍。在进口商分属于不同的国家和地区的情况下，出口保理商必须对各国的政策、法律和商业习惯进行逐一研究并做出判断，这是一项艰巨的工作。即使完成上述工作，也无法完全规避此类风险。

2. 增加了债务人的信用风险

出口保理商无法有效地了解和监控国外债务人的资信情况和经营状况，一旦债务人发生信用危机，出口保理商就必须跨国催债，其收款能力比进口国保理商要小得多。

3. 存在收汇风险

这种风险表现在以下两个方面。

（1）对于实行外汇管制的国家，外汇管理条例往往会成为出口保理商及时收回债款的障碍。

（2）由于出口保理商购买债权须即期付款，而债务人偿清债务还需要一段时间，因此，出口保理商就得承担在此期间因汇率波动可能带来的风险。

4. 不利于处理贸易纠纷

由于没有进口商所在国保理机构的协助，出口保理商在处理贸易纠纷以及由此而产生的法律诉讼等问题上处于更加不利的地位。

二、涉及四方当事人的国际保理业务机制

此类国际保理业务机制可细分为单保理制（One-factor System）及双保理制（Two-factor System）两种。

（一）单保理制

此类保理机制的四方当事人分别为出口商、出口保理商、进口商、进口保理商。其中，出口商、进口商和出口保理商的作用与双保理机制相同，只是对进口保理商的某些服务功能在一定程度上加以限制，进口保理商仍须负责提供坏账担保，催收逾期账款，并协助出口商和出口保理商处理因贸易纠纷而导致的诉讼。但在正常情况下的收款和划款导致的诉讼责任则被免去。这样做的主要目的，在于克服双保理机制中的某些不足，减少重复劳动，提高划账速度。单保理机制适用于进、出口商彼此之间较为了解的情况。

（二）双保理制

此保理机制的四方当事人分别为出口商、出口保理商、进口商、进口保理商。在此种机制下，出口商与出口保理商签订保理协议，同时出口保理商又与进口保理商签订保理协议，彼此委托代理开展保理业务。这样出口保理商除了要起到传递函电及划拨款项的作用外，还需要按照出口商的要求为其提供融资服务。

附样 13－1 是保理商之间的保理协议样本。

附样 13－1：保理商之间的保理协议样本

INTERFACTOR AGREEMENT

(Version June 2002)

AGREEMENT made this __*2nd*___ day of ___________*July*_________, 20_____*02*__,

by and between *World Factors N.V. ("World") of Amsterdam, The Netherlands*

and *Cosmopolitan Factors SDN BHD ("Cosmopolitan") of Kuala Lumpur, Malaysia*

W I T N E S S E T H:

WHEREAS,______*World*_________and______*Cosmopolitan*_________will from time to time engage the services of the other to act as Import Factor with respect to sale of goods or rendering of services to debtors located in the country(ies) where the Import Factor's services are to be performed;

NOW, THEREFORE, in consideration of the mutual agreements herein contained, it is hereby agreed between the parties as follows:

1. Each of the parties hereby subscribes to and agrees to be bound by all of the terms and provisions of the General Rules for International Factoring ("GRIF"), the edifactoring.com Rules and the Rules of Arbitration, all promulgated by the Factors Chain International as formally revised from time to time, subject to the following modifications:

   ----

2. The services to be performed by_______*World*______or ____*Cosmopolitan*__________ as Import Factor shall be rendered with respect to sellers designated by the parties from time to time and at such commission rates or other compensation as may be mutually agreed upon with respect to each seller.
3. Neither of the parties shall be obliged to engage the services of the other exclusively but each party shall be free to engage the services of any other factoring organisations located in the country(ies) where the parties perform factoring services.
4. This Agreement shall take effect as of the date set out above and shall continue indefinitely, subject to termination by either party on 60 days' prior written notice to the other but such termination shall not apply to, modify or otherwise affect the obligations of the parties hereunder or under the GRIF, the edifactoring.com Rules and the Rules of Arbitration with respect to transactions occurring, accounts receivable transferred or indebtedness incurred prior to the effective date of such termination.

   Except in relation to assignments of receivables made before 1 July 2002, this Agreement contains all the matters agreed between the parties in relation to the receivables included by Article 3 of the GRIF and all agreements, warranties, representations and other statements made by the Import Factor or the Export Factor to the other before the making of this Agreement and the reliance on any usages or practices are excluded.

IN WITNESS WHEREOF, the parties hereto have caused this instrument to be executed by their respective corporate officers thereunto duly authorised as of the day and year first above written.

WORLD FACTORS N.V.

By ___________*P. Jansen*_______

Title: *Managing Director*

COSMOPOLITAN FACTORS Sdn Bhd

By ___________*J. Petersen*______

Title: *Managing Director*

在国际保理业务中，采用双保理制的主要优点有以下几个方面。

1. 出口商收款方便安全

出口商只须同本国的出口保理商一家打交道就可获得全部的保理服务，不仅使出口商节约了大量的人力、物力、财力，消除了在语言、法律、贸易习惯等方面存在的障碍，而且还大大降低了经营风险。

2. 出口保理商收款效果良好

对于出口保理商，他只须与进口保理商打交道就可获得保理服务，由进口保理商负责对债务人核定信用额度、催收债款，而不必深入细致地研究各个债务人所在国的有关法律、贸易习惯、经济政策，也不必对债务人资信状况进行专门性调查工作。另外，对于催收债款的工作，进口保理商也有得天独厚的优势，尤其是在协助出口保理商处理因贸易纠纷导致的诉讼以及对进口商被迫清盘、破产、倒闭等突发事件做出迅速反应方面，由进口保理商介入往往要安全、划算得多。

3. 出口商融资方便

在双保理机制下，出口商不仅可以获得出口保理商的融资，而且还可以向进口保理商申请融资。这样，出口商可在出口保理商和进口保理商之间选择较优惠的利率进行融资，以降低成本。另外，若此时进口保理商提供的融资是以进口商所在国货币进行支付的话，那么以即期销售代替远期应收账款还可有效避免远期汇价变动所带来的风险。

当然，双保理制也有不足之处，主要表现在如下三个方面。

1. 费用较高

双保理制涉及两个国家的保理商，双方都要收费，对一些服务项目，例如提供销售账务管理服务，就不可避免地因两方面的重复收费，增加了出口商的负担。

2. 资金划拨速度较慢

在双保理制中，由于有进口保理商这个环节存在，资金划拨速度会减缓。而且在双保理机制下，进口保理商分到的业务量往往比较少，在资金划拨时，进口保理商不愿逐笔划付，而愿采用定期将期限内资金划出的办法，此时的划款速度将更慢。

3. 进口保理商的风险不易被分散

进口保理商由于得到的业务量较小，而出于竞争的考虑又不可能过高地提高费率，因此容易导致业务量与费率不相称的局面，在提供坏账担保时，风险无法有效分散，一旦债务人发生信用危机，进口保理商的业务收益甚至有可能不抵坏账损失。

第三节　双保理机制

在国际保理业务的运行机制中，双保理机制是最重要，也是运用最为广泛的一种。本节重点介绍双保理机制。

一、双保理机制的业务流程

双保理机制的业务流程图如图 13－1 所示。

双保理制的业务运行步骤如下。

（1）出口保理商与进口保理商之间签订保理商代理合同。

（2）出口商与出口保理商之间签订保付代理协议。出口商向出口保理商提出申请，出口保理商对其经营状况进行审查。审查合格后，出口商向出口保理商提供一份包含所有客户信息的清单，列明每个进口商的名称、地址及出口商所掌握的客户的资信和经营情况，并据此为每个进口商申请一个信用额度，作为进口保理商为进口商核定限额的参考。

（3）出口商向出口保理商提出其对进口商的信用额度要求。

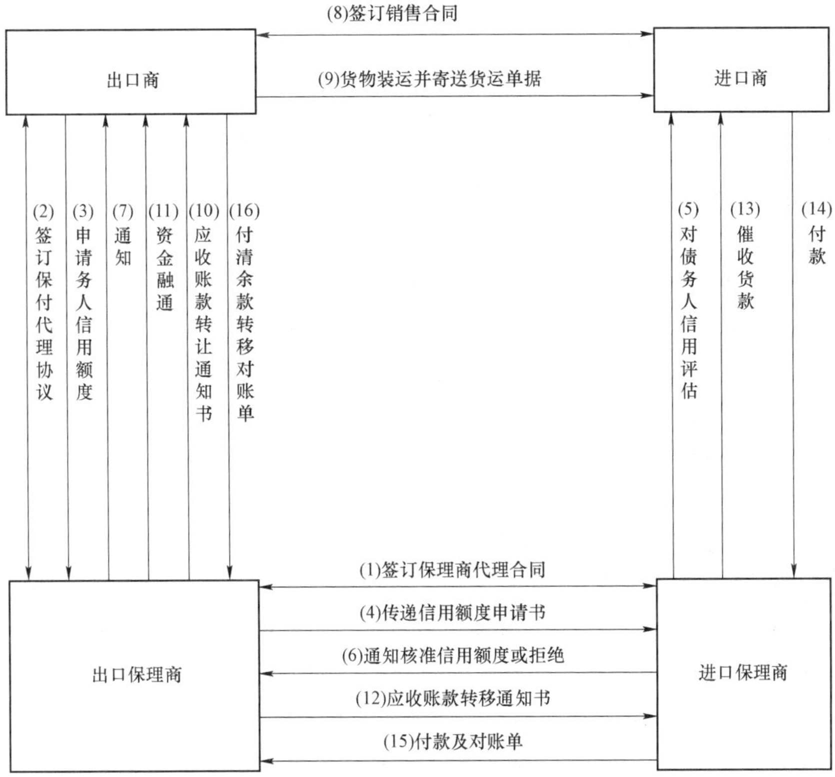

图 13－1　双保理业务流程图

（4）出口保理商将出口商对进口商的信用额度要求传递给进口商所在国的进口保理商。

（5）进口保理商对进口商的商业资信进行调查和评估，并确定进口商的信用额度。进口保理商还须根据出口保理商所提供的情况考虑并确定自己的服务条件和报价。

（6）进口保理商将其对进口商核准的信用额度或拒绝核准信用额度的通知书传递给出口保理商。

（7）出口保理商将进口保理商核准的关于进口商的信用额度或拒绝核准信用额度通知书转给出口商。如果拒绝核准，流程中止。

（8）出口商与进口商签订货物销售合同。

（9）出口商装运货物并将装运单据直接寄送给进口商。

（10）出口商将应收账款转让通知书并附发票副本一起提交给出口保理商。

（11）出口保理商向出口商提供资金融通（一般不超过发票金额的 80%）。

（12）出口保理商签署应收账款转让通知书并附发票副本寄送进口保理商。

（13）进口保理商凭受让应收账款向进口商催收货款。

（14）进口商（债务人）到期向进口保理商付款。

（15）进口保理商通过银行将货款转付给出口保理商，并及时向出口保理商寄送对账单或付款报告书。

（16）出口保理商扣除预付货款、佣金、银行转账及其他费用，将余款支付给出口商，并及时向出口商提供对账单。

案例分析

某一出口商A向一进口商B出口一批价值12万美元的商品，装船后30天D/A方式付款。由于出口商A仅仅是一家业务规模很小的贸易公司，不想过多地占用自己的流动资金，因此A希望采用国际保理业务融通资金。

试问其业务流程是什么？

分析：出口商希望通过采用国际保理方式进行融资，其具体做法可以简要陈述如下。

1. 出口商A首先选定一家出口地的保理商作为出口保理商即C，然后与其签订出口保理协议，同时向它提出12万美元的授信额度申请以及提交出口保理商要求提供的进口商的有关资料，以备审核。

2. 出口保理商立刻选定进口地的保理商D作为进口保理商，然后将出口商A的申请递交D，进口保理商D仔细审核申请，然后通过各种方式获得进口商B的信誉信息，根据B的资料做出授信的决定，其授信额度为8万美元，并立刻通知出口保理商C。

3. 出口保理商C立刻将进口保理商的授信决定通知进口商B。出口商A很快出运货物连同正本提单一起通过代收行交给进口商B，而副本提单则交给出口保理商C。

4. 出口保理商C收到副本提单后很快将发票的细节情况通知进口保理商D，并按照保理协议预付出口商80%的货款（6.4万美元）的货款。

5. 货到目的地后，进口商B凭承兑远期汇票取得提单提取货物，并承诺到期付款。

6. 进口保理商D将所有核准的货款付给出口保理商C，当出口保理商C获取已经收到货款的通知后，立即将其余货款支付给出口商A并扣除了相应的费用。

二、保理协议的主要内容

保理协议主要包括如下内容。

（一）有效期限

供货商与出口保理商之间签订的保付代理协议自签字之日起有效期通常为一年，如果需要，可以于次年展期。否则，协议逾期后自动失效。但在有效期内发生的未了业务继续按协议规定办理，直到全部清理完毕为止。

（二）收购应收账款

供货商同意保付代理协议的有关规定，将协议生效时已存在的和协议有效期内发生的，通过向国外客户提供服务或出售商品而产生的所有合格应收账款出售给保理商，并使其不受留置权和抵押权的影响。供货商对其附属机构、控股公司、母公司和集团成员的不合格应收账款，保理商不予收购。对所出售的应收账款，供应商的发票上必须载有经保理商认可的转让过户通知文句。该文句可用印刷、盖章和贴标签的方式加注，但要注意不能遗漏。

（三）核准和非核准应收账款

在保付代理协议有效期内，供货商可以随时向保理商申请核准出售商品或提供服务而产生的应收账款，保理商则以书面通知该应收账款核准与否。供应商也可随时要求保理商为自己的客户核定一个信用销售额度，但必须如实提供所掌握的有关该客户的资信。保理商以书面通知核准的应收账款和信用销售额度内的应收账款均称作已核准应收账款。对已核准应收账款（又称做买方的已核准债务），保付代理商可以提供无追索权融资和坏账担保。对未核准的或超过信用销售额度的应收账款（称做未核准应收账款、或买方的未核准债务），保理商仅提供有追索权融资，并不承担坏账风险。

由于供货商出售的应收账款均被认为是产生于已经或将会被买方所接受的销售货物或服务，所以如果买方对此提出异议、抱怨或索赔，均被推定为发生了贸易纠纷，保理商将立即转告供货商去解决。如纠纷未能在合理时间内得到解决，保理商有权主动冲账，该类冲账将显示在每月的对账单上。如有异议，供货商应于收到对账单后三十天内通知保理商。对发生贸易纠纷的应收账款，不论其是否在信用额度之内，均为不合格应收账款，保理商有权主动冲账，并不承担坏账风险。

（四）收购价款的计算与支付

保理商收购应收价款是发票金额做了下列折扣后的净额。

（1）供货商根据正常的贸易条件所给予客户的回扣、佣金和折让。

（2）根据保付代理协议所计算出的贴现费用，贴现率通常为现行的透支利率。

（3）根据应收账款总额计算出的管理费用。费率幅度从 0.75%～3%不等，根据服务项目和业务量大小而定，通常不超过 2%。保理商应按协议规定的时间和方式支付价款，并有权按照协议规定行使冲账权和抵销权。

在保理协议签订后，保理商通常为供货商开立贴现和往来两个账户。

贴现账户用来记录提供融资的情况。保理商对供货商的所有预付款融资及其管理费、贴现费均借记该账，所有收回的货款贷记该账。该账户的借记余额代表着保理商收付额的余额，即提供预付款融资的余额，贴现费就是根据该账户的每日余额，按照协议规定的贴现率计算出来的。但供应商不必负担因客户倒闭而形成的坏账的贴息。在获悉某个客户破产倒闭的同时，该客户名下的所有已核准应收账款会立即贷记贴现账户，作为已收回款项对待，损失由保理商承担。

往来账户用来记录保理商和供应商双方之间的一切经济往来。供应商出售给保理商的所有应收账款均记入贷方，保理商对供应商支付的所有收购价款及管理费和贴现费均记入借方。该账户的贷方余额代表着保理商尚欠供应商的收购价款。

（五）债权转让及履约保证

供应商必须应保理商的要求并按协议将应收账款的债权转让给保理商，并将这种非抵押性质以书面通知债务人。保理商作为供应商的代理，可以其名义实施这种转让和通知。当通过销售货物产生的债权发生转移时，供应商拥有的其他相关权益也被认为随之转移，如所有权、留置权、停运权、再出售权等。供应商承认、接受并保证始终严格遵守保付代理协议的所有条件和规定。除此之外，还要对下列事项进行担保。

（1）所有出售的应收账款均产生于正当交易。

（2）供应商已全部履行了有关合同项下的责任和义务。

（3）提供的货物及服务已被或将被客户接受，并不会发生争议及贸易纠纷。

（4）客户不是供应商的附属机构、控股公司或集团成员。

（六）限制条款

未经保理商以书面认可同意，供应商不得以任何方式将应收账款抵押给第三者。如在协议签订时已存在对应收账款的某种抵押，应保理商的要求，供应商必须负责解除这种抵押。

签订保付代理协议后，供应商不得再与任何第三者签订类似的协议。

未经保理商以书面认可同意，保付代理协议也不得转让。

（七）协议的立即终止

如果供应商违反了保理协议的规定，或申请自动清盘，或被迫清盘，或被债权人指定的接管人接收了资产，或其全部或部分资产因法律诉讼而遭扣押时，均被认为是发生了违约行为。这时保理商有权立即终止协议，但仍保留其所有的正当权益。

第四节　国际保理的运用与案例分析

国际保理在国际贸易中的应用，不仅体现在它作为一种国际支付结算的工具，更重要的是它还是一种融资工具，是当前贸易融资领域中一种重要的融资手段。但并不是在任何情况下这种方式都可以采用，而是必须满足一定的条件。

一、国际保理的产生、发展与应用

随着交通的便捷与通信技术的发展，经济全球化的步伐不断加快，整个国际市场已经演变为一个买方市场，出口商所面临的竞争也日趋激烈。为了扩大出口额，出口商除了在产品质量、价格、交货期、售后服务等方面做出努力外，有时还需要在付款条件上做出让步。

在信用证、托收和赊销等付款条件中，出口商首选的是信用证方式。但采用信用证方式，进口方不仅要支付开证及改证的费用，而且必须缴纳开证保证金，这样就必然占用其自有资金或银行给予它的授信额度。如果进出口双方都坚持对自己有利的付款方式就会失去成交的机会。在当前买方市场的大前提下，往往最终是由出口商让步，同意采用对进口商有利的承兑交单或赊销的付款条件，但是这两种付款方式，对出口商来讲，收汇的风险很大，所以就要求有人为出口商提供风险担保，这种需求促成了国际保理业务的产生并促进了其发展。

保理业务最早在英国被采用，后来很快发展成为国际贸易结算方式的一种有益补充。目前已成为国际货物买卖的一种结算方式，在英国、美国、法国、意大利、日本等发达国家十分流行。随着国际保理业务的发展，一种专门提供风险担保的保理公司作为银行的附属机构在全世界相继成立。1968 年，35 个国家的保理公司成立了国际保理商联合会（Factors Chain International，简称 FCI），总部设在荷兰，现有 200 多家成员，遍布欧洲、美洲、非洲和亚太地区。FCI 制定了《国际保理业务惯例规则》及《国际保理商联合会仲裁规则》，其成员必须执行。

1987 年 10 月，中国银行与德国贴现和贷款公司签署了国际保理总协议，标志着国际保理业务正式进入中国。1992 年 2 月，中国银行加入了国际保理商联合会（FCI），同时，中国银行北京分行与国际保理商联合会会员——美国鹰狮保理公司签署了保理协议，正式以“出口保理公司”的身份进行业务活动，这标志着中国的国际保理业务逐步驶入了规范化、国际化的良性轨道。

二、国际保理的应用范围与要求

国际保理是在国际贸易和国际结算不断变化的基础上发展起来的一种别具特色的综合性金融服务业务，其特殊性质和功能反过来又限定了其使用范围，或者说采用国际保理服务必须具备一定的条件。

（一）对结算方式的要求

国际保理服务是伴随着国际贸易结算方式非信用证化而发展的。在一定程度上讲，贸易结算方式的非信用证化过程就是国际保理服务大发展的过程，没有贸易结算的非信用证化，就不会有国际保理服务的迅速发展。

赊账和跟单托收是主要的非信用证结算方式。其中赊账和托收中的承兑交单托收方式的一个共同点是，出口商是基于对进口商资信的充分信任，才允许他在付款之前取得提货凭证。在这种情况下，出口商需要银行或其他金融机构为其提供贸易融资和坏账担保等服务，以解决应收账款的占用和风险控制问题，而国际保理服务则是解决这类问题的最有效的方法之一。国际保理服务的业务范围一般仅限于在出口商采用赊销、承兑交单托收的情况下所产生的应收账款。

具体而言，如果国际市场处于买方市场，或某种商品供过于求以及为了获取新的海外客户，出口商为了将货物销售出去，更倾向于采用赊销和承兑交单托收，这时国际保理服务适用；与此同时，如果出口商是定期批量发货给进口商的话，为了力求简化结算手续，出口商倾向于采用国际保理结算方式。

（二）对出口商的要求

提供风险担保是保理商的主要业务之一，这种风险来自进口商，保理商可以通过调整信用额度加以控制，但这并不是风险的全部。保理商在经营中，还面临着来自出口商的风险，如资信差不利于业务顺利开展，风险和收益不对称等。因此，保理商对出口商也有一定的要求。

（1）出口商必须是经营正当业务的合法法人，这是保理商确定应收账款合法性以及顺利地通过法律和诉讼程序解决贸易纠纷的前提条件。

（2）出口商的经营必须具有一定的规模，这是因为保理商接受保理业务意味着要承担巨大风险，在保理服务费与手续费一定的情况下，如果保理业务量很小的话，保理商的风险将无法有效分散，这样风险与收益就会不对称。因此，保理商只愿接受年销售额在一定限额以上的出口商作为客户。

（3）出口商还应严格按照贸易合同发货，如果因商品质量、运输等原因引起拒付，保理商不承担责任。

案例分析

某年年初，中国一出口商A拟向一国外进口商B出口一批货物，并获得B的同意采用国际保理方式进行贸易结算，随后委托当地的出口保理商开展此项保理业务。出口保理商即与国外进口保理商联络，获得进口保理商的信用额度40万美元。于是，出口商A与出口保理商签订了出口保理协议。两个月后，出口商A向进口商B出货，同时将该出口项下的两张发票，共计43万美元的债权转让给了出口保理商，随即出口保理商又将此债权转让给进口保理商。第二天，出口保理商凭出口商签署的保理融资申请书预付给出口商A额度（40万美元）80%的融资金额，即32万美元。但是三个月后，上述两张发票项下的应收账款到期，进口商B没有按期付款，于是出口商A多次向进口商B催收货款，但是进口商B一味声称由于该批货物的市场正处于萎缩状态，无法销售出去，因此无力付款。请出口商A体谅其所处的困境，能够延期付款。但是，不久进口保理商突然致电通知出口保理商说，进口商B已经正式向其提出贸易纠纷，该纠纷理由是进口商B未与出口商A签订保理合同前，以托收方式向A购买的另一批货物存在质量问题，由于两张保理合同下的发票中所载明货物与该批货物同属一个型号，因此进口商B据此认为此批货物也存在同样的质量问题。进口保理商也进而免除了其作为进口保理商在发票到期日后第90天应作100%发票金额赔偿的责任。但出口商A不同意进口保理商的刁难，他认为进口商仅凭怀疑提出质量争议是没有道理且毫无根据的，出口商A要求出口保理商对外进行交涉，催促进口商B提供质量检验证明文件。同时，出口商还向出口保理商提供了A与B之间有关贸易事宜的大量往来函电，从而证明是进口商B由于本身的资金问题才不能付款，而不是货物的质量问题。数天过后，进口保理商并没有提供任何关于货物存在质量问题的证明文件。为此，出口保理商多次去电去函通知进口保理商，要求其必须对此做出有条件的赔付，即由进口保理商先赔付已核准的应收账款 40 万美元，如果以后经权威机构证实货物确实存在品质问题，则进口保理商有权追索已经赔付的金额。然而，该项合理建议并没有得到进口保理商的认可。出口保理商只有通报国际保理商联合会秘书处。在秘书处调解无望的情况下，出口商 A 正式向中国国际经济贸易仲裁委员会提出仲裁申请，委员会受理了这项仲裁案，结果出口商 A 胜诉，进口保理商赔付已核准的应收账款 40 万美元。

分析：在保理业务作为国际贸易支付手段时，发生有关贸易纠纷而导致进口商付款出现问题的，保理商可以依据保理合同的有关规定免除其付款责任。但如果进口商由于贸易纠纷以外的原因，如信誉问题、经营风险等情况而导致未能按时支付货款，则保理商必须履行对出口商的担保责任，本案正属于第二种情况。

事实上，在本案中，进口保理商是想借贸易纠纷来达到免责的目的。这是因为，由于进口保理商在国际保理业务中，存在双重身份，他既是出口商应收账款的代收人，同时又是进口商的信用担保人，因此在债务人有偿付能力的情况下，他的利益是与出口商相一致的。一旦进口商败诉，则他就可以据此要求债务人付款，以避免或减少其自身偿付货款的损失，此时，他会站在出口方一边。但是，如果进口商已经丧失了赔付能力，他的利益就与进口商联系在了一起，他希望进口商与出口商之间存在贸易纠纷，并且是出口商的责任。因为如果出口商胜诉的话，进口保理商必须在进口商无力支付货款的情况下自行承担赔付货款的责任，因此，他会站在进口方一边。

然而，此案中，进口保理商认定的国际保理业务中存在的“贸易纠纷”并无确切依据。因此该进口保理商并不能据此免除自身应当承担进口保理业务中的赔付责任。如果进口保理商认为保理合同项下存在贸易纠纷问题，那么在其向出口保理商发出贸易纠纷通知时，至少应该同时提供由进口商（债务人）亲自签发的，正式声明存在贸易纠纷的书面文件，而不能仅仅凭借债务人的口头怀疑便轻易地认为存在贸易纠纷，从而免除其自身的赔付责任。在该案中，进口商 A 仅仅以出口商在与进口商叙做保理业务以前所发运的货物曾经存在质量问题而怀疑保理项下的货物也同样存在质量问题，这显然是不对的，所提供的情况无法作为贸易纠纷的法律依据。换句话说，如果进口商真的找到证据证明此批货物存在质量问题，早就将证据提交给出口商了。

通过对这个案例的分析，我们可以得出这样一个结论，即在国际保理实务中，只要出口商保证在国际贸易中所出口的货物质量达标，则收回货款的可靠程度要远远高于其他的结算方式。所以，出口商应将精力放在出口商品的质量上，而不是其他方面，这对改善一国出口商品的结构与质量也是大有裨益的。

（三）对贸易本身的要求

保理业务更适宜应用于如下贸易。

1. 批发性业务的出口

这是因为采用批发业务，出口商所面临的客户是少数确定的进口商，这样比较容易采用保理业务。

2. 非资本性商品的贸易

这是因为保理服务一般提供不超过180天的短期贸易融资，结算方式也很简单。而资本性物资需要分期付款，资金回收时间过长，且一般与项目相联系，这是保理商所不能接受的。

3. 进口商分布较合理

这是因为进口商过分集中的话，会加大保理商的风险；如果进口商的分布较为分散的话，则有利于保理商分散和降低风险。

本章小结

本章介绍了国际保理的含义、内容、特征、分类、机制，并以双保理为例，介绍了业务流程、协议等内容，结合实践案例，分析国际保理与传统国际结算、贸易融资产品的异同，以帮助读者了解、认识并掌握国际保理业务。

思考题

1. 何谓国际保理？
2. 国际保理的服务内容有哪些？
3. 国际保理有何作用？
4. 国际保理的分类有哪些？
5. 何谓单保理制？何谓双保理制？
6. 保理协议的内容有哪些？
7. 办理国际保理，对结算方式、出口商、出口产品有哪些要求？

案例讨论题

某一出口商A向一进口商B出口一批货物，装船后60天D/A方式付款，金额100万美元。由于进口商B仅仅是一家业务规模较小的贸易公司，出口商对进口商的资质与付款能力不甚放心。同时，出口商也不想过多地占用自己的流动资金。

请问：如何同时解决出口商的两个业务痛点？

第十四章　出口信用保险单据与案例分析

案例导入

中国出口商A向孟加拉国的进口商B出口一批商品，付款条件为120天承兑信用证。出口商A所有货运单据表面均与信用证要求相符，银行在审单的过程中没有提出异议，也按时承兑了出口商出具的远期汇票。但在四个月信用证期满前，进口商B通过银行C提出货物质量有问题，要求出口商A给予50%的折扣。经出口商A一再追问，进口商最后承认是因为这种产品的市场销售不好，无法付款。此时银行C却声明必须等待买卖双方争端解决之后才能付款。经过多轮的协商，考虑到进口商B是出口商A的老客户，出口商A同意给予进口商B 25%的货款减让。在买卖双方达成减让货款25%的协议后，信用证项下尚有余款8万多美元，开证行一直拖延不付，使出口商A遭受了严重的损失。

分析：信用证应该是一种非常安全的支付结算方式，但是由于种种原因使之越来越不安全，具体原因如下。

首先，银行出现越来越多的信用危机。一方面，银行兼并、倒闭的情况逐渐增多；另一方面，有些开证行经营作风恶劣，例如无理拒付、无故拖延付款、擅自放单。这些问题在南美、南亚地区较为突出。

其次，信用证条款复杂。不同的行业、不同国家和地区的信用证应用者均可在信用证中按照各自的习惯添加条款，不法商人则会利用信用证做文字游戏，设置各种软条款陷阱。银行也会从国家和自身利益出发，挑剔单据。

所有这些都构成了信用证中银行支付的风险。要想规避这些风险，现在越来越多的外贸企业采用投保出口信用保险的方式来规避信用证支付风险。

1919年，英国政府建立起第一个政府支持下的官方出口信用保险机构——出口信贷担保局。美国于1935年成立进出口银行。20世纪60年代，出口信用保险在国际上兴起。国际上的发达国家和许多发展中国家都先后以不同的模式建立起本国的出口信用保险体系。各国政府通过出口信用保险为企业提供出口收汇风险、对外投资风险，以及出口融资担保，并成功地抵御了几次全球范围的金融危机。目前，国际贸易额的12%～15%是由出口信用保险支持的，法国承保的出口信用保险业务占本国出口额的比重为 21%，日本为 39%，韩国为 18%。可以说，凡是国内经济对出口依存度越高的国家，其政府对出口信用保险支持的力度就越大。出口信用保险已成为国际贸易中不可缺少的工具。

第一节　出口信用保险的概述

一、出口信用机构

为了保护国内出口商的利益，促进对外贸易和经济发展，许多国家建立了出口信用机构。

出口信用机构（Export Credit Agency，简称 ECA），也称为出口信贷机构，通常是充当国家政府和出口商之间的准政府或私人中介机构，提供出口信贷保险、融资和其他支持。

出口信用保险是各国政府普遍采用的政策性金融工具。它是以国家财政为后盾，以提供收汇保障、风险管理和融资支持为方式，支持本国企业开展出口贸易、海外投资和对外承包工程等经济活动的一项特殊的政策性措施。

出口信用保险最早诞生于 19 世纪末的欧洲，最早在英国和德国等地萌芽。1919 年，英国建立了出口信用制度，成立了第一家官方支持的出口信贷担保机构——英国出口信用担保局。随后经过近一个世纪的演化和发展，伴随各国出口信用机构承保经验的积累和业务规模的扩大，出口信用保险在一些地区逐渐实现了商业化操作，一些官方的出口信用机构逐渐转型成为私营的信用保险公司并继续替本国履行政策性信用保险职能。

截至目前，世界上出口信用机构主要包括以下几种模式：（1）政府设立的特别机构和部门，如英国出口信用担保局、澳大利亚出口融资与保险公司等；（2）政府成立的全资公司，如加拿大出口发展公司、匈牙利出口担保公司等；（3）政府成立控股的有限责任公司，如葡萄牙信用保险公司、波兰出口信用保险公司等；（4）政府无股份的私营公司，如荷兰出口信用保险局、德国赫尔姆斯信用保险公司等；（5）进出口银行模式，如美国进出口银行等。

我国的官方出口信用机构是中国出口信用保险公司和中国进出口银行。

二、出口信用保险的含义

出口信用保险（Export Credit Insurance）系指一国政府依据法律设立出口信用机构或授权并委托特定金融保险机构，专门经营的一项特殊的政策性保险业务。保险人按出口信用保险法规和保险条款，同本国被保险人（出口商）订立保险契约，被保险人交纳保险费，取得保险单之后，凡发生承保责任范围内的商业信用风险和政治风险，且由此而引起的货款损失，由保险人予以经济赔偿。

国际货币基金组织（IMF）将出口信用保险定义为：官方支持的出口信用保险是指授信的官方机构直接提供的或担保的，为本国产品或劳务出口提供的融资贷款或信用。换言之，信用保险既包括出口信用融资，又包括出口信用担保。

三、中国出口信用保险公司

中国出口信用保险公司（以下简称中国信保）是由国家出资设立、支持中国对外经济贸易发展与合作、具有独立法人地位的国有政策性保险公司，于 2001 年 12 月 18 日正式挂牌运营，服务网络覆盖全国。通过为对外贸易和对外投资合作提供保险等服务，促进对外经济贸易发展，重点支持货物、技术和服务等出口，特别是高科技、附加值大的机电产品等资本性货物出口，促进经济增长、就业与国际收支平衡。主要产品及服务包括：中长期出口信用保险、海外投资保险、短期出口信用保险、国内信用保险、与出口信用保险相关的信用担保和再保险、应收账款管理、商账追收、信息咨询等服务。

近年来，中国信保积极扩大出口信用保险覆盖面，为我国海外工程承包、海外投资项目提供全方位风险保障，在支持“一带一路”建设、促进国际产能合作、培育国际经济合作和竞争新优势、推动经济结构优化等方面发挥了不可替代的作用。成立了专门的国别风险研究中心和资信评估中心，资信数据库覆盖 7 000 万家中国企业数据、超过 2 亿家海外企业数据、4.5 万家银行数据，拥有海内外资信信息渠道超过 400 家，资信调查业务覆盖全球所有国别、地区及主要行业。截至 2020 年末，中国信保累计支持的国内外贸易和投资规模超过 5.3 万亿美元，为超过 21 万家企业提供了信用保险及相关服务，累计向企业支付赔款 159.7 亿美元，累计带动 300 多家银行为出口企业融资超过 3.9 万亿元人民币。据统计，2015 年以来，中国信保业务总规模连续在全球同业机构中排名第一[①]。

四、出口信用保险的分类

根据不同的标准，可以对出口信用保险做出不同的分类。

（一）短期出口信用保险和中长期出口信用保险

根据卖方向买方提供信用的期限的长短，可分为短期出口信用保险和中长期出口信用保险。短期出口信用保险承保的信用期一般不超过 360 天，通常适用于原材料和消费品的出口；中期出口信用保险承保的信用期一般在 360 天至 3 年之间；长期出口信用保险承保的信用期在 3 年以上。中国信保的长期出口信用保险承保期限最长达 15 年。中长期出口信用保险适用于半资本品和资本品，如成套设备的出口。

① 数据来源：中国出口信用保险公司官方网站。

（二）出运前出口信用保险和出运后出口信用保险

根据保险责任的起讫时间，可分为出运前信用保险和出运后信用保险。出运前，出口信用保险起于贸易合同生效日，止于货物出运日，主要承保合同签订后出口商支付的产品设计、制造、运输以及其他费用。出运后，出口信用保险起于货物出运日，止于保险合同终止日，主要承保合同签订后，出口商品出运后由于国外买方政治风险和商业风险所造成的不能及时收回货款的风险。

（三）综合保险、特定保险和选择保险

根据承保方式的差异，分为综合保险、特别保险和选择保险。综合保险一般适用于大宗货物多批次、全方位的出口，一般通过综合保单的形式呈现。特定保险适用于逐笔交易的资本品出口，一般通过特定保单方式呈现。选择保险虽然原则性规定了一些承保条件，但允许出口商在保险合同规定范围和限度内进行选择，一般以选择保单的形式呈现。

（四）买方信贷保险和卖方信贷保险

根据贸易活动项下使用银行融资方式的差异，可分为买方信贷保险和卖方信贷保险。买方信贷保险适用于买方使用银行贷款下的出口合同；卖方信贷保险则适用于卖方使用银行贷款项下的出口合同。

（五）只保商业风险、只保政治风险和二者皆保的出口信用保险

根据承保风险的不同，可分为只保商业风险、只保政治风险和既保商业风险又保政治风险的出口信用保险。但是，当前的出口信用保险机构中，一般采用的都是既保商业风险又保政治风险，例如中国出口信用保险公司。

五、出口信用保险的特点

出口信用保险不同于一般的商业保险，主要特点如下。

（一）非营利性

出口信用保险产生的直接原因是顺应进出口贸易发展的需要。开办出口信用保险业务的各类机构开诚布公地宣称其经营目标是保护本国出口商的利益，为出口商扩大出口提供安全保障。在政府的支持下，各出口信用保险机构不惜亏损来支持出口，以实现国家整体经济利益的要求。但不以营利作为经营目标并不意味着出口信用保险机构不讲究经济效果，恰恰相反，出口信用活动中的风险要求出口信用保险机构严格控制风险，加强管理，力求以最小的成本换取最大的利益。

（二）高风险性

出口信用保险承保标的不是某一实物，而是出口商的收汇安全。造成出口商不能安全

收汇的风险主要指政治风险和商业风险。由于出口商与进口商分属不同的国家，彼此在政治、经济、外交、法律、经营作风以及贸易习俗等方面相差甚大，造成买方违约的原因较为复杂（除直接的政治风险和商业风险外，还包括许多其他因素），故此时出口信用保险业务出险的概率不但大且难以控制。

（三）政府参与

出口信用保险的经营目标、所承保风险的性质及承保标的决定了它是一种离不开政府支持和参与的政策性颇强的险种。政府对出口信用保险的支持和参与主要体现在如下几个方面。

1. 财政上鼎力相助

为了充分发挥出口信用保险对国家出口的促进作用，各国政府通过贷款、设立赔款准备金、贴现票据和再保险等不同的方式，向出口信用保险注入大量的资金。中国信保的最终控制人是国务院与财政部。

2. 规范经营与管理

许多国家在出口信用保险业务开办伊始或办理过程中，颁布专门的法律或法规，对开办出口信用保险的宗旨、经营目标和方针政策、财务核算办法、机构、人员的设置以及归属均做出了明确的规定，以使出口信用保险的经营符合本国利益和支持出口的目的。

3. 参与重大经营决策

许多国家政府专门设立由有关政府部门，如外交、工业、贸易、中央银行、财政等部门的官员组成的部际委员会，部际委员会定期召开会议，批准出口信用保险的承保方针、地区政策和进行重大经营项目的决策。有一些国家的出口信用保险机构的年度财务报告要提交国会和议会审批。

4. 提供各项优惠政策

为了扶持出口信用保险业务的开展，几乎所有国家政府都为此项业务提供了优惠政策，如免征一切税赋、赋予资金较大的运用权限等。

例如，近年来中国信保推出的小微企业出口信用保险，针对小微出口企业，通过“小微企业信保易”在线信用保险产品，免费为企业投保，保额最高 15 万美元，覆盖 16 种不同等级的风险保障，风险识别解决更加细化。同时，小微企业通过该专属产品可以得到“网上投保和续转、网上索赔、单证管理、风险信息查询”等一揽子综合服务，大幅提高了服务效率。特别是对小微企业实行小额案件“快速理赔”服务机制，提高了小微企业承保、理赔效率。

小微企业信保易保单办理流程如下（以山东为例）。

符合政策的小微企业登录中国（山东）国际贸易单一窗口官方网站，完成管理员注册和实名认证后，依次点击“中央标准应用——金融服务——出口信用——小微投保”，查看“待确认投保单”，核对投保单信息无误后即可提交。具体如图 14－1 所示。

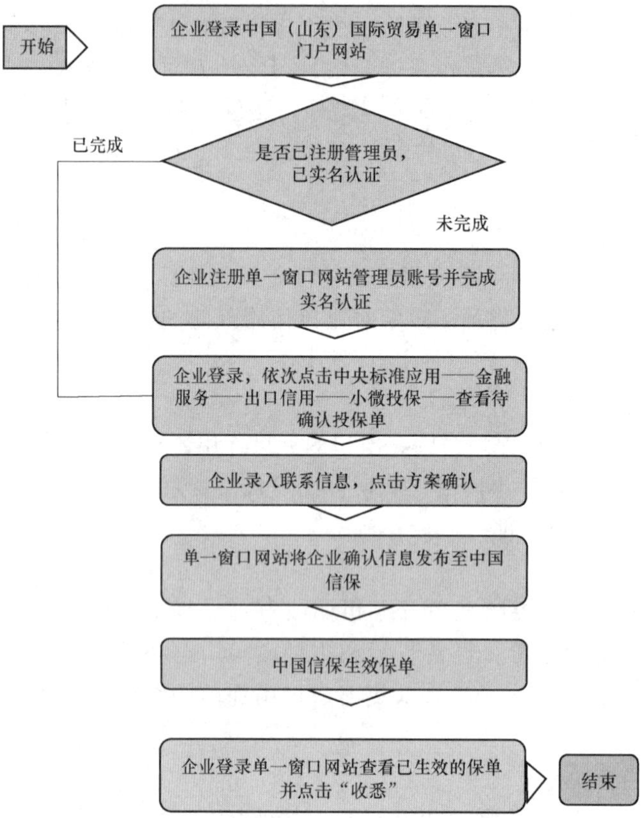

图 14－1 山东“单一窗口”小微企业在线投保业务流程

六、出口信用保险与国际保理的比较

出口信用保险，最容易与国际保理业务相混淆。这是因为，这两种方式都可以在采用托收、赊销等结算方式的出口业务中使用。出口商为了降低风险、减少坏账损失，可以通过采取这两种方式中的一种来规避风险。但事实上两者在使用范围、性质、作用等方面存在很大的不同。

（一）概念不同

出口信用保险是依靠国家信用，由政府信用机构对出口贸易合同提供保险，以防止出口商可能遭遇的境外商业风险或政治风险，保证安全收汇。国际保理则是在国际市场激烈竞争下产生的一种新的结算方式。国际保理商通过其拥有的法律事务、资信调研、市场分析、资金融通等专业职能，广泛地为进出口商及外贸企业提供资信调研评估、信用额度担保、短期贸易融资和账款管理以及追收等综合性服务。

（二）性质不同

出口信用保险与出口信贷一样，属于政府政策性金融的一部分，是政府为了鼓励企业出口而采取的金融扶持政策，通常不具有竞争性。国际保理则属于商业性金融业务，具有竞争性。

（三）功能不同

出口信用保险属于保险范畴，是出口商对应收账款投的保险；国际保理是一种融保险与结算为一体的综合性服务，不仅能减少企业的收账风险，而且能帮助企业加强对应收账的管理，减少管理费用。

（四）业务范围不同

出口信用保险的使用必须符合政府的产业政策和进出口政策。在我国，出口信用保险一般是针对大型机械设备和机电产品出口而设计的。国际保理则适用于生产原料、零部件、生活消费品等不涉及大量售后服务产品的出口，国际保理商一般不接受收账期长、产品售后服务工作量大或产品性能、质量在交货后较长时期内才能明确和肯定的合同。

（五）操作方式不同

出口信用保险由政府指定的信用机构办理。出口信用保险机构一般都要求出口商提供定期的销售额报告及过期的应收账款报告，如债务人（进口商）赖账或破产出现理赔时，出口商须向保险机构提供全套的单据资料，通常不是足额赔偿，而且有时要拖延到进口商（债务人）正式宣布破产才能获得赔偿。

国际保理一般采用双保理方式，即出口商委托本国出口保理商，出口保理商再从进口国的保理商中选择进口保理商。出口商将需要核定信用额度的进口商清单交给出口保理商，由其立即转送给进口保理商。进口保理商对进口商进行资信调查，确定信用额度。如出口商贸易合同金额在进口商的信用额度内，出口保理商将对出口商的坏账风险承担全部责任，一旦出现进口商赖账或破产，出口保理商即予赔偿。在实际业务中，通常保理商都给出口商以融资方便，出口商只要向保理商提供销售发票，便可获得不超过合同金额80%的无追索权的预付款。

可见，国际保理业务与出口信用保险业务既有竞争性又有互补性。

两者的竞争性主要集中在出口商短期出口融资需求上。保理业务主要面对中小出口商的消费品出口，并且经过几十年的发展，已经逐步形成了较为成熟的服务体系，这对短期出口信用保险形成了挑战。

两者的互补性主要表现在如下几点。

1. 出口信用保险能填补保理业务的薄弱环节

保理虽然具有综合服务水平较高的优点，但在出口商品种类、出口地区以及抗风险能力等方面有一定的局限性。出口信用保险则能弥补这些不足，具体表现如下。

（1）出口信用保险为大型机电产品以及资本性产品的中长期出口融资提供支持。

（2）保理商为了弥补自身抗风险能力弱的缺陷，扩大业务规模，保理商有时将相当一部分保理业务投保出口信用保险，例如国际保理商集团（IFG）就与荷兰出口信用保险局（NCM）签订有长期的业务合作协议。

（3）对于开展保理业务有困难的国家和地区，出口信用保险能在对当地进口商进行充分风险评估的基础上为出口商提供保障。

2. 保理业务也为出口信用保险扩大了市场份额

这在短期出口业务中表现得尤为突出。对于风险较大的出口业务，出口信用保险机构在为保理商提供风险保障的同时，自身的业务也得到了进一步的扩展。

综上所述，出口信用保险和国际保理服务都具有减少和降低国际贸易中收账风险的功能，但两者的作用、范围却迥然不同。在应用中，一般认为主要以出口高附加值的机电产品、成套机械设备为主的大型外贸企业可选择出口信用保险，因为其符合国家进出口政策，费用较低，条件优厚；而一般中小型外贸企业则选择国际保理更为合适，因为其方便、灵活，而且能加速资金周转。

第二节 出口信用保险的内容与单据

实际应用中，出口信用保险一般需要到特定的出口信用保险机构去办理，其业务内容大同小异。以中国信保为例，本节主要介绍出口信用保险的业务内容。

一、承保的风险

众所周知，进出口业务存在着政治风险和商业风险。出口信用保险主要是针对上述两种风险的任何一种风险，但并不是所有的商业风险和政治风险都在其承保范围内，因此必须对政治风险与商业风险加以定义。

（一）政治风险

政治风险系指进口国家因发生动乱、战争或其他政治事件以致进口商无法履行偿还货款的义务，或指进口国因外汇储备严重不足，使进口商无法获得足够的外汇来偿还出口商的货款。

在我国，根据中国出口信用保险公司对短期出口信用保险综合保险的规定，政治风险包括如下几项。

（1）买方所在国家或者地区颁布法律、法令、命令、条例或者采取行政措施，禁止或者限制买方以合同发票列明的货币或者其他可自由兑换的货币向被保险人支付货款；

（2）买方所在国家或地区颁布法律、法令、命令、条例或者采取行政措施，禁止买方购买的货物进口；

（3）买方所在国家或者地区颁布法律、法令、命令、条例或者采取行政措施，撤销已颁发给买方的进口许可证或者不批准进口许可证有效期的延展；

（4）买方所在国家或者地区，或者货款须经过的第三国颁布延期付款令；

（5）买方所在国或者地区发生战争、内乱、叛乱、革命或者暴动，导致买方无法履行合同；

（6）保险人认定属于政治风险的其他事件。

如果上述规定的任何一项导致出口商无法收回货款，中国出口信用保险公司将在其核准的信用额度内承担赔付责任。

（二）商业风险

商业风险是指进口商因经营管理不善，财务状况严重恶化、破产以致丧失了偿还能力。

根据中国出口信用保险公司对短期出口信用保险中小企业综合保险的规定，商业风险包括如下几项。

（1）买方破产或者无力偿付债务，指买方破产或者买方丧失偿付能力；

（2）买方拖欠货款，指买方收到货物后，违反销售合同的规定，超过应付款日仍未支付货款；

（3）买方拒绝接收货物，指买方违反销售合同的规定，拒绝接收已出口的货物。

如果进口商违背了上述规定的任何一项并导致出口商无法收回货款，中国出口信用保险公司将在其核准的信用额度内承担赔付责任。

二、承保的时间

从承保的时间来看，出口信用保险主要承保出口商发货后的风险。但是，从签订合同到发货这段时间，也就是说，发货以前也存在着风险，故有些出口信用保险机构也承保发货前的风险。

例如，中国信保的短期出口信用保险特定合同保险，通常含有“买方违约”险种。该险种承保出口商因政治风险和商业风险导致的商务合同项下成本投入的损失，适用于机电产品、成套设备、工程承包、船舶等行业。假如，出口商签署合同后到发运货物这段时间，因政治原因或商业原因导致合同无法履行，已投入的成本，包括咨询、设计、采购等支出，可以通过向中国信保索赔而获得赔偿。

三、承保的额度

多数国家的出口信用保险机构对投保出口信用保险规定了最高赔偿限额。一般说来，商业风险的赔偿限额为 70%～95%，政治风险的赔偿限额为 90%～95%。也就是说，出口商遇到了风险，本身要承担 10%～30%的损失。这就要求出口商对进口商的资信状况以及进口国的政治、经济各方面的情况，作详细深入的考察和分析，尽可能避免或减少风险的发生。

以中国信保的短期出口信用保险为例，政治风险所造成损失的最高赔偿比例为 90%；破产、无力偿付债务、拖欠等其他商业风险所造成损失的最高赔偿比例为 90%；买方拒收货物所造成损失的最高赔偿比例为 90%。不同险种的最高赔偿比例不同，如中国信保的中长期出口买方信贷保险，政治风险所造成损失的最高赔偿比例可达到 95%。

出口信用保险机构为了促进本国商品的出口，还规定了提供担保的出口商品成分中，由本国制造的部分不少于一定的百分比。比如，经济合作发展组织成员一般要求提供担保的商品，其本国制造的部分在 70%～90%之间。也就是说，只有 10%～30%部分可以容许由外国制造。

四、承保的费率

出口信用保险机构针对不同进口商收取保费的水平差异较大，向每个国家收取的保费水平一般不对外公布。保险费率由以下诸因素决定。

（1）进口商的资信状况和进口国的政治、经济情况。进口国的政治、经济情况稳定，进口商的资信状况良好，收取的保险费较低，反之则较高。

（2）投资金额与货款比例。投保金额占货款比例越大，保险费率越高，反之就越低。

（3）保险期限与偿还日期的长短。保险期限和偿还日期越长，保险费率越高，反之就越低。

出口信用保险以每一宗交易为承保对象，因此单次保险费是出口货物价值与保险费率的乘积。在实际操作中，出口信用保险部门较倾向于全面安排，即将某出口商的所有以商业信用方式出口的合同都按销售额投保，而不能只选风险大的国家和客户投保，这对分散风险持续经营至关重要。另外，出口信用保险部门会根据出口方和进口方的信用设定一个限额，并以信用限额审批单记载（如附样 14－1 所示）。授信额度通常由进出口双方交易的过往记录，银行和信贷部门的意见以及进口国的有关资料而设定。如进口方拒收货物，赔偿金额会较少；如果遇上政治风险，赔偿金额会较高。

附样 14－1：信用限额审批单样本

短期出口信用保险　　　　中国出口信用保险公司 CHINA EXPORT & CREDIT INSURANCE CORPORATION

00817002020004819O

信用限额审批单

审批单号：[redacted]

保险单号：[redacted]	被保险人名称：[redacted]
保险人收到申请日期：2020年11月30日	
买方代码：RUS/001177495	买方名称及地址： OOO VLTK NEKRASOVSKAYA STREET 36B OFFICE 902, VLADIVOSTOK, PRIMORSKY KRAY, 690014, RUSSIAN FEDERATION
买方注册号：1182536027486	

审批结果

支付方式：OA信用期限：180天　　金额：USD 1,000,000.00

生效日期：2020年11月30日，拒收风险赔偿比例：80.00%，其他商业风险赔偿比例：80.00%，是否循环使用：循环

特别条件（以下特别条件是本信用限额的生效条件或保险人承担保险责任的前提条件，如下述条件未成就，保险人有权拒绝承担保险赔偿责任并不退还保险费）：

本信用限额项下，政治风险的赔偿比例为80%

说明：同一买方同一信用期限内的OA信用限额，适用于以 D/P、D/A 及 OA 为支付方式的业务。

保险人特别提示：

1．本信用限额一经生效，保险人以前对该买方所批准的非信用证信用限额（如有）即告失效。保险人保留在情况变化时随时书面通知撤销该信用限额的权利。

2．本信用限额在被保险人对该买方出口项下填报索赔申请书后自动失效，而保险人勿须另行通知。

3．被保险人应确保本信用限额审批单规定的特别条件成就，保险人对特别条件是否成就不承担审查义务。

（盖章）　　　日期：2020年12月4日

被保险人签收：被保险人已阅读、理解本信用限额审批单的各项内容，特别是对“特别条件”和“特别提示”的内容，并无异议。

签字：　　　日期：

填制要求：

本单一式两份，经保险人盖章后送被保险人签收（**可在本页签收并传真回保险人**）并存查。如应用电子签名则无须被保险人签章，且被保险人的单证接收时间以双方在中国出口信用保险公司网上业务客户服务协议中约定的时间为准。

出口商交付保险费的方式，各国也不一样，主要采用以下三种方式。

（1）一次性交付（趸交）；

（2）逐年交付；

（3）基本保险费与时间保险费混合交付。

第三节　出口信用保险的作用与案例分析

出口信用保险之所以能够迅速发展起来，不仅仅是因为它是一项政府资助的项目，最重要的是它的确在国际贸易中发挥了重要作用。中国加入 WTO 后，众多的外贸企业需要转变观念，不断认识出口信用保险在出口业务中的作用，善于应用，只有这样才能真正发挥其应有的作用。以中国信保为例，出口信用保险主要发挥了以下几个方面的作用。

一、帮助出口商开拓新的国际市场

亚洲、欧美是中国的传统出口市场。目前，由于亚洲市场需求增长乏力，而欧美市场也日趋饱和，故出口商急需开拓新的国际市场，走市场多元化的道路。事实上，许多企业已把目光投向非洲、拉美、东欧、独联体等市场。这些市场对中国产品有较大需求，我国企业有可能获得较高的利润，但同时也面临着较高的商业信用风险和政治风险。而出口信用保险则以其独特的认定风险和规避风险的手段、广泛的信息调查和交流渠道，为出口商开拓这些新市场起到保驾护航的作用。

二、为出口商提供安全的贸易支付方式

随着国际市场竞争的日趋激烈，商品质量和价格的竞争余地越来越小，各国出口商已将付款方式作为主要的竞争手段。据统计，商业信用付款方式（如 D/P、D/A、O/A 等）在国际贸易结算中所占份额越来越大。在我国，根据中国出口信用保险公司短期出口信用保险特定合同保险的规定，出口信用保险的适用需要同时满足以下三个要件。

（1）货物必须从中国出口；

（2）销售合同真实有效，并应包括订立合同之人、货物种类、价格、交货日期及付款条件；

（3）付款方式为付款交单（D/P）、承兑交单（D/A）或者赊账（O/A）等，信用期限不超过 2 年。

前两条很容易满足，但在我国的货款结算领域，信用证仍是主要的支付方式，约占 80%，商业信用付款方式约占 20%，一些企业甚至规定只能使用信用证支付方式，使得客户和贸易机会逐渐丧失，出口市场愈来愈小。如果出口商参加了出口信用保险，则可把风险转移到保险机构，进而采用灵活的支付方式，增强其在国际市场上的主动权，全方位开拓国际市场，为企业创造更多的贸易机会。

案例分析

2019 年 12 月，中国某出口商 A 向印度一进口商出口 30 桶共 750 公斤氧氟沙星药水，支付条件为 L/C90 天。出口商 A 向中国出口信用保险公司投保了短期出口信用保险，中国信保批复此结算方式并赋予了 4 万美元的信用限额。货物于 2019 年 12 月初出运，进口商应于 2020 年 3 月初付款。但到该批药物运抵印度加尔各答港后直至 2020 年 5 月，开证行却以单据存在不符点为由拒付。在此期间，出口商 A 为减少损失努力寻找新买家，以便尽快处理滞港货物。该批货物在加尔各答海关滞留近 4 个月后，新买家 B 公司同意以 D/P 即期方式接受货物，但条件是出口商 A 自行将货物从海关提出。面对上述情况，出口商 A 随即向中国出口信用保险公司求助，希望它协助其从海关提货。

此时，中国出口信用保险公司面临了以下诸多问题。

（1）本案中出口的货物为桶装医用药液，储存成本较高，市场价格变动大，并随时有可能被海关拍卖。

（2）在印度，药品的进口只能由有相应外贸经营权的公司到海关提货，而新买家 B 公司也是经营进出口业务的中间商，是否可以协助通关不得而知。

（3）提单等相关单据上收货人名称仍为原买家，凭此单据无法履行通关手续。即使新买家 B 公司持经过修改的提单通关，印度海关还会要求其出具原买家“不反对转卖证明”。由于出口商 A 早与原买家失去联系，此类证明无法开出。

处理此问题的关键就是将存放在码头上的货物迅速清关。中国信保查阅了印度 1962 年的《海关法》，此法有如下的规定：“自货物于印度港口卸载之日起 30 日内如仍无人办理清关手续，则在海关下达批准令以及向进口人发出情况通知之后，有关看管人有权按照法定程序处置货物”。印度《海关法》同时还规定：“进口人是否履行清关手续并不影响其对进口货物的税负责任。相应地，进口人、货物所有人亦应承担随后发生的仓储运输处理费用。以上费用均可出自未清关/未申报货物的拍卖所得”。

针对上述问题，中国出口信用保险公司认真查阅资料并针对出口商 A 通关中遇到的上述问题，为其提出相应的解决方案并顺利提取了货物。

1. 印度海关对药品及化学制品的海关拍卖程序规定得非常复杂，且须海关当局以及原进口人分别出具不反对转卖证明。这就为新买家 B 公司协同中国信保委托的海外律师顺利提货赢得了时间。此后，新买家与中国信保委托的海外律师分别起草了情况说明书以及必要的律师函，用以证明早先药品进口行为的合法性，并陈述了及时清关提货的必要性。

2. 经过海外律师的联系与交涉，新买家 B 公司同意派人赴海关协助提货，并为办理相关手续、单证提供便利。在药品价格、付款方式和费用分担等核心问题上，经过斡旋，卖方与新买家达成共识，为顺利赴海关提货创造了条件。

3. 出口商 A 通过船运公司修改了提单的收货人，并附说明及担保信函交加尔各答海关，随后授权中国信保委托的海外律师全权处理提货事项。

经多方共同努力，终于在11月底将货物提出并成功转卖。由于转卖及时，价格尚可，加之加尔各答海关仓储费用不高，不仅使A公司挽回了货值一半的经济损失，而且使中国出口信用保险公司减少了赔款。

分析：本案例为出口商提了一个醒，就是出口商一旦面临进口商拒付的风险，是将出口信用保险公司扔到一边独自想办法，还是主动要求出口信用保险公司出面一同协商解决。很显然后者可能更可取，通过本案我们获得了如下的启示。

1. 一旦出口商的货物被拒收，出口商应主动与出口信用保险公司联系，协商解决并以出口商为主。

一般情况下，中国出口信用保险公司的主要职责是调查拒收原因，判断责任归属，从而为定损核赔提供依据，原则上不直接参与拒收货物处理。但当被保险人无法处理货物或转卖价格过低时，保险人会介入处理货物，但一般以出口商为主。这是因为作为国际货物买卖的当事人，被保险人在海外转卖货物方面比保险人更具有优势，他们了解市场行情，熟悉客户群体和精通转卖技巧。本案就是典型例证，出口商A在很短的时间内就在自己的固有客户群体里找到了新的买家，并达成转卖合同，从而为取得较好的追偿效果奠定了基础。

2. 对于拒收货物案件，出口信用保险公司必要时应为被保险人提供相应的信息咨询服务和法律援助。本案中，中国出口信用保险公司利用海外渠道优势，指示律师多次赴海关、买家等处调查联络，最终协助出口商A成功处理了货物。

三、为出口商获取银行融资提供便利

出口信贷是政府为扶持出口而向出口商发放的低息或贴息贷款。贷款的金额大，期限长，利率优惠。但基本的前提是出口合同必须投保出口信用保险，或由出口信用保险机构为出口商的借款出具还贷担保。所以，出口信用保险是出口商获得出口信贷的关键，是银行提供贷款的前提。此外，出口商还可利用出口信用保险单做抵押，向商业性金融机构申请抵押贷款或担保贷款。

（一）出口信用保险融资

出口信用保险融资简称信保融资，指出口商在采用信用证、托收或者赊销的结算方式销售货物时，已在中国出口信用保险公司投保了短期出口贸易信用保险，足额交纳了保费并保证履行保险合同/保单项下的全部义务，在发运货物后，出口商以不可撤销信用证、托收方式下单据的收款或者赊销方式下的收款作为还款来源，并在上述保险赔款权益转让至银行后，银行将押汇款支付给出口商，并收取利息及其他相关费用，并保留对出口商追索权的融资业务。

与出口押汇相比，信保融资的主要区别是出口商向中国出口信用保险公司投保短期出口信用保险，并将保险赔款权益转让给融资银行，在此基础上由融资银行提供贸易融资。对银行讲，信保融资比出口押汇多了一项风险缓释措施——保险公司的赔付款。

以赊销结算为例，信保融资的流程如图14－2所示。

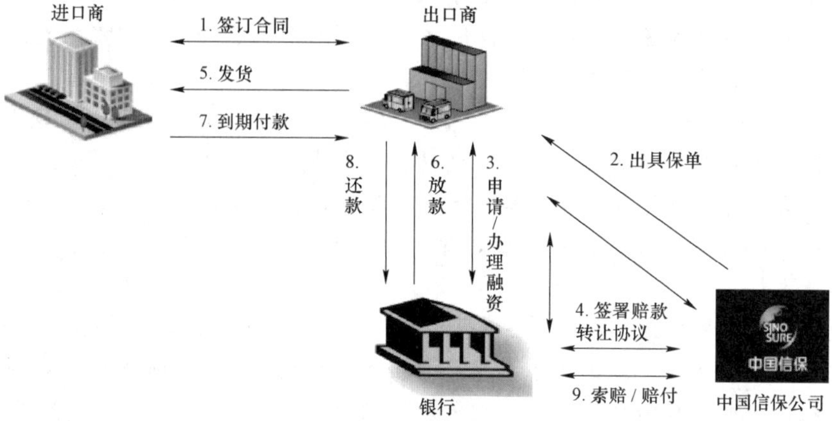

图 14－2　信保融资流程图

① 进出口商双方签订商务合同。

② 中国信保公司为出口商出具短期出口信用保险单。

③ 出口商向银行申请办理信保融资，银行受理。

④ 出口商、银行、中国信保公司三方签署赔款转让协议。

⑤ 出口商发货。

⑥ 出口商备齐各种单据，融资银行审核单据无误后，向出口商发放融资款。

⑦ 进口商到期付款。

⑧ 出口商收到进口商款项后，用以偿还银行融资款。

⑨ 若进口商由于保险承保原因，如破产、倒闭、拖欠支付款项等，出口商也无力偿还银行贷款，银行可向保险公司索赔并获得赔付款，以补偿融资款项。

办理信保融资，出口商应当向银行提供如下申请文件和单据。

① 保险后出口押汇申请书；

② 全套贸易单据；

③ 银行要求提交的其他文件和资料。

其中，保险后出口押汇申请书如附样 14－2 所示。

附样 14－2：保险后出口押汇申请书

保险后出口押汇申请书

致：××银行

根据我司与贵行于【　　】年【　　】月【　　】日签署的编号为【　　　　　】的保险后出口押汇合同（“主合同”），我司向贵行申请叙做主合同项下保险后出口押汇融资业务，并提交与本次出口押汇业务有关的单据，请予以审核批准。

我司申请的保险后出口押汇融资业务：

1. 押汇币种为【　　　　】
2. 押汇利率为【　　　　】
3. 押汇金额（大写）为【　　　　】
4. 押汇期限为【　　　　】
5. 该笔申请对应的发票号为【　　　　】
6. 押汇利率为【　　　　】
7. 押汇利息按照如下第【　　　　】种方式支付
（1）预收利息，到期结息，预收日期为【　　　　】;
（2）到期付息，利息随对应的本金在押汇到期时一并支付。

请贵行在审核批准同意后，将押汇款项划入我公司以下账户：

开户行:【　　　　】　账号:【　　　　】

我司确认我司已在中国出口信用保险公司投保【　　　　】险，保单号【　　　　】，同时我司、中国出口信用保险公司和贵行三方已于【　　】年【　　】月【　　】日签署了第【　　　　】号赔款转让协议。

我司保证全面如实地履行主合同中约定的义务，并严格遵守主合同项下的承诺。具体押汇金额、押汇期限、押汇利率、押汇利息、押汇费用等，以贵行出具的保险后出口押汇确认书记载的内容为准。如保险后出口押汇确认书未记载或保险后出口押汇确认书与贵行出具的银行凭证记载不一致的，则以贵行出具的银行凭证的记载为准。

申请人:（公章/合同专用章）
法定代表人（或授权代理人）:
签章:（签字或加盖人名章）
年　　月　　日

银行对出口商提交的申请及相关文件和资料进行审查，对于符合规定的申请，银行叙做信保融资，出具保险后出口押汇业务确认书，确认融资要素，包括金额、利率、期限、还本付息方式等，并将融资款付至出口商。保险后出口押汇业务确认书与前述出口押汇业务确认书类似，不再赘述。

值得一提的是，办理信保融资应注意涉及融资银行与出口商（被保险人/卖方）、进口商以及保险公司（保险人）之间的法律关系。

1. 银行与出口商——借款合同法律关系

办理信保融资（保险后出口押汇），银行与出口商构成借款合同法律关系。

2. 银行与进口商无直接法律关系

银行与进口商未形成直接的法律关系。出口商与进口商签署相关贸易合同，形成贸易合同关系。

3. 银行与保险公司——赔款受让法律关系

银行与保险公司和出口商签署赔款转让协议，三方之间构成赔款受让法律关系，一旦发生信用保险理赔事由，银行有权受让保险公司赔款。这里需要注意的是，出口信用保险合同法律关系建立在出口商与保险公司之间，出口商履行投保人的义务并享有对保险公司的索赔权。从现有司法判例看，法院一般认为，因银行与保险公司之间不存在保险合同关系，除非取得出口商书面授权，银行无权向保险公司直接进行索赔。银行通过签署赔款转让协议获得的通常仅是对保险赔款的接收权，而非索赔权。

实践中，为防止出口商怠于履行被保险人的职责，确保银行利益，融资银行通常需要出口商书面授权由银行获得索赔权。

（二）出口信用保险融资贴息

政府对出口企业利用出口信用保险保单项下的贸易融资，在限额范围内通常可以贴息，以进一步降低中小外贸企业融资成本。流程是登录商务部业务系统统一平台（企业端），线上申报项目计划并提交书面材料。经过审核后，获得贴息款项。

其中书面材料通常需要如下几项。

（1）申报单位与中国出口信用保险公司和银行三方共同签订的赔款转让协议；

（2）融资贴息申请表；

（3）银行融资及其匹配的利息等银行凭证，包括银行提供的客户入账通知单。

银行提供的客户付款通知单。

附样 14－3 是办理贴息申请的操作界面。

附样 14－3：贴息申请的操作界面示例

四、为出口商提供买方资信调查和市场信息服务

国际间的贸易，因为各国市场变化莫测，市场信息收集较难，容易受到市场不利影响。限于人力、物力和财力等，出口商对国外进口商的财务状况、资信和偿还能力，近期和远期市场前景，不可能了解得很清楚。解决办法之一便是投保出口信用保险，这些机构拥有专职市场调研人员，与世界各大资信评估机构有业务联系，可向出口商提供各种必要的信息和服务。此外，这类保险公司在全球还有一个强大的追账网络，比单个出口商处理国际贸易纠纷更有经验、实力和效率。

以中国信保为例，针对海外市场和海外买方信息不对称，小微外贸企业难以开发新单或有新单不敢接的问题，中国信保依托自身实时覆盖超过 2 亿家海外企业、6 000 万家中国企业和 4 000 多家境内外上市公司的资信数据库，开发了“小微资信红绿灯”“小微资信报警器”和“小微资信导航仪”等数字化资信服务系列产品。

其中，“小微资信红绿灯”和“小微资信报警器”实现了海外买方风险信息的在线即时查询和动态推送；“导航仪”则通过中国信保掌握的全球贸易数据，为小微企业提供采购商联系方式等信息，帮助小微企业精准开发海外新市场、承接新订单。

以“小微资信红绿灯”为例，小微企业只须扫描企业名片或输入关键信息，就可以即时了解买方的资信情况。“红灯”建议“停一停”，审慎交易；“黄灯”建议“看一看”，稳妥交易；“绿灯”基本可以放心交易。截至 2021 年 7 月上旬，“小微资信红绿灯”已“亮灯”15 万余次，涉及 207 个国家和地区的 8.9 万家海外企业。

附样 14－4、14－5、14－6 是小微资信红绿灯的使用界面示例。

附样 14－4：小微资债红绿灯示例（一）

附样 14－5：小微资信红绿灯示例（二）

附样 14－6：小微资信红绿灯示例（三）

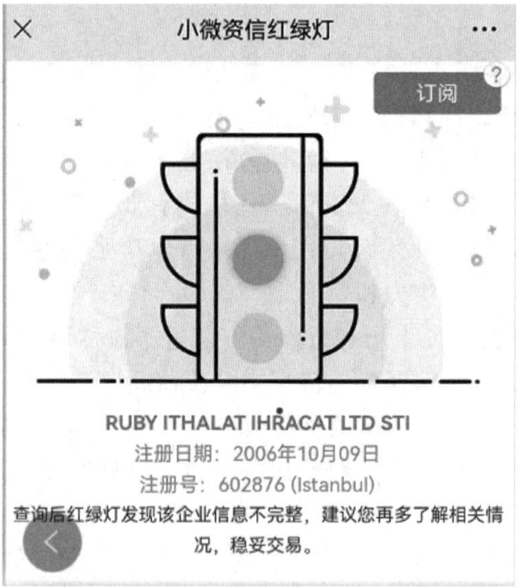

本章小结

本章介绍了出口信用机构、出口信用保险的含义、分类、特点，并结合中国出口信用保险公司实操单据与案例，分析出口信用保险的承保内容及对出口企业的积极作用。尤其结合当前国内“稳出口”的大背景，介绍了小微企业免费出口信用保险申领、信用保险融资、贴息以及小微企业资信调查等实践内容，帮助读者了解、认识并掌握出口信用保险。

思考题

1. 何谓出口信用机构？
2. 中国出口信用机构有哪些？
3. 何谓出口信用保险？有哪些特征？
4. 出口信用保险有哪些分类？
5. 出口信用保险与国际保理的异同有哪些？
6. 出口信用保险的承保内容有哪些？
7. 出口信用保险的作用是什么？
8. 怎样办理出口信用保险融资？

案例讨论题

国内某出口商 A 与国外某进口商 B 签订一贸易合同，合同规定：由买方通过银行开出即期不可撤销的信用证向卖方付款。但过了合同约定的开证日期后，仍未见到买方开来信用证，于是卖方向买方催问，对方称："证已开出，请速备货"。然而，临近约定的装货期的前一周，卖方还未收到信用证。卖方再次查询，对方才告知"因开证行与卖方银行并无业务代理关系，故此证已开往有代理关系的某地银行转交"。此时船期已到，因合同规定货物须直接运抵加拿大，而此航线每月只有一班船，若错过这班船，卖方将遭受重大损失。这时买方 B 提出使用电汇的方式支付货款，鉴于以上情况，卖方只好同意，但要求买方 B 提供汇款凭证传真件，确认后马上发货。第二天，买方 B 传真来银行的汇款凭证，卖方 A 认为款项已汇出，便安排装船。但装船数天后，卖方发现货款根本没有到账。原来买方的资信极差，瞄准卖方急于销货的心理，先购买一张小额汇票，涂改后再传真过来，冒充电汇凭证，使其遭受重大损失。

请问：出口商应从本案例吸取什么经验和教训？

第十五章　银行保函相关单据及案例分析

案例导入

某年国内A企业在印度中标一高速公路项目，投标保函由银行X开出，履约保函由银行Y开出。银行Y在保函开立之初，对企业A与该项目产生了质疑，因为企业A和高速公路的业务完全无关。企业A有利因素如下：(1)虽然自身的主业是煤炭开发，但是集团下属二级子公司有国内承接同等级高速公路的经验，主要依赖该子公司可具体执行此项目；(2)提供了可行性研究报告，分析比较全面；(3)已获得商务部的投(议)标许可证，取证过程经过了许多审核环节，相当于商务部已预先审核了一遍，可以作为企业实力的证明。鉴于这几方面原因，银行Y开立了履约保函。

后来项目出现了许多问题。国外转开行印度汇丰银行根据受益人提交的相符单据已赔付，并向银行Y提出索偿。银行Y及时告知企业A，企业上级公司法律部门了解情况后，立即提起诉讼，并拿到了国内当地法院的止付令，银行Y得以喘息。但问题并未得到根本解决。

原来，项目存在的问题远比之前预想的复杂。企业A报价低于实际价格的40%。中标后，下属二级子公司拒绝执行，企业未及时止损，即爽约赔付投标保函金额，而是硬着头皮签了合同，并找到沈阳一家没有相应资质的公司承担项目。与当地的业主也无法达成基本的沟通，业主拆迁不力，印度当地寺庙和个人用房拆迁十分困难。种种原因导致两年的项目，一年半后进度只达到8%。项目失败，保函被索赔。

反担保方面，开立保函时，企业A还是具备一定支付能力的，但是期间根据国资委的安排进行了重组。集团公司下属本来盈利较强的子公司被并到了上级公司，收益、业务都不归企业A了，留下的是很一般的公司和资产，企业仅在维持，也不具备偿付能力了。

分析：本应该预见到的问题，在研报中均未提及，企业A只要实地考察应该能够发现这些问题，还是缺乏行业经验。本来可以提高工程报价，延长工期，结果也没沟通，导致项目失败，保函被索赔。银行方面，开立保函前对企业的审查不够缜密，对其跨行业经营的风险没有给予足够重视，对商务部出具的投(议)标许可证过分信赖。企业机构变革、优质资产转移后未引起足够的重视，未及时追加相应的反担保措施，索赔的时候才发现企业已不具备保函开立之初的偿付能力，造成了损失。

随着世界经济的快速发展以及经济全球化趋势的进一步加剧，国际经济贸易呈现出贸易标的数额大、货款回收周期长、贸易风险难以把控等特点。为了规避风险，保障交易安全，银行保函与备用信用证应运而生，并在当今的国际经济贸易中发挥着重要作用。本章重点介绍以下内容：银行保函概述、常见类型的银行保函、银行保函业务单据、UDRG745 及 ISDGP 概述等内容。

第一节 银行保函概述

在国际经济贸易中，往往由于交易双方缺乏信任和了解，给交易的达成和合同的履行造成障碍。为促使交易双方顺利达成交易，使国际经济贸易活动正常进行，出现了由信誉卓著的银行或其他机构办理的担保业务。担保人以自己的资信向受益人（债权人）保证申请人（债务人）履行双方签订的商务合同或其他经济合同项下的责任与义务。原则上讲，担保可以由任何机构、个人、法律实体签发。从债权人的角度来看，由银行或保险公司签发的担保安全性高，其他实体签发的担保安全性要低一些，后者可能导致担保人拒绝受益人的索赔要求，使担保无效。因此，债权人几乎总是要求由信誉良好的银行签发担保。鉴于此，本书主要介绍由银行开立的保函，即银行保函。

一、银行保函的起源

银行保函是我国银行业的习惯称谓，更一般的称谓是“银行担保”。银行保函始于 20 世纪 70 年代初期。在这一时期，中东石油输出国财富迅速增加，使得他们有能力与西方的公司就大型的项目缔结数额巨大的合同。例如，为改善基础设施而修建道路、机场、港口设施等，为发展公共事业而修建住房、医院、通信网、能源站以及工业和农业项目、国防设施等。就是在这一领域，早期的见索即付银行保函出现了。现在，银行保函已经得到广泛使用，其数额也有了惊人的增长。可以说，在今天，大型的交易、工程，如果没有某种类型的银行保函的支持，就难以开展。而且，银行保函在国内合同中的使用也日益增多。这种增长在很大程度上是由于银行保函几乎可以支持所有类型的交易，既包括非融资性交易，如买卖合同、租赁合同、工程承包合同，也包括融资性交易，如贷款和透支便利、参与合营企业、发行债券、再保险等。

二、银行保函的概念

银行保函，是指银行应申请人的请求，向第三方（受益人）开立的一种书面信用担保凭证，保证在申请人未能按双方协议履行其责任或义务时，由担保人（银行）代其履行一定金额、一定期限范围内的某种支付责任或经济赔偿责任。依据保函项下受益人在什么条件下才能取得担保人的偿付，或保函与基础业务合同（如商务合同）之间的关系，保函可以分为从属性保函和独立性保函两类。

1. 从属性保函

从属性保函，是商务合同的一个附属性契约，其法律效力随商务合同的存在而存在，随商务合同的变化、灭失而变化、灭失。在从属性保函项下，银行承担第二性的付款责任，即当受益人索赔时，担保人要对基础合同履行的事实进行调查，确实存在申请人违约时，担保银行才负责赔偿。各国国内的银行保函一般都是从属性保函或有条件保函。

从属性保函使担保银行很容易被卷入基础交易的纠纷中，影响自己的声誉。另外，债权人以主债务人不履行其债务为理由要求担保人承担担保义务时，担保人又往往以各种抗辩权对抗债权人，使债权人的要求得不到满足，或者不得不进行耗资、费时、复杂的诉讼程序，对债权人也很不利。这两方面的因素使现代银行保函逐步发展为以独立性保函为主。

2. 独立性保函

独立性保函是根据商务合同开出，但又不依附于商务合同而存在的具有独立法律效力的法律文件。独立保函项下银行承担第一付款的责任，即当受益人在独立保函项下提交了书面索赔要求及保函规定的单据时，担保人就必须付款，而不管申请人是否同意付款，银行也无须调查商务合同履行的事实。与从属性保函相比较，独立性保函使得受益人的利益更有保障，银行也可以避免陷入商务纠纷之中，因此现代保函以独立性保函为主。从我国的相关法律、司法解释来看，也认可涉外保函的独立性。

独立性保函主要由银行签发，因此通常称为银行保函，或者见索即付保函，或者见索即付银行保函。根据《见索即付保函统一规则》（简称 URDG758）第 2 条规定："见索即付保函系指任何已签署的承诺，无论其名称或者描述如何，该承诺保证根据相符索偿要求的交单提供付款。"据此，见索即付保函的担保人承担的是第一性的、直接的付款责任。

三、银行保函的当事人

（一）银行保函的主要当事人

银行保函业务的主要当事人如下。

1. 申请人（Applicant）

申请人，指保函中表明的，通过保函支持其承担基础关系项下责任的一方。申请人的情况不一：如在投标保函项下，为投标人。在履约保函项下，如为出口保函，是货物或劳务的提供者；如为进口保函，则为价款的付款人。在还款保函项下，一般为预付款或借贷款的受款人。

2. 受益人（Beneficiary）

受益人，即收到保函并有权按保函规定的条款凭以向银行提出索赔的一方。受益人的责任是履行其有关的合同义务。在投标保函项下，通常为招标人；在承包工程的履约保函和预付款保函项下，通常为工程的业主。

3. 担保人（Guarantor）

担保人，即开立保函的银行。担保人的责任是在收到索赔书和保函中规定的其他文件后，经审核后确定这些文件表面上与保函条件一致时，即支付保函中规定数额的经济赔偿。

图 15－1 显示的是保函主要三方保函当事人之间的关系。

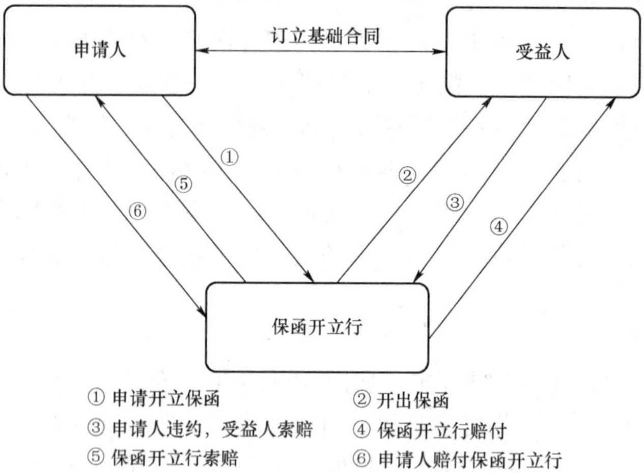

图 15－1　三方保函当事人之间的关系

三方保函当事人有申请人、受益人和担保人（担保银行），他们之间的法律关系如下：（1）申请人与受益人之间因签署基础合同而产生的债权债务或其他权利义务关系，依据基础合同的约定，申请人须向受益人提交一份银行保函以作为其履行相关义务的担保；（2）申请人向担保行提出开具以基础合同的债权人为受益人的银行保函，一旦受益人提交了相关索赔证明，则担保行须承担付款责任。

（二）银行保函项下的其他当事人

银行保函除了上述三个主要当事人外，根据具体情况还可能涉及以下几个当事人。

1. 通知行（Advising Bank）

通知行，即根据开立保函的银行的要求和委托，将保函通知或转递给受益人的银行。通知行通常为受益人所在地的银行。通知行只负责保函的表面真实性，如代受益人核对担保人的印鉴、密押是否真实、正确等。若因种种原因不能通知受益人时，通知行应及时告知担保人，以便担保人及时采取其他的措施。通知行对保函内容正确与否不负责任，对保函在邮递过程中可能出现的延误、遗失等均不负责任。通知行在将保函转递给受益人后，可按规定向担保人或受益人收取通知的费用。

2. 保兑行（Confirming Bank）

保兑行，又称第二担保人，即根据担保人的要求在保函上加以保兑的银行。通常为受益人所在地信誉良好的银行，对这样的银行，受益人比较熟悉和信任。但是，只有在担保行的信誉、资力较差或属外汇紧缺国家的银行时，受益人才有必要要求在担保人的保函上由一家国际公认的资信好的大银行加具保兑。

保兑行的赔付顺序，与 UCP600 不同，URDG758 并未做出明确规定。因此，保兑行最好在保函里明确规定自己的义务范围。不论保兑行负独立付款责任还是代担保行履行付款义务，保兑行在付款后都有权凭担保函及担保人要求其加具保兑的书面指示向担保行索赔。

3. 转开行（Reissuing Bank）

转开行，即根据担保人的要求，凭担保人的反担保向受益人开出保函的银行。转开行通常是受益人所在地的银行。转开行有权拒绝担保人要求其转开保函的要求，但在这种情况下，它必须及时通知担保人，以便担保人选择其他的转开银行。转开行一旦接受转开请求，就必须按照担保人的要求及时开出保函。保函一经开出，转开行就变成了担保人，承担担保人的责任义务，而原担保人就变成了反担保人（Counter-Guarantor）。此时，担保人如遇受益人索偿，就必须在其开出的保函项下履行付款责任。付款后，担保人有权凭反担保函向反担保人索偿。

4. 反担保人（Counter-Guarantor）

反担保人，指以担保人或另一反担保人为受益人开立反担保函的一方。反担保人通常为申请人的上级单位、出口信贷保险公司或其他银行、金融机构等。反担保人的责任是：保证申请人履行合同义务，同时，向担保人承诺，即当担保人在保函项下作出付款后，担保人可以从反担保人处得到及时、足额的补偿。

转开保函会涉及转开行及反担保，有时转开行还不止一个，因此实践中也常出现四方保函、五方保函或多方保函，进而形成保函链条。应该讲，保函链条环节越多，责任越难以明晰，风险也越大。因此，在开立保函及反担保函时应尽量减少环节。

四、银行保函的特点

见索即付的银行保函具有独特的担保功能，具体表现为以下特点：独立性、绝对保障性、简捷性、风险性。

1. 独立性

见索即付保函一经开出便独立于基础合同，不受基础合同瑕疵的影响，只要受益人提出索款请求，担保人就必须承担付款责任。

案例分析

P 与 B 签订了一份建筑合同，应 P 要求，G 银行开出以 B 为受益人的保函。保函适用于 URDG758，规定："我们保证凭首次书面索赔要求向你方支付索款要求的金额，最高不超过一千万美元的款项。"这是一个见索即付保函，保函独立性明显，因为付款责任仅仅取决于书面索赔要求文件的提交，支付金额也仅取决于索赔要求书本身和限定最大责任的保函条款。

2. 绝对保障性

担保人对受益人承担绝对的"无条件的"不可撤销的见索即付责任，由于银行信用度高，一般都会按照见索即付保函的约定向受益人付款，不会出现违约情况，受益人债权的快速实现具有绝对保证。因此，见索即付保函也被认为是“现金的替代”。

3. 简捷性

银行保函处理的是单据，因此只要受益人提交的单据“表面上”与保函要求一致，担保人便可直接付款，无须审查单据的真伪，更不必卷入复杂的基础合同关系，因此业务处理起来非常简单快捷。

《2010年见索即付保函统一规则》（URDG758）规定，银行审核保函项下单据的时间仅为5个营业日，并且应在5个营业日内付款或拒付。传统的从属性保函受理、审核、索赔时间通常很长，动辄好几年的情况也屡见不鲜。与之相比，见索即付保函的处理要简捷许多。

4. 保函的风险性

银行保函也是把“双刃剑”，除了为当事人快速实现权益提供保障外，也潜藏着诸多风险。见索即付保函下的付款属于无条件付款，它不要求受益人证明申请人违约，只要向担保人提出索款要求，且单据符合保函要求，担保人即须付款。这种付款常被喻为“自杀式付款”。此外，涉外银行保函还面临不同国家、地区的法律、政治等一系列的风险。

五、银行保函的主要内容

通常，银行保函包括如下内容。

1. 当事人

保函中应注明主要当事人，即申请人/委托人、受益人、担保人，相应地包括中、英文名称，注册地址，联系人，联系电话等。如涉及通知行、保兑行、转开行，还应列明通知行、保兑行、转开行的名称和地址。

2. 基础关系的参考号

保函应注明合同号码等基础关系的参考号。因为保函都是基于合同的基础关系而开立的，从业务管理、档案匹配、操作习惯等方面，都需要在保函中援引或确认基础关系，也就是在保函中标明基础合同，以使二者建立联系。关于基础合同的援引一般应简明扼要，有时会做一些简短陈述。此外，有的保函会指出援引基础合同并不改变保函的独立性。

3. 保函或反担保函的编号

每份保函自身的业务编号很重要，它是保函的“身份证”，URDG758在第14条第F款中明确表示：每次交单都应指明对应的保函，如标明担保人的保函编号。否则银行的审单时间要从相关保函的确认之日开始计算。

4. 担保金额及币种

不论何种保函，都是担保银行保证在某种条件下向受益人支付一定金额的款项，作为补偿受益人的手段，而不是保证自己代替被担保人亲自执行或履约。因此，担保银行的责任是通过一定金额的货币进行量化的。目前，绝大多数的保函都是有限金额的保函，因此保函应注明担保金额及支付币别。通常这个金额就是担保的最大数额，即使受益人能证明所遭受的损失或应得的利息远大于这个数额。

有些保函有担保金额递减的条款，即随着基础合同的逐步履行，担保金额也随之减少。比如预付款保函中，随着工程进度已实现了预付款的价值，担保金额就逐渐减少直至为零。在涉及建筑合同或设备安装合同的保函中，保函有时规定在提交了证明建筑材料已运达、一期工程已经完成的运输单据或第三人出具的证明时，保函金额随之递减。常见的递减条款表达如下："THE AMOUNT OF THE GUARANTEE SHALL BE DIMINISHED AUTOMATICALLY AND PROPORTIONALLY IN ACCORDANCE WITH..."。

保函递减条款本身对银行是有利的，但如果掌握不好，使用不当，可能会导致银行与申请人产生纠纷或受益人在银行承担保证责任后无法得到相应额度的追偿。因为主合同的履行金额直接决定着银行承担保证责任的大小，在有递减条款的保函中，每个时点，银行应承担的最高限额随着主合同履行金额的变化而不断变化，但主合同履行金额的变化发生在受益人与申请人之间，而银行并不知情。这就导致出现索赔时，银行仍有可能按保函原定最高额承担保证责任，从而出现银行赔付超出递减后保证限额的情形。保函申请人可能以超过应承担的限额为由抗辩，从而使银行无法行使追索权。因此，保函文本中有上述约定条款时，银行通常在开立保函协议书或保函开立申请书中"其他约定事项"下增加约定：申请人每次向受益人履行主合同项下的义务时（可根据情况填写具体的履行内容），有义务及时通知银行，并将相关资料（如发票）等交付银行，并明确约定在银行未收到减免额的通知时，银行按照减免前的数额予以赔付的，银行对额外赔付的部分不承担任何法律责任并有权要求申请人按照银行对外赔付的金额对银行进行偿付。此外，银行在实际操作中也应主动关注保函申请人向受益人履行主合同义务的动态变化情况，主动向债务人了解各时点保函申请人已履行主合同的累计金额，据此确定银行赔付时实际应承担的额度，锁定银行保函风险，防止银行超担保限额承担责任。

5. 保函生效的先决条件

保函的生效日一般为开立日，但有的保函也会规定保函生效的先决条件，只有当条件满足时，保函方生效。比如预付款保函中，一般规定在收到预付款以后保函才能生效，而银行根据自身的记录能够确定预付款何时转到申请人的账户。再如，实际业务中，在最终合同订立之前，先开立履约保函的做法为数不少，出口商认为在合同订立之前开立履约保函能够表明对方的态度是真诚恳切的，财务状况是值得信赖的。但是对进口方而言，尽管这么做可以加强谈判的实力，但是大多不愿意在这个阶段就提供保函，因其存在被欺诈的风险。这种情况下，折中的办法是进口商依旧按照出口商的要求开立履约保函，但是在保函中加入一个条款，规定"合同缔结时本保函才生效"或"合同中某先决条件满足时，保函才生效"等。当然，银行不太愿意接受这样的条款，因为银行很难判断先决条件是否满足。毕竟银行保函具有独立性、单据化的特点，银行不应该，也不可能介入基础交易。此时最好的解决方案就是规定通过提交某些单据来证明先决条件已经得到满足，最常见的是申请人出具的或会签的声明。但是，这种模式下，受益人又面临着先决条件已经满足但是申请人拒绝出具或会签这种声明的风险。这种风险较少出现，因为如果申请人不出具声明，基础合同也就不能生效，从而自己在基础合同中的利益也无法实现。

6. 索赔的单据

见索即付保函的特点之一是单据化，银行只处理单据，不涉及商品或服务，因此保函中需要明确规定受益人索赔时需要提交的单据种类、份数、介质等信息。URDG758 在第 15 条指出，交单还须包括受益人的支持性声明。所谓支持性声明，就是受益人出具的，表明申请人在基础关系下哪一方面违约的声明。该声明可以体现在索赔中，也可以独立出具。

7. 有效期条款

保函的有效期条款包括以下几个方面。

（1）保函的失效日期

保函中应规定保函的失效日期。无限期限的保函在实务中很少遇到，绝大多数的保函都有失效期。失效期通常有以下几种表示方式：第一种是明确规定一个具体的日期为保函的失效期；第二种是将失效期和基础合同的履行结合起来，比如规定合同的履行期限加上若干月作为保函的失效期，或者规定保函自开立之日起几个月内有效，这种方法没有一个具体的日期，容易引起争议；第三种是将前两种结合起来，如规定保函在基础合同履行完毕后再过若干个月终止，但是最迟不迟于某一具体的日期，以较早者为准。有的保函采取失效事件代替失效日期。

URDG758 第 25 条规定，如果保函或反担保函既没有规定到期日也没有规定到期事件，那么保函将在开立之日起三年之后终止，反担保函将在保函终止之后的三十个日历日终止。

应该注意的是，有些国家的法律、法规会无视保函的有效期条款。比如印度的法律规定，保函有效期届满后 30 年内保函仍有效；马来西亚的法律规定索赔期是固定有效期外加 6 年。因此，对于开往这些国家的保函要格外小心。

（2）延期

有的保函会赋予受益人将保函延期的权利，即经受益人要求，保函的有效期可以延长。有的项目完成期限难以预先确定，或受益人和申请人、担保人在保函的有效期内难以达成一致意见的时候，往往采用延期条款。与无期限保函相比，延期条款有利于银行和申请人。但是如果保函期限被一味地延长，则对银行和申请人来说都不利。

受益人在提出延期的要求时，通常会有“展期或付款（EXTEND OR PAY）”的字样，实务中称之为“非延即付”。也就是说，受益人在相符交单的前提下提出要么将保函展期，要么由担保银行付款，二选一。

实务中，“非延即付”索赔的国家主要是埃及、约旦、伊朗、巴基斯坦、孟加拉国等国，而且这些国家的索赔率都较高。

（3）保函责任解除

保函应规定，保函到期后，受益人应将保函退回担保人。这样做，一方面是为了便于担保人办理注销手续，另一方面也是为了避免可能出现的不必要纠纷。但在实践中，退还保函有时难以实现，因此担保行通常要求受益人/转开行发来函电确认解除保函项下的担保责任。

某银行通过 SWIFT799 发送给担保人的保函责任解除的通知，如附样 15－1 所示。

附样 15－1：保函责任解除的通知

SENDER：SWIFT CODE 1

××× BANK ADDRESS

RECEIVER：SWIFT CODE 2

YYY BANK ADDRESS

20/TRANSCATION REFERENCE NUMBER：

12345

21/RELATED REFERENCE

54321

79/DESCRIPTION RELATED MESSAGE

RE：YOUR MT 799 DD 13.10.29 WITH YOUR REF NO.54321 PLS BE CONFIRMED THAT THE GOODS UNDER YOUR GUARANTEE WITH REF NO.54321 HAVE BEEN DELIVERED TO AND ACCEPTED BY THE BENEFICIARY ON 13.10.25.YOU ARE NOW RELEASED FROM ALL YOUR LIABILITIES AND RESPONSIBILITIES UNDER THE GUARANTEE.PLS CLOSE THE FILE.

ACCORDINGLY.

BEST REGDS.

INT'L DEPT.

8. 适用的法律及争端解决方式的条款

在保函文本中应明确适用法律和争端解决方式。通常，当事人在保函中可以自由选择适用保函的准据法，包括：（1）国内法。这可能是当事人双方任何一方的本国法，也可能是第三国的法律；（2）国际惯例。如 URDG758；（3）国际公约，如联合国国际贸易法委员会的《联合国独立保函和备用信用证公约》。但国际公约一般只适用于缔约国及其国民。

对于我国银行开立的保函而言，应尽量选择中国法律作为适用法律。但若国外受益人要求规定适用其国家的法律，受其法院管辖时，我国银行可建议申请人将保函修改为适用于第三国法律，如英国、瑞典法律等，并受其管辖。因为这些国家的法律相对来说比较完善。如必须适用其国家的法律，银行应要求申请人在申请书中列明，由此产生的后果由申请人承担。如果申请人接受并同意承担风险，银行可不提出异议。

同时，鉴于保函具有较强的涉外性，可选择仲裁作为争端解决方式，争端机构可以选择中国的仲裁机构或国际仲裁机构。以下是某保函关于仲裁方面的条款。

"Any dispute arising from the performance of, or in connection with, this Bid Bond shall be settled by the method of following: (   )

A This Bid Bond is subject to the exclusive jurisdiction of the competent court of the place of business of Issuer.

B This Bid Bond shall be governed by, and construed in accordance with, the laws of the PRC. Any dispute arising from the performance of, or in connection with, this Bid Bond shall be settled by final and binding arbitration.The appointing authority shall be China International

Economic and Trade Arbitration Commission (CIETAC). The place of arbitration shall be in Beijing at CIETAC offices.Any such arbitration shall be administered by CIETAC in accordance with the arbitration rules of CIETAC in effect at the time of arbitration. The dispute shall be adjudicated by three (3) arbitrators, one of whom shall be appointed by Beneficiary and one of whom by Issuer.The third arbitrator shall be appointed by both parties through negotiation, provided however that if the parties cannot decide upon the selection of the third arbitrator, then the third arbitrator shall be appointed by CIETAC in accordance with the arbitration rules of CIETAC. The arbitration proceedings shall be conducted in Chinese. The arbitral award shall be final and binding upon the parties.

…"

9. 费用承担

保函应尽量列明费用的承担。这些费用指当事方因依照保函行事而产生的任何佣金、手续费、成本或者开支，通常包括开立、通知、寄单、索赔等环节的佣金、手续费等，有时甚至包括诉讼费。

第二节　银行保函的主要种类

本节介绍常见的银行保函种类。

一、投标保函

投标保函（Bid Guarantee/Tender Guarantee/Bid Security/Bid Bond），是在以招标方式成交的工程建造或货物买卖等交易中，银行（担保人）应投标人（申请人）的请求向招标人（受益人）出具的书面承诺，保证投标方在开标前不撤标、不改标；中标后，在规定的期限内签订合同并及时开出履约保函或提交履约保证金，以保证忠实履行投标时承诺的各项义务。如投标人违反上述条件，则由银行负责向招标人赔付一定金额的款项，以补偿招标人由于投标人给其造成的损失及重新选择投标人的费用。如果投标人未能中标，招标人应退回投标保函，以解除担保人的担保责任。

投标保函金额一般由招标方确定，金额为招标总合同价的 5%～10%（具体比例根据不同的招标文件而定）。有时投标方出于防止过早暴露自己标底的考虑，会要求银行为其开出略高于招标文件规定金额的保函，这也是合理的。投标保函通常自开出之日起生效，有效期的计算一般为开标日+报价有效期+30 天。若投标人中标，则有效期自动延长至投标人与招标人签订合同并提交履约保函为止。

投标保函对各方都有好处。对投标人而言，可减少因缴纳现金保证金引起的资金无偿占用，使有限的资金得到优化配置；对招标人来说，既可以更好地维护自身利益，避免投标人不负责任的随意投标，又可以避免办理收取、退回保证金的烦琐程序，提高了工作效率；从银行角度来看，因为投标方较少出现违约现象，所以投标保函出现风险的机会较小，同时又可以带来比较可观的收入，所以各家银行一直鼓励开展投标保函业务。

附样 15－2 是投标保函示例。

附样 15－2：投标保函

BID SECURITY

To: [Name and Address of Beneficiary] [Date of Issuance]

Dear Sirs,

Whereas [name of Beneficiary] ("Beneficiary") has invited [name and address of Applicant] ("Applicant") for the construction of [Description of the Project], and whereas Applicant is submitting a bid (the "bid") and the bid should be accompanied by a bid bond ("Bid Bond") security.

At the request of Applicant, we [name and address of Issuer at place of Issuance] ("Issuer") issue this Bid Bond in favor of Beneficiary in an amount not to exceed in the aggregate [Currency/Amount].

Issuer undertakes to Beneficiary to pay the sum representing percent of the bid value upon receipt of your written demand presented to Issuer at [Address of Place for Presentation] on or before [:M] our close of business on the expiration date.

Any demand for payment under this Bid Bond shall be in writing and shall be supported by a written statement stating:

a. Applicant has withdrawn his bid after submission and before the expiration of its validity period; or

b. Applicant has failed to enter into a contract with Beneficiary after notification of contract awards; or

c. Applicant as successful bidder has failed to establish an acceptable performance bond within calendar days after the effective date of the contract.

Any demand for payment must be signed by one of your authorized officers/ representatives. For authentication purpose, your written demand, if any, shall be sent to us through [name of bank] Bank after its confirmation of your signature, or shall be confirmed by [name of bank] Bank in the way of SWIFT MESSAGE to us.

Payment shall be effected by wire transfer to an account of Beneficiary [as follows: Name, Swift Code of Beneficiary's Bank and Beneficiary's account number or to another Beneficiary account] as Beneficiary directs in writing.

This Bid Bond shall take effect from the date of issuance and shall remain valid for a period of ______ calendar days after the opening date of bid.Upon its expiration, this Bid Bond shall be null and void, and shall be immediately returned to us for cancellation, any action of maintaining the original of this Bid Bond or any of its amendment shall then give no right to

Beneficiary for lodging any more claim hereunder.

Transfer of this Bid Bond is forbidden to take place no matter whether with or without the knowledge or prior consent of us or of Applicant, and we will only be responsible to the claim lodged by Beneficiary stated herein.

This Bid Bond is subject to the Uniform Rules for Demand Guarantees of the International Chamber of Commerce (Publication No.758).

××× BANK ××× BRANCH

Authorized Signature:

二、预付款保函

预付款保函（Advanced Payment Guarantee），是指银行应供货方或承包方的要求，向买方或发包方出具的，保证供货方或承包方在收到预付款后履行合同义务的书面承诺。如供货方或承包方在收到预付款后未能履约或未能全部履约，银行将在收到买方或发包方的索赔后，向其赔付一笔与预付金额等值的款项或相当于合同尚未履行部分相应比例预付金的款项。有些情况下，还要加上自买方或发包方支付预付金至担保银行退还款项期间的利息。通常，业主收到供货方或承包方从银行开来的预付款保函后，才将预付款付给供货方或承包方，而预付款保函通常也有收到预付款后方生效的条款。

附样 15–3 是预付款保函示例。

附样 15–3：预付款保函示例

ADVANCE PAYMENT SECURITY

To: [Name and Address of Beneficiary] [Date of Issuance]

Dear Sirs,

Whereas our client [name and address of Applicant] ("Applicant") has entered into an agreement with [name of Beneficiary] ("Beneficiary") dated (the Contract) for [the subject matter] as further described in the Contract.And whereas the Contract contains an obligation on the part of Applicant to provide a advance payment bond ("Advance Payment Bond") in the amount of [Currency/Amount] [equivalent ofpercent of the Contract Price] (the Bond Amount) in connection with an advance payment of percent of the Contract Price (the Advance Payment) and by way of advance payment security.

At the request of Applicant, we [name and address of Issuer at place of Issuance] ("Issuer") issue this Advance Payment Bond in favor of Beneficiary in an amount not to exceed in the aggregate [Currency/Amount].

Issuer undertakes to Beneficiary to pay the amount of each complying demand presented to Issuer at [Address of Place for Presentation] on or before [:M] our close of business on the expiration date.

Any demand for payment under this Advance Payment Bond shall be in writing and shall be supported by a written statement stating:

i) Applicant is in breach of his obligation (s) under the Contract or has not paid an amount which is due in respect of a previous breach (and specifying for information only the respect in which Applicant is or (in the case of a previous breach) was in breach of the Contract); or

ii) Applicant is obliged to pay a termination sum under the Contract; or

iii) Applicant is insolvent;

This Advance Payment Bond shall become effective as from the date of receipt of the Advance Payment (as defined in the Contract) by Applicant, and the Bond Amount hereunder shall always correspond to the total advanced sum Applicant has actually received from you.The Bond Amount shall reduce in accordance with the terms of this Advance Payment Bond.

This Advance Payment Bond shall expire on either: (a) [the expected expiry of the Time for Completion under the Contract] (the Expiry Date) save in respect of any demands made before such date; or (b) upon the Bond Amount being reduced to nil pursuant to the provisions of this Advance Payment Bond; or (c) the date upon which we receive written confirmation from you that you have received the Performance Security (in accordance with and as defined in the Contract), whichever shall be the earlier. Upon its expiration, this Advance Payment Bond shall be null and void, and shall be immediately returned to us for cancellation, any action of maintaining the original of this Advance Payment Bond or any of its amendment shall then give no right to Beneficiary for lodging any more claim hereunder.

Such Bond Amount shall be reduced by the amounts repaid to you for the repayment of the Advance Payment under clause of the conditions of Contract. Following receipt from you of notice which has been counter-signed by Applicant, the Bond Amount shall be reduced accordingly.

Any demand for payment must be signed by one of your authorized officers/representatives. For authentication purpose, your written demand, if any, shall be sent to us through [name of bank] Bank after its confirmation of your signature, or shall be confirmed by [name of bank] Bank in the way of SWIFT MESSAGE to us.

Payment shall be effected by wire transfer to an account of Beneficiary [as follows: Name, Routing No. of Beneficiary's Bank and Beneficiary's account number or to another Beneficiary account] as Beneficiary directs in writing.

Transfer of this Advance Payment Bond is forbidden to take place no matter whether with or without the knowledge or prior consent of us or of Applicant, and we will only be responsible to the claim lodged by Beneficiary stated herein.

This Advance Payment Bond is subject to the Uniform Rules for Demand Guarantees of the International Chamber of Commerce (Publication No.758).

××× BANK ××× BRANCH

Authorized Signature:

三、履约保函

履约保函（Performance Guarantee/Performance Bond/Performance Security），是银行应申请人的要求，向受益人开立的保证申请人履行某项合同项下义务的书面保证文件。在保函有效期内如发生申请人违反合同的情况，银行（担保人）将根据受益人的要求赔偿保函规定的金额。履约保函适用范围非常广泛，可用于任何项目中对当事人履行合同义务提供担保的情况，常用于物资采购、工程承包等项目。

在进出口贸易项下，一般来说，履约保函主要是保证出口方履行贸易合同项下的交货义务，即保证出口方按时、按质交付货物。有时履约保函也保证出口方所交付的货物在一定时期内不出现违反合同规定的情况。这实际上是以履约保函代替了留置金保函。实际业务中应尽量将这两部分分别开立保函，因为一般情况下，履约保函的担保金额为合同总价的10%左右，则留置金保函的金额通常为合同总价的5%左右。

在工程承包项下，履约保函一般是由银行根据承包人的要求，向业主出具的，保证承包人履行承包合同的书面承诺。担保银行的主要责任是保证承包人按时、按质地完成所承包的工程。一旦承包人中途毁约，或任意中止工程施工，或宣布破产、倒闭等，担保银行就得向受益人支付不高于担保金额的款项作为赔偿。此类履约保函的担保金额一般为承包工程价款的10%～25%。承包工程履约保函的失效期一般有两种：一是工程完工，保函随之失效。这种情况下业主一般要求承包人另提供一份由银行开立的质量维修保函，以保证工程在规定时间内没有质量问题。二是工程完工后再加上一段时间（具体时间按照合同规定），这实际上也是以履约保函代替质量保函。由于质量保函担保金额通常要少一些，因此应尽可能争取分别开立，这样既可以减少风险，又可使申请人减少费用支出。

附样 15－4 是履约保函示例。

附样 15－4：履约保函

PERFORMANCE SECURITY

To: [Name and Address of Beneficiary] [Date of Issuance]

Dear Sirs,

Whereas our client [name and address of Applicant] ("Applicant")has entered into an agreement with [name of Beneficiary] ("Beneficiary") dated [   ] (the Contract) for [the subject matter] as further described in the Contract, and whereas the Contract contains an obligation on the part of Applicant to provide a performance bond ("Performance Bond")in the amount of [Currency/Amount] [equivalent ofpercent of the Contract Price] (the Bond Amount) by way of performance security.

At the request of Applicant, we [name and address of Issuer at place of Issuance] ("Issuer") issue this Performance Bond in favor of Beneficiary in an amount not to exceed in the aggregate [Currency/Amount].

Issuer undertakes to Beneficiary to pay the amount of each complying demand presented to Issuer at [Address of Place for Presentation] on or before [:M] our close of business on the expiration date.

Any demand for payment under this Performance Bond shall be in writing and shall be supported by a written statement stating:

1) Applicant is in breach of his obligation (s) under the Contract or has not paid an amount which is due in respect of a previous breach (and specifying for information only the respect in which Applicant is or (in the case of a previous breach) was in breach of the Contract); or

2) Applicant is obliged to pay a termination sum under the Contract; or

3) Applicant is insolvent;

Any demand for payment must be signed by one of your authorized officers/ representatives. For authentication purpose, your written demand, if any, shall be sent to us through [name of bank] Bank after its confirmation of your signature, or shall be confirmed by [name of bank] Bank in the way of SWIFT MESSAGE to us.

Payment shall be effected by wire transfer to an account of Beneficiary [as follows: Name, Swift Code. of Beneficiary's Bank and Beneficiary's account number or to another Beneficiary account] as Beneficiary directs in writing.

The guaranteed amount shall be automatically and proportionally reduced in the step of the progress of the project. We shall reduce the guaranteed amount as per the Applicant's statement with relevant documents, and we will notify you the guaranteed amount after such reduction in a timely manner.

This Performance Bond shall be valid from the date upon which we receive your written confirmation that you have received this Performance Bond. This Performance Bond shall expire on the earlier of:(a)[the expected expiry of the Time for Completion under the Contract];or (b) the Time of Completion under the Contract [this is the date stated in the Taking-Over Certificate or the date that Completion is decided to have occurred in accordance with Clause of the Contract]; or (c) upon the Bond Amount being reduced to nil pursuant to the provisions of this Performance Bond. Upon its expiration, this Performance Bond shall be null and void, and shall be immediately returned to us for cancellation, any action of maintaining the original of this Performance Bond or any of its amendment shall then give no right to Beneficiary for lodging any more claim hereunder.

Transfer of this Performance Bond is forbidden to take place no matter whether with or without the knowledge or prior consent of us or of Applicant, and we will only be responsible to the claim lodged by Beneficiary stated herein.

This Performance Bond is subject to the Uniform Rules for Demand Guarantees of the International Chamber of Commerce (Publication No.758).

×××BANK ×××BRANCH

Authorized Signature:

四、质量保函

质量保函/维修保函（Quality Guarantee/Maintenance Guarantee），主要用于进出口业务中，买方为了确保收到质量完好的商品，通常要求卖方提供银行的质量保函，保证若卖方提供的货物质量达不到合同规定的标准，卖方应及时退换货物或补偿损失，否则担保银行负责赔偿。在大型机械设备、船舶、飞机等进出口业务中，质量保函较为常见，保函金额一般为合同金额的 5%～10%，保函的有效期一般至合同规定的质量保证期满再加若干天的索偿期。

维修保函与质量保函相似，区别在于维修保函主要用于国际劳务承包工程。在承包工程合同中，工程完工后业主通常扣留一部分款项以备补偿工程质量存在缺陷，而承包人不予维修所造成的损失。为了减少资金占用，承包人向银行申请开立维修保函，以保证工程质量与合同规定不符而承包人又不能维修时，由担保银行赔付业主，以弥补其造成的损失。业主凭维修保函释放这部分留置金给承包人，从而起到了融资的作用。

附样 15－5 是质量保函示例。

附样 15－5：质量保函

QUALITY/MAINTENANCE GUARANTEE

To:(Name and Address of the Beneficiary)

Date:(Issuing Date) No.:(The Guarantee Number)

We have been informed that (Name of The Applicant)(hereinafter called the Applicant), has entered into contract No.(The Contract Number) dated (Date of The Contract) with you, for (Description of Goods and/or Services or Project) at a total price of (The Contract Price).

Furthermore, we understand that, according to the conditions of the contract, a Quality/Maintenance Guarantee is required.

At the request of the Applicant, we, ××× Bank (Name of The Branch) Branch, (Address of The Branch), hereby issue this letter of guarantee and irrevocably undertake to pay you any sum or sums not exceeding in total an amount of (Amount In Figures) (say: Amount In Words), [representing (Agreed Percentage)% of the contract price] within (Agreed Number of Days) Business days upon receipt by us of your first written demand stating that the Applicant is in breach of his obligation (s) under the underlying contract and the respect in which the Applicant is in breach.

Your demands for payment must also be accompanied by the following document (s):

1.

2.

This Guarantee shall become effective from (Effective Date) and expire on (The Expiry Date) at the latest. Consequently, any demand for payment under it must be received by us at this office on or before that date. Upon expiry, this Guarantee shall automatically become null and void whether or not it is returned to us for cancellation.

This Guarantee is subject to the Uniform Rules for Demand Guarantees, ICC Publication NO.758.

×××BANK×××BRANCH
Authorized signature

五、留置金保函

在大型机械设备进出口及国际承包工程合同中，通常规定先支付合同金额的 90%～95%，其余 5%～10%的款项待设备安装调试完毕、运转良好后，由买方验收后再支付。这一小部分余额称为保留金或留置金。若发现机械设备品质或工程质量与合同规定不符，双方再洽商减价，从留置金中扣除。

但是，由于此类项目金额都比较大，占压的资金比较多，给出口方或承包方带来很多不便。为了能提前收回这部分留置款项，出口方或承包方通常向本国银行申请开立留置金保函（Retention Money Guarantee），保证若提供的货物或承包的工程达不到合同质量标准，出口方或承包方将把留置金退还给进口方或业主，否则由担保银行负责赔偿。留置金保函金额就是留置金的金额，有效期一般为初验完成+质保期。

附样 15－6 是留置金保函示例。

附样 15－6：留置金保函

RETENTION MONEY GUARANTEE

CHINA×××BANK

……………..BRANCH

ADDRESS:……………………………………………………………..

Beneficiary:……………………………………………………………………………………

……………………[name and address] (whom the Contract define as the Employer).

Date:……………………..

RETENTION MONEY GUARANTEE NO………………

Brief description of Contract................. ... .

We have been informed that.............with registered address at......................(hereinafter called the "Principal")is your contractor under such Contract and wishes to receive early payment of (part of) the retention money, for which the Contract requires him to provide you with a retention money guarantee.

At the request of the Principal, we, China ××× Bank,…………….. Branch,…………… [Address of the Branch],hereby irrevocably undertake to pay you, the Beneficiary/Employer, any sum or sums not exceeding in total the amount of …………………… (the "Guaranteed

Amount”, say: ....) upon receipt by us of your demand in writing and your written statement stating:

1. that the Principal has failed to carry out his obligation (s) to rectify certain defect (s) for which he is responsible under the Contract, and

2. the nature of such defect (s).

Your demand must also be accompanied by the following document (s):

[Specify third party document (s) or arbitration award or court judgment justifying that the principal is in breach of his obligation (s) which shall be determined according to the underlying contract’s stipulation] [if any, or delete]

At any time, our liability under this guarantee shall not exceed the total amount of retention money released to the Principal by you, as evidenced by your notice (s) issued under sub-clause .... of the conditions of the Contract with a copy being passed to us.

Any demand for payment must contain your signature (s) which must be authenticated by your bankers. The authenticated demand and statement/documents must be received by us at this office on or before [*insert the date .... days after the expected expiry of the Defects Notification Period for the Works*]......................... (the “Expiry date”), when this guarantee shall expire and shall automatically become null and void whether it is returned to us or not.

This guarantee shall be subject to the Uniform Rules for Demand Guarantees, published as number 758 by the International Chamber of Commerce, except as stated above.

Signature (s)________________________________

六、付款保函

付款保函（Payment Guarantee），是指银行应进口方的要求向出口方出具的一份书面保证文件，保证在出口方交付有关货物或技术资料后，进口方履行部分或全部的付款义务，否则由担保银行偿付应付出口方的全部款项。付款保函项下，担保银行的责任通常随进口方或担保人已偿付的金额相应递减。

附样 15-7 是付款保函示例。

附样 15-7：付款保函

PAYMENT SECURITY

To: [Name and Address of Beneficiary] [Date of Issuance]

Dear Sirs,

Whereas our client [name and address of Applicant] (“Applicant”) has entered into an agreement with [name of Beneficiary] (“Beneficiary”) dated (the Contract) for [the subject matter] as further described in the Contract. And whereas the Contract contains an obligation on the part of Applicant to provide a payment bond ("Payment Bond") in the amount of [Currency/Amount] [equivalent ofpercent of the Contract Price] (the Bond Amount) as payment security.

At the request of Applicant, we [name and address of Issuer at place of Issuance] ("Issuer") issue this Payment Bond in favor of Beneficiary in an amount not to exceed in the aggregate [Currency/Amount].

Issuer undertakes to Beneficiary to pay the amount of each complying demand presented to Issuer at [Address of Place for Presentation] on or before [:M] our close of business on the expiration date.

Any demand for payment under this Payment Bond shall be in writing and shall be supported by a written statement stating that Applicant is in breach of his payment obligation (s) within the time limit as stipulated in the Contract.

Any demand for payment must be signed by one of your authorized officers/ representatives. For authentication purpose, your written demand, if any, shall be sent to us through [name of bank] Bank after its confirmation of your signature, or shall be confirmed by [name of bank] Bank in the way of SWIFT MESSAGE to us.

Payment shall be effected by wire transfer to an account of Beneficiary [as follows: Name, Routing No. of Beneficiary's Bank and Beneficiary's account number or to another Beneficiary account] as Beneficiary directs in writing.

This Payment Bond shall be valid from the date upon which we receive your written confirmation that you have received this Payment Bond. This Payment Bond shall expire on. Upon its expiration, this Payment Bond shall be null and void, and shall be immediately returned to us for cancellation, any action of maintaining the original of this Payment Bond or any of its amendment shall then give no right to Beneficiary for lodging any more claim hereunder.

Transfer of this Payment Bond is forbidden to take place no matter whether with or without the knowledge or prior consent of us or of Applicant, and we will only be responsible to the claim lodged by Beneficiary stated herein.

This Payment Bond is subject to the Uniform Rules for Demand Guarantees of the International Chamber of Commerce (Publication No.758).

×××Bank ×××Branch
Authorized signature

七、租赁保函

租赁保函（Leasing Guarantee）常用于以租赁的方式进口机械、仪器等设备，担保银行应承租人的申请，向出租人出具的书面担保函，保证承租人按期履行支付租赁费的责任。如果承租人未支付或未完全支付租赁费，担保银行保证支付租赁费。

租赁保函通常自开立之日起生效，但在实际业务中，担保人和申请人应争取租赁保函在租赁的物品抵达目的地并验收合格后生效，或争取在出租人交付有关租赁物品并向承租人提供证明已交付的单据后再生效。保函的有效期通常为租赁合同规定的全部租金付清之日再加若干天数。租赁保函的金额即为租金总额，保函应明确规定担保人的责任随每笔租赁费的支付而相应递减。

附样 15－8 是租赁保函示例。

附样 15－8：租赁保函

CHINA ××× BANK

……………..BRANCH

ADDRESS:……………………………………………………………

Beneficiary:…………………………………………

[name and address]

Date:……………………………….

GUARANTEE FOR LEASING NO.

We refer to the Lease Agreement No………….entered into (the Lease) between you (the Lessor) and ……with registered address at...…(the Lessee) in respect of ………………… [Description of Leasing of Goods or Equipments].

We, China ××× Bank, …………… Branch, ……………[Address of the Branch], at the request of the Lessee, and in consideration of the Lessor entering into the Lease, issue this Irrevocable Letter of Guarantee for an amount not exceeding …………. [Amount In Figures] [say: Amount In Words]. Should the lessee fail to pay the rent within the time limit as stipulated in the Lease Agreement, we undertake to effect such payment within ….. business days after receipt of your first written demand to the extent of the amount of guarantee for the unpaid amount. Such demand for payment must contain your signature (s) which must be authenticated by your bankers.

The amount of this guarantee shall be automatically reduced in proportion to the sum or sums that already paid.

This guarantee shall become effective from issuing date and expire on …….(Expiry Date) at the latest. Consequently, the authenticated demand for payment under it must be received by us at our office on or before that date. Upon expiry, this Guarantee shall automatically become null and void whether or not it is returned to us for cancellation.

This Guarantee is subject to the Uniform Rules for Demand Guarantees, ICC Publication No.758.

Signature (s):

第三节　银行保函相关单据及案例分析

本节根据办理银行保函申请、开立、修改、通知、索赔等主要环节和流程，介绍银行保函业务的相关单据。

一、银行保函申请

申请人向银行申请开立银行保函，首先必须提交书面申请，即“开立保函申请书”。该申请书是担保银行与申请人之间的一种契约，也是银行对外开立保函的法律依据。申请书的填写应真实无误，内容完整，指示明晰。

附样 15–9 是银行保函申请书。

附样 15–9：银行保函申请书

开立保函申请书

银行业务编号：____________________

致：××银行股份有限公司__________________________分行：

请根据我公司在本申请中的指示开立保函。　　　　请于恰当处在□　内划√

申请人名称	（中文）：
	（英文）：
申请人地址	（中文）：
	（英文）：
被担保人名称	（中文）：
	（英文）：
被担保人地址	（中文）：
	（英文）：
受益人名称	（中文）：
	（英文）：
受益人地址	（中文）：
	（英文）：

续表

工程项目名称/货物描述：	合同总金额：	合同号/标书号/其他：

保函种类	□投标 □履约 □预付款 □付款 □延期付款 □借款 □关税 □质量与维修 □留置金 □融资性备用信用证 □其他
保函币种及金额	币种及金额（小写）： （大写）：
有效期	自 □保函开立之日 □____________________生效 至____________________失效
适用国际惯例	在保函开立之日有效的 □URDG758 □UCP □ISP98
开出方式	□电开 □信开 （□由贵行邮寄给受益人 □由我公司送达受益人）
	□直开 □转开 我公司确认转开行/通知行英文全称、地址或 SWIFT 如下：
申请人联系人	联系电话：

1. 本保函基于以下条件开立

□占用贵行授予我公司的□授信额度 □贸易融资额度 □________

□交存保证金。我司已将贵行担保金额的________%的保函保证金（币种、金额大写）____________存入我公司在贵行开立的账号为____________的保证金专户，作为贵行为我公司开立本保函的质押担保。贵行在本保函项下担保责任未完全解除前，我公司承诺不对保证金账户内资金进行支用、划转或作任何其他处分。

□我公司将提供由____________________出具的反担保。

□我公司将提供贵行认可的其他反担保方式____________________

2. 担保费支付：

□一次性支付（费率为：________支付日期为：____________）

□分次支付（首付日期：____________，每次间隔：____________，最后期限：____________，费率：____________）

对逾期未支付的担保费金额按应付担保费金额的______%加收违约金。

我公司确认已仔细阅读并完全理解和接受本申请书背面的“申请人保证与承诺”。我公司保证在本申请书中所做的一切陈述、承诺和保证都是我公司自愿、真实的意思表示。本申请书自我公司签章之日起生效，未经贵行书面同意，本申请书不得撤销。

申请人（加盖公章）：

法定代表人（或其授权代表）：

______年____月____日

二、开立银行保函

在经过各方面的审查无误后，担保银行对外开立银行保函。银行开立保函申请书中确定了保函的开立方式（电开或信开），担保行须据此缮制保函电文稿或保函文本。对于电开的保函，保函电文稿通常须经办、复核、部门负责人三人签字方有效。信开保函以签字为准，通常由有权签字的两人会签。根据开立保函申请书确定信开保函的递交方式：如果由申请人自交保函，担保行应将信开保函正本及/或副本一份交申请人签收；如果由银行寄交保函给受益人，担保行则直接将信开保函正本及/或副本一份寄给受益人；如果转递保函，担保行则须将保函通过其他金融机构（通知行）交给受益人。

对于转开的保函，担保银行在审核各项资料并落实反担保措施的基础上，向转开行出具反担保函，委托其按规定的格式开立一份以转开行本国债权人或业主为受益人的保函。转开行审查接受反担保函后，根据反担保行的要求向本国受益人开出保函。

三、银行保函的修改

保函业务的有效期一般比较长，短的几个月，长的达几年甚至更长时间。在保函的有效期内，当事人由于各种原因会对保函条款进行修改，比如交易或工程项目的延期，保函也要相应地延长有效期；所交易货物或工程项目的价格变动，会导致保函金额的增减；国际政治、经济、金融等因素都会使保函条款做相应的变动。

当申请人向担保银行提出修改保函的要求时，必须向银行提出书面申请及保函修改的具体内容，必要时还包括受益人的意思表示。保函修改申请书一般包括如下内容。

（1）修改受益人名称。原受益人名称发生变化的，申请人应提供相关证明材料。

（2）项目名称、合同号、标号等发生变化，申请人应提供合同或招标书发生修改的证明材料。

（3）有效期的修改。对受益人/转开行声明“不延期即付款”的要求，银行首先审核是否构成有效索赔，即索赔日期是否在保函效期内；索赔内容是否符合保函条款。如构成有效索赔，应及时联系申请人尽快办理延期或付款手续。

（4）金额及币种的修改

① 增加保函金额：应审核基础交易材料，并落实增额部分的反担保，或追加相应的保证金，或扣减相应的授信额度。

② 修改保函币种：申请人应提供更改后的合同支付条款或其他相关资料。

（5）变更保函开立方式

开立方式由直开改为转开，通常采用以下两种处理方法：（1）修改。按受益人/通知行/转递行的要求，并经申请人书面同意后，发电指示通知行/转递行对原保函进行修改并提供相应的反担保，请其为担保银行转开保函。（2）重新开立。按照申请人的修改申请，采用重新开立保函的方式，委托转开行转开保函。

待对保函修改申请书审核合格后，担保银行即为申请人缮制和签发保函修改书。

附样 15－10 为银行保函修改申请书。

附样 15－10：银行保函修改申请书

保函修改申请书

编号：（此栏由银行填写）

致：××银行分行

现我司因业务需要，依据我司与贵行签署的编号为　　　　　的开立保函申请书，向贵行申请修改由贵行开立的编号为　　　　　的保函。由此而产生的权利义务，均按照前述申请书和本申请书的约定办理。

1. 修改内容

□将有效期延长至：　　　　　。

如系委托其他银行转开，请贵行根据保函的条款规定对反担保效期做出相应修改。

□将

改为　　　　　。

□将

改为　　　　　。

□其他

2. 增加保证金

我司将按照以下第　　种方式向贵行交付本笔业务下增加的保证金：

（1）在本申请书被贵行接受之日起　　　个银行工作日内通过　　　交纳。

（2）授权贵行直接从我司账户（账号：　　　　　　　　）中扣收。

（3）其他方式：　　　　　　　　。

保证金补交金额为　　（币种）　　（大写），　　（小写）。

3. 费用

我司将按时向贵行支付因本申请书项下业务而产生的有关费用，该费用的计收依据、标准和方式等按贵行有关规定执行。

我司将通过以下第　　　种方式支付上述费用：

（1）在本申请书被贵行接受之日起　　个银行工作日内通过交纳。

（2）授权贵行直接从我司账户（账号：　　　　　　）中扣收。

3. 其他方式：　　　　　　　　　　。

对于提交此申请书时不能预见的应由我司承担的费用，我司将以与上述相同的方式向贵行支付。

4. 提交有关文件

□保函修改原因说明函

□其他

申请人（加盖公章）：

法定代表人（或其授权代表）：

日期：

四、银行保函的通知

保函的通知，一般有以下几种方式。

（1）由通知方通知受益人。即担保银行将保函发送给通知方，由通知方通知受益人。这里的通知方常为受益人所在地的银行或其他金融机构。有时存在数个通知方，即担保银行将保函发送给第一通知方，第一通知方再发送给第二通知方，直至最后通知受益人。通知方越多，中间环节越复杂，风险也越大。

（2）担保银行直接通知受益人。由于双方往往不在同一地区，又没有证实保函真伪性的环节，受益人通常不能凭以执行合同或进行融资。目前，这种通知方式已很少见。

（3）担保银行将保函交给申请人，由申请人交给受益人。这种通知的方式常出现在投标保函当中，保函应为纸质保函，由申请人携带，并参加招标。不过通常受益人接受保函后仍然会通过当地银行向担保银行发电，以便对保函的真实性进行验证。另外，担保银行将保函交给申请人，应注意可能存在的风险。

附样 15－11 为银行保函通知书。

附样 15－11：银行保函通知书

保函通知书

致：　　　　　　　　　　　　　　　　　　　　　通知日期：
　　　　　　　　　　　　　　　　　　　　　　　我行编号：

开出行：
开出行编号：
保函申请人：
保函金额：
保函种类：

迳启者：

a. 兹通知上述保函

正本	延期通知	减额通知	解除通知
证实书	副本	未生效	

一份。

b. 此保函真实性我行已核实，我行只负责通知此保函，对于保函的内容和具体条款不承担任何责任。

c. 请仔细核对此保函，如有不符或修改，请径洽此保函申请人。

d. 如不接受此保函，请在三日内备公函加盖公章连同该保函正本一并退至我行。

联系人：______________________联系电话：______________________

CHINA ××× BANK
（银行签章）

五、银行保函的索赔和赔付

虽然大多数银行保函是备而不用的，但是由于各种原因，如申请人未能按照基础合同规定履行义务，那么受益人在保函的有效期内凭与保函规定相符的单据，可以向担保行或保兑行提出索赔。只要这些单据表面上与保函规定相符，那么索赔就有效，银行就应该立即付款，而不过问索赔理由是否属实、合理。因为银行保函属独立性、无条件的见索即付保函，担保银行承担第一性的付款责任，但“欺诈例外”，即受益人的付款要求显然是属于恶意或滥用权利。所以，只要担保银行有充分的证据表明受益人的要求是欺诈，就可以拒绝受益人的索赔要求。

附样 15－12 为保函索赔委托书。

附样 15－12：银行保函索赔委托书

索赔委托书

×××银行×××分行：

由于下述保函的申请人未能履行相关合同/标书中规定的责任和义务，我司（英文名称)：拟根据下述保函条款的有关规定提出索赔，索赔金额为　　　　　　。

现我司正式委托贵行以（SWIFT/信/先 SWIFT 后信）的方式将我司在下述保函项下的索赔文件不承担任何责任地转递给下述开立银行。

保函号：

开立银行名称、地址：

相关合同号/标号：

保函申请人名称、地址：

待该笔索赔款项收妥后，

□请贵行在办理结汇手续后贷记我司在贵行的人民币账户

（账号：　　　　　　　）

□请贵行保留现汇并贷记我司在贵行的外币账户

（账号：　　　　　　　）

□请贵行在办理结汇手续后汇至我司在　　　　　　　银行的人民币账户

（账号：　　　　　　　）

□请贵行保留现汇并汇至我司在　　　　　　　　　　银行的外币账户

（账号：　　　　　　　）

我司将承担贵行在此委托项下所发生的一切费用并在此授权贵行主动借记我司在贵行的人民币账户（账号：　　　　　　　）。

我公司确认：在所附索赔声明上的签字为我公司的授权签字。

如我司需委托贵行对此笔索赔进行催付，将另行出函委托。

我司业务联系人姓名：

电话：

传真：

申请人（加盖公章）：
法定代表人（或其授权代表）：
日期：

担保银行收到索赔后，会缮制索赔通知书，并通知申请人。附样 15－13 为保函索赔通知书。

附样 15－13：银行保函索赔通知书

索赔通知书

致：　　　　　　　　　　　　通知日期：
我行编号：

保函受益人：
保函索赔金额：
合同编号：

迳启者：

我行于______年___月___日收到上述保函的银行提交的索赔通知（附后）。经审核，我行认为该索赔要求符合本保函下相关赔付条款的规定，索赔成立。请贵司在三个工作日内来我行办理相关赔付手续。否则，由于逾期不付所可能产生的相关利息、费用损失将由贵司承担。

联系人：　　　　联系电话：
×××银行
CHINA ××× BANK
（银行签章）

第四节　URDG758 与 ISDGP 简介

《见索即付保函统一规则》是由曾经非常成功地制定了《跟单信用证统一惯例》（UCP）的国际商会银行技术与惯例委员会和国际商业惯例委员会共同组建的联合工作小组起草的规则。在经历多次修订后，2009 年国际商会银行技术与惯例委员会秋季全球会议上通过形成了《2010 年见索即付保函统一规则》（简称 URDG758）。修订后的 URDG758 是见索即付保函业务的权威业务指南，是更加适应新形势下保函业务发展趋势和需求的一套更清晰简洁、更系统科学的业务规则。

2021年国际商会（ICC）银行委员会根据其2021年度会议上的投票结果，《见索即付保函国际标准实务》（International Standomd Demand Guarantees Practice，简称ISDGP）获得正式通过。ISDGP是URDG758的配套文件，是对适用URDG758的见索即付保函的全球良好实务的总结。ISDGP经广泛征求国际银行界意见，先后收到各国委员会72套反馈意见，经过起草组、咨询组、保函工作组反复讨论，历时三年，四易其稿，最终正式通过。

本节主要对URDG758与ISDGP予以简介。

一、URDG758简介

URDG758全文共35条。为使规定更准确，规则更全面，权责更平衡，设计更创新，URDG758在诸多方面对过去的URDG458做出了重大修改和补充，并体现在相关的具体条款中（如表15-1所示）。

表15-1 《2010年见索即付保函统一规则》的修订特点与主要变化

修订特点	规定更准确； 条款更全面； 权责更平衡； 设计更创新
修订过程中的争论焦点	非单据条件的定义；担保人自身记录的范围；金额的缩减；到期事件；见索即付保函国际标准实务；不完整交单；审核单据的时限；展期或付款；担保人是否需要在付款前通知指示人；"敞口"保函的有效期；不可抗力
新增的条款	第2条 "定义"； 第3条 "解释"； 第7条 "非单据条件"； 第10条 "保函及其修改的通知"； 第11条 "修改"； 第17条 "部分索赔和多次索赔；索赔金额"； 第18条 "索赔的相互独立性"； 第21条 "付款的货币"； 第24条 "不相符索赔、放弃及通知"
修改的事项	适用范围；保函应具备的内容；违约声明书的内容；交单的形式；审单标准与时限；展期或付款；保函的终止；不可抗力的影响；保函转让与款项让渡等

（一）URDG758的主要特征

URDG758的修订，借鉴了UCP600、ISP98等其他规则的相关经验与习惯做法，保函独立性和单据化特征更加明显。

1. 保函独立性更加明显

URDG758专门列明了第5条以论述保函/反担保函的独立性，非常清晰地界定了其所规范的保函是独立性保函。见索即付保函一方面独立于申请人与受益人之间的基础合同，另一方面独立于申请人向担保人发出的委托开立保函的申请书。

2. 单据化要求更加严格

URDG758对单据化的要求更加严格：一方面，详细规定了保函各个环节要求的单据化条件；另一方面，在增加非单据化条件补救措施的同时，严格限制了非单据化条件的处理。

关于严格要求单据化条件，URDG758第6条对保函单据化做出了明确规定，即担保人处理的仅限于单据，而不是单据可能涉及的货物、服务或履约行为。在规定保函的具体实务操作中，URDG758也体现了单据化的严格要求，如第2条对到期事件的定义，第19、20条对审单标准和审单时间的规定等。

关于如何限制非单据化条件的问题，一直以来困扰着见索即付保函的操作实务。这是因为，在独立保函中，非单据化条件某种程度上要求担保人审查相关事实。URDG758增加了第7条非单据化条件的规定。但是，URDG758对非单据化条件的补救措施有严格的限定：保函应避免包含非单据化条件，如果出现了非单据化条件，除非通过担保人自身记录或者根据保函中规定的指数可以证明非单据化条件得以满足，否则非单据化条件将不予理会。"担保人自身记录"的范围，是指担保人在其开立账户时发生的款项收付记录，且该款项收付的记录能够使担保人识别与之相关联的保函。

案例分析

一份见索即付保函规定："单据必须通过EMS快递给担保人。"但并没有要求快递收据。随后，受益人实际上是通过另一快递公司DHL寄送的单据。请问担保人是否有权拒付？

分析： 由于按照URDG758的规定，"担保人自身记录"并不包括何时、何地、如何将单据交付给担保人，也不包括何时、何地、如何将有关保函的信息发送给担保人。因此，虽然担保人可在正常的业务操作中，从快递的信封等信息中确定保函的寄单条件没有得到满足，但"单据必须通过EMS快递给担保人"这一条件仍属于非单据条件，担保人应认为该条件未列明，并对此不予置理。因此，担保人对于受益人通过DHL寄单的这一"违规行为"将无权拒付。

URDG758之所以对单据化条款的规定如此严谨，目的是为了避免担保人调查与所担保的基础合同相关的事实，从而确保担保人的独立性地位。因为担保人不是基础合同的当事方，因此申请人和担保人应避免在开立的保函中列入此类非单据条件。

（二）URDG758若干具体条款

1. 适用范围、定义和解释

URDG758新增了"定义"和"解释"两条内容。第2条"定义"给出了"见索即付保函""反担保函"的定义；列明了保函涉及的各方当事人（申请人、受益人、担保人、通知方等）的具体指代；明确了保函各具体操作流程（如申请、相符交单、相符索赔、到期等）的具体含义。指明这些术语的意义，既有助于对URDG758的理解，又有助于各方当事人对自己身份的明确。其中，"申请人"的概念是此前没有涉及的。

第 3 条“解释”借鉴了 UCP600 的相关规定，列明了规则中常用词语的含义，如“from”“within”“after”等，从而有助于避免由此可能产生的纠纷。

2. 保函的开立和生效

相较于 URDG458，URDG758 有两处明显不同：一是明确了保函脱离担保人控制之日即是保函的开立日；二是修改了 URDG458 对“生效”的表述，强调了“受益人可以提交索赔”比“保函是否生效”更重要，即规定受益人有权自保函开立日或保函约定的特定日期、特定事件发生时提交索赔。能提交索赔必然意味着保函已经生效。

3. 保函的通知

URDG758 第 10 条借鉴 UCP600 的相关条款，对保函的通知做出了如下明确规定：保函可以通过通知人通知受益人；通过通知保函，通知人即向受益人表明其确信保函的表面真实性，且该通知准确地反映了其所收到的保函条款。此外，URDG758 增加了第二通知人的概念。

4. 保函的修改

URDG758 第 11 条规定了保函的修改，是对 URDG458 的重要补充。URDG758 关于保函修改，借鉴了 UCP600 的相关条款。首先，修改对担保人和受益人有不同的效果：对担保人而言，其一旦出具修改书即不可撤销地受此修改约束；对受益人而言，只有当其接受修改时才受约束，受益人有权选择接受修改或拒绝修改。其次，将对修改的通知纳入通知方应尽的义务，一是通知方应将修改毫不迟延地通知受益人，二是通知方应将受益人对修改的态度毫不迟延地通知担保人。

URDG758 第 11 条 C 款指出：“除了要依照保函的条款行事以外，受益人可以在任何时候拒绝保函的修改，直到其做出接受修改的通知或提交仅（Only）符合修改后保函的交单为止。”

从这条规定可以看出，如果受益人接受修改，那么受益人可通过两种方式表示接受了修改：（1）发出通知，表明受益人受修改的约束；（2）通过交单表示，且交单仅符合修改后的保函。

需要注意的是，UCP600 关于修改的条款中并没有“仅”字。也就是说，如果受益人的交单既符合修改前的信用证，也符合修改后的信用证，此时受益人是否接受了修改？UCP600 对此没有明确规定。而按照 URDG758 的上述规定，应视为受益人拒绝了修改，原保函对受益人仍然有效。

5. 交单

首先，URDG758 第 14 条规定了交单的具体事项。除第 2 条“交单”的定义之外，URDG758 在第 14 条补充了“不完整交单”的定义：如果交单表明是不完整交单且剩余单据将随后补齐，那么这种不完整交单是有效的，审单将在单据补齐后开始。此项规定赋予了交单人逐步交单的灵活性，也节省了担保人的审单工作量。

其次，URDG758 就交单形式和交单方式进行了规定。需要特别注意的是，如果保函未规定交单的形式，受益人则必须以纸质形式交单。

最后，URDG758 要求每次交单表明是针对哪个保函项下的交单，这样做可以使担保人承担某一保函项下明确的付款责任，也可以使受益人确保满足相应的索赔要求。

6. 索赔

URDG758 对索赔的规定包括：索赔要求（第 15 条）、索赔通知（第 16 条）和其他索赔事项（第 17 条、第 18 条）三部分。

URDG758 第 15 条延续了将“违约声明”作为默示要求的精神实质，但在此基础上，修改了对“违约声明”的具体要求：只要指明申请人违反基础关系的方面即可。在其他索赔事项的规定上，URDG758 第 17 条借鉴了 ISP98 的相关规定，补充了允许“部分索赔和多次索赔”的内容，第 18 条则强调了每次索赔的独立性。

7. 审单与赔付

URDG758 第 19 条规定了担保人的审单标准，规定只要担保人根据本条要求进行审核即符合审单标准，达到了“合理谨慎”。

URDG758 第 20 条规定了担保人 5 个营业日的审单时间，从而对担保人的审单时间提出了刚性约束。

URDG758 第 21 条规定了付款货币和适用的汇率。付款货币一般采用保函规定的货币，如果无法采用规定的货币，付款地货币也可以接受，保函因此被进一步推广应用。

URDG758 第 23 条在“展期或付款”中对操作细节进行了规定。首先，明确了收到此项请求后，担保人可以推迟 30 个日历日，反担保人可以推迟 26 个日历日中止付款。其次，指明担保人/反担保人可以选择接受或不接受“展期”请求。最后，规定担保人有将其决定通知指示方的义务。

URDG758 第 24 条规定了不相符索赔情况下，担保人的权利、拒付通知的相关事项、已提交单据的处理等，这些条款参考了 UCP600 的有关内容。

8. 终止

URDG758 第 25 条规定了保函终止的三种情况：到期、已无余额可支付、受益人提交了解除文件。URDG758 删除了退还保函的终止情况。此项变动对保函到期前的撤销会产生影响：退还仍有余额的保函并不意味着保函终止，要想终止仍有余额的保函，必须以受益人签署的解除文件为前提。

9. 转让与让渡

有关保函转让和款项让渡的规定，URDG758 第 33 条允许保函在一定条件下进行转让，同时对其做出了严格的条件限制，即保函必须注明“可转让”，且一旦可转让即可将全部金额多次转让，而反担保函则不得转让。

10. 不可抗力

URDG758 第 26 条做出了如下重大修改。

（1）如担保人遭受不可抗力而无法接收单据或付款，且在此期间保函逾期，保函的有效期自原应到期日起顺延 30 个日历日，但担保人须将此情况尽快通知开立保函的指示人。

（2）对于在不可抗力事件发生前已经提交但尚未完成审核的单据，应中止计算担保人 5 个营业日的审单时限，待担保人恢复营业后再继续计算审单时间。

（3）对于已经提交且审核合格的索赔单据，如因不可抗力尚未付款，则无论保函是否已经在此期间过期，担保人应在不可抗力结束时付款。

案例分析

G银行开立的保函将于10月1日到期。9月15日，受益人提出符合见索即付保函条款的要求，但由于政府宣布的紧急状态要求所有银行9月16日停业，造成G银行无法按计划付款。10月10日，紧急状态令取消，银行重新开业。

请问保函是否已经失效？

分析：按照URDG758的规定，G银行对其不能及时支付不负责任。然而，尽管保函有效期此时已过，但受益人仍有权要求支付，因为要求是在保函有效期内提出的。

二、ISDGP简介

《见索即付保函国际标准实务》（ISDGP）在国际商会（ICC）银行委员会2021年度会议上正式通过并发布生效，是独立保函领域正式发布的第一份国际标准实务。ISDGP有利于缩小各国见索即付保函领域的差异，提高见索即付保函的可操作性和可预见性，对独立保函在全球范围内的应用产生深远影响。

ISDGP正文由A到Q十七个部分组成，与见索即付保函的实务特点相适应，它涵盖了起草、开立、通知、修改、交单、索赔、审单、减额、到期、转让等见索即付保函流程的事项，而不局限于单据审查。本节节选部分较为重要的条款予以介绍。

（一）定义

1. 申请人（Applicant）

ISDGP对申请人的范围进行了进一步扩充解释，可以是申请人的母公司或其关联公司，也可以是对保函对应基础交易项下履行有利益关系的其他相关方。此外，保函可以有多个申请人，比如在多个主体组成非法人的合伙、联合体等情况下，多个申请人向担保人承担责任的方式为连带赔偿。

2. 经验证的（Authenticated）

URDG758定义的“验证”是指任何确保电子文件、记录或数据完整和未被更改，并由声称为发送方所发送的核实过程。如保函要求以电子方式提示（Presentation）。例如：通过电子邮件、SWIFT或通过任何信息技术系统，而未约定特定的验证要求，则该等交单在担保人能实现下列所有事项时将被视为已通过验证：（1）验证发送方的表面身份；（2）阅读该等交单的全部内容；（3）确定交单传送的文件/数据是完整和未更改的；以及（4）确定文件或数据的发送和/或接收时间。

3. 受益人（Beneficiary）

和申请人一样，保函受益人也可以有多个，比如在多个主体组成非法人的合伙、联合体之类的情况下，每个主体都将被视为受益人。担保人可以要求受益人同意其中一人被任命为受托人，代表全体受益人实现有关保函的所有目的，包括解除担保人责任，接受保函修改，或提交索赔等。若保函约定某一类未指明数量的受益人，如“某公司的小股东（minority shareholders of company X）"，这并非见索即付保函的常见、最佳实践。如出现这种情况，应委任代理人或受托人代表该类别的受益人。

4. 费用（Charges）

费用指保函项下应支付给任何一方的佣金、费用、成本或开支。最好的实践操作是在保函中确定负担费用的一方，如无其他约定，则适用 URDG758 第 32（b）条。费用结算和支付不得延误。此外，ISDGP 明确规定，对在保函下被拖欠费用的一方，不应以该等费用尚未支付而抗辩拒绝履行费用对应的相关义务。

5. 反担保（Counter-guarantee）

在转开保函的实践操作中，可能有多重、连续的反担保相互背对背地开立，以保证被指示开立保函的担保人能够得到保障和赔偿。ISDGP 认可在实践操作中可能有前/后反担保或保函可以是不受 URDG758 约束的独立保函、从属性保证（accessory suretyship）或备用信用证的情况，且背靠背的保函可以适用不同的交易示范规则的情形，但可能导致不同的保函处理结果不一致。因此其并不是最佳实践（not best practice）。

6. 提示人（Presenter）

保函所要求的单据的提示交单人不必是该保函中指定的申请人或受益人，可以包括：申请人或其子公司或其代理人；受益人或其子公司或其代理人；银行；保险公司或任何其他被指定的人。担保人应当从提交的文件的表面上判断交单人是否为被指定的交单人，无须核实交单人的授权。交单人并不因为其交单行为而成为保函当事方。

7. 签署（Signed）

签署包括纸张形式、电子方式签署（例如：经验证的 SWIFT 电文）的各种形式上可验证的签名。如果没有明确约定，在 URDG785 项下需要签署的文件包括：保函及其任何修改，任何索赔；任何根据 URDG758 第 15 条所需的声明；担保人责任解除；让与人关于受让人已受让基础关系下权利和义务的声明。

（二）保函起草、开立、通知和修改

1. 保函起草

应避免在保函中引用基础合同中的定义，指明保函中的类似条款具有与基础合同相同的含义，这可能引发保函被认定附属于基础合同的风险。最好的做法是直接在保函中定义相关词语。保函应约定赔付的最高金额，不应设定其他非支付类义务。例如，替换在工程建设中违约的承包商。

保函可以提及基础合同关系，但应避免出现要求保函项下的任何操作应以基础合同下的某个事件的发生为前提条件。例如，以基础合同下违约时才付款作为前提条件。

如果保函有多种可能失效的事由，应当在保函中准确表述失效事由（单据化表述）和适用顺序。URDG758 并未涉及在担保人的全部或部分责任被免除之后，担保人是否免除从指示方获得的担保（collateral）的问题，此问题取决于双方约定或适用的法律规定。

在约定适用法律和管辖方面，URDG758 是交易示范规则，不是法律。适用的法律和保函司法管辖由当事人自行选择。由于保函和反担保之间相互独立，对其中之一的法律适用和管辖约定并不当然适用于另一保函。需要注意的是，若根据 URDG758 第 34 条的

规定适用担保人签发保函的分支或办事处所在地的法律时，在担保人将其场所移至另一地点（该地点适用不同法律）时，保函开立地的法律仍然适用，除非保函适用法律被修改为担保人的新地点。管辖约定亦适用相同规则，如担保人将其住所迁至原法院管辖地以外的另一地点，则保函开立地的主管法院仍保留其对保函的管辖权，除非经修改将管辖权改为另一法院或选择仲裁。

在排除 URDG 相关条款的适用方面，当事各方决定排除 URDG758 某一条款时，建议在保函中做出明确表示。如果 URDG758 的某一条款被排除，而双方未在保函中约定替换的操作内容，则应视为适用该被排除条款的相反的意思。例如，假设各方约定保函适用 URDG758，但排除第 17 条（b）款（即保函可以提交一次以上的索赔）且未做其他约定的，则在保函下受益人只能提交一次索赔，无论是针对全部还是部分可用的保函金额。

2. 保函开立

保函由担保人内部系统生成并经有权签字人签署并不意味着保函已开立，当保函脱离了担保人的控制，保函方视为不可撤销地开立，即便担保人误将保函脱离控制或保函的开立不符合担保人内部控制审批手续。从保函离开担保人控制之时起，受益人即可提出保函索赔要求。

3. 保函通知

保函开立后可以通过一个或多个通知方转递给受益人，通知方不得更改保函的任何条款，但无义务审查保函条款以确保有效性、一致性、可执行性、不存在相互冲突等，也无义务处理担保人的信用状况等问题。

4. 保函修改

担保人自行提出修改建议的，该修改建议对担保人具有约束力，在被受益人接受后才生效。无论担保人做出此修改是自行选择或有义务遵守适用于其的法律，还是该修改有利于指示方立场，若修改未获指示人同意，可能影响日后担保人向其的追索权（may affect the guarantor’s recourse against the instructing party）。

根据保函约定自动修改的，这种情况出现在保函约定在某个日期或到期事件的发生而自动修改的条款，例如自动延长有效期。此种情况下的修改不需要寻求受益人的同意。

（三）保函提示和索赔

1. 保函提示

保函提示允许采用数字形式及电子形式，两者存在差异。数字记录仅以数字形式存在，例如 SWIFT 报文信息。而电子记录可附加包含以电子形式存储的纸质文件的副本，如扫描文本。除非另有指示，URDG 关于电子提示或电子单据的做法同样适用数字提示。

保函应列明所使用的系统或平台或技术的名称/类型/版本，以及用于电子提示的电子地址。保函要求或允许使用 SWIFT 报文进行提示的，应指定担保人的 SWIFT 地址。如果在 SWIFT 之外，银行向受益人提供使用其自有系统上传所需数据的权限，则保函应指明系统名称以及系统版本号。

2. 交单文件的正本/副本

URDG758 并没有规定一份文件何时构成原始单据的正本或副本，ISDGP 结合实践操作对文件正本/副本的形式进行了解释说明。

如果保函要求提交正本但是没有给出正本的定义，表面上带有文件出具人的原始签名、标记、盖章、标签的文件或其他带有原始文件特征的文件视为正本，除非该文件本身表明它不是正本。

有下列情形之一的，担保人也应当接受该单据为正本：（1）文件看起来是由文件出具人手写、打印、穿孔或盖章的；或（2）文件看起来是出具人的原始信头纸；或（3）文件声明这是一份原件。关于在保函到期或索赔时要求提交书面形式开立的保函原件，这不属于 URDG758 的要求，保函也不应做出类似要求。但是，如果保函约定了该要求，则必须遵守。

3. URDG758 第 15 条（a）和（b）款的适用

关于第 15 条（a）款的声明（即保函项下的索赔应辅以受益人声明，表明申请人在哪些方面违反了基础关系项下的义务），除非保函另有要求，受益人有权使用任何表达基础关系下违约性质的措辞，表述遵循的原则是精确和简明的。

关于第 15 条（b）款的声明（即反担保函项下的索赔应辅以担保人的声明，表明在其开立的保函或反担保函项下收到了相符索赔），担保人无须提供受益人违约的声明，只需表明其已从受益人处收到保函项下的相符交单。

4. 索赔

除另有约定，相符交单必备的要素包括：（1）由受益人或授权代理签署的正本；（2）签署日期在受益人有权提出索赔之日或其后；（3）包括或随附第 15（a）或（b）款所要求的声明，除非被排除适用；（4）载明索赔金额。索赔金额的数字和文字表述必须一致，否则构成不符点。

索赔时间方面，索赔文件在该文件表面所示落款日期之前提交的，构成不符点。

部分索赔和多次索赔方面，URDG758 默认允许部分索赔和多次索赔，除非保函另有约定。若同时提交多项索赔的交单，每项索赔交单之间相互独立，应分别进行相符索赔的审查。

5. 非展即付（Extend or pay）索赔

对于相符索赔中包含作为替代选择的展期请求时，担保人首先审查交单是否相符，如果是不符的，则应拒付。若交单相符，担保人有权在收到索赔翌日起不超过三十个日历日的期间内中止付款。在此期间，受益人不得再发出新索赔或变更展期期限的索赔，必须等担保人做出是否同意展期的决定。担保人提出反担保函下展期或付款索赔时，应告知其在保函下的中止付款期间，但不必告知不构成反担保人对相符索赔拒付或拒绝展期的理由。中止付款期间结束后，不同意展期的话，担保人要全额付款，无须受益人重复提交索赔文件。中止付款期间不计算任何利息或延迟支付补偿。

（四）保函审单、付款、不符点处理

1. 审单

担保人审单的依据为：（1）保函中明确规定；（2）担保人自身的记录；或（3）URDG758

第 7 条项下保函中指明的指数。非单据条件应视为未约定，不予考虑。不得在保函中暗示除保函明确约定之外相符索赔需要符合的条件。例如，保函提及了基础合同日期和编号，约定索赔声明须说明申请人违反合同项下相关付款义务以及受益人履行了相关义务，此时，担保人不能以受益人索赔时没有援引保函载明的合同日期和合同号为由，认为索赔不相符。

在必需交单文件中包含不需要的信息或提交不需要的文件的处置方式上，基本原则是审单时无须审查此等信息或文件。不过，如果一份必需单据包含与保函条款相冲突的非必需信息，则交单即为不相符交单，即使是与保函中的非单据条件发生冲突。例如，如果一份保函列明“本保函是对编号为 12345 的合同签发”，该条款是非单据性条件，用于识别对应的基础交易关系，但出于审单目的，该条款不予考虑（即交单时非必需载明）。然而，若交单文件载明不同的合同号，则此时交单的非必需信息与保函条款冲突，交单构成不符。

关于拼写错误，如果不会实质性改变词语含义，不导致交单不符，除非构成实质性影响（例如合同编号写错）。公司名称的缩写不构成不符点（例如：“Inc.”表示“Incorporated”，“Ltd.”表示“Limited”，“S. A.”表示“Société Anonyme”，或“S. p.A.”表示“Società per Azioni”）。标的符号不一致不构成不符点，除非不一致会改变词语本意，造成歧义（例如“14”不能用来表示“1/4”）。

文件签发人身份的核实方面，若保函要求某个文件由指定人员签署，文件须表面呈现由此人签署。能证明签署人身份的内容包括：文件的信头纸、文件上此人的签名。保函最好不要要求特定人员签发要求的文件，以免因为特定自然人死亡或特定主体不复存在或者丧失签发文件的资格，导致文件无法签发。

担保人仅需要核实文件是否签署，不需要核查签字或单据的形式、充分性、准确性、真实性、是否伪造或具有法律效力。URDG758 不要求受益人的签字由任何银行会签（countersignature）、验证（certified）或证明（attested），除非保函有特殊要求。即便受益人银行以任何形式会签或以其他方式验证受益人的签字，仅表明签署人表面身份已核实，不视为银行证明签字人有权代表受益人提交索赔。

2. 付款

ISDGP 明确了相符索赔立即付款是最佳国际实践，即在确认相符索赔后三个工作日内付款。该付款义务不受担保人向指示人或反担保人通知收到相符索赔义务的影响。

付款币种方面，若受益人索赔要求支付的币种与保函规定不同，构成不符点。担保人和受益人协商一致，可以约定按其他币种付款，因换汇向受益人收取的费用（Forex fees）不属于 URDG758 项下的费用范围，而担保人向指示方行使索赔权则仍然要按照保函约定币种支付。

付款后的代位权。担保人向受益人付款后能否代位行使受益人在基础合同下的相关权利，从而消除申请人对受益人的债务，此问题不是 URDG758 的规定范围，留待适用的当地法律处理。

3. 拒付

担保人在发现不符点时，既可以拒付，也可以联系指示人询问是否放弃不符点，但联系指示方不会导致五个营业日审单期限延长。担保人若认定某项索赔不相符，则不应向指示方或反担保人寻求放弃不符点，除非该担保人当时有意接受可能的弃权并据此采取行动。拒付通知不仅需要一次性列出所有不符点，也必须要明确表明拒付。

4. 不符索赔修正

收到拒付通知后，受益人在保函到期前都可以做出相关修正。对于前次索赔中未被认为不相符、新索赔又再次提交且内容不变的文件，担保人不得主张这份文件不符。如果为修正不符点而新增或修改数据，与索赔文件其他数据或保函内容相矛盾的，则新索赔属于不符交单。

（五）保函减额、失效

保函金额根据支付金额而递减，除非保函金额是循环使用（不属于 URDG758 的规定范围）。保函金额也会因为受益人签发保函责任解除函而减额。

保函失效方面，根据 URDG758 第 25 条（c）款，一般规则为：如果保函未规定失效日或失效事件，则保函应自开立之日起三年之后终止，反担保函应自保函终止后三十个日历日之后终止。ISDGP 提及了一种特殊情况，即若保函约定受益人解除担保人的责任后，担保人的责任即告终止，则保函在受益人提交签署的责任解除函，或者开立后三年（以较早发生为准）失效。与之相对的是，保函约定担保人不再承担责任的情况为：（1）受益人通过签发书面责任解除函或经认证的 SWIFT 报文或类似电文形式解除担保人责任；或（2）退还签发的纸质形式的保函原件，和前述情况不同，这属于约定了失效事件，不适用第 25 条（c）款，保函在提交了约定文件或者金额减到零时方失效。

（六）保函转让与款项让渡

URDG758 下的转让，指的是全额转让保函可用金额，部分转让不属于 URDG758 的规定范围，需要保函自行约定。担保人发出但受益人尚未接受的修改需要通知给受让人，但已拒绝或未接受的修改在保函转让时不应予以考虑。转让后，保函相关单据均由受让人签发，文件中将原受益人名称改为受让人不属于不符点。若保函要求文件必须写明原受益人名字（比如提及基础合同），则不需要用受让人名字替换原受益人名字。依法转让的情况（例如相关主体被收购、兼并）不属于 URDG758 的规定范围，应留待适用法律处理。

保函款项的让渡（assignment of proceeds）并非保函转让，款项受让人不会因款项让渡而成为保函项下当事人，不享有保函受益人享有的接受保函修改、提交索赔等权利。保函下使用“转让”（transfer）和“让渡”（assignment）时，建议区分到底是转让保函的受益人权利，还仅仅是在保函受益人相符索赔后让渡保函项下款项。

（七）不可抗力

URDG758 第 26 条涉及不可抗力，其中规定：“‘不可抗力’是指天灾、暴动、骚乱、叛乱、恐怖主义行为或者任何担保人或反担保人无法控制的而导致受本规则约束的营业活动中断的原因。” 需要指出的是，URDG758 第 26（a）条所列情况只是举例，并不构成一份详尽的清单。但由于URDG758并没有界定“不能控制的原因”的范围，因此不可抗力可能存在被滥用的风险。

为此，2021年版ISDGP进一步明确规定：“如属于URDG758第26条规定的范围，该事件必须造成了担保人的保函相关业务的中断。这不一定等同于实际关闭担保人的场所，特别是在通过远程访问继续营业的情况下。更确切地说，中断应理解为在该事件阻止下，交单、审单、付款或发送拒付通知无法进行，而不仅仅是更为艰巨的情况。”

根据URDG758第26条，如果流行病的传播导致了担保人的保函相关业务中断，则流行病可能构成不可抗力。相反，对于超出担保人控制并导致保函无法赔付的事件，如果该事件未导致担保人的保函相关业务中断，则不属于第26条的范围。例如，如果多边或单边经济制裁只阻止了担保人付款或对保函展期，但未禁止交单及审单，则通常属于这种情况。

在发生争议的情况下，决定某一事件是否构成不可抗力属于管辖法院的管辖范围。仅由官方或政府宣布某一事件或某类事件是不可抗力，并不一定导致第26条的适用。

案例分析

担保人由于本行员工操作失误，导致银行系统瘫痪，未能在5个营业日内发出拒付通知。担保人可以援引不可抗力因素抗辩吗？

分析：按照URDG758第26条a款的定义，因系统瘫痪是由担保人自身原因所致，不能作为不可抗力。但是，如果拒付通知是以SWIFT报文发出，而发出时恰好全球SWIFT系统崩溃导致受益人无法正常接收，那便是不可抗力了。

《跟单信用证统一惯例》(UCP600）规定开证行对不可抗力导致的后果无须承担任何责任。因此，如果不可抗力在失效日前一天使交单受阻，且在失效次日阻碍结束，这仅仅两天的中断就剥夺了受益人在信用证下的所有权益。URDG758第26条则采取了折中方案，即将保函或者反担保函展期30个日历日。此后，即使不可抗力仍然存在，保函依旧失效。URDG第26条的相关具体规定如下。

（1）如担保人遭受不可抗力而无法接收单据或付款，且在此期间保函逾期，保函的有效期自原应到期日起顺延30个日历日，但担保人须将此情况尽快通知开立保函的指示人。

（2）对于在不可抗力事件发生前已经提交但尚未完成审核的单据，应中止计算担保人5个营业日的审单时限，待担保人恢复营业后再继续计算审单时间。

（3）对于已经提交且审核合格的索赔单据，如因不可抗力尚未付款，则无论保函是否已经在此期间过期，担保人应在不可抗力结束时付款。此时，担保人将有权力在不可抗力结束后30个日历日内在反担保函项下提交索赔，即使反担保函已经失效。

（4）担保人或反担保人应及时向指示方或者反担保人通知不可抗力及展期的情况。

（5）指示方要受不可抗力下关于展期、中止、支付的约束。

案例分析

G银行开了一份受益人为B公司的保函，失效日期为某年6月13日。保函规定纸质单据，柜台交单。6月11日B公司准备提交索赔时，G银行所在地发生了严重的地震灾害，G银行停业，B公司无法提交索赔。根据本款规定，保函的有效期将延展30个日历日，即至7月13日。然而，如果7月14日G银行仍无法开业，那么保函即告失效。

针对上述案例情况，2021年版ISDGP对受益人提出的建议是：要求以纸质形式交单的保函，可以在到期前的任何时候被修改为允许以电子形式交单，从而便利交单。

（八）其他事宜

1. 保函欺诈

欺诈不属于URDG758的规定范围，由适用法律解决。

临时法院措施的影响如下。

根据法院命令中止保函支付并不会导致审单、拒付通知做出期限延长。担保人收到法院命令时应立即通知受益人，提供法院命令复印件，并通报诉讼程序进展。在无明显欺诈或其他不当行为的情况下，担保人应当设法对抗禁令做出或解除法院禁令。若保函约定即便存在法院禁令也应当付款，这不符合国际实践，构成非单据性条件，不应理会。担保人遵循法院临时措施的义务是否优先于根据相符交单而承诺履行的保函义务，属于适用法律处理的范畴。

2. 制裁条款

银行保函有时会包含制裁条款。国际商会不鼓励在保函中使用制裁条款，即若担保人认为适用的制裁规定阻止了其付款或使得保函延期时，其可拒绝支付相符交单的付款或将保函延期。该等经济制裁条款在实践中可能被视为非单据性条件，并往往让受益人难以接受。

本章小结

本章介绍了银行保函的概念、当事人、特点、作用、类型、内容等知识点，并结合URDG758及ISDGP和实践案例，对银行保函主要节点的办理及相关单据进行了阐述，以期帮助读者了解、认识并掌握银行保函。

思考题

1. 何谓银行保函？
2. 银行保函有哪些当事人参与？
3. 银行保函有哪些特点？
4. 银行保函有哪些主要内容？

5. 常见的银行保函有哪些?
6. 办理银行保函有哪些流程?各个环节需要提供哪些单据?
7. URDG758 与 ISDGP 对保函业务的影响有哪些?

案例讨论题

1. 某银行保函规定凭首次书面要求书及验货人签发的说明货物不符合合同规定的证明付款。随后受益人交单时，提交的要求书所引用的合同号与保函规定的相同，但验货人证明却引用了不同的合同号。请问担保人可否拒付?

2. A 公司收到国外中间商 B 公司 20 万美元的订单，其中要求 A 公司提供由银行出具的履约保函，而且必须在履约保函中声明如若产品与合同要求有任何不符，须支付合同金额的 10%作为赔偿。收到国外开来的信用证后，A 公司组织生产并按时发货，国外中间商顺利付款。

在 B 公司收到货物半个月后，B 公司来电告知，称最终用户反映有 3 000 件产品存在质量问题，其中 430 件不能使用，完全拒收，要求全款赔付。剩余 2 570 件外观影响到使用，要求赔付 60%款项。总计 4 万多美元。B 公司提出解决方案：向银行索赔保函，保函金额以外部分汇款至 B 公司账户。

原来 A 公司提供的产品一部分来源于外采，一部分自己生产，调查发现本批问题产品全部来源于外购部分。考虑到对方并未拿出任何机构的检验证书或者有力证据证明产品是不合格的，即存在欺诈的可能性。经过商议，A 公司提出解决方案：要么免费置换，要么从以后合作的订单货款总价中扣款赔偿，不希望 B 公司动用保函，也不可能支付现金赔款。B 公司态度也很强硬，不接受 A 公司的方案，且称若非自己与最终客户关系稳固，有可能整批货物被拒。后来交涉无果，B 公司向银行索赔保函，并起诉 A 公司。后来两公司陷入了长达半年的交涉。

请问：A 公司应从本案中吸取何种经验教训?

主要参考文献

1. 徐进亮，樊智强，潘敬. 国际贸易实务［M］. 北京：对外经济贸易大学出版社，2021.

2. 黎孝先，王健. 国际贸易实务［M］. 第七版. 北京：对外经济贸易大学出版社，2020.

3. 苏宗祥，徐捷. 国际结算［M］. 第七版. 北京：中国金融出版社，2020.

4. 徐进亮，张啸晨. 国际结算［M］. 双语版. 北京：对外经济贸易大学出版社，2016.

5. 李华根. 国际结算与贸易融资实务［M］. 北京：中国海关出版社，2014.

6. 徐进亮，邓建锋，丁长影. 最新进出口交易惯例与案例解析［M］. 北京：中国商务出版社，2013.

7. 国际商会（ICC）/国际商会中国国家委员会. 国际贸易术语解释通则 2020［M］. 北京：对外经济贸易大学出版社，2020.

8. 国际商会中国国家委员会. 国际商会见索即付保函统一规则（URDG 758）［M］. 北京：中国民主法制出版社，2010.

9. 国际商会中国国家委员会编译. ICC 跟单信用证统一惯例（UCP600）［M］. 北京：中国民主法制出版社，2006.

10. “原产地金钥匙”误区亟待破解　浙江检验检疫发布“原产地十大案例”［N/OL］. 经济日报－中国经济网.（2018－03－02）.

11. James G. Barnes，James E. Byrne. Letters of Credit［J］. The business lawyer，2016.

12. ICC Uniform Rules for Demand Guarantees 2010，ICC Publication No.758.

13. ICC Guide to the Uniform Rules for Demand Guarantees ICC Publication No.510，1992.

14. The United Nations Convention on Contracts for the International Sale of Goods.

15. http://www. customs.gov.cn/.

16. https://www.customslawyer.cn/.

17. https://www.singlewindow.cn/.

18. https://co.ccpit.org/.

19. https://www.docin.com/p－77218049.html.